判例刑法

林 幹人——［著］

東京大学出版会

NEW TRENDS IN CRIMINAL CASE LAW
Mikito HAYASHI
University of Tokyo Press, 2011
ISBN 978-4-13-032365-9

はしがき

　本書は，筆者がこの数年の間に判例を素材として書いた論文のうち，主として法科大学院生（あるいは学部のゼミ生）の学習に役立ちそうなものを選び，一書としたものである．全体のバランスを考え，若干古い判例研究も入れた．各論文の後には，演習問題を付けた．この演習問題に沿って授業をすれば，いわゆるケース・メソッド的な授業も可能である．また，学生同士でのグループ学習も可能である．

　学生を対象としたこの種の本では，アメリカなどの影響であろうか，生の判例を並べて，設問を付しただけのものが多いようである．そのような本の場合，学生は自分で調べ，考えなければならない．それはよいとして，自分で調べ，授業を聞いても，ついに答えにたどりつけないことにもなりうる．それもまたいいのかもしれないが，見ようによっては，教師は無責任である．本書に収めた論文では，すべて筆者自身の見解を示している．むしろ，それを示すために論文は書かれた．これを学生の教材としたのは，決して自分の見解を押しつけようというのではない．判例を素材として研究をした，その姿勢自体を学んでほしいと思うのである．私の考えでは，判例を素材として授業する場合，教師は，その判例についての自らの見解を示さなければならない．問題の判例の重要な点はどこにあるのか，それはどのような経緯と背景から出てきたのか，他の判例との関係はどうなのか，さらに，残された問題はどのようなところにあるのか，将来の判例はどの方向に行くべきなのか，そもそも問題の判例は妥当なものなのか，このいずれも，簡単には答えられない．重要な判例とは皆以上のような問題を含んでいるのであり，ただ暗記すればすむものではないし，単に「客観的に」解説すればよいというものでもないのである．本書を読むことによって，判例のもつ奥深さ，それを勉強することのおもしろさを，感じ取っていただければ幸いである．

　本書は，過去の論文をまとめたものである．比較的最近のものだけに，内容にはほとんど手を加えていない．しかし，引用の仕方などについては，現在の

段階で1つの書物にまとめるために，また学習の便宜のために，ある程度の調整をした．それについては，上智大学特別研究員の冨髙彩氏にお世話になった．東京大学出版会の山田秀樹氏には，本書の企画の段階から，全体の構成や表現の仕方について，多くのお力添えをいただいた．両氏に厚く御礼申し上げる．

2011年7月29日

林　幹人

目　次

はしがき　i
略語表　xi

I ― 総　論

■ 結果の概念

1 ― 犯罪の終了時期 …………………………………………………… 3
最高裁平成18年12月13日決定〔刑集60・10・857〕
　1　最高裁平成18年12月13日決定の意義（3）　2　継続犯における実行行為と結果（5）　3　「作用」について（8）　4　挙動犯，危険犯の場合（9）

■ 不作為犯

2 ― 国家公務員の刑法上の作為義務 ………………………………… 14
最高裁平成20年3月3日決定〔刑集62・4・567〕
　1　最高裁平成20年3月3日決定の意義（14）　2　作為義務論の系譜（17）　3　危険源の排他的支配（21）　4　公務員の裁量とその逸脱（23）

■ 因果関係

3 ― 相当因果関係論の新動向 ………………………………………… 25
最高裁平成15年7月16日決定〔刑集57・7・950〕
最高裁平成16年2月17日決定〔刑集58・2・169〕
最高裁平成16年10月19日決定〔刑集58・7・645〕
　1　最高裁の新判例（25）　2　判例理論の回顧（28）　3　予測可能性と危険の実現（31）　4　予測可能性と一般予防（41）

■ 正当防衛 1

4 — 自ら招いた正当防衛………………………………………44
最高裁平成 20 年 5 月 20 日決定〔刑集 62・6・1786〕
1　最高裁平成 20 年 5 月 20 日決定の意義（44）　2　「不正の行為」による自招侵害（46）　3　自招侵害の予期の可能性（49）　4　急迫性と積極的加害意思（51）

■ 正当防衛 2

5 — 財産を防衛する暴行………………………………………57
最高裁平成 21 年 7 月 16 日判決〔刑集 63・6・711〕
1　最高裁平成 21 年 7 月 16 日判決の意義（57）　2　防衛行為の必要性と相当性（58）　3　「財産」と「名誉」の防衛（63）

■ 過剰防衛

6 — 量的過剰について……………………………………………67
最高裁平成 20 年 6 月 25 日決定〔刑集 62・6・1859〕
最高裁平成 21 年 2 月 24 日決定〔刑集 63・2・1〕
1　最高裁平成 20 年 6 月 25 日決定と最高裁平成 21 年 2 月 24 日決定の意義（67）　2　判例の系譜（70）　3　若干の考察（74）

■ 緊急避難

7 — 注意義務と緊急避難………………………………………79
東京地裁平成 21 年 1 月 13 日判決〔判タ 1307・309〕
1　東京地裁平成 21 年 1 月 13 日判決の意義（79）　2　過失構成要件と違法阻却事由（81）　3　補充性と過剰避難（86）

■ 故意

8 — 早過ぎた結果の発生………………………………………89
最高裁平成 16 年 3 月 22 日決定〔刑集 58・3・187〕
1　最高裁平成 16 年 3 月 22 日決定の意義（89）　2　因果関係の錯誤と条件付故意（91）　3　未遂故意と既遂故意（93）

■ 過失

9 — 医師の刑事過失 ……………………………………… 100
最高裁平成 17 年 11 月 15 日決定〔刑集 59・9・1558〕
　1　最高裁平成 17 年 11 月 15 日決定の意義（100）　2　監督過失と信頼の原則（102）　3　情報収集義務について（106）

■ 責任能力 1

10 — 責任能力の現状 ……………………………………… 114
最高裁平成 20 年 4 月 25 日判決〔刑集 62・5・1559〕
　1　最高裁平成 20 年 4 月 25 日判決の意義（114）　2　責任能力制度の根拠（120）　3　生物学的要素と心理的要素の関係（127）　4　心神喪失者等医療観察法における強制の根拠（131）　5　責任能力と裁判員（134）

■ 責任能力 2

11 — 限定責任能力と原因において自由な行為 ……………… 138
最高裁昭和 43 年 2 月 27 日決定〔刑集 22・2・67〕
　1　最高裁昭和 43 年 2 月 27 日決定の意義（138）　2　間接正犯類似説（138）　3　いわゆる遡及禁止論について（140）　4　「実行行為」の内容（141）

■ 共犯 1

12 — 共犯の因果性 ………………………………………… 143
最高裁平成 21 年 6 月 30 日決定〔刑集 63・5・475〕
　1　最高裁平成 21 年 6 月 30 日決定の意義（143）　2　正当防衛と共犯の離脱（150）　3　承継的共犯について（152）

■ 共犯 2

13 — 背任罪の共同正犯 …………………………………… 156
最高裁平成 15 年 2 月 18 日決定〔刑集 57・2・161〕
　1　最高裁平成 15 年 2 月 18 日決定の意義（156）　2　故意と共犯の因果性（159）　3　共犯間の違法性の相対性（162）　4　共犯構成要件としての客観的帰属（164）

■ 共犯 3

14──Winny と幇助罪……………………………………………169
大阪高裁平成 21 年 10 月 8 日判決
1 大阪高裁平成 21 年 10 月 8 日判決の意義（169）　2 関連判例の系譜（172）　3 若干の考察（174）

■ 共犯 4

15──共謀共同正犯と「謀議」………………………………180
最高裁平成 15 年 5 月 1 日決定〔刑集 57・5・507〕
1 最高裁平成 15 年 5 月 1 日決定の意義（180）　2 心理的因果性・修正構成要件該当性（182）　3 正犯性の客観的要素（188）　4 故意と正犯意思（191）

■ 共犯 5

16──黙示的・不作為の共謀…………………………………195
最高裁平成 21 年 10 月 19 日判決〔判時 2063・154〕
1 最高裁平成 21 年 10 月 19 日判決の意義（195）　2 不作為による共犯と共謀共同正犯（197）　3 本件事案の評価（202）

■ 共犯 6

17──被害者を強制する間接正犯……………………………205
最高裁平成 16 年 1 月 20 日決定〔刑集 58・1・1〕
1 最高裁平成 16 年 1 月 20 日決定の意義（205）　2 「実行行為」について（206）　3 「自殺意思」と間接正犯性（207）　4 「自由」の法益関連性（210）

■ 共犯 7

18──共犯と作為義務…………………………………………216
最高裁平成 17 年 7 月 4 日決定〔刑集 59・6・403〕
1 最高裁平成 17 年 7 月 4 日決定の意義（216）　2 「排他的支配」について（218）　3 他人による救助「可能性」と意思（224）

■ 罪数

19──横領物の横領 ……………………………………………………… 229
　　最高裁平成 15 年 4 月 23 日判決〔刑集 57・4・467〕
　　　1　最高裁平成 15 年 4 月 23 日判決の意義（229）　2　後行行為の構成要件該当性（232）　3　両行為が共に起訴された場合（238）　4　共罰的事前行為と事後行為（241）

II ── 各　論

■ 傷害罪

1──精神的ストレスと傷害罪 ……………………………………………… 247
　　最高裁平成 17 年 3 月 29 日決定〔刑集 59・2・54〕
　　　1　最高裁平成 17 年 3 月 29 日決定の意義（247）　2　「身体」と「精神」（249）　3　「無形的方法」について（255）

■ 窃盗罪 1

2──窃盗罪の保護法益 ……………………………………………………… 259
　　最高裁平成元年 7 月 7 日決定〔刑集 43・7・607〕
　　　1　最高裁平成元年 7 月 7 日決定の意義（259）　2　本権説と占有説（259）　3　若干の考察（261）

■ 窃盗罪 2

3──親族相盗例の適用を否定した事例 …………………………………… 265
　　最高裁平成 18 年 8 月 30 日決定〔刑集 60・6・479〕
　　最高裁平成 20 年 2 月 18 日決定〔刑集 62・2・37〕
　　　1　最高裁平成 18 年 8 月 30 日決定の意義（265）　2　最高裁平成 20 年 2 月 18 日決定の意義（268）

■ 詐欺罪 1

4──詐欺罪の新動向 ………………………………………………………… 273
　　最高裁平成 15 年 12 月 9 日決定〔刑集 57・11・1088〕
　　最高裁平成 14 年 2 月 4 日決定〔刑集 56・2・71〕
　　最高裁平成 16 年 2 月 9 日決定〔刑集 58・2・89〕

viii 　目　次

　　最高裁平成14年10月21日決定〔刑集56・8・670〕
　　最高裁平成12年3月27日決定〔刑集54・3・402〕
　　　1　最高裁平成15年12月9日決定と最高裁平成14年2月4日決定（273）
　　　2　最高裁平成16年2月9日決定と最高裁平成14年10月21日決定（280）
　　　3　最高裁平成12年3月27日決定（287）

■ 詐欺罪 2
5 ─詐欺罪の現状……………………………………………………………293
　　最高裁平成19年7月10日決定〔刑集61・5・405〕
　　最高裁平成19年7月17日決定〔刑集61・5・521〕
　　最高裁平成19年7月7日決定〔刑集58・5・309〕
　　　1　最高裁の新判例（293）　2　詐欺罪の公式（294）　3　3決定の評価
　　（298）

■ 詐欺罪 3
6 ─誤振込みと詐欺罪の成否……………………………………………303
　　最高裁平成15年3月12日決定〔刑集57・3・322〕
　　　1　最高裁平成15年3月12日決定の意義（303）　2　預金の占有（304）
　　　3　預金の所有・帰属（308）

■ 詐欺罪 4
7 ─詐欺罪における不法領得の意思……………………………………311
　　最高裁平成16年11月30日決定〔刑集58・8・1005〕
　　　1　最高裁平成16年11月30日決定の意義（311）　2　財物を不法に領得す
　　る意思（314）　3　2項犯罪における不法領得の意思（318）

■ 詐欺罪 5
8 ─電子計算機使用詐欺罪の新動向……………………………………324
　　最高裁平成18年2月14日決定〔刑集60・2・165〕
　　　1　最高裁平成18年2月14日決定の意義（324）　2　本罪における「占有
　　侵害」（328）　3　サービスの取得と免脱（332）

■ 強盗罪 1

9 ― 2項強盗の新動向 ……………………………………………………… 337
神戸地裁平成17年4月26日判決〔判タ1238・343, 判時1904・152〕
東京高裁平成元年2月27日判決〔高刑集42・1・87〕
1 神戸地裁平成17年4月26日判決と東京高裁平成元年2月27日判決の意義（337）　2 移転性と現実性（340）　3 物理的直接性（344）

■ 強盗罪 2

10 ― 事後強盗罪の新動向 …………………………………………………… 348
最高裁平成14年2月14日決定〔刑集56・2・86〕
最高裁平成16年12月10日判決〔刑集58・9・1047〕
1 最高裁平成14年2月14日決定と同16年12月10日判決の意義（348）　2 強盗罪との関係（354）　3 「身分犯」と「結合犯」（359）

■ 横領罪

11 ― 業務上横領罪における不法領得の意思 ……………………………… 365
最高裁平成13年11月5日決定〔刑集55・6・546〕
1 最高裁平成13年11月5日決定の意義（365）　2 本人のためにする意思（366）　3 本人のためにする意思を否定する理由（368）　4 未決定の問題点（370）

■ 背任罪 1

12 ― 情報の不正入手と背任罪 ……………………………………………… 373
東京地裁昭和60年3月6日判決〔判時1147・162〕
1 東京地裁昭和60年3月6日判決の意義（373）　2 「他人のためにその事務を処理する者」の意義（374）　3 任務違背要件（376）

■ 背任罪 2

13 ― 背任罪における任務違背行為 ………………………………………… 379
最高裁平成21年11月9日決定〔刑集63・9・1117〕
1 最高裁平成21年11月9日決定の意義（379）　2 任務違背行為の実質的内容（380）　3 背任罪の主観的要件（387）

x 目次

■ 盗品関与罪

14―被害者への返還と盗品関与罪 …………………………………………… 391

最高裁平成 14 年 7 月 1 日決定〔刑集 56・6・265〕

 1 最高裁平成 14 年 7 月 1 日決定の意義（391） 2 追求権の重要性（394）
 3 「正常な」返還について（398）

■ 偽造罪

15―国際運転免許証の偽造 ……………………………………………………… 404

最高裁平成 15 年 10 月 6 日決定〔刑集 57・9・987〕

 1 最高裁平成 15 年 10 月 6 日決定の意義（404） 2 行為説と意思説（409） 3 責任追及・帰属と事実的意思（413）

■ 賄賂罪

16―国会議員の職務行為 ………………………………………………………… 420

最高裁平成 20 年 3 月 27 日決定〔刑集 62・3・250〕

 1 最高裁平成 20 年 3 月 27 日決定の意義（420） 2 賄賂罪における職務権限（422） 3 過去の職務行為と賄賂（426）

初出一覧 432
判例索引 434

略語表

判例研究

最判解 最高裁判所判例解説刑事篇昭和29年度-（昭和30年-）

重判解 重要判例解説昭和41年度-（ジュリスト臨時増刊）（昭和43年-）

雑　誌

警研 警察研究
刑雑 刑法雑誌
警論 警察学論集
現刑 現代刑事法
ジュリ ジュリスト
判評 判例評論
法教 法学教室
法セ 法学セミナー
曹時 法曹時報

判例・判例集

大判（決） 大審院判決（決定）
大連判 大審院連合部判決
最判（決） 最高裁判所判決（決定）
最大判（決） 最高裁判所大法廷判決（決定）
高判（決） 高等裁判所判決（決定）
地判（決） 地方裁判所判決（決定）
簡判 簡易裁判所判決

刑録 大審院刑事判決録
刑集 大審院刑事判例集，最高裁判所刑事判例集
裁判集刑 最高裁判所裁判集刑事
高刑集 高等裁判所刑事判例集
高検速報 高等裁判所刑事裁判速報集
裁特 高等裁判所刑事裁判特報
判特 高等裁判所刑事判決特報
東高刑時報 東京高等裁判所刑事判決時報
下刑集 下級裁判所刑事裁判例集
刑月 刑事裁判月報
判時 判例時報
判タ 判例タイムズ
新聞 法律新聞

I──総 論

■ 結果の概念

1 ── 犯罪の終了時期
最高裁平成 18 年 12 月 13 日決定〔刑集 60・10・857〕

1　最高裁平成 18 年 12 月 13 日決定[1]の意義

（1）　最高裁は，犯罪の終了時期について重要な決定を下している．事案は次のようなものである．被告人等は，競売開始決定がなされた被告人等の会社所有の土地・建物について，その売却の公正な実施を阻止しようとして，執行官が現況調査のため説明を求めた際，虚偽の事実を申し向けるとともに，内容虚偽の契約書類を提出し，同執行官をしてその旨誤信させ，報告書に虚偽の事実を記載させ，裁判官に提出させた．その後，この虚偽の事実の陳述等に基づいて競売手続は進行した．一，二審判決はいずれも競売妨害罪の成立を認めたが，被告人等は虚偽の陳述をした時点で犯罪は終了しており，公訴時効が完成していると主張した．

最高裁はこの主張を却け，次のように判示した．虚偽の事実を申し向けるなどした行為は，刑法 96 条の 3 第 1 項の偽計を用いた「公の競売又は入札の公正を害すべき行為」に当たるが，その時点をもって刑訴法 253 条 1 項にいう「犯罪行為が終った時」と解すべきものではなく，上記の競売手続が進行するかぎり，「犯罪行為が終った時」には至らないものと解するのが相当である[2]．

（2）　刑訴法 253 条 1 項における「犯罪行為が終った時」の意義については，すでに最高裁昭和 63 年 2 月 29 日決定（いわゆる熊本水俣病事件）[3]が，結果をも含むという判断を示していた．しかし，この昭和 63 年決定で問題となったのは，業務上過失致死罪という，侵害犯，かつ，いわゆる即成犯についてのもの

---

1) 刑集 60・10・857，判タ 1230・96．
2) 原審判決に対する評釈として，田辺泰弘・警論 58 巻 12 号．さらに参照，川瀬雅彦「競売入札妨害罪において公訴時効の成否が問題となった事例」捜査研究 601 号 36 頁以下．
3) 刑集 42・2・314．

である．死という結果は，構成要件に該当する事実であることに問題はなく，かつ，死という事実は発生すると共に終了する．刑訴法253条1項は，文言上，「犯罪行為」とされているから，結果を含むかは解釈論上問題となるが，その点について肯定すれば（それが学説の大勢でもある），あとは公訴時効の開始時期について大きな問題はない．ところが，本件の犯罪は，危険犯とも解される[4]のであって，その結果をどのように理解すべきかは，理論的に大きな問題である．公訴時効の開始時期との関係でとくに問題となるのは，危険犯が成立した後も，その結果が継続していることがありうるのではないか，ということである．本最高裁決定は，この点について肯認する判断を示したものと解される．被告人等は本犯罪は具体的危険犯だと主張したのに対して，その点をとくに問題としないで，犯罪成立後も犯罪は終了しないと解したからである．後にも述べるように，公訴時効の進行開始の基準となる「結果」は，犯罪の内容として，それ自体構成要件該当性を有していなければならないと考えられるが，そうだとしても，どのような場合に構成要件該当性をもつと解すべきなのかは，これまで十分に検討されてきたとはいいがたい．

　危険犯，あるいは，挙動犯の公訴時効期間は短いことが少なくない．しかも，これまでの学説は，挙動犯の公訴時効は，挙動が終了すると共に進行を開始すると解してきた．挙動犯と危険犯との区別は明快なものではなく，たとえば未遂犯のような危険犯の場合にも，行為時から時効の進行は開始するとする見解すらあった[5]．離隔犯の場合を考えれば，先の最高裁昭和63年決定からすれば，行為時ではなく，未遂結果の発生時（たとえば，毒薬を郵送して殺害しようとしたときは，到達時）から公訴時効の進行は開始するとするのが一貫すると思われる．そうだとしても，実行行為が行なわれると同時に結果としての危険が発生する場合は多いにありうる．そのような場合でも，犯罪は終了せず，公訴時効の進行は開始しないと解することが，いかなる意味で可能かは，かなり複雑な問題である．

　このように，本決定は，実際上も理論上も重要な意義を有している．本章は，この最高裁決定を契機として，以上に述べた諸問題について若干の検討を加えるものである．

---

[4] 参照，最判昭和32・1・22刑集11・1・50．
[5] 参照，注釈刑事訴訟法（新版）第3巻（1996）397頁（臼井滋夫）など．

2 継続犯における実行行為と結果

（1） 公訴時効の進行開始時期を決定する上で最も重要な犯罪理論上の概念は，状態犯と継続犯である．窃盗罪を典型とする状態犯においては，窃取すると同時に時効の進行は開始する．その後の盗まれた状態は，違法には違いないが，時効の進行を妨げない．ところが，監禁罪を典型とする継続犯においては，監禁されているかぎりは，時効の進行は開始しない．本件の場合も，状態犯と解すれば，虚偽の事実を陳述するなどした時点から時効の進行は開始するが，継続犯と解すれば競売手続が進行するかぎりは，時効の進行は開始しない．では，状態犯と継続犯とはどのように区別されるのか[6]．

この点について，実行行為の継続を重視する見解が以前より有力である[7]．この見解にも一応の理由がある．というのは，状態犯と継続犯との区別については，公訴時効の問題だけでなく，共犯の成立も関連するものと理解されてきたからである．窃盗罪の場合，窃取した後は，共犯は成立しない．せいぜい，盗品関与罪が成立するのみである．ところが監禁罪の場合，監禁しているときに関与すれば，その共犯が成立する．状態犯と継続犯の区別に関連する問題としては，他にも罪数などがありうるが，それが真に関連しているかは，疑問である[8]．しかし，共犯と公訴時効だけは，重要な関連問題と解されてきたのである．

しかし，どの段階まで共犯が成立するかという問題と，どの段階まで公訴時効の進行が開始しないかは，別の問題である．共犯とは，他人の実行行為に関与することを内容とするものであり，いつまで共犯が成立するかは，いつまで実行行為が継続するかによって決まる．しかし，公訴時効の進行開始時期を画するものは，すでに述べたように，結果であり，したがって，いつまで結果が継続するかによって決まる．実行行為が終了し，共犯の成立が不可能となっても，結果が発生し続けるかぎり，公訴時効の進行は開始しない．

一般にこれまでは，監禁罪について，監禁行為が継続し，かつ監禁結果も継

---

6) この問題についての基礎文献として，林美月子「状態犯と継続犯」神奈川法学24巻2＝3号（1988）1頁以下など．
7) 参照，佐伯仁志「犯罪の終了時期について」研修556号（1994）17頁．Roland Schmitz, Unrecht und Zeit, 2001, S. 64ff.
8) 参照，林幹人「即成犯・状態犯・継続犯」刑法の争点（第3版）（2000）31頁．

続するような場合を念頭において，これを継続犯と解してきた．このような場合，共犯の成立も可能であり，かつ，公訴時効の進行も開始しない．したがって，これを真正継続犯，あるいは，狭義の継続犯と呼ぶことができる．

しかし，他人を監禁した後，眠ってしまった，というような場合には，実行行為は終了し，共犯の成立は不可能である．それでも，監禁されている以上は，結果は発生し続け，公訴時効の進行は開始しない．このような場合は，不真正継続犯，あるいは，広義の継続犯と呼ぶことができる[9]．

念のためいうと，この眠ってしまった場合，不作為犯の実行行為の継続があると解してはならない．そのように解するのは，実行行為の継続にこだわっているからである．眠っている以上，作為可能性はなく，不作為犯の実行行為はない．

(2) 以上のことからすれば，監禁罪のような継続犯の場合，犯罪の既遂時期と，犯罪の終了ないし完成の時期とは，区別されることになる[10]．監禁罪は監禁すると同時に既遂となるが，解放されるまで，犯罪は継続的に成立し，終了しない．

このようなことは，状態犯の場合にもありうると解される．たとえば，他人の家に盗みに入り，金品をバッグに入れれば，窃盗罪の既遂となると解してよいと思われるが，家から出るまでの間は窃盗罪は継続すると解される[11]．公訴時効との関係では，このように解することに実益はほとんどない．しかし，共犯の成立との関係，そして，強盗罪と事後強盗罪の区別との関係では意味がある．前に述べたわずかの間に，他人が関与すれば窃盗罪の共犯としてよい．また，この間に家人が帰って来たので，これに暴行・脅迫を行なえば，いわゆる居直り強盗罪とすべきであって，事後強盗罪とすべきではない．両罪を区別することから，実際上の違いが出てくることもある[12]．

不動産侵奪罪は，窃盗罪とは，客体が不動産という違いがあるだけで，罪質に基本的な違いはないという理解が一般的である．しかし，不動産侵奪罪の場

---

9) 同旨の見解として，Guenther Jakobs, AT, 2 Aufl., 1991, S. 170.
10) 林（美）・前掲（注6）神奈川法学24巻2＝3号14頁．これは，ドイツの通説である．Vgl., Muenchener Kommentar, Band2/1, § 78a, Rn. 5.
11) Vgl., Hans-Heinrich Jescheck, Wesen und rechtliche Bedeutung der Beendigung der Straftat, Welzel-Festschrift, 1974, S. 692.
12) 参照，林幹人「事後強盗罪の新動向」刑事法ジャーナル2号（2006）47頁以下．

合には，一度既遂となるような侵奪行為が行なわれても，さらに侵奪行為が行なわれた場合，犯罪はその間終了せず，公訴時効も進行を開始しないということが判例によって認められている[13]．筆者はこれを正当なものと解している[14]．窃盗罪の場合，一度盗まれれば，返還されないという違法状態に変わりはない．しかし不動産侵奪罪の場合，一度侵奪されても，違法建築を増大させていったような場合，犯罪は継続するものと解するべきなのである．

（3）　既遂時期と終了時期との関係でさらに問題となるのは，詐欺罪において，被害者が財産を交付した後，行為者に届くまで時間がかかったような場合である．被害者が交付するとともに，財産的損害は発生するから，その時点で詐欺罪の既遂を認めてよい．しかし，行為者に届くまでは，犯罪は完成・終了していないのではないか，という問題である．これは，いいかえれば，奪取罪・移転罪の結果について，被害者の占有を離れたことのみと解すべきか，行為者の支配に入るまで，継続すると解すべきか，という問題である．行為者の支配に入ると，被害者の損害はさらにいわば質的に回復困難となるから，そこまで犯罪は継続すると解すべきものと思われる[15]．

（4）　このように，公訴時効の進行開始時期を決定するのは，結果であるが，この結果は犯罪の内容と解されるものでなければならない．いいかえると，それは構成要件該当性をもつものでなければならない．たとえ犯罪から生じたものであって，一般的な意味で違法性を基礎づけるものであっても，構成要件該当性を有しない結果は，犯罪の内容ではなく，公訴時効の進行の開始を妨げない．

構成要件とは不法類型であるから，構成要件該当性の判断は違法判断である．監禁されているかぎり構成要件に該当する結果が継続すると解されるのは，人の自由は刻一刻に重大な利益であって，その侵害状態はすべて犯罪そのものと解されることによる．これに対して窃盗罪のような場合，窃取されるときの違法は重大であるが，侵害された後の「返してもらえない」という被害は，それと比べると，最初の侵害が維持されているだけで，犯罪そのものと解すほどのものではない．ところが，不動産を継続的に侵奪し，法益侵害がさらに深化・

---

13) 福岡高判昭和 62・12・8 判時 1265・157 など．
14) 林幹人「不動産侵奪罪の公訴時効の起算点」判評 356 号 243 頁以下．
15) Vgl., BGH StraFo2004, 215.

増悪を遂げたような場合には，犯罪の内容と解すべきことになる．

このように，結果についての構成要件該当性＝違法性の判断が，犯罪の終了時期の判断の内容となっているのである．それは，個々の犯罪の構成要件該当性の判断であって，一元的な理論を構成することは困難であるが，以下には，この点について，さらに検討を続けよう．

3 「作用」について

（1）熊本水俣病事件以来学説上とくに問題とされているのは，傷害罪の場合である．傷害罪は一般に状態犯とされている．傷害を受けた後，それが傷跡として固定したような場合には，そのように解すべきことは当然である．問題は，傷が悪化した場合である．

（2）この中でも，たとえば，焼きごてをあて続けて火傷を悪化させ続けたような場合には，継続的に犯罪が成立すると解してよい．このように，状態犯であっても，継続的に犯されることはありうる．このことからすれば，ある犯罪について抽象的に状態犯か継続犯かを問題とするべきではないともいえる．具体的な事実との関係で，継続的に犯された，すなわち継続犯か，そうでないかを区別することのみが可能なのであり，また，共犯の成立や公訴時効の進行開始時期との関係でも，そのような区別のみが意味がある．したがって，継続犯の概念としても，このような理解によるべきものと思われる．

ところで，焼きごての場合が継続犯と解されるのは，公訴時効との関係では，実行行為が継続しているからではない．被害者の身体に継続的な「作用」が及び，その結果として傷害が発生し続けているからである．したがって，実行行為が終了しても，そのような結果が発生し続けるような場合には，継続犯とすべきだということになる．たとえば，被害者を拘束して，熱線のスイッチを入れた後，その場を離れ，焼きごてをあてるのと同じような傷害を発生し続けたような場合である[16]．

（3）これに対して，一度殴られたことにより受けた傷が，体内生理（あるいは細菌感染）の必然の結果として悪化していったような場合となると，傷害罪の構成要件に該当する結果の発生を認める[17]には問題がある．なぜなら，そ

---

16) Vgl., LG Frankfurt ZUR1994, 33.
17) これを肯定するものとして，金谷利廣＝永井敏雄・昭和63年度最判解176頁など．

のような後続結果は，本罪の法益である身体の内的（あるいは実行行為と無関係の）変化にすぎず，法益に対する行為者の外からの「侵害」となすべきか，疑問の余地があるからである[18]．

のみならず，このような後続結果について傷害を認めるならば，いわゆる胎児傷害，すなわち，胎児のときに外的作用を与え，生まれてから傷害結果が発生した場合にまで，傷害罪が成立することになってしまう．先の水俣病事件において最高裁は，理論的には，このような帰結を認める判断を示した．これに対して多くの学説は批判的である．傷害についてこのような帰結を認めることは，堕胎罪において，原則として胎児の死が要求されていること，（先に述べた帰結からは過失傷害罪も成立しうるが）過失堕胎は処罰されていないこと，と矛盾することになりかねないのである．

（4）　同様にして，たとえば不良貸付けについて背任罪が成立した後，貸付けの相手の財務状態が次第に悪化してついに倒産に至ったような場合，倒産まで償還不可能性は増大しているとして，本人の財産的損害の発生は継続し，背任罪の結果が発生し続けると解するのが妥当か，疑問がある[19]．

4　挙動犯，危険犯の場合

（1）　本件については新しい問題がある．それは，本罪を危険犯と解する余地があることから生じる．従来学説は挙動犯の場合，行為が終了したときから公訴時効の進行は開始すると解してきた[20]．その例として，偽証罪などがあげられてきた[21]．本件で問題となっている競売妨害罪は，挙動犯とはいえないにしても，危険犯と解する余地は十分にある．競売妨害罪の保護法益については，公務[22]，競争制度としての競売・入札の公正[23]，施行者等の経済的利益[24]など

---

18)　浅田和茂「熊本水俣病最高裁決定の検討・総説」刑雑 29 巻 4 号（1989）512 頁以下，渡辺修「熊本水俣病事件と公訴時効」刑雑 29 巻 4 号 540 頁．長沼範良「公訴時効の起算点」松尾浩也先生古稀祝賀論文集上巻（1998）399 頁は，「当初の結果から予測される範囲を超えた場合だけを新たな結果と見るべきであり，しかも社会的影響が消滅したとみなされる時点に至る前に発生したときに限って，起算点とするのが妥当」とする．Vgl., LG Frankfurt NStZ1990, 593.
19)　Vgl., BGHSt NStZ 2001, 650; OLG Frankfurt 2004, 2028.
20)　注釈刑事訴訟法（新版）第 3 巻（1996）397 頁（臼井滋夫）など．
21)　大コンメンタール刑事訴訟法第 4 巻（1995）115 頁（吉田博視）など．
22)　最判昭和 41・9・16 刑集 20・7・790．西田典之「競売妨害罪の成立要件」研修 642 号（2001）3 頁以下．
23)　橋爪隆「競売入札妨害罪における『公正を害すべき行為』の意義」神戸法学雑誌 49 巻 4 号

があげられてきた．公務や競争制度と解すれば，本罪の実行行為（虚偽の情報を与える）が行なわれた時点（あるいは執行官が誤信した時点）で法益侵害が発生し，かつ，その法益侵害が虚偽の情報の「作用」によって継続的に発生していると解することは可能である．施行者などの経済的利益，すなわち，不公正な競売による経済的利益の侵害と解するときには，本罪は危険犯と解されることになるが，やはり，犯罪結果としての危険が同様に虚偽の情報の作用によって発生しているとして，競売手続の進行する間，犯罪は継続的に発生していると解することが可能である[25]．このようにして，本件最高裁の判断は肯認することができると解される．

このように解した場合，偽証罪などの場合も，偽証によって適正な裁判に対する危険が発生し続けるかぎり，犯罪は終了しないと解すべきことになると思われる．もっとも，公判の廉潔性のようなものを保護法益と考えれば，偽証の時点で犯罪は終了すると解することもできる．

このような重大な帰結をもたらしうるものだけに，挙動犯や危険犯の場合の公訴時効の開始時期については，さらに検討が深められる必要がある．以下にはこの問題に関して注意すべき点を若干指摘しておきたい．

（2）　賄賂罪の保護法益は，公務員の職務の公正（及びこれに対する社会一般の信頼）と解されている[26]．賄賂を収受することによって，職務が不公正になされる（そして信頼を損う）危険が犯罪の内容と解される．しかし，賄賂によっ

　　（2000）77 頁．
24）　京藤哲久「競争と刑法」明治学院大学 20 周年記念論文集（1987）376 頁．
25）　売却実施命令が発せられた後の段階における妨害行為が本罪に問われた事例として，最決平成 10・7・14 刑集 52・5・343，最高価買受申出人となった者に対する威力について，本罪の成立を認めたものとして，最決平成 8・10・11 刑集 52・8・542．これらの判例を前提とすれば，おそらく，買受人が代金を納付するまで，本罪の結果は継続しうるものと解すべきであろう．なお，談合罪や独占禁止法上の取引制限行為の公訴時効の問題点について，林幹人・判評 526 号 216 頁以下．独禁法の母法であるシャーマン法の解釈として，談合の場合，発注先である地方公共団体による契約代金の支払が終了するまで公訴時効の進行は開始しないとした判例として，US v. Northern Imp. Co., 814F. 2d 540 (8th Cir. 1987) がある．また，アメリカにおける公訴時効制度については，Model Penal Code and Commentaries, Part I (1985) p. 89．ドイツにおける競争制限行為の公訴時効については，Vgl., BGHSt32, 389．なお，Gerhard Dannecker, Die Verfolgsverjaehrung bei Submissionsabsprachen und Aufsichtspflichtverletzungen in Betrieben und Unternehmen, NStZ1985, 52 は，危険犯においても，法益侵害が終了するまで，犯罪は継続すると主張する．
26）　最大判平成 7・2・22 刑集 49・2・1，林幹人「賄賂罪における純粋性説」鈴木茂嗣先生古稀祝賀論文集上巻（2007）589 頁以下．

て職務が不公正になされる危険が発生し続け，あるいは，現実に不公正になされたことの証明はほとんど不可能である．ここにまさに賄賂を収受しただけで処罰されるという危険犯として立法されている理由の1つがある．このような場合には，収受した時点から公訴時効の進行は開始すると解さなければならない[27]．もちろん，枉法収賄罪（刑法197条の3）は別論である．

（3） 危険の継続的発生は証明しうるとしても，それが微々たるものの場合，継続犯とするべきではない．たとえば，産業廃棄物の不法な投棄は，環境に対する危険犯と解される（参照，廃棄物の処理及び清掃に関する法律16条，25条14号）．そして，投棄された物は環境を悪化し続ける．しかし，個々の不法投棄物の環境に対する影響は，個別的に見れば，わずかである．このような場合には，投棄と共に犯罪は終了し，公訴時効の進行はその時点から進行すると解するべきであろう[28]．

（4） 最近わが国で問題となったのは，インターネット（ネット）による名誉毀損である．大阪高裁平成16年4月22日判決[29]は，ネットによる名誉毀損は，ネットに掲載した時点で終了するのではなく，少なくともネットによる閲覧が可能なかぎり，一定期間犯罪は終了しないという判断を示した．名誉毀損罪は危険犯か侵害犯か議論がある．いずれにしても，ネットによる閲覧が可能であるかぎり，その作用により，名誉毀損罪の保護法益である社会的評価は侵害もしくは危殆化され続けるから，犯罪結果は発生し続けると解するべきであろう．ここで問題となるのは，その終了時期である．最初の問題の掲載が削除されれば，その後どこかに残っていても，犯罪は終了すると解すべきであろう．その判断には価値判断が伴い，曖昧さが残る[30]．今回の最高裁決定のような見解を採用した場合のおそらく最大の問題はこの点である[31]．しかし，構成要件該当性・違法性の判断にこのような不明確さが伴うことはいわば宿命である．このことを理由に今回の最高裁の見解を批判するのは当たらないであろう．

（5） さらに根本的な問題として，次のようなものがある．危険犯や挙動犯を含めて，あらゆる犯罪は，結果を含んでいると解することができる．したが

---

[27] 参照，大阪高判昭和32・11・9裁特4・22・594．Vgl., BGHSt16, 209.
[28] Vgl., BGHSt36, 255.
[29] 判タ1169・316.
[30] 参照，山口厚・平成16年度重判解159頁.
[31] ドイツでもこの点が最大の問題の1つとされている．Vgl., Lackner/Kuehl, §78a, Rr. 3.

って，危険犯・挙動犯の場合も，公訴時効の進行開始時期については，この結果の発生が終了した時点から開始すると解される．挙動犯の場合も，危険という結果が挙動と同時に発生し，理論的には発生し続けることが可能なものである．しかし，挙動犯の中には，挙動と結びついた危険のみが構成要件該当性を有すると解される場合もありうるのではないかが問題となる[32]．

たとえば，道路交通法上の酒気帯び運転の罪は，酒気を帯びた状態で運転するという行為に結びついた危険のみが構成要件該当性を有するのであって，その状態で人を轢いてしまい，その人が死亡するまで，構成要件に該当する結果が発生し続けると解してよいかは，相当に問題である．

この点についてはさらに検討を要すると思われる．

★ 演習問題

1 最決平成18・12・13は，どのような事実についてどのような判断を示したか
2 最決昭和63・2・29は，どのような事実についてどのような判断を示したか
3 刑訴法253条1項にいう「犯罪行為」とは何を意味するか
4 危険犯の場合，結果があるか，あるとすれば，それはどのようなものか
5 挙動犯，離隔犯とは何か，それぞれ，結果はどのように規定されるか
6 継続犯・状態犯とは何か，両者はどのように区別されるか，両者を区別することにはどのような意義があるか
7 継続犯・状態犯の区別を実行行為によってする見解にはどのような問題があるか
8 共犯の成立と公訴時効の開始時期を同一の基準によって決めることができるか
9 他人を監禁した後，眠ってしまった場合，共犯の成立と公訴時効の進行開始時期とはどのように解されるか
10 犯罪の既遂時期と終了時期とは一致するか
11 居直り強盗罪と事後強盗罪とはどのように区別されるか
12 不動産を侵奪し，既遂となったが，さらに侵害を続けたような場合，公訴時効はどの時点から進行を開始するか
13 監禁されているかぎり，監禁罪の構成要件に該当する結果が継続すると解されるのは，どのような理由によるのか
14 焼きごてをあて続けて火傷を悪化させ続けたような場合，公訴時効はどの時点から開始するか

---

[32] Vgl. BGHSt 32, 294. Maurach/Goessel/Zipf, AT, 7 Aufl., Tb 2, S. 9 は，規範の背後にある法益侵害ではなく，刑法そのものの規定する実定的な構成要件のみが犯罪結果を画すると主張する．

15 ある犯罪について抽象的に状態犯か継続犯かを問題とすることにはどのような問題があるか
16 胎児傷害，すなわち，胎児のときに外的作用を与え，生まれてから傷害結果が発生した場合，傷害罪が成立するか
17 母体に攻撃を加え，そのために流産し，胎児が死亡した場合，殺人罪が成立するか
18 偽証罪は，どの時点から公訴時効の進行は開始するか，偽証した時点からか，判決が言い渡された時点からか，確定した時点からか，本件の最高裁決定の判断に従えばどうなるか
19 競売妨害罪の保護法益は何か
20 本件の場合，犯罪が終了するのはどの時点か
21 大阪高裁平成16年4月22日判決は，どのような事実についてどのような判断を示したか

■ 不作為犯

2 ── 国家公務員の刑法上の作為義務
最高裁平成 20 年 3 月 3 日決定〔刑集 62・4・567〕

1 最高裁平成 20 年 3 月 3 日決定の意義

（1） 最近，薬害エイズ厚生省ルート事件について最高裁による決定が出された．その内容はほぼ次のようなものである．被告人は，当時厚生省の薬務局生物製剤課長として，本件非加熱製剤からの薬害の発生を未然に防止すべき立場にあった．事件当時，非加熱製剤の危険性は明らかになっていた．ところが，医師や患者においては，その危険から生じる結果を回避することは期待できなかった．非加熱製剤は国によって承認されたものであり，その取扱いを製薬会社等にゆだねれば，そのおそれが現実化する具体的な危険があった．このような状況の下では，刑事法上も，薬害の防止措置をとる注意義務が生じたといえる．被告人は厚生省における薬害エイズ対策の中心的な立場にあった．したがって，被告人には作為義務があり，責任を免れない[1]．

（2） 本件において，結果予見可能性と結果回避可能性があることはほぼ疑いがない．被告人は非加熱製剤の危険性に関する情報を十分にもっていた．そして，加熱製剤等の代替療法を用いれば，エイズによる死亡はほぼ確実に回避された．問題は，客観的注意義務，あるいはいわゆる結果回避義務の違反があったかである．

この問題にも，2 つのものがある．1 は，当時の状況が許されない程度に危険な状況だったか，という問題である．非加熱製剤に危険性がある程度はあっても，患者の病状が重篤であって，医療的な比較衡量の結果，その使用を認めざるを得ないという場合はありうる[2]．いわゆる帝京大学ルート事件において，医師が無罪となったのは，このことを理由とする[3]．このルートに関しては，

---

1) 刑集 62・4・567.
2) ここで患者の同意も問題となるが，この点については立ち入らない．

本件の被告人についても無罪が言い渡されている．しかし，時間の経過とともに，非加熱製剤の重大な危険性が次第に明らかにされ，かつ，加熱製剤等の代替療法の安全性が明らかにされることにより，事態は一変した．事件が起きた段階の状況は，もはや許されない危険状況であり，医師の治療においてはもちろん，公務員の行政においても，裁量の余地はなくなったというのが裁判所の判断である．筆者も，この判断自体については正当なものと考えている．以下の論述はこれを前提として行なうものである．

　（3）　本決定の最大の問題は，もう1つの論点である，作為義務の有無である．本件のような事件において，およそ国家公務員が作為義務を負うのか，負うのは医師や製薬会社であって国家公務員ではないのではないか．国家公務員が負うとしても，ほかならぬ被告人が負うのはなぜなのか．被告人の周りには，上には厚生大臣[4]，薬務局長がいた．彼らの権限は被告人よりも強かった．他方，被告人の下には，非加熱製剤などの情報に，より通じた部下がいたかもしれない．また，横にも，関連する他の課長がいた．当時の厚生省組織令には，生物学的製剤等の「不良医薬品の取締りに関すること」は，監視指導課の所掌事務とされていたのである．

　それにもかかわらず被告人に作為義務が認められたのは，彼が権限も情報も共にもっていたからである．厚生大臣や薬務局長は，権限があったが，情報はそれほど具体的に把握していたわけではなかった．部下や他の課長は，情報はある程度もっていたかもしれないが，権限はなかった．しかし，このことは，作為義務の有無について，どのような意味をもっているのであろうか．

　国家公務員の不作為の刑事責任といった問題については，従来それほど検討されてこなかった．検討されるようになったのは最近のことであり，それは本件を契機としていた[5]．筆者も，本件の一審判決が出たとき，この問題につい

---

3)　東京地判平成13・3・28判時1763・17．本判決については，井田良・変革の時代における理論刑法学（2007）159頁以下，林幹人「エイズと過失犯」判時1775号（2002）11頁など．
4)　フランスでは，エイズの薬害に関連して閣僚の刑事責任が問題となった．参照，高橋泉「閣僚の政治責任——刑事責任との交錯をめぐる議論から」上智法学論集45巻1号（2001）41頁以下．
5)　とくに重要なものとして，齊藤彰子「公務員の職務違反の不作為と刑事責任」金沢法学49巻1号（2006）45頁以下．とくに，本件については，85頁以下．道路，河川，その他の施設の瑕疵が原因で人の死傷事故が生じた場合における，管理責任者たる公務員の刑事責任について，島田聡一郎「国家賠償と過失犯——道路等管理担当公務員の罪責を中心として」上智法学論集48巻1号（2004）1頁以下．

て若干の考察をしたことがある[6]が，本決定が出たことを契機として，さらに検討を加えてみたい．

(4)　その前提となるいくつかの点について確認しておきたい．

まず，国家公務員の作為義務論は，これまで問題となった他の場合と同一の原理に服するということである．公務員，あるいは，国家公務員に固有の作為義務論は存在しない．ところが，一般の作為義務論自体，判例・学説に混乱がある．問題の根源はまさにここにある．

次に，本件においては過失犯が問題となっているが，過失犯と故意犯の作為義務も同一の原理に服すると解される．判例・学説においては，犯罪事実を認識していたこと，あるいは，予見可能であったことを，作為義務の根拠とする傾向があるが，それは正当とは思われない[7]．本決定においても，「危険性」が「予測」されたという客観的な事情が重視されている[8]．

この関連で，本件において情報のもっている意義について述べておきたい[9]．情報というものは，通常は予見（可能性）を基礎づけるものである．たとえば，親は子の病気を知らなくても，あるいはその可能性がなくても，病気の子に一定の作為義務を負う．作為義務の内容となるのは，たとえば，薬を与える，病院に連れていくなどの客観的な行為である．知らないことやその可能性は故意過失の問題にすぎない．しかし本件のような場合の作為義務の内容は，医師や製薬会社に非加熱製剤の危険性を告知し，それを除去させようとするものであって，情報を含んでいる．したがって，情報を十分にもっていない厚生大臣や薬務局長は，単に予見可能性がないというだけでなく，作為義務がないといってよいのである．

(5)　本決定の採用する作為義務論の特徴を，さしあたり2点指摘しておきたい．

第一は，本件被告人に作為義務を認めるにあたり，薬事法などの行政法規上の職責に言及すると共に，「刑法上」の義務をとくに問題としていることであ

---

[6]　林幹人「国家公務員の作為義務」現刑41号（2002）20頁以下．
[7]　参照，林幹人「不作為による共犯」齊藤誠二先生古稀記念・刑事法学の現実と展開（2003）319頁．
[8]　参照，林幹人「相当因果関係の新動向」曹時57巻11号（2005）9頁．
[9]　医療過誤における情報のもつ意義について，林幹人「医師の刑事過失」曹時58巻12号（2006）9頁以下．

る．これは一，二審にも共通するものであった．このことは，かつて最高裁が保護責任者遺棄罪における保護責任を認めるにあたり，道路交通取締法という刑法外の法規から直接にこれを導くかのような判示を行なった[10]ことからすれば，大きな進歩である．もちろん，本件被告人のような国家公務員に作為義務を認めるにあたっては，法令上の権限が重要な意味をもつ．なぜなら，法令上の権限によって，本件非加熱製剤に対する「支配性」が基礎づけられるからである．ここで支配性とは，医師や製薬会社に対する権限を通じて，被告人の思惑どおりに，非加熱製剤という危険源を除去しうる可能性を意味する．しかし，理論的・一般的にいえば，そのような法令がなくても作為義務があることはありうるし，法令の存在をもって，ただちに業務上過失致死傷罪における作為義務を導くことはできないのである[11]．

第二は，本決定が，本件非加熱製剤は国によって承認が与えられたものであることを強調している点である．これは一見すると，いわゆる先行行為に言及したものともいえそうである．しかし通常先行行為とは，不作為に先立つ，法益を危殆化する違法な行為を意味するが，本件の場合の国の承認は，それ自体としては違法なものではない．その時点では危険性は十分に明らかではなく，より適切な代替薬がなかったからである．のみならず，承認行為は，被告人が行なったものではなく，前任者が行なったものである[12]．国の承認という事実は，むしろ，危険性が明らかになった段階において，「国が明確な方針を示さなければ，引き続き，安易な，あるいはこれに乗じた販売や使用が行なわれるおそれがあ」ったことを根拠づけるものとして性格づけられている．これはいわば，被告人に危険源の排除が依存している，あるいは，その直前の判示と読み合わせれば，医師や製薬会社による救助可能性はほとんどないという状態（いわゆる排他的支配）を重視したものとも解し得る．

2　作為義務論の系譜

（1）　以下には，本決定の作為義務論の性格を明らかにするために，これま

---

10) 最判昭和 34・7・24 刑集 13・8・1176．
11) 林・前掲（注 6）現刑 41 号 21 頁．
12) 参照，大塚裕史「薬害エイズ厚生省ルート第 1 審判決について」現刑 35 号（2002）73 頁，鎮目征樹「刑事製造物責任における不作為犯論の意義と展開」本郷法政紀要 8 号（1999）362 頁．

での判例の系譜を概観する．

　判例における作為義務論の出発点になったのは，周知のように放火罪である[13]．そこにおいては，「法の精神」というような観念的な側面にも言及された．それは，作為義務論において，法令・規範を重視する見解の源になった．しかし，大審院判例は同時に，不作為による家屋の放火のような場合，被告人はその家屋を「占有」する者であることも指摘していた．これが，後に「支配」を重視する学説の発端である．その家屋を支配する者は，すでに出ている火を消す義務があるというのである．さらに大審院判例は，被告人が自分で火を出した以上は消す義務があるという，先行行為論をも述べていた．この先行行為論は，戦後の放火罪についての最高裁判例に結実した[14]．その後の判例は，この最高裁判例の影響の下，先行行為を重視するようになった．その影響もまた，最近の最高裁判例にまで及んでいる[15]．

　先行行為論を見直すきっかけとなったのは，轢き逃げである．先行行為論によれば，轢けば，それだけで被害者を救助する刑法上の義務が認められることになりかねない．しかし，現実の実務はまさにその正反対である．むしろこのことこそは，わが国の実務が作為義務論において一貫して堅持している，きわめて重要な謙抑性である．学説上も，先行行為のみを理由として作為義務を認める見解[16]は少数にとどまっている．轢き逃げについて保護責任者遺棄罪の成立を認めた最高裁判例は，すでに見たように，道路交通（取締）法という法令を重視した．これは，先に述べた「法の精神」に触れた判例の系譜につながり，その影響は本件について法令を重視した裁判所の判断にまで及んでいる．本件については，一，二審，最高裁とも，行政法規に触れているのは，思想的にはこのような系譜を受け継いでいる[17]．

　これに対して多くの学説は，やはり「支配」という状態を重視した．轢き逃げについての最高裁判例の場合でいうなら，道路交通法などの法令に違反する

---

13) 大判大正7・12・18刑録24・1558, 大判昭和13・3・11刑集17・237. 判例を分析したものとして, 町野朔ほか編・考える刑法（1986）50頁以下（林幹人）など.
14) 最判昭和33・9・9刑集12・13・2882.
15) 最決平成17・7・4刑集59・6・403. この点についてはさらに本文で後述する.
16) 日高義博・不真正不作為犯の理論（1979），島田聡一郎「不作為による共犯について（2・完）」立教法学65号（2004）251頁.
17) 最近の学説において法規範（法令）を重視するものとして, 高山佳奈子「不真正不作為犯」山口厚編著・クローズアップ刑法総論（2003）58頁.

からではなく，轢いた後に自分の車に引き入れ，他人が救助しようとしてもできない状態をつくりあげたことに，作為義務の根拠があるというのである．轢いただけでは，通常周りに多くの通行人などがおり，被害者は救助される可能性がある．ところが車の中に引き入れられてしまえば，被告人しか被害者を救助することができない．その意味で，被告人は被害者を「排他的に」支配しているともいえる．このような考えによって，作為義務の典型例である，親が子に食物を与えないで死なせてしまったような場合をも説明しようとしたのである．このような場合に親に作為義務があるのは，民法という法令上の義務があるからではない．親が子を家の中で排他的に支配しているからだとするのである[18]．筆者自身もこのような見解を，基本的に正当なものと考えている．

この見解によれば，少女に覚せい剤を注射した後，放置して死に致した事件[19]においても，注射したという先行行為の故にではなく，被告人が被害者に対しホテルの中で排他的支配を設定しているからだと説明することになる．

（2）これまでの場合は，「法益」の排他的支配という基準で説明しようとするものであった．これに対して，本決定に関連する，「危険源」の排他的支配という基準の契機となったのは，監督過失である[20]．たとえば，原子力発電所の設置管理者は，付近の住民に危害が及ばないように安全体制を確立する義務がある．この義務を怠って住民に危害が及べば，業務上過失致死傷罪となりうる．このような場合，被告人と周辺の住民との間に直接の結びつきはなく，住民の「法益」を排他的に支配しているとはいえない．むしろ，原子力発電所という危険源を支配していることから，その危険源から結果が発生しないように作為する義務は生じるのである．

同様のことは，ホテルやデパートについてもいえる．これらの施設においては，日頃から火気を扱い，火災の危険がある．防火のための訓練・設備をしておかなければ，きわめて危険である．したがってその組織の責任者は，火災となって人命に危害が及ばないように安全体制を確立する義務がある．しかし，

---

18) このような見解を初めて主張したのは，堀内捷三・不作為犯論（1978）である．
19) 最決平成元・12・15刑集43・13・879．
20) 最決平成2・11・16刑集44・8・744など．監督過失については，林幹人・刑法の現代的課題（1991）10頁以下など．なお，島田聡一郎「管理・監督過失における正犯性，信頼の原則，作為義務」山口厚編・クローズアップ刑法総論（2003）100頁は，監督過失の場合の保証人的地位の発生根拠について「危険源の管理の観点が重要」とする．

それは組織において支配的地位にある者に限られる．いわゆる大洋デパート事件においては3名の者に無罪が言い渡された[21]．これは，「支配」という要素を重視するものといってよい[22]．

（3）　作為義務論に関する最近の判例理論において重要なのは，不作為による共犯の場合である[23]．この問題において現在最も重要な判例が，最高裁平成17年7月4日決定である[24]．最高裁は次のように述べて作為義務を認めた．「被告人は，自己の責めに帰すべき事由により患者の生命に具体的な危険を生じさせた上，患者が運び込まれたホテルにおいて，被告人を信奉する患者の親族から，重篤な患者に対する手当てを全面的にゆだねられた立場にあった」．ここでは，重篤な患者を病院から運び出すという先行行為と共に，ホテルにおいて，手当てを「全面的にゆだねられた」という状態が重視されている．これは，ホテル内において被害者を排他的に支配したということを意味するものと解することも可能である．

もっとも，理論的には，この不作為による共犯の問題を契機として，「排他的」支配という基準に対して，次のような疑問が提起された．不作為による共犯の場合，通常現場に他人がいる．したがって，排他性はないのではないか，という疑問である[25]．同様の問題は本件についても生じているので，後に詳述するが，ここでも一言しておく．そもそも共犯者とは，まさに法益を侵害しようとしている者である．排他性という要件は，およそ他人が側にいないということを意味するのではない．轢き逃げの場合を考えてみれば明らかなように，救助「しよう」とする者がほかにいないという状況を意味するのである．この排他的支配という基準は学説によって主張されているものであるが，不作為に

---

21)　最判平成3・11・14刑集45・8・221．
22)　島田・前掲（注5）上智法学論集48巻1号29頁は「危険源に対する支配」を重視する．なお，医療事故における監督過失的な刑事責任を認めたものとして，最決平成17・11・15刑集59・9・1558．本決定については，北川佳世子・平成17年度重判解163頁など．ドイツにおいて，作為義務の根拠として危険源の支配を重視する学説として，Systematischer Kommentar zum Strafgesetzbuch, 8 Aufl., 2001, §13 Rn. 27 (Hans-Joachim Rudolphi).
23)　共犯と作為義務についての文献はきわめて多い．最近のものとして，松尾誠紀「作為犯に対して介在する不作為犯」北大法学論集56巻5号（2006）以下など．
24)　刑集59・6・403．本決定については，塩見淳・平成17年度重判解160頁，山口厚・新判例から見た刑法（2006）31頁，山中敬一・刑事法ジャーナル1・29など．
25)　島田聡一郎「不作為による共犯について（1）」立教法学64号（2003）1頁以下，とくに，65号226頁．

よる共犯の判例には，むしろ，この排他性，すなわち，被告人のほかには被害者を救助する者はいないことを指摘するものが多いことに注意する必要がある[26]．

3 危険源の排他的支配

（1） 以上，本決定と関連する限度で，作為義務論の系譜について簡単な検討を行なった．次に，本決定について，以上の作為義務論の観点から問題となる点について検討を行ないたい．

まず，本件被告人と被害者の間には，親と子，あるいは，家屋の占有者と家屋そのもの，轢いて車の中に引き入れた者と被害者，さらに，ホテルに引き入れた者と，その中で危難に瀕している被害者との間にあるような密接な関係は存在しない．いいかえると，本件の場合，被害者との関係で被告人は排他的支配を設定しているとはいえない．むしろ，非加熱製剤という危険源と被告人との間に密接な関係があり，それが，排他的支配といいうるほどのものなのか，他の排他的支配があるとされている場合との均衡はどうなのかが，問題の要点である．

（2） まず，「支配」といいうるかが問題となる．本件の被告人と非加熱製剤の間には，原子力発電所の設置管理者と危険源，あるいは，ホテルやデパートの代表取締役と安全体制を確立していないという意味での危険源の間に存在するような直接的な支配関係は，存在しないといわざるをえない．本件被告人と非加熱製剤との間には，空間的な距離もある[27]．しかし，被告人と，非加熱製剤に直接的な支配をしていた医師や製薬会社との間には，法令を背景とした規範的・事実的な支配関係が存在し，いわば間接的に危険源を支配していたということは可能と思われる．狭い日本の中で，空間的距離が重要な意味をもたないことは明らかである[28]．

（3） むしろ問題があるのは，排他性という要件である．共犯の場合につい

---

26) 参照，林幹人「共犯と作為義務」上智法学論集 49 巻 3・4 号（2006）62 頁．
27) 大塚・前掲（注 12）現刑 35 号 73 頁はこのことから「危険源の支配」に疑問を示す．なお参照，甲斐克典・医事法判例百選（2006）62 頁．
28) 北川佳世子「薬害エイズ 3 判決における刑事過失論」法教 258 号（2002）47 頁は，「製薬会社や医師等を通じて，国内に流通する非加熱製剤を自己の支配管理下に置いているので，自己の支配領域内の危険源を監視する義務が生じる」とする．

て，他に共犯者がいる以上は，排他性がない，それでも作為義務はあるとしてよいという見解については前述した．

　しかし筆者は，排他性という要件は維持すべきものと考えている．わが国の作為義務論における最も重要な特徴は，すでに述べたように交通事故において，轢いただけ，あるいは，手当てをしたとしても，それだけでは，保護責任者遺棄罪や不作為による殺人罪の作為義務は生じないが，いったん車に引き入れると，それは生じるというものである．そのことは，轢いた本人であろうと他人であろうと，そしてまた，病院に連れていく目的であろうと，犯行をくらます目的であろうと同じと考えられる．このことを説明するためには，轢かれても，そのままの状態であれば，通常は，誰か他人が救助してくれる可能性があるが，車の中に入れてしまえば，もはやその可能性はなくなってしまうと考えるのが最も適切と思われる．共犯の場合には，問題の被告人にとって，側にいるのはまさに被害者の法益を侵害しようとしている者なのであり，やはり，被告人以外には被害者を救助する「意思」をもった者はいない．このように，他人による救助可能性を判断するにあたっては，単に物理的・外形的にではなく，その他人の意思をも考慮に入れなければならないと解される[29]．

　同じことは危険源の「排他的」支配についてもいえる．本件の場合，非加熱製剤という危険源に関しては，医師や製薬会社の責任者が直接的な責任を負っていた．しかし，医師の多くは，当時次第に明らかとなっていた非加熱製剤の危険性についてほとんど無知であり，また，製薬会社は利益追求を重視し，あるいは，国の承認を前提としていた．このように彼らの意思を考慮に入れれば，彼らが非加熱製剤という危険源を除去する可能性はきわめて低かったといってよい．この意味において，本件の場合，排他性という要件も充足しうると思われる[30]．

　(4)　しかも本件の場合，次のような事情も重要だと思われる．被告人は，国家公務員として，全国に多量に存在していた非加熱製剤全体について，以上のような意味で排他的支配を有していたということである．本件において問題

[29)]　参照，林・前掲（注26）上智法学論集49巻3・4号61頁以下．
[30)]　齊藤彰子「公務員の職務違反の不作為と刑事責任」刑雑47巻2号（2008）60頁は「国家は，情報が自らに集中する仕組みを構築し，結果回避に必要な権限を独占することによって，他の保護可能性を排除している」とする．

となっている作為とは，全国に対して回収などの指示を行なうことである．仮に個々的には弱いとしても，全体としては，被告人には重大な作為義務が生じていたと解される．そのことからも，刑法上の作為義務を認めることはできると思われる[31]．

4 公務員の裁量とその逸脱

(1) いずれにせよ，本決定によって，国家公務員であっても，本件のような場合作為義務を負うことははっきりした．本決定の副作用としてさしあたり考えられるのは，薬事行政の萎縮である．危険な薬物の承認が停滞し，いったん承認したとしても，いささかでも危険があれば回収の指示を安易に出す傾向が出てしまうことである．この関連で本件において重要なことは，作為義務もさることながら，高度に許されない危険状況が存在した事案だということである．いいかえると，非加熱製剤によるエイズ感染の高度の危険性がかなり明らかになった状況の下で，それと同じ有効性をもちながら，しかも安全性の高い加熱製剤が出たという特殊状況があったことである．被害者の病状が重篤であり，治療の必要性が高く，そして，患者に対する十分な説明があれば，薬物に多少の危険性があってもこれを使用することは許されるのであり，不幸にしてその危険が実現してしまったとしても，それを違法とすることはできない．抗がん剤などの場合には，そのようなことがありうるであろう．それが医療の裁量に属することは，帝京大学ルート判決が明示したことである．同じことは国家公務員についてもいえる．

(2) 最近は，公務員の不作為の法的責任が，とくに国家賠償法関連で，社会的問題となることが多くなっている．薬害問題のみならず，警察が殺人事件などの前に十分な対応を行なわなかったことが問題とされることも少なくない．しかし，国家賠償法上の責任と刑事責任とは，いうまでもなく別問題である[32]．警察の場合，警察官は被害者を排他的に支配していたとも，犯罪者を「危険源」とすることも，ましてこれを排他的に支配していたとも，通常は，いいがたい[33]．

---

31) このような理解については，すでに，林・前掲（注6）現刑41号25頁以下において明らかにした．
32) 島田・前掲（注5）上智法学論集48巻1号10頁．

今後わが国でさしあたり考えられる例としては，刑務所内で受刑者を排他的に支配している状況で，病気を放置したような場合であろう．ドイツにおいては，受刑者の窃盗を，看守が阻止しなかった場合について，不作為の刑事責任を認めた判例がある[34]．わが国でも，国家賠償法との関連で，国家の不作為責任を追及する傾向が強くなっているものの，繰り返すが，公務員個人の刑事責任を問題とするにあたっては，さまざまの局面でまったく別個の考慮を要することに注意しなければならない[35]．

★ 演習問題

1　最決平成20・3・3は，どのような事実についてどのような判断を示したか
2　過失犯の成立要件をあげなさい
3　結果回避義務には2つの内容がある，それは何か
4　本件の場合，作為義務の有無が問題となる者をあげなさい
5　本件における情報のもつ意義を指摘しなさい
6　本決定の作為義務論の特徴を2点指摘しなさい
7　放火罪についての判例における作為義務論の特徴を指摘しなさい
8　轢き逃げについての判例における作為義務論の特徴を指摘しなさい
9　監督過失，とくに大洋デパート事件最高裁判例における作為義務論の特徴を指摘しなさい
10　最決平成17・7・4における作為義務論の特徴を指摘しなさい
11　「排他的支配」という基準にはどのような問題があるか
12　本件の場合，法益，または危険源に対する排他的支配はあるか
13　公務員の作為義務は，今後どのような形で問題となってくると予測されるか
14　国家賠償法上の責任と刑法上の責任との関係についてどのように考えるべきか

---

33) 参照，齊藤・前掲（注5）金沢法学49巻1号57頁以下，東京高判平成17・1・26判時1891・3（桶川女子大生刺殺事件国賠訴訟控訴審判決．殺害・名誉毀損行為の危険を除去するために警察官等が警察権の行使をすべき作為義務，予見可能性を否定する），神戸地判平成16・12・22判時1893・83（警察官の権限不行使の違法性を認める）．
34) 参照，齊藤・前掲（注5）金沢法学49巻1号48頁．
35) 塩見淳「公務員の瑕疵ある職務行為と刑事責任」現刑59号（2004）79頁は，公務員の業務上過失致死罪には重過失であることを要するとするが，私人との間に不平等が生じるように思われる．もともと刑法上の過失は，他の法領域に比べて，ある程度高度の過失を要求しているのである．

■ 因果関係

3 ── 相当因果関係論の新動向

最高裁平成 15 年 7 月 16 日決定〔刑集 57・7・950〕
最高裁平成 16 年 2 月 17 日決定〔刑集 58・2・169〕
最高裁平成 16 年 10 月 19 日決定〔刑集 58・7・645〕

1 最高裁の新判例

（1） 相当因果関係は，判例上も学説上も，現在もっとも重要な問題の 1 つである．最近新しい判例が 3 つ出された．理論的にとくに新しい基準が示されたわけではないが，相当因果関係，あるいは客観的帰属は，基本的に流動的な状況の中にあるので，これらの新しい判例の意義を検討しておく必要がある．以下には，これらの新しい判例を，とくにその理論的な判断枠組みに注意しながら，簡単に見ておきたい．

（2） 第一の判例は，最高裁平成 15 年 7 月 16 日決定[1]であって，被害者が被告人から暴行を受けた後，逃走する中で，高速道路に進入したが，そこで交通事故に遭い死亡したという事案についてのものである（以下「高速道路進入事件」と呼ぶ）．

第一審判決は，「本件被害者が本件高速道路に遭遇したことは，被告人らの本件第 1・第 2 現場での暴行から予期しうる範囲外の事態であって，当該暴行の危険性が形を変えて現実化したものであるとは到底いえず，被告人らの上記暴行と本件被害者の死亡との間に検察官の主張するような形での因果関係を認めることはできない」と判示した[2]．本判決は，「通常の予想の範囲外といえる行動であった」ともしている[3]．ここにおいては，すでに米兵轢き逃げ事件においてとられた相当因果関係理論の枠組みが採用されていること，そして，「危険性の現実化」という枠組みも示されているが，この 2 つは同義のものと

---

1) 刑集 57・7・950．解説として，山口雅高・ジュリ 1258 号 177 頁，大場亮太郎・警論 57 巻 6 号 167 頁，山口厚・法教 292 号 100 頁，村木保久・法学新報 115 巻 5 = 6 号 357 頁，深町晋也・法教 281 号 148 頁，曽根威彦・平成 15 年度重判解 156 頁以下など．
2) 前掲刑集 982 頁．
3) 前掲刑集 981 頁．

して用いられていることが注目される．

　これに対して原審判決は，「このような選択が被害者の置かれた状況からみて，やむにやまれないものとして通常人の目からも異常なものと評価することはできず，したがって，被告人らにとってみても予見可能なものと認めるのが相当である」として，死亡との間の因果関係を認めた．すなわち原審判決は，原原審判決と同じように相当因果関係理論の枠組みを採用しつつも，異なった結論に到達している．このように結論が分かれたのは，原原審が現実には追跡がなされていなかったことを前提としたのに対して，原審は追跡があったとして被害者の行為の予見はどうであったかを問題とするべきだと解したこと，また，原原審が被害者にとって選択の余地は多々あったとした点についても，原審は現実の被害者の置かれた状況を重視したことなどによる．

　そして，最高裁もこの原審判決を支持し，被害者の行動が，被告人らの暴行から逃れる方法として，「著しく不自然，不相当であったとはいえない」として因果関係を認めた．この最高裁決定の特徴としては，原原審・原審判決とは異なり，米兵轢き逃げ事件の判断枠組みを直接には示していないことである．これは，あるいは，後にも述べるように伝統的な相当因果関係理論には多くの問題があるので，そのままの形で示すことに躊躇があったからかもしれない．しかし，「著しく不自然，不相当といえるか」という基準は，やはり伝統的な相当因果関係理論と親近性をもっていることも否めないと思われる．

　(3)　次の判例は，最高裁平成16年2月17日決定である[4]．事案は，被告人は被害者に対して暴行による傷害を与えたが，被害者はその治療中に医師の指示に従わず，治療管を引抜くなどして安静に努めなかったために治療の効果が上がらなかったという事情が介在し，死亡したというものである（以下「治療管引抜き事件」という）．

　原審判決は，「上記傷害が〇〇［被害者］の死亡の結果に重大な原因となっていることは明らかであるところ，同人が医師の指示に従わず，安静を保っていなかったことなどの事情は，……通常予想し得る事態であるから，このことによって，刑法上の因果関係が否定されることはない」として，相当因果関係

---

4)　刑集58・2・169．解説として，前田巌・ジュリ1273号171頁，大谷晃大・研修674号15頁以下，豊田兼彦・法セ597号113頁，辰井聡子・判例セレクト2004・30頁，林陽一・平成16年度重判解151頁など．

の判断枠組みを示した[5]．

　これに対して最高裁はそのような判断枠組みは示さず，暴行による傷害がそれ自体死亡の結果をもたらし得るものであった場合には，因果関係はあるとした．この判断枠組みは後にみる大阪南港事件の最高裁決定で示されたものに近い．ここで相当因果関係の判断枠組みを示さなかったのも，被害者の行為はかなり異常とみれないこともないこと，さらに，大阪南港事件と似たような状況であることなどの事情によるものと思われる．

　（4）　最後に検討する最高裁平成16年10月19日決定[6]の事案は，甲が夜明け前の暗い高速道路において乙の自動車を停止させた後，自車が走り去ってから7，8分後まで乙がその場に乙車を停止させ続けたなどの行動が介在して，乙車に後続車が追突して死傷事故が発生したというものである（以下「高速道路停車事件」と呼ぶ）．

　第一審判決は，「同通行帯上で自車を停車させれば，同車に同通行帯の後続車両が衝突する危険が予測されたのであるから，同通行帯上で自車及び前記○○車両を停止させることは厳に差し控えるべき業務上の注意義務があるのにこれを怠り」というように，過失行為を認める前提として事故発生の「危険の予測」を指摘している．また，停車させる行為は，「○○（乙）車がある程度の時間継続してその場に停止することになることは当然予想される」「追突する危険性がかなりあることは被告人に十分予見可能であったということができ，被告人が○○車を停止させたことにより，このような事故発生の危険性を惹起したものであるから，被告人の上記行為に過失があったと認められる」と判示している[7]．ここにおいては，「危険性の惹起」が過失の根拠とされている．そしてさらに，停車後のさまざまの介在事情は，「停止させて，暴行を加えたことに誘発されて生じたものであって，被告人の行為との関係では予想外のものということはできず，また，本件事故は，被告人が○○車を停止させたことによって生じた事故発生の危険性が現実化したものにすぎない」として因果関係を認めている．ここにおいては，「予想外」という相当因果関係理論が示さ

　5）　前掲刑集181頁．
　6）　刑集58・7・645．解説として，豊田兼彦・法セ601号121頁，山中敬一・平成16年度重判解153頁など．
　7）　前掲刑集668頁．

れるとともに,「誘発」,「危険性の現実化」などの判断枠組みが示されていることが注目される. 後にみるように,「危険性」とか「誘発」という枠組は, 以前にも最高裁によって示されていたものであるが, ここにおいては, 危険性とは過失行為の根拠ないし内容とされていること, いいかえると, それ自体は因果関係の内容ではないと解されているようであること, 他方, 因果関係は,「危険性の現実化」によって認められていることが注目される.

原審判決も第一審判決とほぼ同様の判断枠組みを示している. 原審判決によれば, 乙車を停止させた段階で,「追突する危険性があることは, 被告人にも十分に予見可能であった」とし[8]（ここで過失行為が認定されていると考えられる）, また,「追突事故が起こりうることは被告人を含めて十分に予想することができ」「その予測可能の範囲内で本件事故が発生し, 被告人が○○（乙）車を停止させたことによって生じた事故発生の危険性が現実化したと評価することができるから」, 因果関係を肯定することができるというのである.

最高裁平成 16 年 10 月 19 日決定は次のように判示した. 過失行為は,「それ自体において後続者の追突等による人身事故につながる重大な危険性を有していた」「そして, 本件事故は……少なからぬ他人の行動等が介在して発生したものであるが, それらは被告人の上記過失行為及びこれと密接に関連した一連の暴行等に誘発されたものであった」. この最高裁決定には, 相当因果関係の判断枠組み, あるいは, 危険性の現実化という概念は示されていない.「行為自体の重大な危険性」と「誘発」という概念が用いられている. この 2 つの概念で因果関係を認めるという判断枠組みは, 後にみる夜間潜水事件最高裁判例において示されたものである. しかし, この判断枠組みは, 今回の事件についての原原審・原審の判示とは若干異なったものなので, その関係が問題となるのである.

2 判例理論の回顧

（1）ここで, 相当因果関係ないし客観的帰属に関する判例理論を簡単に振り返ってみよう. そのことによって現在の判例理論の抱える問題状況が一段とはっきりすると思われる.

---

8) 前掲刑集 685 頁.

戦後の相当因果関係の判例理論の出発点となったのが，最高裁昭和42年10月24日決定[9]，いわゆる米兵轢き逃げ事件である．事案は述べるまでもないであろう．本決定は，「経験上，普通，予想しえられるところではな」い，「被告人の前記過失行為から被害者の前記死の結果の発生することが，われわれの経験則上当然予想しえられるところであるとは到底いえない」として，轢く過失行為と最終的な死の結果の間の因果関係を否定したのである．すでに述べたように，現在の最高裁はこの米兵轢き逃げ事件において示された判断枠組みを示すことに慎重になっているが，下級審においては依然として頻繁に採用されている．米兵轢き逃げ事件の判断枠組みが現在に至るまでいかに影響力をもっているかがそこからわかる．判例理論として，これだけ絶えずその有効性が問題とされながら，なお命脈を保っているということは注目に値する．

（2）　その後の画期的な最高裁判例として，柔道整復師事件がある．事案は，柔道整復師である被告人が，風邪気味の被害者に対して誤った治療法を指示したところ，この指示に忠実に従った被害者は死亡するに至ったというものである．最高裁昭和63年5月11日決定は，「被告人の行為は，それ自体が被害者の病状を悪化させ，ひいては死亡の結果をも引き起こしかねない危険性を有していたものであるから，……因果関係がある」と判示した[10]．ここにおいて最高裁は，米兵轢き逃げ事件の「予想可能性」という概念に代えて「危険性」という概念を用いたので，このことの意義が問題となった．

（3）　後に詳述するが，柔道整復師事件における判断枠組みは，米兵轢き逃げ事件の判断枠組みを基本的に変更したものではないという理解が可能である．しかし，次にみる大阪南港事件最高裁決定は，そのような理解が困難なものである．事案は，被告人が被害者に暴行をふるい脳内出血を起こさせたが，被害者はその後第三者によってさらに暴行を受け，そのために死期が幾分早められたというものである．最高裁平成2年11月20日決定は，「犯人の暴行により被害者の死因となった傷害が形成された場合には，仮にその後第三者により加えられた暴行によって死期が早められたとしても，犯人の暴行と被害者の死亡との間の因果関係を肯定することができる」とした[11]．ここにおいては米兵轢

---

9)　刑集21・8・1116．
10)　刑集42・5・807．
11)　刑集44・8・837．

き逃げ事件の判断枠組みらしい表現はまったくみられない．むしろ，第三者が新たな暴行を行なうことは通常予想しえないことであって，米兵轢き逃げ事件の判断枠組みからは因果関係は否定されることになるのではないかが問題となった．ここに相当因果関係理論の危機と評される事態が生じた．柔道整復師事件において「危険性」という概念が用いられ，本決定においても「死因となった傷害の形成」という概念が用いられているので，相当因果関係理論ではなく，「危険性の現実化」という枠組みを採用するべきだとの見解も有力になった．

（4）　その後の最高裁判例として重要なのは，夜間潜水事件である．夜間潜水の講習中，指導者である被告人が不用意に受講生である被害者の側を離れたところ，その後被害者と指導補助者に不適切な行動が介在したこともあって，被害者はでき死したという事案である．最高裁平成 4 年 12 月 17 日決定は，「行為自体のもつ危険性」と，その後の第三者と被害者の不適切な行動が，被告人の行為から「誘発」されたものであることを指摘して，因果関係を認めた[12]．ここにおいても，米兵轢き逃げ事件のような「予想可能性」は示されていない．

（5）　以上の判例の問題状況を要約すれば次のようになる．まず，表題の 3 つの最高裁判例は，とくに新しい判断枠組みを示したわけではなく，これまで示された枠組みの中で，事案に即した解決を与えようとしたものと解される．しかし，表題の 3 つの最高裁判例の示す概念は少なくとも表面上は異なっているから，それらが相互にどのような関係にあるのかを明らかにする必要がある．とくに下級審においては，米兵轢き逃げ事件の判断枠組みを維持する傾向がある一方，「危険性の現実化」などという基準を示すものもあるので，両者の関係についても検討する必要がある．さらに，過失行為の根拠ないし内容として「行為の危険性」に言及されることがあるので，最高裁によって示される因果関係の内容としての「行為自体の危険性」との関係も検討されなければならない．

　以上の諸点はいずれも刑法の根本に関わる問題であり，包括的な検討は別稿[13]に譲らざるをえないが，以下には判例の問題状況に即して，筆者の見解をごく要点だけ述べることとしたい．

---

12)　刑集 46・9・683．
13)　林幹人「相当因果関係と一般予防」上智法学論集 40 巻 4 号（1997）21 頁以下．

3 予測可能性と危険の実現

（1） 結論から述べれば，筆者は，予想可能性という米兵轢き逃げ事件の判断枠組みを維持するべきだと考えている．予想可能性という判断枠組みは，後にもみるように，刑法の一般予防という目的からして十分な理論的根拠があり，その内容についても，十分な明確性を備えている．他方，それに代えて主張されている判断枠組みは，その理論的な根拠，内容，共にはっきりしないのである．

考えてみれば，ここでの問題は，条件関係があるにもかかわらず，因果関係ないし客観的帰属をいかなる場合に否定するべきかというものであるが，最高裁判例の中でそのような意味で因果関係を否定したものは，ただ１つ，米兵轢き逃げ事件しかない．したがって，この問題で判例として最大の権威をもつ，いわばレイシオデシデンダイを述べたものは，この米兵轢き逃げ事件だけだといってもよいと思われる．他の判例は，さまざまの基準を示していても，結論としては因果関係を肯定しているのだから，判例としての権威は小さい．そして，他の判例の事案も米兵轢き逃げ事件の判断枠組みで同一の結論に達しえ，かつ，そこで示されたさまざまの基準も米兵轢き逃げ事件の判断枠組みと矛盾するものではなく，むしろ基本的には同じものと解することが可能のように思われる．学説にもそのような評価を下すものは少なくない．

たとえば，最近の最高裁判例が示す「著しく不自然・不相当ではない」，あるいは「危険性」や「誘発」などの概念も，突き詰めれば，「予想可能性」と異なるものではないと解することが可能である[14]．

もっとも，予想可能性というと，漠然とした主観的なもののような印象を与える．さらに，ここでの問題で「予見可能性」という概念を用いる見解もある[15]が，主観的な責任要素としての予見可能性と紛らわしい．行為者の主観的

---

14) 夜間潜水事件を解説する深町晋也・ジュリ 1182 号 99 頁は，誘発概念と相当性との親和性を指摘する．同旨，塩見淳・法教 157 号 94 頁以下．さらに，山口厚＝井田良＝佐伯仁志・理論刑法学の最前線（2001）11 頁以下（佐伯仁志）は，「誘発」について，「被害者等の行為の不適切さの程度が通常あり得る程度のものであったことが重要」とする．

15) 鈴木左斗志「因果関係の相当性について」刑雑 43 巻 2 号（2004）245 頁は，ナイフで刺し殺そうとして軽傷を与えたが，病院に運ばれる途中で交通事故死した場合について，「結果の予見可能性を失わせる局面が生じている」ことを理由に，処罰の必要性は相対的に低いとする．さらに参照，鈴木「刑法における結果帰属判断の構造」学習院大学法学会雑誌 38 巻 1 号（2002）109

な予見可能性によって因果関係を左右するべきでないことは明らかである．相当因果関係は，客観的なものである．したがって，以下では，予測可能性という概念を用いることとする[16]．

(2) もっとも，この客観的ということについては，以前より異論がある[17]．「予測」可能性というからには，人間の認識に関連したものである．認識が客観的とはいったい何を意味するのか．これはたしかに困難な問題であり，さらに検討を加えなければならない点があることは認めざるを得ない．しかし，その基礎にある思想というのは，要するに，行為者の主観内容によって因果関係があったりなかったりすることを認めるべきではない，ということである．このことは，「因果関係」という概念からして，絶対に守らなければならない原則である．いわゆる主観説や折衷説[18]は，どうしてもこの原則から外れる．客観説のみがこの原則を守り得る．客観説とはまさにこの意味での因果関係の客観性を守るために主張されているといってよい．

これに対しては，次のような批判もなされている．たとえば，被害者が運ばれた病院の火事で焼死したが，火事の原因は暖房設備の欠陥で病院の施設管理者に予見可能であった場合にも，けがを負わせた行為と死亡結果の間の因果関係は否定されるとして，因果関係は「普遍的・客観的」なものではないというのである[19]．その意味ではたしかに，「普遍的」なものではない．しかし，行為者の立場に置かれた者の主観内容によって因果関係を左右するべきではないというかぎりでは，やはり客観的なものでなければならない．前の例でいうと，けがを負わせた者が誰か，その主観内容はどうであったかで，因果関係があったりなかったりすることを認めるべきではないということである．

もちろん，客観説をとるということは，相当性判断をまったく科学的・事後的に行なうということではない．「予測」可能性という以上は，あくまで，行為の時点での人間の判断を基礎とするものである．このことは，先に述べたよ

頁以下．
16) すでに，林幹人・前掲（注13）上智法学論集40巻4号28頁以下，同・刑法総論（第2版）(2008) 128頁以下に示した．
17) 最近のものとして，たとえば，前掲（注14）理論刑法学の最前線11頁以下（佐伯）．
18) 前掲（注14）理論刑法学の最前線14頁（佐伯），佐伯仁志「因果関係（2）」法教287号（2004) 48頁，井田良・刑法総論の理論構造（2005) 57頁以下．
19) 前掲（注14）理論刑法学の最前線14頁（佐伯）．

うに，刑法の一般予防，すなわち人間の意識に働き掛けて行動を規律しようとする目的からこの問題を規定しようとすることからして当然のことである．それにもかかわらず，人の主観による相対化を否定すべきだとするならば，「客観説」とは，行為者の立場にある者として，最も認識能力ある人間の判断を基準とするということである[20]．

判例が「予想可能性」という基準に代えて，「危険性」という基準を採用したことは，以上の意味で因果関係の客観的な性格を示すかぎりにおいて正当である．もっとも，この「危険性」といえどもやはり科学的・事後的なものではなく，人間の認識に関連したものである．危険性とは，行為の時点で最も認識能力ある者の判断する結果発生の可能性であり，その意味で客観的に予測される可能性にほかならない．したがって，危険性がないというのと予測可能性がないというのは，同じことである．

(3) 予測可能性という概念に代えて，学説によって，さまざまの基準が示されている．たとえば，「支配（可能性）」[21]，「利用・コントロール可能性」[22]などである．しかし，このような概念が，どのような理論的な根拠から要求されるのか，さらに，その概念はどのような意味をもっているのか，判例のいう予測可能性とどのように違うのか，はっきりしない．概念の内容についていえば，「支配」とか「利用」ないし「コントロール」とかは，間接正犯の正犯性を想起させる[23]．すなわち，高度に強い関係を意味し得る．しかし，ここで問題となるどのような場合も，行為者がその因果経過を「支配」しているとか「コントロール」しているとかいうのは，言葉の本来の意味からすれば，無理である．論者はおそらく言葉の本来の意味よりも広い意味で使おうとしているのであろう．しかしそうなると，予測可能性とどこが違うのか，さらにいえば，条件関係があればすべて「支配」「利用」「コントロール」は可能ともいい得るのではないか，という疑問すら生まれてくる．筆者は以上のことからして，このような概念を使うべきではないと考えている．判例はこの問題について先に見たよ

---

20) その内容についてはさらに，参照，林・前掲（注13）上智法学論集40巻4号38頁，同・前掲（注16）刑法総論（第2版）135頁．
21) 佐伯・前掲（注18）法教287号52頁，辰井・前掲（注4）判例セレクト2004・30頁．
22) 林陽一・平成16年度重判解152頁．
23) 「支配」を基準とする見解を「因果関係と正犯性の基準の混同」だと批判するものとして，井田・前掲（注15）刑法総論の理論構造61頁．

うにさまざまの概念を使っているが，いまだ「支配」とか「利用」「コントロール」などという概念は使ったことはないようである．判例理論を説明する際にこのような概念が使われることもあるが，筆者はそれは適切なことではないと思っている．

（4）　現在さらに有力なのは，「危険の実現」ないし「危険の現実化」という判断枠組みである．この枠組みは最近の下級審判例でも用いられている．また，すでに柔道整復師事件の調査官解説において「危険性の現実化」という表現が用いられている[24]．高速道路進入事件においても，「危険の現実化したものと評価できるという判断を示したもの」という調査官解説がなされている[25]．しかし，このような基準の根拠と内容もはっきりしない．わが国では「危険の実現」という基準は相当因果関係論とはまったく別のものと理解されることすらある．

「危険の実現」という概念が本格的な意味で初めて用いられたのは，1931年ドイツのある学説によってである[26]．しかしそのときのその概念の意味は，相当因果関係理論と別物ではなかった．その学説は，広義の相当性，すなわち，構成要件的結果の相当性という意味で行為の危険性と，狭義の相当性，すなわち，現実の因果経過の相当性を区別し，後者を危険の「実現」としたのである．

ところが，その後ドイツではこの「危険の実現」という基準は発展と膨張を遂げた[27]．その過程では，相当因果関係説そのものも批判を受けた．それにもかかわらず，この「危険の実現」という枠組み自体は，現在では通説的な位置を占めている．しかしその中には，雑多のものが含まれるに至っている．たとえば，危険性は「許されない危険」とされた．また，許された危険の行為をしていても結果が発生した場合にも，危険の実現はないともいわれる[28]．ここでは結果回避可能性要件が危険の実現の一内容とされている．他方でこの関係では，危険を増加させていれば，結果回避可能性がなくても危険の実現としてよいとする見解も主張されている[29]．さらには，強姦の被害者がそれを恥じて自

---

24)　永井敏雄・昭和63年度最判解 274, 275頁．
25)　山口雅高・ジュリ1258号177頁．
26)　Karl Engisch, Die Kausalität als Merkmale der strafrechtlichen Tatbestände, 1931, S. 63.
27)　山中敬一・刑法における客観的帰属の理論（1997），安達光治「客観的帰属論の展開とその課題（1）」立命館法学268号（2000）112頁以下．
28)　Schönke-Schröder-Cramer, 25 Aufl., §15, Rdnr. 162.

殺したような場合，あるいは，傷害の被害者が輸血を拒否した結果死亡した場合，著しくは，いわゆる危険引受けの場合すら，危険の実現の問題とされている[30]．以上のように解することは，少なくとも「危険の実現」という言葉の上では，たしかに可能なことである．

しかし，これらの中には，そもそもわが国では採用するべきでないものがある．たとえば，結果回避可能性要件が満たされなくても因果関係ないし客観的帰属を認める見解を採用するべきではない．危険の引受けの法理や強姦後自殺したような場合に帰属を否定することは，わが国でも採用することが可能であるが，これらは，本章で論じている問題とはまったく別の問題である．これらを「危険の実現」というのは，紛らわしい．

もっとも筆者も，危険の実現という概念をわが国で用いてもよいと考えている．なぜなら，その概念は相当因果関係の（すでに述べたような意味で）客観的な性格を示すにふさわしいものだからである．のみならず，後に述べるような意味で，いわゆる実行行為と相当因果関係の緊密な関係を表現するものと解し得るからである．

このように危険の実現と相当因果関係とは同じものであるという理解は，わが国でも有力である．たとえば，危険性という概念を判例として初めて採用した柔道整復師事件最高裁判例の調査官解説によれば，「客観的な『危険性の現実化』と，内心にもかかわり将来を見通して展望的に判断される『予見可能性』とが，いかなる相互関係にあるのかは必ずしも明らかではないが，両者は，通常の事例においては表裏の関係にあり，因果関係の実体とその簡易識別方法，あるいは，同じ因果関係の実体に対する相異なった角度からの接近方法というような関係にあるのではないかと考えられる」とされている[31]．さらに，夜間潜水事件最高裁判例の調査官解説も，「被害者の行動は被告人にとって決して意想外と評価すべきものではなく，そのような事態が生じるおそれがある被告人の過失行為の危険性が現実化したものにすぎない」としている[32]．ここでも，意想外でないことと危険性の現実化が同義のものとして理解されている．

---

29) Claus Roxin, Strafrecht, AT., 3 Aufl., 1997, S. 327ff.
30) 参照，山中・前掲（注27）刑法における客観的帰属の理論720頁以下．
31) 永井敏雄・昭和63年最判解275頁．
32) 井上弘通・平成4年度最判解225頁．

(5) しかし，わが国で「危険の実現」という概念を採用する場合，いかなる意味においてかは，さらに検討を要する．筆者は次のように考えている．

まず，「危険性」という概念は，実行行為性の意味において維持するべきだと思われる．判例において「危険性」という概念が使われた場合，たとえば，柔道整復師事件，夜間潜水事件，高速道路停車事件などの場合，どのような意味かが問題とされた．それは因果関係の問題であって，実行行為の問題ではないとされたこともある．たしかに，そのような意味にも解し得る．「危険性」をいわゆる狭義の相当性・本来の意味での相当因果関係的なものと解し，現実の因果経過に対する危険性と解するのである[33]．しかし，ここでの局面で「行為自体の危険性」という基準をそのようなものとして理解することは，実行行為の内容としての危険性と紛らわしい．いうまでもなく，犯罪理論において「実行行為」は中核的な概念であるが，その内容は一般に構成要件該当結果発生の危険ある行為と理解されている．筆者は，「行為自体の危険性」という概念は，この実行行為性の意味においてのみ使用するべきだと考えている．過失犯の場合，それは注意義務違反のことである．行為が危険性をもっているからこそ，それは注意義務違反となるのである[34]．

それに対して，この危険性の「実現」「現実化」は，まさに因果経過の相当性，すなわち，予測可能性の意味に用いるべきである．そのように解するのがこの概念の本来の意味であることはすでに述べた．実行行為の内容としての危険性というのは，現実の因果経過をひとまず措いて判断される，行為のもつ一般的・抽象的な結果発生の可能性である．一般的・抽象的に予測可能な結果発生の可能性だといってもよい．この意味においてこれもまた予測可能性だといえる．ここに，これがドイツで広義の相当性と呼ばれた所以がある．これに対してわが国でいう相当因果関係の内容としての予測可能性とは，現実の因果経過の予測可能性である．一般的・抽象的に結果発生が予測可能であったことを前提として，現実の因果経過も予測可能なものであった場合，それはまさに危険が実現したというに最もふさわしいのであり，わが国で今後「危険の実現」「危険性の現実化」という判断枠組みを維持するとすれば，この意味においてであるべきものと思われる．

---

33) 深町晋也・ジュリ1182号98頁．
34) 参照，井上弘通・平成4年度最判解235頁．

たとえば，ここで検討している高速道路停車事件において停車させる行為が過失行為とされたのは，そのような行為が追突などの結果を引き起こす一般的・抽象的な危険性があるからである．そして，現実の因果経過は大筋において予測可能なもの，すなわち，危険性が現実化したものといいうるのである．それが「誘発」ということの意味でもなければならない．

（6）　この実行行為・相当因果関係と「危険性」の「現実化」という対応の内容について，判断の時点という観点からさらに検討してみよう．

実行行為性の内容としての危険性が，被告人の行為の時点での結果発生の可能性の予測判断に基づくものであることははっきりしている．ところが，相当因果関係の内容としての相当性の判断はこれと異なり，事後的判断であり，「因果経過の一こま一こまについて事後的に判断基底を設定した上で相当性判断を行うべきであろう」とし，米兵轢き逃げ事件については，「同乗者が被害者を道路に引きずり下ろしたという介在事情の予見可能性の判断時点は，被告人が自動車を被害者に衝突させた行為時ではなく，同乗者が屋根に跳ね上げられた被害者を発見した時点ということになろう」とする見解がある[35]．しかし，そのように解する理論的な根拠は明らかではない．のみならず，そのような判断を行なうならば，条件関係説とほとんど同じことにもなりうる．予測可能性という相当因果関係論は一般予防という刑法の目的から基礎づけられるのであり，具体的・現実的な因果経過についての予測可能性という意味では事後的なものではあるが，あくまで行為の時点での予測可能性を問題とするものである．その意味ではこれもまた事前判断である．米兵轢き逃げ事件でいうならば，過失の実行行為時の現実の因果経過についての予測可能性こそが相当因果関係にほかならない．米兵轢き逃げ事件の場合過失行為はあり，その行為時に一般的・抽象的な危険性はあったが，現実の因果経過は行為時に予測可能なものではなかったということである．最高裁も，「このような場合に被告人の前記過失行為から被害者の前記死の結果の発生することが，われわれの経験則上当然予想しえられるところであるとは到底いえない」としている．

最近の判例の示す「誘発」「不自然・不相当ではない」などの判断枠組みも，事後的な事情のある時点で，次に発生する事情との関係を問題にするものとさ

---

[35]　曽根威彦「相当因果関係の構造と判断方法」司法研修所論集 1997 年 III 号 14 頁．

れるおそれがある．これらの枠組みも，あくまで行為の時点から判断するものでなければならない．

　（7）　学説においては，予測可能性という判断枠組みは，自然現象にはともかく，人間の行動については妥当しないという見解も主張されている[36]．たしかに，人間の行動の予測可能性判断は，自然現象についてのそれとは異なり，意味連関的なもの，すなわち，心理的因果性についての予測可能性を問題とするものであって，自然現象の可能性判断とは性質が異なっている[37]．しかしそうだとしても，人間の行動についておよそ予測可能性判断が成り立たないとまではいえない．米兵轢き逃げ事件においては人間の行動が介在しているが，最高裁は予測可能性判断を行い，それを否定した．高速道路進入事件においても，被害者の置かれた現実の心理状態を考慮して，危険な高速道路に進入することは予測可能といってよいであろう．この事件の原原審判決は，被害者は客観的には追跡されていなかったとして高速道路に進入したことを予想し得ないとしたのに対して，原審判決が被害者の心理に即して追跡されているという前提に立ち，それを予想し得るとしたこと，あるいは最高裁が「著しく不自然，不相当ではない」としたことも，この意味で理解し得る．

　（8）　予測可能性という相当因果関係理論の枠組みが疑問視されたのは，大阪南港事件を契機としている．すなわち，予測不可能な事情が介在しても，因果関係を認めてよいのではないか，というのである[38]．この問題はそれまでは十分に考えられていなかったものであって，ここに「相当因果関係の危機」が生じたといわれている．しかし筆者の理解では，相当因果関係理論はこの危機を乗り切ったように思われる．

　現実の因果経過の微小な点を問題とすれば，予測不能なことはよくあるものである．しかしそれが，因果関係の大筋に影響を与えたのでなければ，それを捨象してよい．たとえば，傷害を負わせたために被害者が病院に運ばれる途中交通事故に遭ったという典型例でも，もしその交通事故によって受けた傷が小さいのであれば，交通事故が予測不能だとしても，その後の死が最初の傷害から予測可能といえれば因果関係を認めてよいことは明らかである．それでは，

---

[36]　佐伯・前掲（注18）法教287号52頁．
[37]　心理的因果性について，参照，林幹人・刑法の基礎理論（1995）159頁以下．
[38]　参照，大谷直人・平成2年度最判解241頁以下．

その交通事故によって幾分死期が早まったとしたらどうか．これが大阪南港事件の問題である．このような場合，死期が早まったとすれば，その介在事情は無視し得ないと考えることも可能であろうが，早まった程度が「幾分」にすぎないとすれば，受けた傷が小さい場合と同じだと考えることも可能であろう．学説の多くは後のように考えている．もっとも，理論的にそれをどのように説明するかは難しい．筆者自身は，最終的な結果の態様に重大な変更を与えたかによって決めるべきだと考えて，大阪南港事件の結論を支持し得るものと解している[39]．

なお，このことを「寄与」という概念で説明しようという見解も有力である[40]．しかしこれが，予測可能性という概念と異なったものだというのであれば，妥当でない．そのような概念を使う理論的な根拠が不明確であり，その内容もはっきりしないからである．判例もいまだこの「寄与」という概念は使っていないようであるが，この意味でそれは妥当である．

あえて「寄与」を問題とするとすれば，行為者の行為が結果発生に寄与したとは，先に述べたような意味において介在事情の結果に与えた影響が小さく，それを捨象して判断したときに結果が予測可能だということにほかならず，介在事情の寄与が大きいとは，介在事情の結果に与えた影響が大きく，それを捨象し得ない場合に，しかもその介在事情が予測不能だということでなければならない．米兵轢き逃げ事件はまさにそのような場合であった．このように解するならば，「寄与」もまた相当因果関係理論の枠組みと別のものではないということになる．

（9）　予測可能性・危険の実現と区別するべきなのは，強姦後自殺した場合，傷害後輸血拒否したために死亡した場合である．これらの場合，予測可能性や（本章のいう意味での）危険の実現を否定することはできない．それにもかかわらず結果について責任を問うことに問題があるのは，その結果が被害者の認識された自由な意思によるものと解する余地があるからである．刑法は同意殺人

---

39)　参照，井田・前掲（注18）刑法総論の理論構造59頁．なお，この大阪南港事件の場合，後に介在した第三者が死について責任を負うとすれば，最初の行為者はもはや負うことはないとする見解もあり得る（参照，辰井聡子「不適切な医療の介入と因果関係」上智法学論集43巻1号（1999）167頁，高山佳奈子「死因と因果関係」成城法学63号（2000）171頁）が，妥当とは思われない．

40)　参照，鈴木左斗志「因果関係（下）」法教262号（2002）64頁．

や自殺関与について殺人罪の成立を認めていない．それは，それらの場合，死の結果は「被害者」の認識された自由な意思によるものだからである．そうだとすれば，同意殺人や自殺関与でない場合であっても，死の結果が被害者の認識された自由な意思によるものとの評価が可能な場合には，やはり殺人罪の成立を否定するべきだということになる[41]．もっとも，強姦後自殺した場合や傷害後輸血拒否して死亡した場合，死の結果は被害者に認識されていることはたしかであるが，真に「自由」なものといいうるかは，なお問題がある[42]．今後の検討課題であろう[43]．

ここで取り上げた，最高裁で問題となったような高速道路進入事件や治療管引抜き事件においては，死の結果の認識はない．せいぜいその危険の認識があるにすぎない．このような場合，前に検討した事例よりも，被告人に死についての責任を問いやすいことはたしかである．しかし，いわゆる危険の引受けの場合について，死の結果について責任を問わない[44]とすれば，ここでも，死について完全な認識をもっていなかったことは重要でないということになる．ただ，今回の判例のいずれの場合も，被害者は明らかに「自由」ではない．その点でいわゆる危険の引受けの場合とは異なっており，結果について被告人に責任を認めた最高裁の判断は支持しうるものと思われる．

治療管引抜き事件では最高裁は大阪南港事件の判断枠組みを用いている．たしかに，両事件とも，最初の暴行は相当強度のものであった．しかし，大阪南港事件においては予測不能な第三者の行為の前の時点ですでに死は迫っており，第三者の行為は死期を幾分早めたにすぎない．それに対して，治療管引抜き事件では被害者の不適切な行為の前の時点で容体は安定し，担当医は，加療期間について，良好に経過すれば，約3週間との見通しをもったというのである．したがって，大阪南港事件では第三者の行為・結果を捨象してよいとしても，治療管引抜き事件では被害者の行為・結果を捨象するべきではない．それにも

---

41) 林陽一・刑法における因果関係理論（2000）182頁，205頁，207頁．
42) 前田巌・ジュリ1273号172頁．
43) この問題について，参照，小林憲太郎「追いつめられた被害者」立教法学67号（2005）84頁以下など．
44) 千葉地判平成7・12・13判時1565・144．なお，危険の引受けを相当因果関係の観点から説明しようとする試みとして，参照，島田聡一郎「被害者による危険引受」山口厚編・クローズアップ刑法総論（2003）150頁．

かかわらず死の結果について責任を問い得るのは，原審判決も指摘するように，被害者の行為・結果が予測可能な範囲に収まっているからだと解される．

4　予測可能性と一般予防

（1）　最後に，このように現実の因果経過が予測不能な場合に因果関係を否定するという相当因果関係論の根拠について考えてみよう．

まず，このような刑法の基本的問題については，刑法の目的から論定されるべきだということが重要である．因果関係があるかないか，とくに条件関係ではなく，それを前提とするいわゆる相当因果関係の有無は，日常的，あるいは科学的な問題ではないのであり，刑法の問題である．そして基本的に，いかなる場合に処罰するべきかは，何のために処罰するのか，ということから決定されなければならない．

刑法の目的は，人々の意識に訴えて法益を保護すること，すなわち，犯罪の一般予防にある．単なる回顧的な応報という観点[45]，あるいは，「侵害原理」[46]からは，たとえば，自動車で人を轢き殺せばそれだけで因果関係があるということにもなりうる．しかし，刑法の因果関係論はむしろそこから始まる．注意義務違反があったかという実行行為性，その注意義務違反と結果との間の関係（結果回避可能性），そして相当因果関係．これらはすべて犯罪の一般予防ということを考慮したときにのみ，理論的に根拠づけられる．

もし，注意義務違反＝許されない程度の危険をもった行為でない場合をも処罰するならば，行動の自由は著しく侵害されるであろう[47]．自動車事故につき，注意義務違反を問題としないで死について責任を問うならば，およそ自動車を運転するなということにもなりかねない．そして，注意義務を遵守したならば結果は回避された，すなわち注意義務の遵守が法益の保護に有効であることを示すならば，注意義務の履行はより強く動機づけられるであろう．ここに結果回避可能性要件の根拠はある[48]．そして最後に，現実の因果経過が予測しえな

---

45)　前掲（注14）理論刑法学の最前線10頁（佐伯）．
46)　曽根・前掲（注35）司法研修所論集6頁．なお，曽根・同書4頁は，因果関係は未遂と既遂とを区別することに意味があるというが，そうではない．未遂犯においても，因果関係は意味があることについて，参照，林・前掲（注16）刑法総論（第2版）133頁．
47)　髙山佳奈子・前掲（注39）成城法学63号186頁，同「相当因果関係」前掲（注44）クローズアップ刑法総論26頁．

い場合は,あえて処罰しなくても,将来の注意義務の履行を動機づけることに支障は生じないであろう.なぜなら,そのような因果経過は,将来の行為時にも予測不能なのであり,この場合を処罰しなくても,そのことを理由に行為することはありえないからである.

(2) もっとも,予測可能性という判断は,法則を確定するものではないから,条件関係ないし結果回避可能性の判断ほどに科学的なものではありえない.相当因果関係理論に批判が向けられたのは,このような意味での判断の不確定性がその一因である.そこから,因果関係,あるいは客観的帰属の判断は「事実的」なものではなく「規範的」なものであり,また,そのようなものでなければならない,という批判も生じた[49].

本章の立場においても,因果関係の判断は次の意味では規範的なものといってもよい.まず,実行行為性を判断する前提としての危険性,さらに,行為の有用性などの判断はいずれも不確定性をもつ.その衡量となれば(これは絶対に行なわなければならない)[50],その不確定性は倍加する.それは過失犯の場合注意「義務」とも呼ばれ,まさに規範的なものである.次に,現実の因果経過の予測可能性の判断にあたっても,すでに述べたように,一定限度現実を捨象し,抽象化を行なわなければならないが,その過程には価値判断を伴う.

しかし,このような意味での「規範性」は事柄の性質上避けられないことである.それはあくまで「事実」に即した判断であって,正面から「規範性」をもちだすのとは違っている.相当因果関係の予測可能性という概念に代えて「規範的」に判断されなければならないというとき,理論的・実質的に何が意味されているのか,多くの場合明らかではないのであり,ただ何となく処罰したくないという感覚以上のものが示されているわけではない.

以上のことから,本章は結論として,相当因果関係論の「予測可能性」という判断枠組みを維持するべきだと考える.

---

48) なお,筆者はこれがいわゆる条件関係の本体と考えている.林・前掲(注16)刑法総論(第2版)116頁以下.

49) 前掲(注14)理論刑法学の最前線16頁(佐伯),井田・前掲(注18)刑法総論の理論構造62頁.

50) 参照.東京地判平成13・3・28判時1763・17,林・前掲(注16)刑法総論(第2版)33頁以下.

[付記] 最近，最決平成 22・10・26 刑集 64・7・1019 は，被告人の行為が「高度の危険性を有していた」として「過失行為に当たる」とし，因果経過は「異常」ではなく被告人の行為に「大きく影響された」として，被告人の行為の「危険性が現実化した」として「因果関係」を認める判断を下した．

★ 演習問題

1　最判平成 15・7・16 は，どのような事実についてどのような判断を示したか，「著しく不自然，不相当」という基準と米兵轢き逃げ事件判例との関係はどうか
2　最決平成 16・2・17 は，どのような事実についてどのような判断を示したか
3　最決平成 16・10・19 は，どのような事実についてどのような判断を示したか
4　最決昭和 42・10・24 は，どのような事実についてどのような判断を示したか
5　最決昭和 63・5・11 は，どのような事実についてどのような判断を示したか
6　最決平成 2・11・20 は，どのような事実についてどのような判断を示したか
7　最決平成 4・12・17 は，どのような事実についてどのような判断を示したか
8　米兵轢き逃げ事件と同じ状況が現在生じたと仮定した場合，裁判所は因果関係を否定するか
9　米兵轢き逃げ事件における「予想可能性」と，過失犯の成立要件としての「予見可能性」との関係はどうか，主観的な予見可能性によって因果関係の有無を決める見解にはどのような問題があるか
10　相当因果関係についての，主観説，折衷説，客観説とはどのようなものであり，それぞれどのような問題があるか
11　危険の実現とはどのような意味か，相当因果関係とはどのような関係にあるか
12　危険と実行行為との関係はどうか
13　たとえば米兵轢き逃げ事件の場合，注意義務違反をどのような基準により認めるべきか
14　「誘発」と予測可能性，危険の現実化との関係はどうか
15　危険性，予測可能性はどの時点を基準とするのか
16　大阪南港事件において，第三者の行為が予測可能でないにもかかわらず因果関係があるとすれば，どのような理由によるものか
17　強姦された被害者が後日自殺した場合，傷害を受けた後，輸血を拒否したために死亡した場合はどうか
18　結果回避可能性と条件関係との関係はどうか

■正当防衛 1

4——自ら招いた正当防衛
最高裁平成 20 年 5 月 20 日決定〔刑集 62・6・1786〕

1 最高裁平成 20 年 5 月 20 日決定[1]の意義

(1) 正当防衛類似状況を自ら招致した場合をどのように考えるかは，古くから学説・判例によって問題とされてきた．この問題においては，正当防衛類似状況に先立つ事情が重要な意味をもつ．そのことから，判例・学説の中には，問題は「急迫性」の要件に関わるものであり，したがって，昭和 52 年の最高裁判例[2]の枠組み，すなわち，積極的加害意思の問題として理解するものもあった[3]．しかし，昭和 52 年判例における積極的加害意思を文字どおりにとるならば，それは極めて主観的なものであり，かつ，狭いものである．このようなことから，近時の下級審判例には，自招防衛の場合について，積極的加害意思がなくても，一定の場合には正当防衛を否定するものもあった．その中には，先立つ行為の違法性，あるいは，被害者の不正侵害が「通常」予測可能であるといった，客観的な事情を指摘するものがあった[4]．また，先立つ行為の違法性と共に，被告人の主観に着目し，予測の「可能性」を指摘するものもあった[5]．これは，昭和 52 年判例が，「予期」を基本的な要素としていたことから

---

1) 刑集 62・6・1786. 本決定について，後掲のもののほか，参照，赤松亨太・研修 723 号（2008）21 頁以下，井上宣裕・判例セレクト 2008・28 頁など．
2) 最決昭和 52・7・21 刑集 31・4・747.
3) 広島高判平成 15・12・22TKC28095135 など．大コンメンタール刑法第 2 巻（第 2 版）（1999）362 頁（堀籠幸男 = 中山隆夫）は，自招防衛の問題は，昭和 52 年の積極的加害意思に照らして判断するべきとしている．
4) 福岡高判昭和 60・7・8 刑月 17・7 = 8・635，東京地判昭和 63・4・5 判タ 668・223 など．的場純男 = 河本清厳「自招侵害と正当防衛」大塚仁 = 佐藤文也編・新実例刑法（総論）(2001) 123 頁は，自招防衛の場合，判例には客観的な基準を用いる傾向があることを指摘していた．
5) 大阪高判平成 12・6・22 判タ 1067・276 は，「被告人が〔被害者の〕反撃を予想していたとは認められず，かつ，その反撃を予想することが可能であったとも断定できない」として，急迫性を認めた．仙台地判平成 18・10・23 判タ 1230・348 は，被害者の行為は，「被告人にとって十分に予測可能なもので，いわば自らの行為によって招いた結果」であるとして急迫性を否定した．

すれば，その拡張と見るべきものであった．このような，先立つ行為の違法性，予測の可能性といった要素を重視する傾向は，自招防衛の場合に限らず，他の場合にも，積極的加害意思を補充・代替するものとして，生じていたのである[6]．このような状況の中で，最近最高裁は，自招防衛の場合について，重要な判断を示した．

（2）　事案はほぼ次のようなものである．被害者は被告人とあることで言い争いとなったが，被告人はいきなり被害者を殴打し，直後に走って立ち去った．被害者は，自転車で被告人を追い掛け，約60メートル進んだところで追い付き，自転車に乗ったまま，後方から被告人を殴打した．被告人は，護身用に携帯していた特殊警棒をもって，被害者を殴打し，傷害を負わせた．最高裁はほぼ次のように判示した．被告人は，被害者から攻撃されるに先立ち，被害者に対して暴行を加えているのであって，被害者の攻撃は，被告人の暴行に触発された，その直後における近接した場所での一連，一体の事態ということができ，被告人は不正の行為により自ら侵害を招いたものといえるから，被害者の攻撃が被告人の前記暴行を大きく超えるものでないなどの本件の事実関係の下においては，被告人の本件傷害行為は，被告人において何らかの反撃行為に出ることが正当とされる状況における行為とはいえないというべきである．

（3）　本決定の特徴として，さしあたり，次の2点を指摘することができる．第一に，本決定の判示内容は，客観的状況を指摘するのみで，被告人の主観には直接には言及していない．この点は，本件の原判決が，被告人には被害者の不正侵害の「予期」があったことを指摘していること[7]，そして，これまでの下級審判例が，不正侵害の（通常の）予測可能性があったことを指摘していたのと，対照的である．第二に，本決定は，正当防衛のどの要件に欠けるのか，を指摘していない．それどころか，およそ「正当とされる状況における行為とはいえない」と，一般的な指摘を行なっている．この点も，これまでの下級審判例の多くが，問題を正当防衛の急迫性要件に関わるものとしてきたのと異なっている．

　　自招防衛にはさまざまの場合が生じ得る．以下に検討するように，これまで

6）　たとえば，東京地判平成14・1・11TKC28075343は，けん銃の携帯など先立つ行為の違法性と予測可能性を問題として，急迫性を否定している．
7）　刑集62・6・1808．

の下級審判例にも，本件と異なる事案がいくつかあった．本件のような，いわば絵に描いたような自招防衛はむしろ稀である．しかもこれらの下級審判例の事案の場合，昭和 52 年判例の示したような，本来の意味での積極的加害意思を認めることも困難である．しかし，本決定を含め，判例が自招防衛の一定の場合に正当防衛を否定してきたのには，理由があると考えられる．本決定の内容を明らかにすることもさることながら，より根本的な問題の解明が要求されているといえよう．

2 「不正の行為」による自招侵害

(1) 本最高裁決定はすでに述べたように，自招防衛の問題について客観的な判断を示した．そこでまず問題となるのは，その客観的な要件の内容である．

最高裁は，本件の場合，被告人の暴行という「不正の行為」による自招侵害であることを指摘している．問題は，暴行でない，侮辱，脅迫，あるいは，挑発的な言辞であっても，正当防衛が否定され得るか，である[8]．これを肯定した下級審判例に次のものがある．

まず，東京高裁昭和 60 年 8 月 20 日判決[9]は，被告人は「上等だ，表へ出ろ」という挑発的な言辞を申し向けたことから，向かってきた相手に対して，逃げる余裕があったにもかかわらず，「やめろ」ともいわず，相手の攻撃を十分に予期した上，「相手の侵害に対抗する意図で丹刃を準備し，これを用いて機先を制し相手を打倒しようとして右行為に及んだ」ことを理由に急迫性を否定した．本判決は，挑発的な言辞を用いていること，被告人はかなり危険な行為に及ぶ意図があったにもかかわらず，退避しないこと，殺傷能力の高い，丹刃を準備しているといった事情をもって，事前に高度の違法性があったとしているものと思われる．この事案においては，「相手に対抗する意図」しかなく，「その機会を利用する」といった積極的加害意思までは認めがたいようである．

また，仙台地裁平成 18 年 10 月 23 日判決[10]は，被告人（子）が，被害者（父）の金員を着服したことに激怒した被害者から平手打ちをされたことなどから，包丁を示したところ，被害者が被告人の頸部を押さえつけたので，刺し殺

---

[8] 参照，山口厚「正当防衛論の新展開」曹時 61 巻 2 号 1 頁以下（22 頁）．
[9] 高検速報（昭和 60 年）212 頁．
[10] 判タ 1230・348．

た事案について，被告人が被害者の暴力癖を熟知していたことを併せ考慮すると，被害者の行為は「被告人にとって十分に予測可能なもので，いわば自らの行為によって招いた結果」であるとして，急迫性を否定した．包丁を示すという，その時点では危険性の高い行為を行なっていることから，その行為自体に違法性を認めていると解される．この判決はまた，被害者の行為は「被告人にとって十分に予測可能」という主観的な要件にも触れていることに注意したい．

　これらの下級審判例に一定の合理性があり，そして本最高裁決定と別の論理によって構成するべきでないとすれば，「不正の行為」は暴行に限られないと解するべきことになる．自招防衛の典型的な場合として，これまでは重大な侮辱をするような場合が考えられてきた[11]．そのような場合であっても，状況によって，高度の違法性を有する場合はありうる．たとえば，暴行後，一呼吸置いて，重大な侮辱に及んだような場合である．平成18年仙台地裁判決の事案においても，問題の状況で，暴力癖のある父親に包丁を示す行為は，かなり危険だといえよう．「不正の行為」を暴行に限定する理由はないと思われる．

　(2)　不作為であっても，「不正の行為」となりうるであろうか．

　大阪高裁昭和62年4月15日判決[12]は，被害者からナイフを用いた決闘を挑まれ，これに応じて殺害したという事案について，「相手は自分よりはるかに小柄な中学3年生であるから，被告人としては，一時の屈辱に甘んじてもひとまずその場を逃れるという手段をとるべきであった」として，殺人罪の成立を認めた．この事案の場合，事実上の挑発をしたのは被害者であるものの，逃げないという不作為によって，正当防衛状況を自招しているともいえる．

　原則としては，相手の不正侵害が予期されたとしても，ただちに退避義務が生じるものではない．最高裁昭和52年7月21日判決は，「刑法36条が正当防衛について侵害の急迫性を要件としているのは，予期された侵害を避けるべき義務を課する趣旨ではないから，当然又はほとんど確実に侵害が予期されたとしても，そのことからただちに侵害の急迫性が失われるわけではない」としている．最近では，退避義務を広く認める傾向がある[13]が，この原則は維持され

---

11)　小林憲太郎「自招防衛と権利濫用説」研修716号（2008）10頁は，侮辱の場合をも含めている．これは，これまでの学説の大勢だったといってよいと思われる．

12)　判タ653・212．

13)　佐藤文哉「正当防衛における退避可能性について」西原春夫先生古稀祝賀論文集第1巻（1998）241頁，橋爪隆・正当防衛論の基礎（2007）118頁など．

るべきものである[14]．退避義務を認めることは，重大な名誉侵害を伴う．判例にもこの点を重視したものもある[15]．しかし，大阪高裁昭和62年判決の事案のように，「相手は自分よりもはるかに小柄な中学3年生」であれば，名誉の侵害はそれほど重大ではない．それだけでなく，本件はナイフという極めて殺傷能力の高い凶器を用いようとする場合である[16]．このような場合であれば，退避義務違反という高度の違法性を理由に，「不正の行為」による自招防衛としてよいと思われる．後にも述べるが，このような事案の場合，喧嘩や決闘だという理由でただちに正当防衛を否定するべきではない．この大阪高裁判決も，退避せずに喧嘩闘争を受けて立った以上，「急迫不正の侵害」にあたらないとしている．

(3) 次に問題となるのは，被告人の「不正の行為」と，それによって招かれた被害者の侵害行為との客観的関係である．本最高裁決定は，本件の場合，「被告人の暴行に触発された，その直後における近接した場所での一連，一体の事態」だとしている．問題は，本件事案よりも，先行暴行と後行暴行との間に時間的間隔があった場合である．

福岡高裁昭和60年7月8日判決[17]は，被害者は被告人から暴行を受けた後，約20分後，包丁を持って被告人宅に来て，5分ないし10分の間，外側から怒鳴ったり足蹴にしたので，被告人は竹棒を突き出して，傷害を与えたという事案について，「相手方の侵害行為が，自己の先行行為との関係で通常予期される態様及び程度にとどまるものであって，少なくともその侵害が軽度にとどまる限りにおいては，もはや相手の行為を急迫の侵害とみることはできない」，また，防衛行為にあたるとすることもできないと判示した．ここにおいては，

---

14) 宮川基「防衛行為と退避義務」東北学院法学65号（2006）68頁．さらに，後掲照沼論文を参照せよ．
15) 千葉地判昭和62・9・17判タ654・109は，「かかわり合いにならないようホームの別の所に逃げればよかったのではないかとか，駅員に通報して保護を求めるなどの方法があったのではないかとかのたぐいのことを，はた目には言うことができるとしても」「……右の如き論は被告人に対し一方的にそのような屈辱を甘受せよと無理強いし，また嫌がらせをうけながらもその場から逃げ去るくやしさ，みじめさを堪え忍べよというに等し」いとして，傷害致死罪について，正当防衛を認めた．また，札幌高判昭和63・10・4判時1312・148は，被告人において相手に対してことさら「怯懦な態度」をとるのでない限り，引き続き被告人に対しこれと同等以上の暴行が加えられようとしていたとして，急迫不正の侵害を認めた．
16) 佐伯仁志「正当防衛と退避義務」小林充先生佐藤文哉先生古稀祝賀・刑事裁判論集上巻（2006）102頁は，生命に危険な反撃をするときは，退避可能であれば退避義務があるとする．
17) 刑月17・7=8・635．

「通常予期される態様及び程度にとどまる」という指摘がなされている．このような場合にも，正当防衛を否定してよいのではないかと思われる．

（4）　本最高裁決定は，自招防衛の問題について，基本的に客観的な限定を行なおうとしたものである．先行行為の「不正」性，それと被害者の攻撃の関連性には，一定の客観的限定を行なわなければならないことを示したことは，重要な意義をもっている．しかし，最高裁の事案よりは，若干広い場合にまで，正当防衛を否定せざるをえないのではないかと思われる．そして，そのように解した場合，最高裁の事案の場合とこれらの下級審判例の場合とを，異なる解釈原理によって説明するのも，妥当ではないであろう．

3　自招侵害の予期の可能性

（1）　すでに見たように，これまでの下級審判例には，自招侵害の予期・予測の可能性を要件とするものが多かった[18]．その中には，「通常」予測できるという客観的な事情を問題とするものもあったものの，被告人の主観を問題とするものもあった．本最高裁決定の原審判決も，被告人には相手の侵害の「予期」が，初めの暴行から「走り去る途中でも」あったことを指摘している[19]．これに対して本決定は，被告人の主観には触れていない．しかし，結論から述べるならば，少なくとも被害者の不正侵害について，予期の可能性を要件とするべきものと思われる．

（2）　本決定の事案では，初めの暴行は故意によるものである．初めの暴行に故意も過失もない場合，たとえば，自動車を注意義務を守って運転中に，何らかの原因により相手にぶつけてしまったような場合（なお，暴行は相手に接触しなくても成立し得る[20]），相手がこれに憤激して不正侵害をしてきたのであれば，正当防衛を否定するべきではないであろう．

---

[18]　予測可能性を要件とすべきだとする学説として，小林・前掲（注11）研修716号10頁，橋爪隆「正当防衛論の最近の動向」刑事法ジャーナル16号（2009）9頁，栃木力「正当防衛」小林充＝植村立郎編・刑事事実認定重要判決50選（上）（2007）65頁など．従来の学説上は，自招侵害として正当防衛を否定するためには，意図的な挑発であることを要するとする見解が有力であったと思われる．山中敬一・刑法総論（第2版）（2008）485頁，なお，参照，同・正当防衛の限界（1985），山本輝之「自招侵害に対する正当防衛」上智法学論集27巻2号（1984）211頁以下．吉田宣之「『自招防衛』と正当防衛の制限」判時2025号（2009）5頁は，意図的・故意的の場合に限られるとする．

[19]　刑集62・6・1808．

[20]　最決昭和39・1・28刑集18・1・31．

このように，初めの暴行が故意の場合に限られるとしても，後の行為の正当防衛を問題とするにあたっては，先の暴行が故意によるものということそれ自体は，理論的には意味をもたないと思われる．初めの暴行が故意であることを要するのは，その場合にのみ，相手の不正侵害に対する高度の予期の可能性が生じるからである．いいかえると，故意の暴行から生じるような相手の不正侵害に対する予期の可能性がある場合にのみ，正当防衛を否定するべきだということである．

相手の不正侵害について予期の可能性を要すると解することには，理論的な理由がある．まず，積極的加害意思の場合との均衡である．積極的加害意思の場合，相手の不正侵害の予期が基本的前提である．その予期は，被告人と被害者の事前の事情から生じるものである．自招防衛の場合は，積極的加害意思まで認められないとしても，相手の侵害を不正に自招したという，同じく事前の事情を理由として正当防衛を否定するものであるからには，この2つの場合は，整合性を有するものであるべきだと思われる．実際，下級審判例が予期の可能性を急迫性要件の問題としてきたのは，積極的加害意思まで認めえない場合であっても，それとの連続性を保つべきだと判断したことによるものと思われる．相手の不正侵害が自招の故に予期が可能であるとは，それが被告人にとって驚くべきことではないということであり，その場合に急迫性を否定することには理由がある．

本最高裁決定は，「被害者の攻撃は，被告人の前記暴行を大きく超えるものでない」という事情を指摘している．このような事情が問題とされるべき根拠は，初めに暴行した以上は，相手から同じ程度の暴行が返ってくるということが予測できるということにあると思われる．相手の侵害が自招のものであっても，予期を超えた反撃は急迫性を有するという理解は，これまでも度々示されてきたものである[21]．同じ程度の反撃なら許されるなどとはいえない以上は，

---

21) たとえば，中川博之「正当防衛の認定」木谷明・刑事事実認定の基本問題 (2008) 102頁は，「相手方の侵害が予期に反して過大であって，行為者の加害意思及び加害行為との間の均衡を失するような場合には，侵害の急迫性は否定されない」とする．挑発したが，予期・予測を超える激しい暴行を受けた場合には，急迫性を認めたものとして，大阪高判平成7・3・31判夕887・259．被告人が違法な暴行を開始して，継続中，これから逃れるため被害者が防衛の程度をわずかに超えて素手で反撃した場合について，被害者による反撃は，自ら違法に招いたもので通常予想される範囲内にとどまることを理由に，急迫性を否定したものとして，東京高判平成8・2・7判時1568・145．

どの程度までなら正当防衛を否定するかを，客観的に判断する理論的な根拠に乏しい．相手の侵害が客観的には過大のように見えても，被告人には予期が可能であったならば，急迫性を否定してよいと思われる．

（3） この予期の可能性は，初めの暴行の義務違反性を根拠づける[22]ものではない．そうではなく，被告人の後の暴行時の急迫性要件に関わるものである．したがって，初めの暴行時の予期の可能性は，後の暴行時まで継続していなければならないと解される．

4 急迫性と積極的加害意思

（1） 本決定は，「被告人の本件傷害行為は，被告人において何らかの反撃行為に出ることが正当とされる状況における行為とはいえないというべきである」とし，正当防衛の要件について触れていない．しかし，被告人の本件実行行為は，傷害罪の構成要件に該当するものであり，また，正当防衛の要件も一応充足しているように見える．従って，正当防衛にならないというのであれば，正当防衛のどの要件が欠けるのかを明らかにするべきであったと思われる．筆者は，本件において正当防衛を否定する理由は，実行行為の直前の事情，とくに，「一連，一体の事態」ということからして，急迫性を欠くとするべきではなかったかと考える．

本決定がそのように解さなかった理由としては，さまざまのものが考えられる．まず，本決定が本事案で正当防衛を否定する根拠とした事実は，急迫性を否定する判例理論である積極的加害意思とは，かなり異なったものである．積極的加害意思が極めて主観的であるのに対して，本決定は基本的に客観的な事情により正当防衛を否定している．また，急迫性要件に被害者の侵害の程度といった量的なものを関係させることには，疑問がありうる[23]．さらに，本件は急迫性要件以外のもの，たとえば「不正」に関わるものと解する余地がある[24]．そして，本事案において正当防衛を否定する根拠となるのは先行する暴行である以上は，それをも含んだ判断を示したほうがよいとも考えられる．

---

22) 橋爪・前掲（注18）論文は，侵害惹起の高度の予見可能性がある場合に，侵害回避義務違反を課し得るとするが，それはこのような考慮によるものと思われる．
23) 参照，本件解説・法律時報81巻3号130頁．
24) 参照，東京地判昭和63・4・5判タ668・223．

しかし，これらの理由は，決定的なものとは思われない．すでに述べたように，本件の場合も積極的加害意思の場合と整合性をもつ解釈がなされるべきである．また，予期（あるいはその可能性）を超えた侵害は急迫性をもつという解釈には，合理性がある．さらに，本件の場合，被害者の侵害は明らかに違法とするべきものである．そして，何といっても，本件において直接に犯罪の成否を問題とすべきなのは，後行する傷害行為である．

本決定のように，「急迫性」の問題としなくても，本決定の場合と積極的加害意思との間の理論的関係，また，本決定と，それ以前の，「急迫性」を否定することによって正当防衛を否定した下級審判例との関係は，依然として問題として残されているのである．

(2) もっとも，自招防衛の場合，後行行為が正当防衛となることは否定しがたいとして，正当防衛の要件に関連させないで犯罪の成立を認めるという見解は，以前より存在した．周知のように古い判例には，喧嘩の場合正当防衛とならないというものがあった[25]．本件の第一審判決は，この見解を採用している[26]．しかし，「喧嘩」といった曖昧な概念で正当防衛の成否を決するべきではない[27]．本決定もさすがにそのような構成は採用しなかった．しかし一歩進んで，喧嘩の場合，あるいは本件の場合に正当防衛が成立するかは，正当防衛の個々の要件に還元させて判断されるべきものと思われる．実際，近年の判例は，いわゆる喧嘩の場合であっても，正当防衛の個々の要件の内容を明らかにし，その充足を問題とすることによって，正当防衛の成否を判断するようになっていたと思われる．たとえば，喧嘩の場合，急迫性[28]，あるいは，防衛の意思が欠ける[29]というような理解が，実務家によっても示されていたのである．今回の最高裁決定は，この大きな流れに逆行していないか，疑問がある．

(3) 学説においても，自招防衛の場合，後行行為に正当防衛の成立を否定しえないという前提から，この場合の可罰性を説明しようとするものが，現在

---

[25] 最大判昭和23・7・7刑集2・8・793．
[26] 刑集62・6・1800．
[27] 参照，最判昭和32・1・22刑集11・1・31．
[28] 香城敏麿「正当防衛における急迫性」小林充＝香城敏麿編・刑事事実認定（1992）292頁は，喧嘩の場合も挑発防衛の場合も，急迫性を否定する．前掲（注3）大コンメンタール刑法第2巻（第2版）367頁（堀籠＝中山）も，喧嘩の場合，急迫性が否定される場合が多いとする．
[29] 波床昌則「自招侵害と正当防衛」前掲（注4）新実例刑法（総論）107頁は，喧嘩闘争の場合で，「専ら攻撃の意思」に出たと認められるときは，防衛の意思を欠くとする．

でも有力である.

たとえば,自招防衛の場合は権利濫用だという見解がある[30].しかし,この見解はドイツの影響によるもので,その多くは,「法確証の利益」を考慮し,自招防衛の場合,相手の急迫不正侵害にもかかわらず,法は確実に存在することを証明する利益がないから,正当防衛は成立しないと,説明するのである[31].しかし,このような超個人的な法益を認めることには疑問がある.また,この見解においては,権利濫用となる具体的な場合の解釈が恣意的になされている疑いがある.

原因において違法な行為の理論というものもある[32].後行行為が正当防衛として適法だとしても,その状況を引き起こした原因行為は違法でありうるというのである.このようなことは,共犯間にはありうる.たとえば,共同正犯間の行為の違法判断は相対的なのが原則である[33].しかし,単独犯において,後行行為が正当防衛となるのに,その原因行為が違法となることはありえないと思われる.本件の場合も,被告人の後行傷害行為が適法だとは思われない.

(4) 最近有力となっているのは,実行行為に先立つ(侵害回避)義務違反性を問題として,「急迫性」を判断するべきだとする見解である[34].この見解は,積極的加害意思が過度に主観的であるとして,実行行為に先立つ,被告人の義務違反性を独立に問題とするのである.判例にも,このような見解によると思われるものがある.

大阪高裁平成13年1月30日判決は,暴力団の抗争が問題となった事件において,「侵害が予期されている場合には,予期された侵害に対し,これを避けるために公的救助を求めたり,退避したりすることも十分可能」であることを指摘し,被告人らが普段から取っていた身辺警護の態勢は,けん銃を携帯した者が乗り込んだ乗用車2台で周辺を見張るというような「法の許容しない凶器

---

30) 川端博・正当防衛権の再生(1998)124頁.さらに,参照,小林・前掲(注11)研修716号,吉田・前掲(注18)判時2025.なお,社会的相当性を重視する見解として,岡本昌子「自招侵害について」刑雑47巻3号(2008)43頁以下.
31) 中空壽雅「自招侵害と正当防衛論」現刑5巻12号(2003)28頁以下.
32) 山口厚「自ら招いた正当防衛状況」法学協会百周年記念論文集第2巻(1983)721頁以下.
33) 参照,最決平成4・6・5刑集46・4・245,林幹人「適法行為を利用する違法行為」同・刑法の現代的課題(1991)102頁以下,島田聡一郎「適法行為を利用する違法行為」立教法学55号(2000)52頁以下.
34) 橋爪・前掲(注13)正当防衛論の基礎.本書について,参照,林幹人・書斎の窓573号(2008)50頁以下.

を所持した態様の迎撃態勢であった」「これ［相手の襲撃］に対する被告人らの普段からの警護態勢に基づく迎撃行為が，それ自体違法性を帯びたものであったこと及び本件襲撃の性質，程度も被告人らの予想を超える程度のものではなかった」として，「急迫性」を欠くとしている[35]．

東京地裁平成14年1月11日判決も，被害者らが「事務所に押し掛けることが確実なものとなった後も，その予想される時刻までに時間的余裕があったにもかかわらず，事務所を離れたり，警察等の救援を得るような手だても図らずに」かえって，けん銃を携帯するなど「違法な手段をもって準備をしていた」「本件における［被害者等の］行動は，被告人らの予期していた以上の攻撃，あるいは予測不能な攻撃であったとは認められない」として，急迫性を否定した[36]．

これらの判例が，事前の行為の違法性と，相手の不正侵害の予測可能性を問題とするのは，自招防衛についての判例との連続性をうかがわせる．しかし，けん銃の所持や，退避しないこと，警察を要請しなかったこと[37]などの事前の違法性だけで，後の殺人罪の違法性を基礎づけうるものか，疑問がある[38]．昭和52年最高裁判例は，これらの事情は，後の実行行為時の積極的加害意思を基礎づける事情と解したものであり，犯罪理論上は，こちらの方が妥当だと思われる[39]．基本的に犯罪の成否が問われるべきなのは，実行行為による構成要件該当事実だからである．積極的加害意思は，正当防衛の成否がまさに問題となっている実行行為時における，相手の不正侵害の予期と加害意思を内容とするものであり，高度の主観的違法要素であって，急迫性を否定するにふさわしいものと考えられる．

（5）本章の主張を要約すれば，次のようになる．客観的に急迫不正の侵害があれば，原則として正当防衛は認められる[40]．しかし，積極的加害意思があ

---

35) 判時1745・150．
36) 同旨の判例として，大阪高判昭和56・1・20判時1006・112．
37) 橋田久「警察官による救助の可能性と正当防衛」鈴木茂嗣先生古稀祝賀論文集上巻（2007）292, 294頁は，防衛行為の問題として，警察の救援要請義務を認める．これに疑問を示すものとして，松宮孝明・刑事立法と犯罪体系（2003）9頁．
38) 照沼亮介「正当防衛と自招侵害」刑事法ジャーナル16号（2009）16頁（官憲通報義務や退避義務を根拠に犯罪の成立を認めることを疑問とする）．なお，参照，同「正当防衛の構造」岡山大学法学会雑誌56巻2号（2007）162頁以下．
39) 京都地判平成12・1・20判時1702・170は，「警察等に救援を求めることもせず」に言及し，積極的加害意思を認める．

る場合と，前に述べたような自招防衛状況がある場合には，急迫性は否定されるべきである．積極的加害意思がある場合，高度の主観的違法性が認められ，事前に客観的違法性を認めがたいときでも，急迫性は否定される．自招防衛の場合は，違法な行為により，相手の不正侵害を招致したという意味で，事前にある程度高度の客観的違法性が認められることから，主観的には予期の可能性で足りるということになる．両者は共に，問題の実行行為に先立つ事情を基礎に判断されるものであり，整合性をもった解釈がなされるべきものと思われる[41]．

★ 演習問題

1 最決平成20・5・20は，どのような事実について，どのような判断を示したか
2 最決昭和52・7・21は，どのような事実について，どのような判断を示したか
3 平成20年決定は，「不正の行為」であることを理由として正当化を否定しているが，「不正の行為」が暴行でない場合はどうか
4 東京高判昭和60・8・20は，どのような事実について，どのような判断を示したか
5 仙台地判平成18・10・23は，どのような事実について，どのような判断を示したか
6 大阪高判昭和62・4・15は，どのような事実について，どのような判断を示したか
7 相手の不正侵害が予期された場合，原則として退避義務が生じるという見解にはどのような問題があるか
8 生命に危険な行為に反撃をするときは，退避義務が生じるという見解はどうか
9 千葉地判昭和62・9・17は，どのような事実について，どのような判断を示したか
10 平成20年最高裁決定の場合よりも，先行暴行と後行暴行との間に時間的間隔があった場合，どのように解するべきか
11 福岡高判昭和60・7・8は，どのような事実について，どのような判断を示したか
12 平成20年決定は，自招侵害の予期，ないし，予測の可能性に言及していないが，この点について，どう考えるか
13 自招防衛として正当防衛を否定するときに，被告人の主観的状況をおよそ考慮に入れないことには，どのような問題があるか
14 相手の不正侵害について予期の可能性を要するという見解はどうか
15 平成20年決定は，「被害者の攻撃は，被告人の暴行を大きく超えるものではない」

---

40) 急迫性を「客観的・事実的判断として維持」すべきとするものとして，伊東研祐「『侵害の予期』，『積極的加害意思』と防衛行為の『必要性』」研修710号（2007）10頁．
41) 照沼・前掲（注38）刑事法ジャーナル16号13頁は，本判例と昭和52年判例を，事前の事情に関連する「同様の問題」とする．

ことを指摘しているが，これは，どのような理由によるものか
16 予期の可能性を要件とした場合，時間的にどの段階にある必要があると解するべきか
17 平成20年決定は，正当防衛の要件に触れていないが，この点をどう考えるか
18 平成20年決定が，事案を「急迫性」要件の問題としなかった理由としては，どのような事情が考えられるか，この点についてどのように考えるか
19 「喧嘩の場合正当防衛とはならない」という見解にはどのような問題があるか
20 大阪高判平成13・1・30は，どのような事実について，どのような判断を示したか
21 東京地判平成14・1・11は，どのような事実について，どのような判断を示したか

■ 正当防衛 2

5 —— 財産を防衛する暴行
最高裁平成 21 年 7 月 16 日判決〔刑集 63・6・711〕

1　最高裁平成 21 年 7 月 16 日判決[1)]の意義

（1）　平成 21 年に最高裁は，財産などを守るためにした暴行について正当防衛とする判決を下した．事案の概要は以下のようなものである．被告人らは，本件建物とその敷地を共有し，その建物を賃借したうえその一部に居住するとともに，被告人らが代表取締役を務める有限会社 F 宅建の事務所として使用していた．ところが，その不動産に持分を有する E 不動産の従業員である B らは，被告人らによる本件建物についての工事を，さまざまの形で妨害するに至った．その間 E 不動産は，工事の中止，明渡しを求める民事訴訟を提起したが，斥けられている．本件当日 B は，立入禁止の看板を本件建物に取り付けようとした．被告人はこれを防ごうとして暴行に及んだ．第一審は傷害罪，控訴審は暴行罪の成立を認めたが，最高裁はほぼ次のように述べて正当防衛の成立を認め，無罪とした．B らの行為は，被告人らの建物に対する共有持分権，賃借権等を侵害するとともに，F 宅建の業務を妨害し，被告人らの名誉を侵害するものである．また，B らは過去にも同様の行為を繰り返している．一方，被告人と B との年齢・性別・体格などを考慮すれば，暴行の程度は軽微なものであった，というのである．

（2）　本決定において最も重要なのは，財産などを防衛するための暴行について，「相当性の範囲を超えたものということはできない」としたことである．財産を防衛するための身体に対する反撃については，次のような指摘がなされていた．「一般論としては，防衛者の生命・身体に対する侵害がないのに，侵害者の生命・身体に対して危険を及ぼすような方法で反撃を加えることは，防

---

1)　刑集 63・6・711.

衛の手段としての相当性を欠く」というのである[2]．判例上も，財産権の侵害に対しては，それを取り除くこと，本件でいうなら，看板を取り除くことは，「やむを得ずにした行為」にあたりうると解されてきた[3]ものの，豆腐の貸し売りを迫られ相手を角材で殴打する行為[4]や，建物所有者が使用者に無断で建物の屋根を引き剝がすのをやめさせるため丸太で殴打する行為[5]は，正当防衛とはならないとされてきた．しかし，本件のように，財産・業務・名誉のいずれについてもかなり重大な要保護性が認められる一方，暴行の程度がかなり軽微な場合にはどうなるのか，明らかではなかった．最高裁は正当防衛を認めたのである．この結論に異論は少ないと思われるが，本件にはさまざまな理論的な問題が含まれている．

本判決は，「やむを得ずにした行為」にあたるか否かの判断において，防衛行為の相当性のみを問題としており，いわゆる必要（最小限度）性を問題としていない．そして，相当性を認めるにあたっては，「法益の価値序列に配慮しつつ，具体的状況下での侵害法益と保全法益の衡量を行い，正当防衛の成立を肯定している」という指摘がなされている[6]．ところが，次のような見解もある．「そもそも行為態様や侵害法益が全く異なるものを比較するということの意義が必ずしも明らかでない」として，本判決は必要最小限度の枠組みで判断したものだというのである[7]．

防衛行為の相当性とは一体何を意味するのか．必要性との関係はどうなのか．本章はこのような問題について若干の検討を加えようとするものである．

2 防衛行為の必要性と相当性

（1）防衛行為の必要性と相当性の関係の問題は，長い系譜をもつものである[8]が，画期的なのは最高裁昭和44年12月4日判決[9]である．事案は，被告

---

2) 大コンメンタール刑法第2巻（第2版）（1999）399頁（堀籠幸男＝中山隆夫）．
3) 大阪高判昭和35・9・27高刑集13・7・526，名古屋高判昭和36・3・14高刑集14・3・132など．参照，前掲（注2）大コンメンタール刑法第2巻（第2版）399頁以下．
4) 大判昭和3・6・19新聞2891・14は，豆腐数丁の財産的利益を防衛するため人命を害することは防衛の程度を超えるものである，とする．
5) 大阪高判昭和35・11・4高刑集13・8・620．
6) 井上宜裕・平成21年度重判解176頁．
7) 橋爪隆・本件評釈・刑事法ジャーナル21号（2010）89頁．山口厚・本件評釈・NBL918号（2009）73頁も，「防衛行為の相当性は，侵害法益と保全法益との比較衡量により判断されるものではな」いとする．

人は指をねじあげられたので，被害者の胸の辺を突いたところ，自動車に後頭部を打ち，傷害を負ったというものである．原審が傷害の結果にかんがみ過剰防衛としたのに対して，最高裁は正当防衛とした．そこにおいて最高裁は，刑法36条1項にいう「已ムコトヲ得サルニ出テタル行為」とは，「必要最小限度」のものであること，すなわち，「相当性」を有するものであることを意味すると述べた．ここにおいては，必要最小限度と相当性とは同義に解されている．しかし，その厳密な内容は必ずしも明らかではなく，議論が生じることとなった[10]．

「必要最小限度」という基準を重視すれば，次の2つの帰結が生じえ，現に主張されている．1は，正当防衛となるためには，防衛行為は必要最小限度でなければならない，というものである．2は，必要であれば，それだけで，正当防衛となる，というものである．

しかし，結論からいえば筆者は，どちらの見解も妥当でないと考える．

(2)　まず，「必要最小限度」をわずかでも超えれば，それは過剰防衛となるという見解が有力に主張されている．「侵害者側と防衛者側の比較衡量を不要としつつ，被侵害法益を防衛するために防衛行為者が侵害現場で選択しえた防衛手段のうち，……確実に防衛効果が期待できる手段の中で，侵害性が最も軽微である手段を選択した場合に限って，その手段はまさしく『必要最小限度』の手段であり，『やむを得ずにした行為』に当たる」というのである[11]．ここでは，確実に防衛効果が期待できるという留保があるものの，「比較衡量を不要」とし，「最も軽微」な手段でなければ正当防衛とはならないとされている．

しかし，このような理解は，正当防衛の場合は緊急避難とは異なり，補充性を要しないという一般的な理解に反するのではないかと思われる．すでに昭和

---

8)　川端博・正当防衛権の再生 (1998) 155頁以下．
9)　刑集23・12・1573．
10)　必要性と相当性とを異なる2つの要件と解し，分けて考えるべきだとするものとして，浅田和茂・刑法総論（補正版）(2007) 230頁など．
11)　注釈刑法第1巻 (2010) 454頁（橋爪隆），橋爪隆・正当防衛論の基礎 (2007) 353頁においても，「侵害現場において，防衛行為者が選択可能な有効な防衛手段のうち，最も被害が軽微なものを選択しなければ，その対抗行為は過剰防衛として評価される」とされている．山中敬一・刑法総論（第2版）(2008) 470頁は，「『やむを得ずにした行為』とは，単に『必要な』行為を指す」とする．もっとも，「防衛行為の内在的制約」として「侵害危険の想定的均衡性」を要件とする．同書489頁．

2年12月20日大審院判例は、防衛行為がやむを得ざりしとなすには必ずしも他に執るべき方法の存したりしや否は問う所に非ず、としていた[12]。この趣旨は、翌年の大審院判例によっても確認されている[13]。前述した昭和44年最高裁判例は「必要最小限度」という概念を用いてはいるものの、この伝統的な通説・判例を覆すまでの意図はなかったと解するべきだと思われる。この最高裁判例は、原審判決が「傷害の結果にかんがみ、防衛の程度を超えた」としたのに対して、それは、「たまたま生じた右傷害の結果にとらわれた」ものとしたものである。したがって、そのレイシオ・デシデンダイは、「反撃行為が右の限度を超えず、したがって侵害に対する防衛手段として相当性を有する以上、その反撃行為により生じた結果がたまたま侵害されようとした法益よりも大であっても、その反撃行為が正当防衛行為でなくなるものではない」という部分にこそあると解される。すなわち、必要最小限度なものに正当防衛を限定しようとするものではなく、行為の相当性を重視して、正当防衛の範囲を拡張しようとするものである。

　昭和44年判例の場合、本当に必要最小限度であったかは、疑問の余地がある。次のような指摘がある。被告人は被害者の胸の辺を強く突き飛ばしたが、ねじあげられている左手を手前に強く引くとか、横に振るとかして、攻撃を排除することもできたのであり、必要最小限度ではなかった。そして、昭和44年判例について、「厳格な意味での必要最小限度の手段までをも要求したものではないと理解すべき」というのである[14]。筆者もこのような理解が正当なものと考えている[15]。

　その後、「やむを得ずにした行為」について問題となったのは、最高裁平成元年11月13日判決[16]である。これは、被告人は菜切包丁を構えて、相手の暴行を防ごうとしたという事案について、「相当性」の範囲内にあるとして正当防衛としたものである。この判例についても、被告人は近くの薬局に逃げ込み助けを求めることができなかったわけではなく、必要性はなかった、必要性に触れていないのは、相当性のみを判断すれば足りると判断したためだという指

---

12) 評論17刑法18.
13) 大判昭和3・6・19新聞2891・14.
14) 川口宰護・平成元年度最判解344頁.
15) 林幹人・書斎の窓573号（2008）50頁以下、同・刑法総論（第2版）（2008）193頁.
16) 刑集43・10・823.

摘がなされている[17]．

　本件の最高裁判決の場合についても，被告人は「看板を奪い取ればよい」，すなわち，暴行は必要ではなかった，という指摘がなされている[18]．必要最小限度を強調すれば，看板は被害者が帰った後に撤去すればよく，暴行までの必要はないとも考えられないではない．しかしそうだとしても，本件の場合最高裁は正当防衛とするであろうし，筆者もそれが妥当と考える．

　(3)　必要性を重視する見解は，さらに，必要であれば，保全した利益と侵害した利益との間の均衡を問わず，正当防衛を認めるべきだと主張する[19]．しかし，侵害される利益を防衛するためには，いかにそれしかない，必要な行為だとしても，法益侵害の程度をおよそ問題としないで正当防衛を認めることには疑問がある．豆腐1丁を防衛するために必要とあれば殺害してもよいというのは，支持しがたいことである．このような場合，やはり過剰防衛とするべきものと思われる．

　このように考えてくると，「やむを得ずにした行為」とは，被告人が侵害した利益と防衛して守った利益とを衡量のうえ，行為が相当性の枠内に収まっていることを意味し，必要性要件はそこに含まれない，と解するべきだと思われる．

　(4)　必要性を重視する見解は，比較衡量はなしえない，あるいは，不明確だと批判する．たしかに，本件で問題となった財産的利益と身体的利益とは次元の異なるものである．しかし，従来の判例は，このような場合についても，比較衡量をしてきた．すでに見たように，判例は，豆腐数丁のために角材で殴打して死に致す行為，あるいは，建物の屋根のために丸太で殴打して傷害した行為は，過剰とした．あるいは，マイクが盗まれるのを防ぐために暴行した場合については，正当防衛とした[20]．本件でも，防衛行為の「相当性」の範囲内にあるとされた理由は，財産・業務・名誉に対する侵害を防衛するためにした暴行が軽微だったことにあるとされているのであり，基本的には，保全された

---

17)　川口・前掲（注14）平成元年度最判解350頁．
18)　門田成人・本件解説・法セ658号119頁．
19)　高山佳奈子「正当防衛論（下）」法教268号（2003）68頁．同論文によれば，「『比較衡量』の発想は正当防衛に適合しない」，「刑法の正当防衛には害の均衡を要しない」とされている．同趣旨のものとして，松宮孝明・刑法総論講義（第4版）（2009）143頁など．
20)　高松高判平成12・10・19判時1745・159．

利益と侵害した利益との衡量を基礎とするものと解される.

　もちろん，比較衡量といっても，2つの物の重さを天秤にかけて測るような客観性・科学性はないことはたしかである．法益の内容は究極的には精神的なものであり，その衡量には価値判断を伴う．しかし，法益保護を任務とする刑法において，違法阻却の原理として，侵害された法益と保全された法益を衡量するという考えに優るものはない[21]．そのような原理は，刑法37条の緊急避難規定において，「これによって生じた害が避けようとした害の程度を超えなかった場合に限り」罰しないとされていることにも表われている．現行刑法は，ここにおいて違法阻却の一般原理を表明していると解される．正当防衛は，相手が急迫不正の侵害をしている場合であるから，相手の利益は低く評価され，被告人によるある程度重大な反撃のリスクを負担しなければならない．また，厳格な補充性も要件とされない．しかし，正当防衛は違法阻却事由の典型であるからには，最終的には，被告人が侵害した法益と保全した利益との衡量によるべきものと思われる[22]．

　(5)　昭和44年最高裁判例は，先に見たように，防衛行為の相当性を判断するにあたっては，結果の重さにとらわれてはならない，とした．それは結局，行為の危険性を重視すべきだということである．最高裁平成9年6月16日判決[23]は，鉄パイプをもって攻撃してくる相手が，2階手すりに身を乗り出したので，下に転落させ，傷害を負わせたという事案について過剰防衛とするにあたって，その行為が「危険」であることを強調した．そこから学説には，防衛行為は「行為（無）価値的要素」であり，防衛行為の相当性は，「侵害と反撃のバランスないしはその対応関係の問題」だとする見解も現われた[24]．これは，行為の「バランス」，すなわち，衡量と解しているかぎりで妥当なものと思われる．しかし，結果の重さ，保全した利益の重さも，衡量すべきものである[25]．

---

21)　参照，前掲（注11）注釈刑法第1巻334頁（今井猛嘉）．
22)　前掲（注2）大コンメンタール刑法第2巻（第2版）386頁（堀籠＝中山）は，相当性判断の基準として，法益の均衡，比較衡量を重視する．伊藤渉ほか・アクチュアル刑法総論（2005）191頁（成瀬幸典）は「防衛行為の相当性とは，防衛行為によって害されることとなる利益と保護されることとなる利益との間に均衡が認められることを意味する」とする．橋爪・前掲（注11）正当防衛論の基礎34頁も，正当防衛は優越的利益原理のもとで根拠づけるべきだとする．
23)　刑集51・5・435．
24)　井田良・刑法総論の理論構造（2005）163頁．
25)　事後判断（結果基準）を説くものとして，橋田久「正当防衛における防衛行為の相当性」刑法の争点（2007）45頁．

たとえば平成9年判例の場合，被害者は重傷を負ったが，極めて軽傷であれば，被告人の保全した利益の重大性にかんがみ（彼は鉄パイプで殴られそうだった），過剰防衛とするまでもないという判断はありうる．結局，正当防衛が否定されるのは，行為の危険と発生した結果のどちらの衡量によっても，相当性を逸脱している場合だということになる．すなわち，行為については，法益侵害の危険性と（侵害されそうになっている）利益保全の有用性，結果については，法益侵害の重大性と保全利益の重大性を衡量するのである[26]．

もっとも，本件の場合は，行為と結果の間に事実上間隙がないから，この点は問題とはならず，端的に暴行と財産などを衡量すればよい．

(6) 本判決は，侵害者の過去の違法行為を強調している．すなわち，「本件以前から継続的に被告人らの本件建物に対する権利等を実力で侵害する行為を繰り返して」いることを正当防衛とする重要な根拠としている．しかし，正当防衛は「急迫」不正の侵害に対するもので，過去の違法行為に対してはできないというのが原則である．この点をどのように解するべきかが問題となる．学説には，「侵害者側の侵害意欲がきわめて強固」[27]であることが示されているという指摘がある．正当と思われるが，さらにいえば筆者は，そのことによって，侵害者の要保護性が小さくなり，かつ，暴行によって保全される利益が大きくなるために，「やむを得ずした行為」であることを基礎づけることになると考える．

3 「財産」と「名誉」の防衛

(1) 本判決は，被害者らは，被告人らの財産権・業務・名誉を侵害しているとする．このうち，業務妨害についてはそれほど問題はない[28]．財産権，名誉については，検討を要する問題がある．

まず，財産についてであるが，本件の場合，被告人らの財産権は，すでに民事裁判所による確定した判断によっても認められていた．したがって，被害者らの行為を違法とすることに問題はなかった．しかし，もし民事裁判所による判断がなされていなかったとしたらどうであろうか．現実にはそのようなこと

---

26) 林・前掲（注15）刑法総論（第2版）194頁．
27) 橋爪・前掲（注7）刑事法ジャーナル21号88頁．
28) 威力業務妨害を違法とした事例として，最決昭和27・3・4刑集6・3・345．

が多いであろう．この点については，そのような場合は，暴行による正当防衛を認めるべきでないという見解もありうると思われる．本権説・占有説の問題についてしばしばいわれるように，財産権の所在が不明確な場合には，暴力によってではなく，まずもって民事訴訟による解決を行なうべきだという見解はありうる．一方，被害者側についても同じことがいえ，急迫「不正」の程度は変わらないという見解もありうるであろう．筆者自身は，そのような場合，基本的には実体的な財産権の存否が決定的であり，本件と同じように正当防衛を認めるべきだと考える．なぜなら，民事裁判所による判断がなくても，被告人らに存在した実体的な財産権は防衛に値することに変わりはないと思われるからである．このような場合に正当防衛を否定するのは，民事裁判所の判断そのものの防衛，すなわち，国家的法益の正当防衛を認めることにほかならないと思われる[29]．

民事裁判所の判断がない場合，本件刑事裁判の審理において，財産権の存在が不明確という場合が生じる．そのような場合は，違法阻却事由の不存在の立証責任は訴追側にある以上は，財産権の不存在を訴追側が証明しなければならないと思われる．その証明がない場合，「疑わしきは被告人の利益に」の原則に従い，無罪としなければならないと思われる．

（2）　次に，本判決は，被告人らは名誉も侵害されているとしている．財産権侵害や業務妨害は明らかであるにもかかわらず，名誉侵害にまで言及したことは重要な意味をもっている．急迫不正の侵害を受けた場合，それは常に伴うもので，あえて問題としなくてもよいという考えもありうる．筆者の印象では，これまでの判例では，急迫不正の侵害を受けたときの被告人の名誉に言及したものは少ない[30]．反対に，最近では，急迫不正の侵害を受けても，反撃をしないで侵害の回避が可能な場合は，正当防衛とはならないといった論調が判例・学説には多いように見受けられる．筆者はこれを疑問に思う[31]．本判決が，あえて名誉侵害を強調したことを評価したい．

もう1つ重要なことがある．本件の場合，被告人らは警察に連絡し，現に事

---

[29] 坂田正史・本件解説・研修749号（2010）24頁は，「正当防衛の成否の判断に必要な『権利』の存否等は，本案訴訟の結果を待たずに判断されるべき」とする．
[30] 不正の侵害を受けた者の名誉に言及した判例として，千葉地判昭和62・9・17判タ654・109，札幌高判昭和63・10・4判時1312・148など．
[31] 林幹人「自ら招いた正当防衛」刑事法ジャーナル19号（2009）48頁．

件後まもなく警察は来た．急迫不正の侵害を受けても，警察が来るまで待てばよかったのではないか，問題となりうる．この点についても，私人間の紛争は可能なかぎり公的救済によるべきで，私的闘争は避けるべきだ，といった主張もある．たしかにこのような主張は，反撃が生命侵害の危険を有するような場合には妥当するかもしれない[32]．しかし，一般化はできない．原則はむしろ，急迫不正の侵害を受けた場合，警察を呼ばなくてもよい，呼んでも待たなくてもよい，と解するのでなければならないと思われる．

　侵害回避義務や公的救済による解決を強調する見解は，過激派・暴力団同士の抗争について正当防衛論が問題となったことが多かったという事情を背景としている．そこから，本来の正当防衛論が歪められたのではないか，と筆者は思っている．筆者の見るところ，本件被告人はむしろ，あっぱれな市民である．本件の場合，暴行が軽微にとどまったことはたしかに重要な事実ではあるが，本判決の正当防衛についての基本的な考え方は，これまでの正当防衛論にも再考を迫るものがある．

★ 演習問題

1　最判平成21・7・16は，どのような事実についてどのような判断を示したか
2　財産を防衛するために，身体に対して反撃を加えた場合，判例は一般にどのように解してきたか，具体例を示して説明しなさい
3　最判昭和44・12・4は，どのような事実についてどのような判断を示したか
4　そこにおいて，必要（最小限度）性と相当性は，どのような関係にあると解されているか
5　必要最小限度でなければ正当防衛とはならない，という見解にはどのような問題があるか
6　最判平成元・11・13は，どのような事実についてどのような判断を示したか
7　保全した利益と侵害した法益との均衡を問わず，必要であれば，正当防衛となるという見解にはどのような問題があるか
8　相当性の内容として，法益の衡量と理解する見解にはどのような問題があるか，その点についてどのように解するか
9　最判平成9・6・16は，どのような事実についてどのような判断を示したか
10　危険の衡量，結果の衡量とはどのようなものか，この点についてどう考えるか

---

[32]　参照，佐伯仁志「正当防衛論（2）」法教292号（2005）77頁．

11 本件事案において，侵害者の過去の違法行為は，正当防衛を認める上で，どのような意義を有しているか
12 本件の事案で，民事裁判所による判断がなされていなかった場合，正当防衛を認め得るか
13 刑事裁判の過程で，財産権の所在が証明されない場合，どのように解するべきか
14 本件の場合，名誉侵害に言及していることには，どのような意味があるか
15 本件の場合，警察が来るまで待ち，暴行するべきではなかった，という見解にはどのような問題があるか

■ 過剰防衛

6——量的過剰について

最高裁平成 20 年 6 月 25 日決定〔刑集 62・6・1859〕
最高裁平成 21 年 2 月 24 日決定〔刑集 63・2・1〕

1 最高裁平成 20 年 6 月 25 日決定と最高裁平成 21 年 2 月 24 日決定の意義

(1) 過剰防衛の典型は,急迫不正の侵害に対する反撃行為が,それ自体として過剰であった場合である.これに対して,急迫不正の侵害に対して正当防衛としての反撃行為をしたが,その後急迫不正の侵害が消滅したにもかかわらず,攻撃行為を継続した場合にも過剰防衛となるかが問題となる.この場合を——前の典型的な場合を質的過剰というのに対して——量的過剰ということがある.このような場合,判例は,後に検討する昭和 34 年の最高裁判例以来,一連の行為を全体として考察し,全体について,過剰防衛の成立を認めるという立場を採用してきた[1].

このような判例の見解を支えるのは,次のような考慮であろう.「一般に,人の行なった行為について構成要件該当性や違法性阻却事由の有無等を判断するに当たっては,まず判断の対象となる『1 個の行為』の内容を確定すべきであり,それが確定した後に,当該『1 個の行為』全体について構成要件該当性や違法性阻却事由の有無等を判断すべきものである」[2].

最高裁は,この問題に関連する 2 つの決定を出し,一方では,これまでの全体的考察に一定の歯止めをかけると共に,他方では,筆者の見るところ,一歩を進める判断を示した.

(2) 最高裁平成 20 年 6 月 25 日決定[3]の事案は,要約すると,以下のとお

---

1) 参照,安廣文夫「正当防衛・過剰防衛に関する最近の判例について」刑雑 35 巻 2 号(1996)247 頁以下,松尾昭一「防衛行為における量的過剰についての覚書」小林充先生佐藤文哉先生古稀祝賀・刑事裁判論集上巻(2006)126 頁以下,曽根威彦「侵害の継続性と量的過剰」研修 654 号(2002)3 頁以下など.
2) 永井敏雄「量的過剰防衛」龍岡資晃編・現代裁判法体系 30(刑法・刑事訴訟法)(1999)135 頁.
3) 刑集 62・6・1859.本件については,成瀬幸典・判例セレクト 2008・29 頁,山口厚・刑事法

りである．被告人は，被害者甲からいきなり殴り掛かられたことなどから，甲の顔を1回殴打した．甲は，その場にあったアルミ製灰皿を被告人に向けて投げ付けた．そこで，被告人は甲の顔面を殴打すると，甲は転倒して，後頭部を地面に打ち付け，動かなくなった（第1暴行）．被告人は，憤激の余り，意識を失ったように動かなくなって仰向けに倒れている甲に対し，その状況を十分に認識しながら，暴行を加え，傷害を負わせた（第2暴行）．甲はその後，第1暴行によって死亡した．

　第一審判決は，「全体として」1個の過剰防衛による傷害致死罪が成立するとした．これに対して原判決は，第1暴行については正当防衛が成立するが，第2暴行については正当防衛ないし過剰防衛が成立する余地はなく，傷害罪が成立するとした．最高裁はほぼ以下のように述べて，この原判決の判断を維持した．1個の過剰防衛の成立を認めるのは相当ではなく，正当防衛に当たる第1暴行については，罪に問うことはできないが，第2暴行については，正当防衛はもとより過剰防衛を論ずる余地もなく，傷害罪の責任を負う，というのである．

　本決定は，このように，いわゆる全体的考察を否定し，両暴行は「断絶」しているとした．その理由として指摘しているのは，第1暴行と第2暴行とは，甲による侵害の継続性と防衛の意思の有無という点で，明らかに性質を異にし，第2暴行は，「おれを甘く見ているな．おれに勝てるつもりでいるのか」という発言をした上での，抵抗不能の相手に対する相当に激しい態様のものであったということである．

　本決定の前には，正当防衛行為から過剰防衛行為へと移行した場合のみならず，過剰防衛行為から完全犯罪行為へと移行した場合にも，全体的考察を及ぼし，後の場合には全体として完全な犯罪の成立を認め，過剰防衛規定を適用しないという実務の運用が行なわれていた[4]．しかし，正当防衛行為から完全犯罪行為へと移行した場合に全体的考察を行なったものは，ほとんどなかったようである．前の2つの場合と比べれば，この場合の方が，先行行為と後行行為の「性質」の違いが大きいことは明らかである．本決定は，この場合に全体的考察を否定したものであるが，このような場合にはおよそ一般的にこれを否定

ジャーナル15号50頁，山本輝之・平成20年度重判解176頁など．
4) 東京地判平成6・7・15判タ891・264など．

する趣旨かは明らかではない．また，最高裁のいう「性質」とは何なのか，前記発言や暴行態様の激しさは，理論的にどのような意味をもつのか，さらに，これまで全体的考察を認めてきた前の2つの場合であっても，それを否定すべき場合はありうるのか，も明らかではない．したがって，いわゆる「断絶」を認める理論的・統一的な基準について，さらに検討を要するのである．

いずれにしても，本決定によって全体的考察の限界が示された．しかし最高裁平成21年2月24日決定[5]は，全体的考察を再び行ない，それをむしろ徹底する判断を示したのである．

(3) この平成21年最高裁決定の原判決は，被害者の方から被告人に向けて机を押し倒してきたため，被告人はその反撃として同机を押し返した「第1暴行」について，被害者からの急迫不正の侵害に対する防衛手段としての相当性が認められるが，同机に当たって押し倒され，反撃や抵抗が困難な状態になった被害者に対し，その顔面を手けんで数回殴打した「第2暴行」については，相当性の範囲を逸脱したものであるとした．そして，第1暴行と第2暴行は，全体として1個の過剰防衛として評価すべきであるとし，傷害罪の成立を認めた．その上で，本件傷害と因果関係を有するのは第1暴行のみであるところ，同暴行を単独で評価すれば，防衛手段として相当といえることを酌むべき事情の1つとして認定し，被告人を懲役4年に処した．最高裁は，次のように判示して原判決の判断を維持した．「前記事実関係の下では，被告人が被害者に対して加えた暴行は，急迫不正の侵害に対する一連一体のものであり，同一の防衛の意思に基づく1個の行為と認めることができるから，全体的に考察して1個の過剰防衛としての傷害罪の成立を認めるのが相当であり，所論指摘の点は，有利な情状として考慮すれば足りるというべきである．」

この決定の事案では，第2暴行の際，相手は反撃や抵抗が不可能ではなく，「困難な」状態になっただけであるから，急迫不正の侵害は継続していたとも解しえ，したがって客観的に過剰なもの，すなわち，違法減少があり，そして責任減少もあるであろうから，その行為自体を暴行罪の過剰防衛とすることには問題がないと思われる．また，第2暴行の時点で第1暴行のときの防衛の意思が継続していたなどの事情があったから，全体的考察を行なったことは，こ

---

5) 判例検索システムによった．

れまでの判例の流れから理解し得るところである．

　しかし，本決定はこれまでの判例から一歩を踏み出しているように思われる．これまでの全体的考察は，後にも検討するように，全体の行為から生じた重い結果に対して，後行行為が因果関係を有することを前提としていたように思われる．本決定においては，重い結果は，正当防衛としての先行行為のみから生じているということが前提となっている．それにもかかわらず，全体的考察の結果として，その重い結果について犯罪の成立が認められているのである．果たしてこのような判断は妥当なものであろうか．

　筆者は以前より，このような判例の全体的考察に対して疑問を示してきた[6]．この2つの最高裁判例を契機として，この問題について改めて検討を行ないたい．

2　判例の系譜

　（1）　全体的考察のリーディング・ケースとなったのは，最高裁昭和34年2月5日判決[7]である．事案は次のとおりである．被害者が屋根鋏を持って立ち向かってきたので，被告人は鉈を持ち，殺害の決意をし，被害者の左側頭部めがけて一撃を加え，さらに踏込んで，ふらふらと倒れる被害者の頭部付近に追撃を加えて，その場に横倒れになった被害者の頭部めがけてさらに鉈を振って3，4回切りつけ，頭部切創による脳損傷のため即死させて殺害した．

　第一審判決は，被害者が横転するまでの被告人の反撃行為は，正当防衛であるが，横転した後の追撃行為は，現在の危険がすでに去った後のものであるものの，すでに危険が去ったことの認識を欠き，「一瞬のうちに継続した防衛の為の追撃行為」として，盗犯等防止法第1条第2項第1項第3号に該当するとして，無罪とした．これに対して，第二審判決は，「同一の機会における同一人の所為を可分し，趣旨を異にする二つの法律を別々に適用するがごときは，立法の目的に副わない措置であって……被告人のこの一連の行為は，それ自体が全体として」過剰防衛にあたるとした．最高裁はこの原審の判断を維持したのである．

　この事案においては，被告人は鉈という同一の凶器を使用し，被害者の頭部

---

　6)　林幹人・刑法総論（第2版）（2008）203頁．
　7)　刑集13・1・1．

を数回攻撃して，即死させている．全体的考察を問題としたその後の最高裁判例のいずれよりも，行為の一連性・一体性が強い事案である．この事案だけ見れば，行為を分断して判断するのは，いかにも不当のように見えるのである．

この34年判決が，原審の行なった全体的考察を維持した背景には，次のような事情もある．

まず，当時は過剰防衛の性格が十分に明らかにされておらず，急迫不正の侵害が終了した後の攻撃行為が，それ自体として，過剰防衛となりうるか，明確ではなかったことである．急迫不正の侵害がおよそ存在しないときには過剰防衛の成立の余地はないという見解は，現在でも十分に成り立つ．全体的考察を行なえば，急迫不正の侵害が存在する状況が判断に取り込まれることになり，過剰防衛とすることが容易となる．

次に，犯罪の個数の判断には，当然に行為の個数を問題としなければならないが，当時すでに包括一罪に関して，最高裁昭和24年7月23日判決[8]は，原審が3個の窃盗罪の併合罪を認めた事案について，次のような判断を示していた．「いずれも米俵の窃取という全く同種の動作であるから単一の犯意の発現たる一連の動作と認めるのが相当」というのである．このような行為の個数についての判断が，昭和34年判決の背景にあるものと思われる．昭和34年判例の被告人は，ほぼ同一の意思により連続した行為をしている．

そればかりではない．この事案の場合，急迫不正の侵害が終了した後の行為が，死の結果に大きく寄与していることが推認される．すなわち，その行為だけを取り出しても，殺人罪の違法性にほぼ問題がないのである．また，一貫して殺意があったことも明らかである．しかも，その行為の時点で，恐怖・驚愕・興奮・狼狽した余り，（第一審判決によれば）「既に危険が去ったことの認識を欠」いているとされているから，少なくとも，いわゆる責任減少事由があったこともほぼ確かである．したがって，後の行為だけを取り出しても，殺人罪の過剰防衛とすること自体にほぼ問題はなかった．先行行為が正当防衛であるにもかかわらず，これをも含んで全体を殺人罪の過剰防衛とするということに，

---

8) 刑集3・8・1373．なお，その後，観念的競合について，最大判昭和49・5・29刑集28・4・114は，1個の行為とは，法的評価をはなれ構成要件的観点を捨象した自然的観察のもとで，行為者の動態が社会的見解上1個のものとの評価をうける場合をいう，と判示した．これに対しては，参照，林・前掲（注6）刑法総論（第2版）460頁．

実害はなかったのである．

　しかし，この判例の解説をした調査官は，次のような指摘をしていた．「本件は，最初の一撃が相手方の致命傷でないことが証拠上確認されていることを前提とする．もしそれが致命傷であれば被告人のその後の行動いかんにかかわらず正当防衛行為となろう．」[9]．最初の一撃が「致命傷」であっても，後の行為も共に死の時期を早めたのであれば，後の行為を捉えて，死の結果について違法とすることができる．しかし，そうではなく，前の行為のみによって死の結果が発生した場合，しかも，それが正当防衛の結果である場合は，昭和34年判例の射程ではないのではないか，疑問の余地がある．

　(2)　その後の判例の展開としては，誤想過剰防衛にも過剰防衛規定の適用があるとする最高裁昭和41年7月7日決定[10]が重要である．この判例によって，違法減少がまったくなくても，責任減少があれば，過剰防衛とすることが承認された．この判例に従えば，急迫不正の侵害が終了し，違法阻却や違法減少の余地がない場合であっても，少なくとも誤想過剰防衛にあたるときには，その後の行為自体を過剰防衛とすることができる．ここで重要なのは，それ以前の急迫不正の侵害がある段階を含めなくても，すなわち，全体として考察しなくても，その後の行為自体について過剰防衛を認め得るということが，この判例によって示されたということである．

　さらに，最高裁昭和44年12月4日判決[11]も重要である．昭和34年当時は，正当防衛と過剰防衛との関係，いいかえると，防衛行為の相当性の内容は，明確なものではなかった．この昭和44年判決において，最高裁は，反撃行為が相当であれば，その反撃行為により生じた結果がたまたま侵害されようとした法益より大であっても，その反撃行為が正当防衛でなくなるものではない，とした．この判例によって，死傷などの重大な結果が発生しても，行為自体として相当であれば，正当防衛となりうることが示されたのである．

　この判例を前提とすれば，量的過剰の場合で，先行行為から重い結果が発生したときであっても，その行為自体は正当防衛でありうることになる．これは，その行為から生じた結果も，本来は正当化され，違法性を帯びてはいないとい

---

9)　寺尾正二・昭和34年度最判解8頁．
10)　刑集20・6・554．
11)　刑集23・12・1573．

うことを意味する．それが「全体的考察」により，犯罪の内容とされてよいものであろうか．これが平成21年判例の問題の核心である．

この昭和41年判例と昭和44年判例を組合せれば，量的過剰の問題について，新しい見方が可能となるはずであった．すなわち，急迫不正の侵害が終了した後の攻撃行為であっても，責任減少があるかぎり，それだけで犯罪の成立を認め，しかも，過剰防衛となしうる．そして，急迫不正の侵害がある時点での行為から，重い結果が発生しても，それは，正当防衛となり，結果をも含めて正当化される．このような状況にもかかわらず，最高裁は，昭和34年の「全体的考察」を独立に維持・展開させたのである．

（3）　このような判例の傾向を決定的にしたのは，最高裁平成9年6月16日判決[12]である．被告人は，被害者から突然鉄パイプで殴打された後，鉄パイプを取り上げた上，相手が向かってきたため，その頭部を鉄パイプで1回殴打した．被害者は鉄パイプを取り戻し，さらに殴打しようとしたため，被告人は逃げ出した．被害者はこれを追いかけたが，転落防止用のてすりの外側に，勢い余って，上半身を前のめりに乗り出した姿勢になっていた．被告人は，このような状態にある被害者を手すりの外側に追い落としたため，被害者は約4メートル下に転落し，傷害を負った．第一審判決は，転落させる行為の時点では，被害者の被告人に対する攻撃は止んだ状態であって，防衛の意思がないとして，傷害罪の成立を認めた．第二審判決は，第1暴行は過剰防衛だが，第2暴行の際には，急迫不正の侵害は終了しており，かつ，防衛の意思もないとした．そして，「右各暴行は同一機会における一連のものであり，しかも，第2の暴行による傷害の方が第1の暴行による傷害よりも重大かつ主要な部分を占める」として，「全体として1個の傷害罪が成立し，過剰防衛を認める余地はない」とした．ここにおいては，昭和34年判例の全体的考察が，正当防衛と過剰防衛の場合だけでなく，過剰防衛と完全犯罪との間にも及ぶこと，さらに，第2暴行が「重大かつ主要な部分を占める」ことが強調されていることが注目される．これに対して最高裁は，第2暴行の時点でも急迫不正の侵害は継続しており，防衛の意思もあったとして，「鉄パイプで同人の頭部を1回殴打した行為を含む被告人の一連の暴行は，全体として」過剰防衛だとしたのである．

---

[12]　刑集51・5・435．

この最高裁判決の主眼は，第2暴行の際の被害者の状態が急迫性要件を充足し得ること，また，第2暴行を過剰防衛とするにあたって，行為自体の危険性を重視すべきことを示すにあった．しかしそうであるならば，この第2暴行だけを取り出して，傷害罪の過剰防衛とすることもできたはずである．原審判決は第1暴行を過剰防衛としており，最高裁判決も，あるいは，第1暴行自体をも過剰防衛にあたると考えたのかもしれない．しかし，第1暴行自体は正当防衛としたものと解する余地もあり，この判例はまさに正当防衛行為をも含んで，全体として過剰防衛としたものと解することもできる．

いずれにしても，この最高裁判決は，鉄パイプによる殴打を含む一連の行為を全体として過剰防衛に当たると判示したことによって，判例のいわゆる全体的考察を決定的なものとしたのである．その後下級審では，この全体的考察を行なう判例が相次いだ[13]．

（4）これに対して多くの学説は，この平成9年判例を契機として，判例の全体的考察に批判を加えた．たとえば，「本件のように，切迫する危険の内容・程度が変化している場合には，その全体について一括して判断することはできない」[14]，「正当化される相当な第1暴行での結果を不相当な第2暴行の故に違法に組み込むのは妥当でない」[15]，「仮に第2暴行が過剰防衛になるとしても，第1暴行は正当防衛に止まると解すべき」[16]，「一体説［は］……遡及的な犯罪の成立を認めるもの」[17]，などの批判である[18]．

3 若干の考察

（1）まず，平成20年最高裁決定が，全体的考察を否定し，「断絶」を認めたことの理論的な根拠について考えてみたい．最高裁が指摘するのは，第1暴行と第2暴行とは，甲による侵害の継続性と防衛の意思の有無という点で，明らかに性質を異にし，前記発言をした上で，抵抗不能の相手に対して相当に激

---

13) 東京地判平成12・8・29判時1811・154，東京高判平成12・11・16東高刑時報51・1＝12・110など．
14) 橋爪隆・評釈・ジュリ1154号136頁．
15) 小田直樹・平成9年度重判解151頁．
16) 橋田久・平成9年判例評釈・産大法学32巻4号（1999）127頁．
17) 橋田久「外延的過剰防衛」産大法学32巻2・3号（1998）234頁．
18) 川端博・正当防衛権の再生（1998）289頁は，「全体的考察方法ではなくて，分析的考察方法が妥当である」とする．

しい態様の第 2 暴行に及んでいるという点である．

この理論的な根拠を問えば，それは結局，第 2 暴行は，第 1 暴行と，犯罪の実質である違法・責任の点で，まったく異なるということだと思われる．甲による侵害の継続性がないのであれば，急迫性はなく，違法性の阻却・減少はありえない．防衛の意思がないということは，急迫不正の侵害があるとは思っていなかったということであって，誤想防衛や誤想過剰防衛による故意責任の阻却・減少もない．しかも，前記発言や，暴行態様の激しさは，責任減少はない（あるいは違法減少がない）ということをさらに基礎づけるものである．このように，全体的考察を否定する理論的な根拠となっているのは，結局，違法・責任についての判断なのであり，そのかぎりで，本決定は正当なものだと筆者は考える．全体的考察とは，時間的に連続する行為のどこまでについて，どのような「犯罪が成立するか」を問題とするものである．そうである以上は，犯罪の実質である違法・責任の判断によって，根拠づけられるべきものである．およそ違法・責任の判断と無関係に，行為の一連性・一体性を問題とすることに対しては，疑問がある．

（2）　行為の一連性・一体性は，とくに包括一罪について，併合罪との区別において問題とされる．すでに見たように昭和 24 年最高裁判例は，「単一の犯意の発現たる一連の動作」かどうかを，包括一罪性の判断の重要な要素としている．これは，理論的にいえば，責任の実質的 1 個性を判断しているものと解される．米俵 3 俵ずつ合計 9 俵を窃取したときでも，1 ヵ月毎に 3 個の窃取を行なったのであれば，たとえ同一の被害者であっても，包括一罪とすることに疑問が生じ得る．最高裁判例の場合包括一罪とするべきなのは，3 個の窃取が同一の夜に「単一の意思発現」として行なわれたからである．これは，犯罪の実質である責任について，3 個ではなく，1 個のものと見るべきだということである．このように，昭和 24 年最高裁判例の場合，行為の一連性を理由に 1 罪とする根拠となっているのは，意思，すなわち，責任の実質的 1 個性であると解される[19]．

ついでにいうと，併合罪と観念的競合を区別するのも，行為の個数であるが，これも理論的には，意思決定の個数，すなわち，責任の個数である．観念的競

---

[19]　林・前掲（注 6）刑法総論（第 2 版）451 頁．

合，たとえば，1個の行為で2人を殺したとき，2人を共に殺す意思である以上は2罪であるものの，1罪として処断される（刑法54条1項）のは，1個の意思決定によるために，責任が完全に2個あるとはいえないことによる[20]．

　(3)　量的過剰の問題において，全体的考察の主たる基礎となっているのは，急迫不正の侵害を認識した者の，防衛意思の連続性・一体性である．行為自体の時間的・場所的接着性や，態様の同一性などの客観的事情のみによって，これまでの判例を説明することは困難と思われる．

　問題は，急迫不正の侵害の有無という客観的な事情を無視して，全体的考察を行なってよいかである．結論からいえば，筆者はこれを疑問に思う．

　1人の相手を，瞬時のうちに数発続けて殴れば，1個の意思決定に基づくものとして，包括一罪としてよい．しかし，瞬時のうちとはいえ，数人を続け様に殴ったとすれば，これを包括一罪としてよいか，疑問が生じ得る．それは，暴行の相手が異なる以上は，異なる法益侵害があり，異なる違法があるからである．このように，1罪性を判断するときには，違法の個数をも問題としなければならない．罪数とは，結局，犯罪の個数であって，犯罪の実質である違法がその判断の前提となるのは当然のことである．

　そうだとすれば，急迫不正の侵害の有無といった，行為の違法性を決定する事情を無視して，行為の意思・態様だけに着目して，行為の一体性・連続性を独立に問題とするのは，疑問だということになる．行為の一体性・連続性は，犯罪の成否に直結するものである以上は，違法・責任の判断と無関係に行なってはならないと考えられる．

　すでに見たように，量的過剰を認めた昭和34年判例の段階では，急迫不正の侵害がなくても過剰防衛を認め得るものか，はっきりしていなかった．しかし，急迫不正の侵害がなく，したがって違法減少がなくても，過剰防衛となり得ることは，現在では明らかである．しかも，昭和34年判例の事案では，急迫不正の侵害が終了した後の行為が死の結果に大きく寄与していることが推認され，後行行為だけをとっても，殺人罪の過剰防衛は完全に成立している．この点では，平成9年判例の場合も同じである．昭和34年判例や平成9年判例の事案においては，全体的考察は，採るべきではないとしても，採っても実害

---

20)　林・前掲（注6）刑法総論（第2版）458頁．

はない．全体的に考察した結果として成立を認めた犯罪は，たしかに成立しているからである．しかし，平成21年判例の場合，傷害の結果は正当防衛の結果であって，犯罪の内容とすることはできないものである．最高裁は，そのことは「有利な情状として考慮すれば足りる」とするが，成立していない犯罪を成立しているといっているとすれば，それ自体として妥当でないことは明らかである．

最高裁は，最終的な結果がどちらの行為から生じたか不明の場合，結果について責任を問わないのは不当と考えるのかもしれない．しかし，正当防衛についても「疑わしきは被告人の利益に」の原則が妥当する[21]以上は，正当防衛の結果である疑いのあるものについて，罪責を問うことはできないと思われる．

全体的考察の背景の1つには，瞬時に連続する行為の中で，侵害の急迫性や，防衛行為の相当性，防衛意思などの主観が，どのように変化したか，あるいは，結果がどの行為から発生したかなどは，実際上特定しがたいという事情があるものと思われる．しかし，現実には多くの事例において，裁判所はこれらの事情を明らかにしている．これらが犯罪の成否を分けるものであるからには，それは当然のことともいえよう．そして，どうしても明らかでない場合には，これらの事情は犯罪の成立や過剰防衛の適用を基礎づけるかぎりは，「疑わしきは被告人の利益に」という原則によるほかはないと思われる．

★ 演習問題

1　最決平成20・6・25は，どのような事実について，どのような判断を示したか
2　最決平成21・2・24は，どのような事実について，どのような判断を示したか
3　量的過剰とは何か，質的過剰とは何か
4　「全体として考察」する判例の立場の背後にある考えはどのようなものか
5　最決平成20・6・25が全体的考察を否定した理由はどこにあるか
6　最判昭和34・2・5は，どのような事実について，どのような判断を示したか
7　最判昭和34・2・5の判断の背後にある考慮にはどのようなものがあるか
8　急迫不正の侵害が終了した後の攻撃行為が，それ自体として，過剰防衛となりうるか
9　包括一罪と併合罪との区別はどのようにするか

---

[21]　参照，東京地裁八王子支判平成元・6・30判タ725・237，東京地判平成9・9・5判タ982・298など．

10 最判昭和34・2・5の事案の場合，後の行為は，死の結果に因果関係があるか，責任減少があるか
11 最判昭和34・2・5の事案の場合，前の行為のみから死の結果が生じたとしたら，判例の射程の範囲内か
12 最決昭和41・7・7は，どのような事実について，どのような判断を示したか
13 最判昭和44・12・4は，どのような事実について，どのような判断を示したか
14 最判平成9・6・16は，どのような事実について，どのような判断を示したか
15 平成20年最高裁決定を評価しなさい
16 観念的競合が1罪として処断される（刑法54条1項）理由はどこにあるか
17 1人を続けて殴った場合と，数人を続けて殴った場合とで，行為の個数，罪数が違ってくる理由はどこにあるか
18 正当防衛の結果を犯罪の内容とすることができるか
19 正当防衛行為，過剰防衛行為が連続して行なわれ，最終的な結果がどちらの行為から発生したか不明の場合，どのように解するべきか

■ 緊急避難

7 ── 注意義務と緊急避難
東京地裁平成 21 年 1 月 13 日判決〔判タ 1307・309〕

1 東京地裁平成 21 年 1 月 13 日判決の意義

(1) 道路交通においては，ある車両との衝突を避けるために転回した結果として，別の車両と衝突して事故が生じる場合が少なくない．そのような場合，死傷の結果に至れば，自動車運転致死傷罪の成否が問題となり，まずもって，注意義務違反の有無が問題となる．しかしそのような場合，被告人の行為は，他の車両との衝突を避けるために行なわれたところから，緊急避難の成否も問題となるのである．それでは，注意義務違反と緊急避難との関係はどのようなものなのであろうか．この問題は，以前より判例・学説によって論じられてきたが，東京地裁平成 21 年 1 月 13 日判決を題材として，改めて検討を加えることとしたい．

(2) 事案の概要は以下のようなものである．被告人が，自動車を運転中に，左側車両通行帯に停車していた車両が突然，自ら進行中の通行帯に進出してきたため，これを回避しようとして，右側通行帯に進出したところ，折から右側の通行帯を後方から進行してきた被害者運転の自動二輪車の進路前方を塞ぐ程度まで被告人車両を右側通行帯に進出させたために，被害者車を転倒させて負傷させた．

本判決は，この事案の場合，もう少し左側を通過すれば，被害者車両との間隔はある程度（40 cm）確保され，被害者としては，被告人車の右側方を通過することが可能であったとしている．また，その想定された適切な通過行為をしていれば，同時に，左側から進出した車両との衝突をも避けることが可能であったともしている．

東京地裁平成 21 年 1 月 13 日判決[1]は，このような場合，衝突の回避に必要な限度を超えて進路を変更して右側の通行帯の車両の進行を妨げることのない

よう，進出を最小限にとどめるべき注意義務があるのにこれを怠ったとした．被告人は，左側車両との「衝突を回避するために必要な程度を超え」，かつ被害者「車両の進行を妨げない限度を超えて」，右側「通行帯へ車体の相当部分を斜めに侵入させ，同通行帯中央付近を走行していた［被害者］車両の進路前方を塞ぐ程度にまで至ったのであるから，上記注意義務に違反した過失がある」としたのである．

そして，被告人の行為は，現在の危難から避難するための行為が適切さを欠いたためにやむをえない程度を超えたものであり，過剰避難に該当するとし，刑を免除した．

(3) 本判決は，刑法理論上重要な問題を含んでいる．それは，構成要件と違法阻却事由の関係をどのように解するべきか，である．緊急避難の本質については，いろいろの考えがあるが，筆者はこれを，多数説と共に，違法阻却事由と解している[2]．これに対しては，とくに人の生命を侵害したような場合，別の人の生命を保全したとしても，適法ではありえないとして，責任阻却事由と解する立場もある．しかしこのような立場は，緊急避難を規定する刑法37条が，客観的な害の衡量を要件としていること，また，近親者でないまったくの他人を救助する場合をも処罰しないこととしていることと，調和しないように思われる．本判決も，本件事案において緊急避難を否定し，過剰避難とする根拠を，被告人の意識というよりは，事故の客観的な状況に置いており，責任阻却事由と解しているとは思われない．

他方，本判決は，本件の場合に注意義務違反を認めている．注意義務違反は，通常の理解に従えば，過失犯の構成要件該当性を基礎づけるものである．

そしてまた，通常の理解では，構成要件と違法阻却事由とは別のものであり，後者は前者を前提とする．そうだとすると，注意義務違反があっても，緊急避難として違法阻却される場合はありうるということになる．学説にも，後に見るように，注意義務違反と緊急避難の関係について，このように解するものが少なくない．むしろそれが通説といってよいかもしれない．

ところがこの問題について，判例は別の理解を採用してきたようにも見える．それは，注意義務違反がありながら，緊急避難となる場合はありえない，とい

---

1) 判タ1307・309．
2) 参照，林幹人・刑法総論（第2版）(2008) 206頁以下．

うものである．いいかえると，緊急避難となる場合は，注意義務違反それ自体が否定されるというものである．本判決も，一応緊急避難の成否を問題としてはいるものの，緊急避難の成立を否定する根拠となる事情として指摘するものは，注意義務違反を認める根拠として指摘する事実とほぼ同じであり，注意義務違反を認めながら，緊急避難となりうる場合はありえないとの理解に立っているとも思わせる．

　果たして，この問題についてどのように考えるべきなのであろうか．以下に若干の検討を加えてみたい．

2　過失構成要件と違法阻却事由

（1）　過失犯の構成要件としての注意義務と違法阻却事由としての緊急避難の関係についての判例を見てみると，緊急避難ともみられうる事例について，「不可抗力」であって，「注意義務懈怠に基づく過失とは認められない」としたものとして，大阪高判昭和 38・4・8 判タ 192・173 がある[3]．もっとも，大阪高判昭和 45・5・1 高刑集 23・2・367（判タ 249・223）は，似たような状況について，緊急避難としている．しかしこの判決も，明示的に注意義務違反を認めているわけではない．

　このような判例の傾向について，次のような指摘がなされている．「客観的注意義務違反（違法性）を肯定しながら緊急避難を援用して無罪を導いている判例は皆無」というものである[4]．この指摘自体は若干古いものであるし，注意義務違反と緊急避難の関係について明示的な判断を示した判例は，現在でもそう多くはない．したがって，断定的なことはいえないものの，判例の傾向として，注意義務と緊急避難を重なり合うものとして理解しているといってよいように思われる．

　このような判例の傾向を支持する見解として，次のようなものがある．「緊急避難の成否を判断するために考慮すべき諸事情の範囲と注意義務存否を判断するために考慮すべきそれとは一致する」，「客観的注意義務の存在を認めながらなおかつ緊急避難の成否をそれとは別個に判断するということはあり得な

---

[3]　さらに参照，東京地判昭和 38・11・30 判タ 192・175，東京地判昭和 40・4・20 判タ 192・176 など．
[4]　早川正剛「自動車交通と過失犯」ジュリ 512 号（1972）106 頁．

い」というのである[5].

　(2)　これに対して，学説上はむしろ注意義務と緊急避難とは区別しなければならないという見解が有力である．たとえば，「過失はまず構成要件該当性判断において問題となるのであり，ここでは，抽象的・類型的判断がなされるのに対し，違法阻却事由としての緊急避難の成否は，個々具体的事情を基礎とした実質的判断がなされる」[6]，「客観的注意義務違反の判断が一般人を基準とする抽象的・類型的なものであるのに対して，（緊急避難の——筆者注）相当性・補充性の判断は具体的・実質的なものであるから，両者は一致しない」[7]，「過失犯においても，構成要件該当性は，形式的判断，違法性は，利益衝突状態における実質的判断という枠組は維持される」[8].

　このような見解は，一般の刑法理論，とくに，故意犯の場合の構成要件と違法阻却事由の関係についての理解を，過失犯における注意義務と緊急避難の関係に推し及ぼしたものということができよう．現に本判決に対する評釈の中には，このような理解を示すものがある．「故意犯では構成要件段階で緊急状況は捨象されるのに対し，過失犯ではこれが顧慮されるとするのはバランスを欠いている」[9]というのがそれである．

　(3)　この問題について，筆者は次のように考える．

　まず，後者の学説上の有力な見解，すなわち，注意義務は，過失構成要件として，抽象的・類型的・形式的なものだという理解には疑問がある．これは，結局，注意義務の内容を，具体的・実質的な状況を無視して定めるべきだということに帰着する．しかし，刑法上の義務を，そのように，抽象的・類型的・形式的に解するべきではないと思われる．そのようなことに，およそ法律的な

---

5)　宮島英世「業務上過失致死傷罪の成否が問題となっている自動車運転行為に緊急避難の成立を認めた事例」判タ264号（1971）59頁．このような見解を支持するものとして，藤木英雄・刑法講義総論（1975）240頁，大塚仁＝川端博・新判例コンメンタール刑法2（1996）74頁（中森喜彦）など．なお，参照，小野寺一浩「過失犯と緊急避難」阿部純二先生古稀祝賀論文集・刑事法学の現代的課題（2004）167頁以下．
6)　大コンメンタール刑法第2巻（1989）476頁（虫明満）．
7)　川端博・刑法総論講義（第2版）（2006）332頁．
8)　山中敬一・刑法総論（第2版）（2008）528頁．さらに，内田文昭「業務上過失傷害罪に緊急避難の成立を認めた事例」刑法解釈論集（総論I）（1982）245頁，花井哲也「過失犯と違法阻却事由」阿部純二ほか編・刑法基本講座（第3巻）（1994）199-201頁，曽根威彦＝日高義博「過失犯と緊急避難」現代刑法論争I（1997）154頁以下など参照．
9)　井上宜裕・本件評釈・刑事法ジャーナル19号（2009）81頁．

意義があるとは思われないからである．本判決の場合でいうと，自車の前方に他の車が左から進出してきたために，これとの衝突を避ける必要があるという，具体的・実質的な，きわめて緊迫した状況を無視して刑法上の注意義務を云々することは，無意味だということである．本判決も，注意義務違反を認めるにあたっては，このような具体的・実質的な事情を根拠としている．これはまったく正当なものである．注意義務についてのこのような理解は，これまでの判例の流れにも沿うものである[10]．

　以上のことは，理論的には次のようなことを意味する．注意義務，すなわち，過失構成要件の内容を定めるにあたっては，犯罪の成否が問題となっている侵害された法益に対する危険性だけでなく，別の法益に対する関係をも考慮すべきだということである．別の法益を保全する可能性をもっているとき，しばしばこれを，行為の「有用性」と呼ぶ．過失構成要件の内容には，法益侵害の危険性だけでなく，有用性も含まれるのである．もし，法益侵害の危険性のみを考慮して注意義務の内容を定めるとすれば，本判決の場合でいうと，後行車両との衝突のわずかな危険性でも，それが生命に対する危険をも含む以上は，これをゼロにすべきだということになり，およそ右に寄るなということになる．その結果は，前方に進出した車に衝突する義務を認めることになってしまうのである．これが妥当でないことは明らかである．

　このように，注意義務の内容は，被害法益に対する危険性だけでなく，他の利益との関係での有用性との衡量によって定められるべきだということは，判例においては，緊急避難状況の有無に関わらず，認められているといってよい．

　たとえば，有名な例として，薬害エイズ事件無罪判決[11]をあげることができる．この判決においては，非加熱製剤は，エイズによる患者の死亡の危険があるものの，当時はその危険はきわめて小さなものとしてしか予見しえず，他方，重篤な血友病の治療の方法として他に適切なものがなかったところから，治療という有用性と衡量すると，その使用をもって結果回避義務違反とすることはできないとされている．これは，まったく妥当な判断である．

---

10)　参照，最判昭和44・4・25判時554・92．
11)　東京地判平成13・3・28判時1763・17．なお，札幌高判昭和45・8・20高刑集23・3・547は，注意義務の限度について，「自動車運転の具有する高速度交通機関としての社会的効用と，右運転の包蔵する危険との調和を図り，右危険の適正・公正な分配を図る必要がある」ことを指摘する．

このように，注意義務の内容は，他の利益を保全する可能性との衡量によって定めるべきだとするならば，状況が緊急的な場合には，注意義務が否定されると同時に，緊急避難の成立要件をも満たすという場合は，ありうることとなる．本判決は，注意義務違反を認めつつ，その根拠となる事実とほぼ同じ事情を指摘しながら緊急避難を否定し，その行き過ぎとして過剰避難としたが，これはこのような理解を前提とするものと解される．

(4) もっとも，このような状況の下で，注意義務違反がある場合は緊急避難となることはありえないとまでいうことはできないと思われる．すなわち，過失構成要件に該当しても，緊急避難として違法阻却されることはありうる．では，それはどのような場合か．

注意義務違反の判断は事前的なものである．すなわち，現実の被告人の行為が，その時点でなすべきでなかったかを問うものである．このような事前判断として注意義務違反がある場合であっても，結果として，「生じた害が避けようとした害の程度を超えなかった場合」はありうる．それは，義務違反にもかかわらず，被害と同等以上の利益を保全した場合である．

このようにいうためには，義務違反によって保全したといえなければならないから，義務を遵守していたならば，保全できなかったといえなければならないと思われる．本件の場合でいうと，注意義務を遵守する行為をしていれば，——事前的には最善の行為として注意義務違反とはならないものの——何らかの後の事情（たとえば，避けようとした車両が，何らかの事情によりさらに被告人の車両に寄ったというような場合）により，避けようとした車両に衝突していた，あるいは，その疑いがある場合である．このような場合には，被告人の行為によって，侵害した法益と同等の利益を保全した，あるいは，その疑いがあるということになる．したがって，注意義務に違反し，過失構成要件に該当する行為が行なわれたにもかかわらず，なお緊急避難として違法阻却されるべきものと思われる．このように，緊急避難の中には，理論的・体系的に見ると，事前的な衡量によりそもそも注意義務違反がない場合と，注意義務違反があるものの，事後的な衡量により違法阻却される場合の2つがあるものと思われる．

(5) 以上に述べたことは，過失犯における注意義務と緊急避難の関係についてであるが，同じことは，故意犯の場合，あるいは，正当防衛の場合についても，いえる．

故意犯の場合であっても，構成要件該当性＝実行行為性の判断にあたっては，法益侵害の危険性だけでなく，行為の有用性をも考慮に入れなければならない．本件の場合でいうと，注意義務となる行為は，両方の車に対する衝突の危険が共に小さいという客観的な事情にその根拠があるのだから，その行為をするときに，「もしかしたら衝突するかもしれない」と思った（その意味で「未必の故意」的なものを否定しえない）としても，故意犯の実行行為とすることはできない．不幸にして事後的に何らかの事情があったために事故が生じ，人が死亡しても殺人罪とすることはできない．

　このようにして，注意義務を守る行為は，緊急避難となり得ることは前述した．同じことは正当防衛についてもいえる．

　正当防衛について，判例は，防衛行為の相当性は，結果の重さにとらわれてはならない，としばしば述べている[12]．典型例は，駅で女性が男性から執拗にからまれたために，押したところ，男性は酔っていたこともあって，ホームに転落し，轢死した場合について，正当防衛としたものである[13]．この判例の場合，事後的に，死亡した被害者の生命と，被告人が保全した名誉を比べれば，均衡を失することは明らかである．しかし，行為の時点をとれば，ホームに向かって押したのではないから死の危険は小さく，名誉を守るために「やむを得ない」行為であったというのが裁判所の判断である．これはいわば，その時点では，被告人には正当防衛の「権利」があり，逆にいうと，男性による名誉侵害を堪え忍ぶ義務はない，ということである．いいかえると，義務違反はない，ということである．このような場合，正当防衛として刑法36条を適用してもよい，むしろそうすべきであろうが，事前判断として違法性が否定されるのであるから，理論的・体系的には，構成要件該当性を欠くと考えたほうがよいと思われる．正当防衛の場合も，緊急避難の場合と同じように，事前判断として構成要件該当性を欠く場合と，事後判断として違法阻却される場合の2つがあると考えられるのである．

　(6)　一般に，構成要件と違法阻却の関係は，まったく別のように理解されているが，この2つのものは，以上のように，緊密な関係にある．構成要件が不法（責任）類型であるからには，それは当然のことである．

---

12)　最判昭和44・12・4刑集23・12・1573など．
13)　千葉地判昭和62・9・17判タ654・109．

違法を2つに分け，構成要件と違法阻却の2つの段階を分ける，いわゆる構成要件理論の母国であるドイツでは，現在でも，「違法性の前提は，不法類型と同じものであり，それ故，形式的にそれと区別する必要はない」とする見解が有力である[14]．わが国でも，「禁止規範と許容命題とは一体のものとして機能する」とする有力な見解がある[15]．これは，いわゆる消極的構成要件理論と呼ばれるものである．このような見解は，行為の違法判断については，正当なものである．ただ，結果の衡量の判断において，構成要件と違法阻却とは，やはり区別されなければならないのである[16]．

3 補充性と過剰避難

(1) 緊急避難の成立には，補充性，すなわち，他にとるべき方法がなかったことが必要とされている[17]．この補充性要件に関連して，緊急避難と注意義務の重なり合いを認める判例の傾向を支持する学説の中には，次のように述べるものがある．すなわち，補充性要件は，客観的注意義務に包摂されており，注意義務の内容としての「客観的回避可能性」があったならば，補充性要件を充足しないというのである[18]．

しかし，ここで「客観的回避可能性」といわれるものが，いわゆる結果回避可能性要件を意味するとするならば，筆者の理解では，それは注意義務の内容ではない．結果回避可能性は，注意義務の前提ではなく，注意義務こそが結果回避可能性の前提である．たしかに，注意義務は，危険性と有用性を衡量して，最善の行為の方法を定めるものである．緊急避難の要件としての補充性もまたそのようなものであり，両者はほぼ一致する[19]．しかし，これらはいずれも事前判断によるものと解される．結果回避可能性とは，そのようにして定められた義務の違反があった場合に，発生してしまった結果が，義務を遵守していたならば回避されたことを意味する．それは，義務違反と結果との間の因果関係＝条件関係にほかならない．すでに述べたように，緊急避難の成立を否定して

---

14) Schlehofer, Muenhener Kommentar, Vor§ 32ff. Rdnr. 46.
15) 井田良・刑法総論の理論構造（2005）130頁．
16) 以上について，林・前掲（注2）刑法総論（第2版）182頁．
17) 最大判昭和24・5・18刑集3・6・772．
18) 宮島・前掲（注5）判タ264・58．
19) 厳密には，両方とも，ある程度幅がありうるものと解される．

犯罪の成立を認めるためには，このような意味での結果回避可能性と共に，現実の行為によって避けられた結果は，その義務遵守行為を行なっていたとしても，やはり回避可能であったことが必要である．その証明がない場合，その現実の行為によって他の利益を保全した疑いがあることとなり，犯罪の成立を認めることはできない．本判決の場合，注意義務を遵守していれば，発生した結果だけでなく，避けようとした結果も回避できたことが前提となっていると解される．

（2）このようにして犯罪の成立が認められても，本件の場合緊急状況を前提としているから，過剰避難の成否も問題となる．本判決は，過剰避難の成立を認めている．判例・学説上は，過剰避難は緊急避難状況を前提とするものであり，補充性要件を充足し，均衡性要件を逸脱した場合にのみ，過剰避難となり得るとする見解も有力である[20]．

本件の場合，補充性要件を満たしているかは，解釈の余地がある．本判決は，「ハンドルを右に切って進路変更することが唯一確実な方法であった」としているから，補充性要件を満たしていると解釈しているのかもしれない．しかし，そこに適切な限度があったという意味では他に方法があったともいえ，補充性を満たしていないといえるかもしれない．いずれにしても，本件の場合，被告人の行為によって，前方に進出した車両との衝突を確実に避けたという意味で，過剰避難規定の基礎にある違法減少が認められ，責任減少も認められる．過剰避難規定の適用を認めた本判決の結論は正当だと思われる．

★ 演習問題

1 東京地判平成21・1・13は，どのような事実についてどのような判断を示したか
2 緊急避難の本質について，どのような見解があるか，それぞれの見解についての，理由と問題を指摘しなさい
3 構成要件と違法阻却との関係について，どのような見解があるか
4 注意義務と緊急避難の関係について，判例は一般にどのような見解を採用しているか，そこにはどのような問題があるか
5 大阪高判昭和45・5・1は，どのような事実についてどのような判断を示したか
6 注意義務と緊急避難とは，区別されなければならないという見解は，その区別をど

---

[20] 参照，木村光江「過剰避難における補充性と『相当性』」研修640号（2001）3頁以下．

のような基準によるのか，そこにはどのような問題があるか
7 注意義務違反がありながら，緊急避難となり無罪となる場合として，どのような場合がありうるか，それは，構成要件と違法阻却との関係についてのどのような理解を前提にするのか
8 東京地判平成13・3・28は，どのような事実についてどのような判断を示したか
9 故意犯の場合，構成要件と違法阻却とは，どのように区別されるか
10 正当防衛の場合，構成要件と違法阻却とは，どのように区別されるか
11 緊急避難の要件としての，補充性とはどのようなものか
12 本件の場合，それは認められるか
13 補充性と結果回避可能性とは，どのような関係にあるか
14 補充性要件を欠く場合にも，過剰避難とすることを認めてよいか

■ 故意

8 ── 早過ぎた結果の発生
最高裁平成 16 年 3 月 22 日決定〔刑集 58・3・187〕

1 最高裁平成 16 年 3 月 22 日決定の意義

（1） いわゆる早過ぎた結果の発生の問題について，最高裁は故意既遂犯の成立を認める判断を下している[1]．この問題は，判例上は，それまで十分に自覚されてこなかったものである[2]．ここで取り上げる決定はこの問題に正面から取り組み，最高裁として初めての判断を示したのである．しかも，その事案は教室設例のような明確さをもったものであった．被告人は，保険金を得るために，被害者を殺そうとして，まず，クロロホルムによって失神させた（第 1 行為）後に，海中に車ごと落下させて（第 2 行為）殺害しようとしたが，クロロホルム吸引のために死んだのか，海水によってでき死したのか特定できないというのである．最高裁は，被害者は「第 2 行為の前の時点で，第 1 行為により死亡していた可能性がある」としている．しかも，第 1 行為自体によって被害者が「死亡する可能性があるとの認識を有していなかった」というのである．

このような場合，客観的事実として被告人にとって最も有利なのは，第 1 行為から死の結果が発生したという場合である．第 2 行為から発生したのであれば，殺人罪の成立を認めることに何の問題もない．第 1 行為も結果発生に寄与していたとしても，第 2 行為と結果との間に条件関係・相当因果関係を認めうるのであれば，殺人罪の成立を認めることにやはり問題がない．

そして，第 1 行為から結果が発生したとすれば，それ自体は，実行行為・因果関係などの殺人罪の客観的構成要件を充足していることは疑問の余地がない．したがって問題の要点は，第 1 行為の時点において，殺人既遂罪の故意を認め

---

1) 刑集 58・3・187．
2) もっとも，参照，横浜地判昭和 58・7・20 判時 1108・138，東京高判平成 13・2・20 判時 1756・162．

得るかにある.

　この問題は，これまでの故意論・錯誤論の中では十分に議論されてこなかったものである．本件の場合一種の錯誤が問題となっているが，後に述べるように，これまでの事実の錯誤の問題とはかなり性格を異にしている．本決定は，新しい問題に新しい判断を示したものといってよい．

　(2)　学説は以前からこの問題に取り組んできた．見解は分かれており，故意の既遂犯を認めてよいとするもの[3]と，既遂犯の故意は認め得ないとするもの[4]があった．もっとも消極説からも，一般に未遂犯の故意，そして，過失致死罪の成立は認められるとされることが多い．

　この問題に対するわが国の学説の関心は，ドイツの状況に触発されたものである．ドイツの判例はこの問題の場合に故意既遂犯を認めており，学説の多くもこれを支持している[5]．ところがこれに反対し，未遂犯の故意は認め得るが，既遂犯の故意は認め得ないとする見解も有力なのである[6]．反対説は，既遂犯の処罰根拠は未遂犯のそれとは異なり，既遂犯の実行行為は，手放し，すなわち，結果発生のためにこれ以上行為者自身による別の行為を要しないというものでなければならず，故意既遂犯の成立にはそのことの認識を要するというのである[7]．

　筆者も，この反対説を正当と考えてきたが，最高裁の新しい判断が示された

---

[3]　大塚仁・刑法概説（総論）（第3版）（1997）210頁，前田雅英・刑法総論講義（第3版）（1998）326頁，山中敬一・刑法総論Ⅰ（1999）342頁，斎藤信治・刑法総論（第5版）（2003）106頁，堀内捷三・刑法総論（第2版）（2004）115頁など．

[4]　井田良「故意における客体の特定および『個数』の特定に関する一考察」慶應義塾大学法学研究58巻9号（1985）41頁，町野朔・刑法総論講義案Ⅰ（1995）208，248頁，鈴木左斗志「方法の錯誤について」金沢法学37巻1号（1995）160頁，宮本基「条件付故意について」法学63巻4号（1999）96頁，林幹人・刑法総論（第2版）（2008）247頁以下，西村秀二「『早まった結果惹起』について」富大経済論集46巻1号（2001）115頁以下，山口厚・刑法総論（2001）193頁，石井徹哉「いわゆる早すぎた構成要件の実現について」奈良法学会雑誌15巻1・2号（2002）1頁以下など．

[5]　Hans Welzel, Strafrecht, 11 Aufl., S. 74; Maurach-Zipf, AT, Tbl, 7 Aufl., S. 320; Claus Roxin, AT, 3 Aufl., S. 446; Systematischer Kommentar, 6 Aufl., § 16 Rdn. 34 (Rudolphi); Schoenke-Schroeder-Cramer, 25 Aufl., § 15 Rdn. 55.

[6]　Juergen Wolter, Vorsaetzliche Vollendung ohne Vollendungsvorsatz und Vollendungsschuld in Festschrift fuer Heinz Leferenz, 1983, S. 545ff.; Guenther Jakobs, AT, 2 Aufl., S. 301; Jecheck-Weigend, AT, 5Aufl., S. 312; Leipziger Kommentar, 10 Aufl., § 16 Rdn. 34 (Schroeder).

[7]　Vgl., Wolfgang Frisch, Tatbestandsmaessiges Verhalten und Zurechnung des Erfolgs, 1988, S. 604.

機会に，改めて考察を加えてみたい．

2　因果関係の錯誤と条件付故意

（1）　この問題を，因果関係の錯誤の一場合と解して既遂故意の成立を認める見解が有力である．たしかに，本件のような場合，被告人の認識どおりに事が運んだときには，第1行為は，（実行行為性はさておき）第2行為を経た最終的な結果に対して因果関係自体はあるとしてよいであろう[8]．行為者はこの経過を認識しているから，死へと至る因果関係の認識は，すでに第1行為の時点であったといってよい．ところがその認識された因果経過は，現実に生じた因果経過とは異なっているから，ここに広い意味での因果関係の錯誤があると解することも可能ではある．しかし，一般のいわゆる因果関係の錯誤の場合には，行為者はまさにこの行為から直接に結果が発生すると認識している．いいかえると，結果を発生させるために，これ以上さらに自分の行為をする必要はないと思っている．ところが本件の場合，行為者はそのような認識をもっていないのであり，結果を発生させるためには，さらに別の行為を行なう必要があると思っているのである．そして，このことは，既遂犯の故意を認めるについて，決して取るに足りないというものではない．いわゆる一般の因果関係の錯誤の場合，既遂犯を認めるために十分な実行行為，すなわち，手放し行為をなすことの認識，そして，その行為から条件関係・相当因果関係のある結果が発生することの認識がある以上は，既遂犯の故意の成立を認めてよいとしても[9]，そのことからただちに本件の場合にそのような故意を認めてよいということにはならないのである．

これに対してはさらに，因果関係の錯誤の概念を広く解し，本件の場合をこれに含め，因果関係と認識のずれの大きさを問題とする（その結果既遂故意を否定することもありうることになる）見解もある[10]．これは，因果関係の錯誤の場合に一般的に故意の成立を認める見解とは異なっており，本件のような場合，そのずれが大きいのではないかを問題とすること自体は正当であるが，そのずれの内容は，やはり，これまで一般に因果関係の錯誤として論じられてきた場

---

[8]　異説として，山口・前掲（注4）刑法総論．
[9]　判例として，大判大正12・4・30刑集2・378など．
[10]　松宮孝明・刑法総論講義（第3版）(2004) 225頁．

合とは異なっている．すなわち，自分のさらなる行為を予定する意思の場合でもなお故意を認めることができるか，という固有の問題がそこにはある．したがってやはり，一般の因果関係の錯誤とは類型的に異なっていると解した方がよいと思われる．

ついでにいえば，同じく故意の成否，そして，錯誤が問題となってはいるが，いわゆる方法の錯誤や抽象的事実の錯誤の場合と本件の場合とも問題は異なっている．方法の錯誤や抽象的事実の錯誤の場合，判例は故意の成立を認めており[11]，そのかぎりで故意の抽象化を行なっていると解することが可能であるが，これらの場合いずれも行為者は，先の因果関係の錯誤の場合と同じように，自己の行為から直接に，すなわち，これ以上別の行為を行なわなくても結果は発生すると思っている．したがって，筆者もこれらの場合には故意の成立を認めてよいと考えている．ところが，繰り返すが，本件の場合には行為者はさらに別の行為を行なう必要があると思っており，そこに問題の核心がある．方法の錯誤や抽象的事実の錯誤においては，いわば空間的な抽象化が問題となっているが，本件においては，いわば時間的な抽象化が問題となっているといってもよい．

（2）　ここでの問題に近いのは，いわゆる条件付故意の問題である．条件付故意については次のような最高裁判例がある．XYZ は謀議し，YZ が N と会い，これと喧嘩になるなどの事態になれば N を殺すのもやむをえないとした．はたして喧嘩となり，YZ は N を殺した．X について殺人の故意があるかが問題となった．この場合，殺す意思は一定の条件にかけられている．それでも故意があるかが問題となったのである．最高裁は殺人罪の故意の成立を認めた[12]．

この場合，X は実行に着手すらしていない．しかも条件付である．それにもかかわらず故意が認められるとすれば，本件の場合は当然に既遂故意を認め得るのではないか．しかし，この条件付故意の判例の場合は，X はもともと実行を行なわない，背後の共犯だったからこそ，故意があるとされたのである．単独犯の場合であって，たとえば，ある男が，関係の悪い妻とよりを戻そうとして会いに行こうとし，その時点で，自分のいうことを聞かなかったら殺害しようと思って（この意味で未着手で条件付故意である），面会したが，結局実力を

---

11) 最判昭和 53・7・28 刑集 32・5・1068，最決昭和 54・3・27 刑集 33・2・140 など．
12) 最決昭和 56・12・21 刑集 35・9・911．

行使したとしても，そのときには傷害の意思しかなかったというのであれば，いかに事前に殺害の意思をもっていたとしても，故意殺人罪の成立を認めるべきではない．

もっとも本件の場合は，第1行為の時点で，この例ほどの条件は付けられておらず，かつ，未遂犯を認めるに足る実行の着手まで行なっているので，この場合よりも既遂故意を認めやすいとはいえる．

(3) 早過ぎた結果発生と似たような問題は，原因において自由な行為においても，学説によって論じられてきた．すなわち，殺意をもって景気づけに飲酒行為に及んだが，飲酒によって責任能力が失われ，その結果として殺害行為に及ぶ危険性までは認識していなかったような場合，酒を飲む第1行為の段階で殺人既遂罪の故意の成立を認めうるか，という問題である．この場合も，行為者は，結果を発生させるためには，さらに新たな行為を行なわなければならないと思っている点では，本件の場合と同じである[13]．

もっとも，本件の場合は，この場合よりは既遂犯の故意を認めやすいといえる．なぜなら，上に述べたような原因において自由な行為の場合の実行行為は飲酒行為であるが，その時点ではいまだ未遂犯の成立を認めることができない．飲酒だけでは，いかに殺害の危険・意思があっても，いまだ切迫した危険があるとはいえないからである．のみならず，飲酒の結果責任能力がなくなったとしても，行為者の新たな行為から結果は発生している．

これに対して本件の場合の第1行為であるクロロホルムを吸引させることは，より殺害の危険性の高い行為で，それ自体として未遂犯の成立を認めることができるようなものである．しかも，第1行為の時点で因果経過は行為者の手を完全に離れている．そこに若干の違いがある．

3 未遂故意と既遂故意

(1) いわゆる早過ぎた結果発生の問題においては，2つの異なる行為がなされている．本件の事案もそうであった．この2つの行為の関係，それぞれの行為のときの意思をどのように解するかが重要な問題である．

---

13) 参照，林美月子・情動行為と責任能力（1991）184頁以下，林幹人・刑法の基礎理論（1995）157頁，同・前掲（注4）刑法総論（第2版）333頁など．

学説の中には，この問題の場合，第1行為と第2行為とを「一体」としてみて，既遂故意の成立を認める見解がある[14]．原審判決も，クロロホルムを吸引させる行為は，「殺人の実行行為の一部をすでに成すとみなしうる行為」だとしており，海中に落下させる行為と一体のものと解しているところがある[15]．しかし，このような見解は正当ではない．本決定は，この2つの行為を一応別のものと解し，ただ両者は「密接」な行為としているにすぎない．このかぎりでは，本決定の方が妥当だといえよう．

とくに本件の場合，第1行為と第2行為とは，時間・場所・態様を明らかに異にしており，意思の内容もまったく異なっている．殺意は継続したものだとしても，計画・予備・着手（第1行為）・実行（第2行為）のそれぞれの意思の内容は，事実上も理論上も異なるものであって，とくに，第2行為時の意思とそれ以前の意思とでは，故意既遂犯を認める上で決定的に異なるものなのではないかがまさに問題なのである．これらをすべて殺人という目的に向けられているとして，「一体」として故意の成立を認めるべきではない．

他方，次のような見解もある．本決定は，「第1行為自体によって［被害者が］死亡する可能性があるとの認識を有していなかった」としている．このことから，学説にはこのような問題の場合，「結果発生の予見がない」として既遂故意の成立を否定するものがあるのである[16]．しかし，第1行為の時点でも，第2行為を経て結果を発生させる予見はあるから，およそ結果発生の予見がないとすることはできない．正確には，結果を発生させるためにはさらに行為を重ねる必要があると思っているということである．しかし問題は，まさにその場合に既遂故意を認め得ないとする根拠である．

(2) 本決定は，本件の場合に既遂故意を認める理由として，第1行為の時点において，殺人罪の「実行の着手」があったことを強調している．ここで「実行の着手」というのは，殺人罪の未遂犯がその時点で成立するという趣旨と解される．そのように解するのが，刑法43条の文言，そしてこれまでの判例の用語[17]などからして自然と思われる．本決定が「密接な行為」「客観的危

---

14) 大塚・前掲（注3）刑法概説（総論）（第3版）．
15) 刑集58・3・230．
16) 鈴木・前掲（注4）金沢法学37巻1号．
17) 参照，大判昭和9・10・19刑集13・1473，最決昭和45・7・28刑集24・7・585，最判昭和54・12・25刑集33・7・1105など．

険性」などの概念を用いていることも，そのことを推測させる[18]．

　このように，本件の場合，第1行為の時点で殺人罪の未遂犯が成立し，その故意が成立するという判断は妥当なものである．その時点において（クロロホルム吸引によって死亡させるという意味でも，引き続き「密接な」第2行為を行ない死亡させるという意味でも）客観的な危険性は十分に認められ，かつ，「密接な」行為を経て殺害しようとする意思をもっている以上は，予備の故意を超えて，未遂犯の成立に必要な故意は十分に認めることができる[19]．

　(3)　このような本決定の理解からは，もし「実行の着手」に至らず，予備行為から直接に結果が発生してしまった場合には，予備罪の故意は認め得ても，既遂犯の故意はないとする趣旨と解される．たとえば，Aを殺そうとして銃に弾を装填しようとしていたら，銃が暴発してAを殺してしまったような場合であれば，たとえ客観的には殺人既遂罪の構成要件には該当するとしても，その故意の成立は否定するべきだという前提に立っていると思われる．そのこと自体は正当なことである．いかに人を殺そうとして，そして，殺人既遂罪の客観的構成要件を実現したにしても，予備の段階での故意をもって既遂犯の故意とするべきではない．予備の故意では未遂犯の故意すらも認めるべきではない．たとえば先の例で暴発して傷害を与えたが，死には至らなかったという場合，未遂犯の客観的構成要件の実現は否定しえないとしても，その故意の成立を認めるべきではない．

　もっとも，このように予備から早過ぎた結果が生じても既遂責任を負わないことの理論的な根拠はどこにあるのかは問題である．1つ考えられるのは，予備の段階での結果発生の危険性は一般に小さく，問題の場合行為者はその小さな危険性しか認識していないということである．しかし，たとえば，人を殺そうとして毒薬を郵便で発送した場合，その時点では結果は発生しておらず，発送行為には予備の危険性しかないが，それにもかかわらず，その時点での行為・意思をもって，未遂犯のみならず既遂犯の実行行為・故意とすることができる．このように，離隔犯の場合を考えれば，予備段階の危険性しかない行為とその認識であっても，既遂犯を基礎付ける行為・故意でありうるといえる．

　一般に予備から早過ぎた結果が発生したときに既遂故意が否定されるのは，

---

18)　前掲昭和9年判決は「密接な行為」に，同45年決定は「客観的な危険性」に言及している．
19)　参照，名古屋地判昭和44・6・25判時589・95．

将来さらに自己の行為を予定しているときには，既遂の故意となし得ないからなのではないだろうか．そうだとすれば，着手未遂の場合も同じではないか，という疑問が生じてくる．

（4） ところが本決定は，予備から進んで「実行の着手」があれば，そのときの意思をもって既遂の故意の成立を認め得るという見解を採用している．しかし，そのような見解に理論的な根拠があるかは疑わしい．

理論的にいえば，未遂犯の構成要件は，いわゆる修正された構成要件[20]，あるいは，拡張された構成要件[21]といわれるように，本来の構成要件，すなわち，既遂犯の構成要件とは異なるものである．いうまでもなく，未遂犯の構成要件は，既遂犯のそれと，法益侵害がないという点で異なっている．しかしそれだけでなく，構成要件該当行為，すなわち，実行行為の点でも，異なっていると解される．未遂犯の構成要件について「修正」とか「拡張」というときには，本来の既遂犯の構成要件該当行為よりも前の段階で構成要件該当性を認めるべきだということが意味されていた．これは逆からいえば，未遂犯の構成要件該当行為，すなわち本決定のいう「実行の着手」があったとしても，本来の既遂犯の構成要件はいまだ充足していないということである．いいかえると，既遂犯の構成要件該当行為＝実行行為は，いわゆる手放し，すなわち，結果を発生させるために，行為者はもはやそれ以上別の行為を行なう必要がないような行為でなければならないということである．このような理解に立ち，そして，故意とは構成要件該当事実の認識だとする一般的な理解からすれば，未遂犯と既遂犯とで故意が異なることはむしろ当然だということになる．未遂犯には，いわゆる実行未遂と着手未遂とがあり，実行未遂の時点での意思をもって既遂犯の故意となしうることはいうまでもないが，着手未遂の場合，本来の既遂構成要件が修正・拡張されているので，その該当事実の認識をもってしては，既遂犯の故意としては十分でないのである．

このことは，故意についての次のような理解からも基礎づけられる．手放しではなく，将来さらに別の行為を行なわなければならないという意識の場合，その時点ではいかに最終的・確定的と本人は思っていたとしても，人間の意思

---

[20] 小野清一郎・犯罪構成要件の理論（1953）84，245頁，団藤重光・刑法綱要総論（第3版）（1990）350頁．

[21] 平野龍一・刑法総論（1975）307頁．

は変わり得るものであり，変わった場合は，変わった後の手放し行為の時点の意思をもって故意の内容としなければならない．たとえば，多量の睡眠薬で眠らせた後にナイフで殺害しようとして，現実に眠らせたが，ナイフを使う時点では，思い直して傷害の意思で行為したという場合，たとえその傷害により過って死の結果を発生させてしまったとしても，最後の時点では傷害の意思であった以上は，殺人既遂罪の故意の成立を認めることはできない．そうだとすれば，本件のように，クロロホルムによりその前に死んでいたとしても，クロロホルムを吸引させた結果として死ぬ危険性の認識がなかった以上は，多量の睡眠薬を飲ませた後に殺害しようとする意思の場合と同じであるから，その時点での殺意をもって殺人既遂罪の故意とすることはできないことになる．

仮に本件の場合，第2行為を任意に中止したり，第三者に邪魔されて行ない得なかったものの，第1行為によって死んだというような場合，因果関係の錯誤にすぎないとして故意の成立を認めうるであろうか．本決定に従えばそのような結論にならざるをえないと思われるが，それが妥当なものか，疑問がある．

以上とは反対に，第1行為の段階では傷害の意思であったとしても，手放しの段階では殺意に変わっており，その手放し行為によって死亡したときは，殺人既遂罪としてよい．たとえば，睡眠薬を多量に飲ませた後にナイフで傷害しようと思っていたが，最後のナイフを使用する段階では殺意に変わっていたとすれば，殺人既遂罪の故意の成立を認めることができる．

若干問題となるのは，本件の場合には，これらの例とは異なり，第1行為のときも第2行為のときも殺意は継続していたことである．しかも第1行為は第2行為に「密接な行為」であった．そうだとすれば，第1行為の時点での意思は，変わり得ないほどに確定的・最終的なもので，第2行為のときの意思と違いはないともいえそうである．しかし，第1行為の時点の意思について，実体的に，変わり得るものとそうでないものとの区別をすることはできないであろう．自己の行為がいまだ完成しておらず，結果を発生させるためにはさらに別の行為を行なわなければならないという意識状態では，本人はいかに確定的・最終的なものと思い，かつ，現実にそれが最初の目的どおり実現されたとしても，変わることがありうるものであって，法益「侵害」を基本的内容とする既遂犯の故意とするべきではないと思われる．

（5）先に述べたように，因果関係の錯誤・方法の錯誤・抽象的事実の錯誤

などこれまでの故意論・錯誤論についての判例理論は，筆者は十分に支持しうるものと考えている．なぜならいずれの場合も，既遂犯の構成要件に該当する事実の認識があるからである．本件の場合その認識はない．本件の，いわゆる実行の「着手」の段階での殺意は，計画・予備の段階の殺意と質的に同じものである．本決定は，これまでの判例が守ってきた限界を越えて，故意の希薄化・抽象化を行なったものと評せざるをえない[22]．

★ 演習問題

1 最決平成16・3・22は，どのような事実についてどのような判断を示したか
2 いわゆる早過ぎた結果の発生の問題の要点はどこにあるか
3 この問題の場合，殺人未遂罪と過失致死罪との成立を認めるべきだという見解があるが，これはどのようなことを理由にするものか
4 既遂犯の実行行為は，「手放し」でなければならないといわれることがあるが，これはどのような意味か
5 因果関係の錯誤とは何か，判例はこの問題についてどのような見解を採用しているか，関連して，ウェーバーの概括的故意についても，説明されたい
6 大判大正12・4・30は，どのような事実についてどのような判断を示したか
7 方法の錯誤や抽象的事実の錯誤の場合と，本件の場合とで，問題の所在はどのように異なっているか
8 最決昭和56・12・21は，どのような事実についてどのような判断を示したか
9 ある男が，関係の悪い妻とよりを戻そうとして会いに行こうとし，その時点で，自分のいうことを聞かなかったら殺害しようと思って（この意味で未着手で条件付故意である），面会したところ，結局実力を行使し，死に致したが，そのときには傷害の意思しかなかった場合，どのような犯罪が成立するか
10 殺意をもって景気づけに飲酒行為に及んだが，飲酒によって責任能力が失われ，その結果として殺害行為に及ぶ危険性までは認識していなかったような場合，酒を飲む第1行為の段階で殺人既遂罪の故意の成立を認めうるか

---

[22] 判例は，故意責任の本質は，法規範（例・人を殺してはならない）の障害に直面したにもかかわらず，あえて犯罪行為（例・人を殺す行為）に出たことに対する非難であるという考え方を採用しているとし，本件の場合もそのように評価できるとする理解がある（判時1856・159）．しかし，本決定の中にはそのような表現はない．そのような考え方によれば，準備の段階でも既遂故意があるということになってしまいかねない．のみならずそのような考え方は，法規範を知らなかったとしても故意はあるとする刑法38条3項に反する疑いがある．この問題について，林・前掲（注13）刑法の基礎理論81頁以下，同・前掲（注4）刑法総論（第2版）267頁以下，高山佳奈子・故意と違法性の意識（1999）.

11 第1行為と第2行為とを「一体」としてみる見解にはどのような問題があるか
12 本件の場合、結果発生の予見がないといいうるか
13 本件の場合、殺人未遂罪はどの時点で成立するか、最高裁はどのように解しているか
14 Aを殺そうとして銃に弾を装塡しようとしていたら、銃が暴発してAを殺してしまったような場合、どのような犯罪が成立するか
15 予備から早過ぎた結果が生じても既遂責任を負わないことの理論的な根拠はどこにあるのか
16 未遂犯の構成要件は、修正された構成要件、あるいは、拡張された構成要件といわれることがあるが、これはどのような意味か
17 多量の睡眠薬で眠らせた後にナイフで殺害しようとして、現実に眠らせたものの、ナイフを使う時点では、思い直して傷害の意思で行為したが、過って死の結果を発生させてしまった場合、殺人罪は成立するか、成立しないとすれば、その理由はどこにあるか
18 上の場合で、睡眠薬と思っていたのが毒薬でそのために死亡した（ナイフは使ったが、顔にだけ傷をつけたにすぎず、死因とはならなかった）場合は、どうか

■ 過失

9 ── 医師の刑事過失
最高裁平成 17 年 11 月 15 日決定〔刑集 59・9・1558〕

1　最高裁平成 17 年 11 月 15 日決定の意義

（1）　平成 17 年に最高裁は，医師の刑事過失責任を認める判断を示した．事案は，ある大学の総合医療センターの耳鼻咽喉科の医師が，悪性腫瘍摘出手術後の抗がん剤治療を実施するに当たり，文献を誤読し，週一度投与すべき抗がん剤を連日投与する誤った投与計画を立て，7 日間にわたり連日投与したため，当時 16 歳の女性患者を抗がん剤の過剰投与による副作用により死亡させた，というものである．

誤って抗がん剤を投与した主治医のほか，担当医療チームの指導医，耳鼻咽喉科の科長兼教授である被告人の 3 名が業務上過失致死罪により起訴され，主治医と指導医については一，二審で有罪判決が確定したが，被告人のみが上告した．最高裁は上告を棄却し次のように判示した．

「……被告人としては，自らも臨症例，文献，医薬品添付文書等を調査検討するなどし，VAC 療法の適否とその用法・用量・副作用などについて把握した上で，抗がん剤の投与計画案の内容についても踏み込んで具体的に検討し，これに誤りがあれば是正すべき注意義務があったというべきである．……」さらに，「……被告人には，VAC 療法の実施に当たり，自らもその副作用と対応方法について調査研究した上で，B（主治医）らの硫酸ビンクリスチンの副作用に関する知識を確かめ，副作用に的確に対応できるように事前に指導するとともに，懸念される副作用が発現した場合には直ちに被告人に報告するよう具体的に指示すべき注意義務があったというべきである．……」[1]．

（2）　現在，医師の刑事責任が社会的注目を浴びている．検察庁のみならず，

---

1) 最決平成 17・11・15 刑集 59・9・1558. 本決定については，北川佳世子・平成 17 年度重判解 63 頁以下など．一審判決について，さいたま地判平成 15・3・20 判タ 1147・306.

厚生労働省でも刑事訴追の在り方について検討が行なわれているようである．学説による検討も進められており，たとえば，医師の刑事責任は極めて重大な場合に限定し，医療過誤は，一般的には，独立の行政委員会の監視下に置くべきだというような方向性も示唆されている[2]．

たしかに，過失犯は開かれた構成要件とされることがあるように，犯罪の限界が不明確であり，検察官の刑事訴追の裁量，あるいは，裁判所の立法に近い判断によって，犯罪の成否が決せられるようなところがある．また，交通事故と火災事故，そして本件のような医療過誤の間に形式的な平等を図ることは困難である．したがって，刑事政策的な判断も重要ではある．

しかし他方，本件の主治医のようにまったく初歩的なミスにより死の結果を引き起こしたような場合，医師だからといって特別扱いをする理由はない．医療現場だけを刑事訴追の聖域とするわけにはいかない．しばしば，公正取引委員会や証券取引監視委員会のような，刑事訴追とは独立の行政委員会の存在が指摘され，医療過誤においても同様の行政的な手続の可能性が示唆される．しかし，純粋の経済犯罪と生命を侵害する場合とを簡単に比べるわけにはいかない．医療過誤については過去に多くの刑事判例がある[3]が，それらを一挙に葬り去るような刑事政策はあってはならないことである．

本件被告人のように，一種の監督責任を負う立場にある者に，本件事案について刑事過失を認めてよいかはたしかに問題であるが，それは，結局のところ，本件について業務上過失致死罪という犯罪の成立を認めるべきかという解釈論に帰着する．実際，本件は解釈論上も多くの問題を含んでいる．刑事政策も，

---

[2] 参照，佐伯仁志「医療過誤に対する法的対応のあり方について」神山敏雄先生古稀祝賀論文集第1巻（2006）227頁以下．さらに参照，山本輝之「医療事故への刑事法の介入」年報医事法学18号（2003）85頁，船山泰範「医療過誤と過失犯論の役割」板倉宏博士古稀祝賀論集・現代社会型犯罪の諸問題（2004）201頁以下，佐久間修・最先端法領域の刑事規制（2003）82頁以下など．医師に対する刑事責任の追及の在り方は各国一様ではない．ドイツの状況は日本に近い．医師に対する過失致死罪の成否をめぐる問題は，まさに刑法理論上の重要な問題とされてきた．イギリスでも，過失致死罪の成否が問題とされている．そこにおける最近の判例では，刑事過失を認めるには gross negligence が必要などとされることがある（R v. Adomako, House of Lords, 1994CrimLR757）．イギリス法の状況について概観を与えるものとして，Alexander McCall Smith, Criminal or Merely Human?: The Prosecution of Negligent Doctors, HeinOnline 12 J. Contemp. Health L. & Pol'y131 19951996）．これは，犯罪の成否は最終的には陪審員が決めるということといってもよい．

[3] 飯田英男＝山口一誠・刑事医療過誤（2001），飯田英男・刑事医療過誤 II（2006），甲斐克則「医療事故と刑事過失」現刑46号（2003）99頁以下など．

解釈論とそれを支える犯罪理論を軽視するわけにはいかない．犯罪理論とは，実は，ここでの問題でいえば，過失犯の成否について，交通事故・火災事故などと医療過誤との間の法的平等を実現するためのものなのである．

本章においては，このような立場から，平成17年の最高裁決定においてとくに問題となっている解釈論上の諸問題について検討を加え，合わせてその背後にある理論的な問題について若干の検討を行なうこととしたい．

2 監督過失と信頼の原則

（1） 本件の場合，監督過失というべきかが問題とされている．しかし，監督過失に固有の過失犯論があるわけではない[4]から，監督過失と呼ぶかどうかはまったく概念上の問題である．本件の場合，被告人と主治医・指導医の間には事実上の支配・従属の関係があったから，これを監督過失と呼んでも誤りとまでは言えない．ただ，監督過失としてこれまでとくに問題とされてきたのは，デパートやホテルにおける火災事故について，代表取締役など支配的地位にある者に過失犯が認められた場合である[5]．このような場合と本件とでは，次のような違いがある．

第一に，火災事故関連事例においては，いわゆる安全体制確立義務という，包括的・一般的な義務が問題とされ，裁判所によって肯定された．本件においては体制というよりは，個別具体的な患者に対する治療義務の有無が問題とされ，肯定されている．

第二に，火災事故関連事例においては，具体的な被害との関係で実行行為・予見可能性などの存在時点があまりに遠く，それらを認めがたいのではないかが問題の要点であった[6]．本件においては危険は十分に差し迫ったものではあるものの，被告人にとっては下位の主治医による文献の誤読というまったく初歩的なミスについて配慮し，予見する義務はないのではないかが問題となっている．

第三に，これまでの監督過失においては，上位の者の下位の者に対する指導・教育・訓練の義務の有無が問題とされ，それが認められた事例が多い．本

---

4) 参照，林幹人・刑法の現代的課題（1991）3頁以下．
5) 白石中央病院事件（札幌高判昭和56・1・22判時994・129）では，火災事故について病院長の「監督過失」が否定された．
6) この点を問題とした最近の文献として，山口厚編・クローズアップ刑法総論（2003）79頁以下（島田聡一郎）．

件で問題とされている義務はそのようなものではなく，被告人が具体的な患者に対する関係で直接に治療する義務が問題とされ，それが認められているのである．

　以上のことからして，本件の場合は監督過失と呼ぶのは適切ではないと思われる[7]．

　（2）　過失犯の成立には注意義務違反が必要であるが，この注意義務にも理論的には3つの異なるものがある．第一は，本件の場合のように不作為犯が問題となっているときは，作為義務がなければならない．第二は，客観的注意義務ないし結果回避義務がなければならない．作為義務があっても，結果回避義務違反を認めがたいという場合はありうる．第三は，主観的注意義務ないし結果予見義務である．いわゆる予見可能性要件はこれと同じものである．前の2つの義務があっても，この第三の義務がないために過失犯は成立しないという場合もありうる．本決定は本件被告人に注意義務違反を認めているが，これは，理論的には，以上の3つをすべて満たしているということである．

　そこで，まず，第一の作為義務，いわゆる保証人的地位の問題について検討を加えよう．関連判例で重要なのは，いわゆる大洋デパート事件最高裁判決である[8]．この事件では，火災事故に関して監督過失が問題となったが，取締役人事部長，出火した3階売場の課長，防火管理者のいずれも，作為義務がないとして無罪とされた．これは，社内組織の中でも下位の者であって，実質的な支配権をもっていないことが重視された結果である．本決定ではむしろ，作為義務に関して言えば，余りにも上位すぎないかが問題となる．たとえば，千日デパートビル事件[9]ではビル全体の管理権原者は起訴されていない．薬害エイズ事件の厚生省ルートでも，厚生省の局長は起訴されていない．森ビルの回転ドア事故でも，ビルの最高責任者は起訴されていない[10]．これらは，余りに上位すぎて，現実の事故に作為義務を認めがたい，あるいは，作為義務を認めても，他に多くの仕事を抱えているので，客観的・主観的注意義務を認めがたいという理由によるものであろう．

---

　　7)　原審判決は，「個々の患者に対する治療医としての責任を有していたもので，これを単なる監督責任と呼ぶことは相当でない」とする．
　　8)　最判平成3・11・14刑集45・8・221．
　　9)　最決平成2・11・29刑集44・8・871．
　　10)　参照，東京地判平成17・9・30判時1921・154．

作為義務の理論的な内容については、判例自身不明確なところがある。そこで、学説による検討が進められているが、その詳細にはここでは立ち入らない[11]。筆者自身はその内容を「排他的支配」と解している。誰も救助しえないような状況に被害者を追い込みながら、それを放置することは許されない、という考えである[12]。本件の場合にこれをあてはめると、被告人にとっては下位の主治医や指導医による救助が可能で、排他的支配は認めがたいのではないかが問題となる。しかし、抗がん剤投与という危険な治療にあたって、主治医は未経験でミスをし、指導医はそれを見逃す可能性が高く、そのような状況において被害者を救助しうるのは被告人のみであったという意味で、排他的支配を認めることができるであろう。なお、本件当時、耳鼻咽喉科は、科長を含め医師11人態勢であり、入院患者は平均して約20人という比較的小規模な状況だったことも、被告人に排他的支配＝作為義務を含む注意義務を認める上で重要な事情である。余りに大きな組織となると、下位の個々の事情については権限がなく、あっても、そこまで配慮し予見する義務は認めがたいということになる。

(3) 本件において実質的に最も重要な問題は、信頼の原則との関係である。本件被告人は、主治医・指導医が適切な行動をとることを信頼することが許されるのか、これが問題の要点である。信頼の原則は、もともとはとくに交通事故に関して発展してきたものである。しかし、理論的に言えば、医療事故にも当然適用されるものであり、判例上も有名な北大電気メス事件がある[13]。交通事故においては、一般に被害者が適切な行動をとることを信頼してよいかが問題となるが、医療事故においては、いわゆるチーム医療の中で、他の医療行為従事者が適切な行動をとることを信頼してよいかが問題となることが多い。また、交通事故においては、多数の自動車などが往来するめまぐるしい道路交通の中で瞬時の判断が要求されるという事情を背景とするが、医療行為において

---

11) 最近のものとして、島田聡一郎「不作為による共犯について」立教法学64号（2003）1頁以下、林幹人「共犯と作為義務」上智法学論集49巻3・4号（2006）49頁以下、山口厚「不真正不作為犯に関する覚書」小林充先生佐藤文哉先生古稀祝賀・刑事裁判論集上巻（2006）22頁以下、日高義博「管理・監督責任と不作為犯論」神山敏雄先生古稀祝賀論文集第1巻（2006）など。
12) 林幹人・刑法総論（第2版）（2008）157頁以下。このような見解の嚆矢をなしたのは、堀内捷三・不作為犯論（1978）である。
13) 札幌高判昭和51・3・18高刑集9・1・78.

はそのようなことは多くはない．むしろ，1人の患者に対する数人の医師・看護師・薬剤師などによる医療行為の分担の中で，自分に割り当てられた仕事に集中しなければならないという事情を背景とするのである[14]．

　北大電気メス事件においても，背景にはまさにそのような事情があった．手術全体に対して監督的な立場にありつつも，執刀医として手術に全神経を集中させなければならないときに，看護師の電気メスの誤接続は起きた．これが執刀医に信頼の原則が適用された理由であり[15]，本件の場合との違いはまさにここにある．もし，本件に信頼の原則を適用するとすれば，被告人は他の患者に対する治療，あるいは他の仕事に忙殺されていたということのほかは考えられない．患者本人のみを考えれば，被告人として患者のためになしうる最も重要なことは，自ら本件の抗がん剤投与について調査研究をすることだったといってよい．

　さらに重要なのは，北大電気メス事件とは異なり，本件の場合は，時間的余裕があったことである．抗がん剤の投与は一刻を争うようなものではない．患者本人について言えば，抗がん剤投与は重大な副作用を伴うことからすれば，十分に慎重でなければならない．さらに，北大電気メス事件の場合，看護師は経験を積んだベテランであったのに対して，本件の主治医は経験が浅かったという違いも重要である[16]．

　信頼の原則とは，過失犯の基本的成立要件である客観的注意義務ないし主観的注意義務の裏返しである．すなわち，他の者が不適切な行動をとる危険性が

---

14) この問題についての近時の文献として，萩原由美江「チーム医療と信頼の原則」上智法学論集49巻1号（2005）49頁以下，大塚裕史「チーム医療と過失犯論」刑事法ジャーナル3号（2006）15頁以下など．

15) 信頼の原則の適用において，手術中とその前後とを区別する見解について，参照，町野朔「過失犯における予見可能性と信頼の原則」ジュリ575号（1974）78頁．萩原・前掲（注14）上智法学論集49巻1号51頁．

16) なお，医師が，劇薬の十二指腸虫駆除剤を投与するに際し，調剤の資格・能力のない産婆に調剤を行なわせ，処方箋に横書で「ネマトール玉1コ」と記載したが誤読しやすい体裁であったため，産婆がこれを12個と誤読して薬袋に入れ，医師においてその内容を点検せずに自ら患者に交付し，これを服用した患者を死亡させた事案について，医師の過失を認めたものとして，大判昭和13・10・14刑集17・759．眼科で使用する麻酔薬の調剤を見習看護師に任せていたところ，塩酸プロカイン粉末0.05グラムに蒸留水50ccを混合すべきを誤って希塩酸50ccを混合し，医師がこれに気付かず患者に注射し，併発性白内障などの傷害結果を生ぜしめた事案において，医師の見習看護師に対する監督責任を認めた事例として，東京高判昭和41・3・25判タ191・198（最高裁も決定で上告を棄却）．なお，関連判例として，飯田＝山口前掲（注3）刑事医療過誤7頁，25頁以下参照．

低い場合，あるいはその予見可能性が低い場合に，それは適用される．本決定は，信頼の原則という概念にとくに言及していないが，それは，注意義務があるといっても信頼の原則の適用はないといっても同じであるからである[17]．

したがって問題の要点は，本件主治医のミスの客観的予見可能性＝危険性が高度のものであったか，あるいは，被告人にそれが予見し得たか，にある．本決定が指摘するように，本件疾病はきわめて稀なものであり，VAC療法というのも一般的なものではなく，主治医は医療経験が浅かった．それにしても，がんに抗がん剤を投与するというのは，それ自体特別の治療ではなく，しかも，投与間隔を読み違えるというのはまったく初歩的ミスであって，通常はありえないことである．このような可能性を理由として，科長自らが調査検討することを義務づけるのが妥当であったか，問題がないわけではない．とくに，本件のような場合，被告人が自ら調査研究すべきだということは，医療慣行やガイドラインなどで確立していたわけではないであろう．被告人にとって刑事責任の前提となる義務は，一般的な治療方針を決定し，あるいは，すでに決定した後には，資料を手渡したり，投与間隔などについて再確認を促す程度までなのではないか，再考の余地がある．

3 情報収集義務について

（1） 本決定は，注意義務の内容を，文献などを「調査検討した上で是正する」，「調査研究した上で指示などをする」義務と捉えている．ここにおいては，基本的に，調査・検討・研究などが重要であることは明らかである．実際の抗がん剤投与や重大な副作用の発現の段階では，いかに注意深くしても，肝心の知識・情報がなければ，投与を差し控えたり，副作用に対処したりすることはできない．このような義務は，講学上は情報収集義務といわれる．この情報収集義務は，交通事故においても重視されており，たとえば，後部扉を同乗者が開くにあたって，「確認」した上で指示する[18]，あるいは，前方を注視する義務[19]

---

17) 小林憲太郎「信頼の原則と結果回避可能性」立教法学66号（2004）28頁以下は，信頼の原則の根拠を自己答責性に求める．これに対しては，林・前掲（注12）刑法総論（第2版）297頁参照．なお，最近の文献として，深町晋也「信頼の原則について」神山敏雄先生古稀祝賀論文集第1巻（2006）115頁以下．
18) 参照，最決平成5・10・12刑集47・8・48．
19) 参照，大コンメンタール刑法第11巻（第2版）（2002）37頁など（村上尚文）．

などがこれに該当する．いわゆる生駒トンネル事件においても，原原審，原審では作業手順書を自ら点検した上で，接地板を取付ける義務が重視されている[20]．

このような情報収集義務の客観的注意義務としての重要性を指摘したのは，1930年，ドイツのエンギッシュである[21]．その後ドイツでは，この情報収集義務の客観的注意義務としての独自性・重要性は一般的な承認を得るに至っている[22]．

前述したように，いわゆる注意義務の中には，客観的なものと主観的なものがある．その客観的注意義務の中にも，理論的には3つのものがある．第一は，危険な行為を差し控える義務．本件でいうと，過剰な抗がん剤投与を差し控える義務がそれである[23]．第二は，危険な状況において結果が発生しないように作為する義務．本件でいうと，副作用が発現した段階で適切な対処をする義務がそれである．そして第三に，情報収集義務である．この情報収集義務は，第一・第二の直接的な危険惹起行為を回避するために必要な情報を収集する客観的行為をなす義務である．それは，危険な客観的行為から結果が発生することを予見する主観的な義務としての予見義務とは区別される．本件においては，もちろん，第一，第二の義務も重要ではあるが，それらはすべて第三の情報収集義務を基本的な前提としているという意味において，この義務がとくに重要な意味をもっているのである．

医療行為においては，この情報収集義務が重要な意味をもつことが多い．医療過誤においてしばしば問題となる診断上の過失[24]は，「患者の病態」についての情報収集過程における過誤の場合である．本件の主治医は，「治療の方法」についての情報収集の過程で過誤を犯した．それに対して，本件被告人は，治療方法についての情報収集そのものを怠ったのである．

---

20) 最決平成12・12・20刑集54・9・1097．一審判決においては，「作業手順書の了解を怠った」ことが過失の一内容とされている（刑集1178頁）．二審判決においても，「説明書に示された作業手順を遵守」することが注意義務の内容とされている（刑集1230頁）．これに対して最高裁決定においては，「取り付けるのを怠った」というように，純粋に客観的な態様が重視されている．
21) Karl Engisch, Untersuchungen über Vorsatz und Fahrlässigkeit im Strafrecht, 1930, S. 306ff.
22) Vgl., Jescheck-Weigend, AT., 5 Aufl., 1996, S. 581; Claus Roxin, AT., 3 Aufl., 1997, S. 932.
23) 投薬に関する過誤が問題となった判例については，中山研一＝泉正夫編『医療事故の刑事判例』(1983) 246頁以下（須之内克彦），飯田＝山口・前掲（注3）刑事医療過誤144頁以下など参照．
24) 判例については，中山＝泉・前掲書57頁以下（松宮孝明），飯田＝山口・前掲（注3）刑事医療過誤326頁以下，佐久間・前掲（注2）最先端法領域の刑事規制86頁以下など参照．

この情報収集義務の理論的な性格については，それが——少なくとも一定限度——客観的義務の範疇に属するものだということのほかは，十分に検討されてきたとはいいがたい．しかし，「情報収集」という，どうみても精神的な働きがいかなる意味で「客観的」なものといいうるのであろうか．また，そもそも何故に注意義務は客観的なものと主観的なものに分ける必要があるのであろうか．さらに，主観的要件であることの明らかな予見可能性要件との関係はどのようなものなのであろうか．以下，このような問題について若干の検討を加えることとしたい．

（2）　本決定は注意義務を客観・主観の区別をせず単一のものとして捉え，その根拠を「予見可能性」に求めている．しかし，調査・研究というものは，主観的・精神的なものではあるが，客観的な行為を伴うことは明らかであり，少なくとも単に「注意深い」という精神状態を意味するものではない．さらに，主治医がミスをし，指導医がそれを見逃す可能性——それらが本決定における「予見可能性」の根拠とされている——は，客観的なものといえる．本件解説にも「客観的予見可能性」があったことを指摘するものがある[25]．このように，本件における「予見可能性」は，単に主観的なものではないことは明らかである．

他方，調査・研究しなかったことは精神的な不注意によるものであり，注意深くあれば，調査・研究したともいえる．このように，本決定は，実は性質の異なる注意義務を同時に認めているのである．それは，本件のような場合には，実際上，それを区別する必要はないからである．そのようなことは少なくない．たとえば自動車事故においては，運転者はほぼ一様の知識・経験・能力などをもつから，一定の状況においてとるべき客観的な行為の態様を示して義務づけ，それに違反したときは，客観的にも主観的にも注意義務違反があるとしてよいわけである．

しかし，後にも詳述するように，客観的注意義務違反はあるものの，主観的注意義務違反はないということはありうる．いいかえると，客観的予見可能性はあるものの，主観的予見可能性はないということはありうるのであって，理論的にはこの2つのものは区別する必要がある．

---

[25]　本件解説・判時 1916 号 155 頁．

（3） このように，理論的に，主観的注意義務から客観的注意義務を区別し，客観的注意義務に独立の意味を認めるべき理由としては，次のような点が考えられる[26]．

第一に，故意犯の場合との整合性である．故意犯においては，一般に，客観的に実行行為がなされたかを問題として，次に，そのときに故意があったかが問題とされる．過失犯も理論的に同じであるべきであろう．

第二に，結果回避可能性要件との関係である．結果回避という客観的事態を可能とするものは基本的には客観的なものである．主観的にいかに注意深くしても，それだけでは結果を回避することはできない．客観的注意義務は結果回避義務といわれるのもこのような認識に基づいている[27]．

第三に，刑法の一般予防目的に適合することである．主観的においていかに注意深くあれといっても，それだけでは無定型・抽象的である．一定の状況において具体的にとるべき客観的な行為の在り方を示すことによって，刑法の一般予防効果は高まる．

自動車事故などほとんどの過失犯において，注意義務の内容を定めるにあたって，一定の状況においてとるべき客観的な行動の在り方が示されているのは，理論的には以上のような理由によるものと考えられる．そして，すでに述べたように，客観的注意義務に違反するときは，通常は，主観的な注意義務にも違反しているために，あえて主観的注意義務には言及しないのである．これに対して，単に予見可能性がないとして過失犯の成立を否定するときには，後に述べる客観的な予見可能性がないということもあるが，それは認められるものの，

---

26) なお，橋爪隆「過失犯」法教276号（2003）39頁以下は「客観的限定としての過失行為」を問題とする．さらに参照，大塚裕史「段階的過失における実行行為性の検討」神山敏雄先生古稀祝賀論文集第1巻（2006），佐伯仁志「過失犯論」法教303号（2005）37頁以下，山口厚「過失犯に関する覚書」犯罪の多角的検討（2006）45頁以下など．予見義務と結果回避義務とを区別し，どちらも必要とする趣旨の判例として，最決昭和42・5・25刑集21・4・584．なお，注意義務を単に主観的に理解してはならない旨を述べた判例は少なくない．参照，大判昭和11・3・20新聞3965・17，東京高判平成9・1・23東高刑時報48・1＝12・1．また，最近結果回避可能性に疑問があるとして無罪とされた最高裁平成15・1・24判時1806・160も，「業務上過失致死罪の観点からも『危険』な行為」であったとして，結果回避可能性を問題とする前提としての行為を危険性の観点から限定しようとしている．

27) もっとも，主観が結果回避義務と結果回避可能性を根拠づけることがありえないということではない．後にみるように，例外的には，そのようなことはありうる．結果回避義務と結果回避可能性の関係についての最近の文献として，古川伸彦「過失犯における注意義務の内容（1）」法学協会雑誌123巻8号（2006）1頁以下．

何らかの個人的・主観的な事情により責任要素としての主観的な予見可能性がないことが示されているのである．

(4) 以上のように客観的注意義務は独立の重要性をもっているが，そこにも一定限度主観的なものが入り込むことを認めざるを得ない．

第一に，本件被告人に認められた情報収集義務は，前にも述べたように，客観的危険状況を基礎として，客観的な行為を伴うことから客観的注意義務の中に編入されうるものではあるものの，そこに精神・意識の働きが入っていることは明らかである．文献などを調査・検討・研究するという行為は明らかに精神的なものである．その後の，治療計画を具体的に検討し，是正し，あるいは副作用などについて報告させるというような客観的な行為も，調査研究などによって獲得された情報・経験などを基礎とするものである．この意味において，いわゆる客観的注意義務の中に主観的なものが入ることは否定しえない[28]．

第二に，たとえば薬害エイズ事件において，帝京大のA被告は，現実に非加熱製剤を投与して患者を死に至らしめたにもかかわらず，その行為に結果回避義務違反はないとされた[29]．その理由は，非加熱製剤の危険性についての情報はきわめて少なく，行為当時の科学の水準によれば（そしてこの意味において，客観的に），予見可能性が低い，というところにあった．物理的・事後的には危険は高度であったが，当時の科学の情報状態を基礎として，客観的にも予見可能性が小さい場合，（代替療法の不存在・困難性を背景として）「許された危険」として，その行為は結果回避義務違反，すなわち，客観的注意義務違反とはならないことがありうるのである[30]．

第三に，まったく主観的なものでも客観的な危険性をもつということはありうる．たとえば，本件は主治医が文献を誤読したことに端を発する事件であるが，誤読自体はまったく主観的なものである．それにもかかわらずそれが客観的注意義務違反を基礎づけ得るのは，誤読により，誤った危険な治療を計画し

---

28) 結果回避可能性判断において，「運転者の意識」「危険察知の可能性等の現実的な要素」が考慮されることを指摘するものとして，永井敏雄「黄色点滅信号時の交差点事故について」小林充先生佐藤文哉先生古稀祝賀・刑事裁判論集上巻（2006）379頁．
29) 東京地判平成13・3・28判時1763・17．
30) 林幹人「エイズと過失犯」判時1775号（2002）11頁以下．さらに参照，松宮孝明・過失犯論の現代的課題（2004）151頁以下．抗がん剤の過剰投与が問題となった事例で過失を否定したものとして，高知地判昭和47・3・2判タ277・199．

たからである．故意犯の場合に，後の自分の危険な行為を計画している場合，その意思自体を例外的に主観的であるにもかかわらず違法要素となしうるように，過失犯の場合にも，後に自己の危険な行為を計画した場合，後のその危険な行為と合わせて客観的注意義務違反行為とすることができる．

（5）このような意味において，客観的注意義務に主観的なものが入ることは認めざるをえない．ところが，最近では，客観的注意義務＝結果回避義務の内容を定めるにあたって，さらに主観的なものを基礎とするべきだという主張がなされている．これらの主張によれば，行為者本人の主観的な注意義務違反・予見可能性がないときには，結果回避義務はない，というのである[31]．しかし，このような見解には疑問がある．

たしかにすでに述べたように，主観的予見可能性がないときには，客観的にどうあれ過失犯は成立しないのであり，また，一般的にいえば，客観的注意義務違反がある場合には，主観的注意義務違反も同時にあり，予見可能性がある場合が多い[32]．しかしたとえば次のような場合はどうであろうか．薬害エイズ事件のような事例において，非加熱製剤の危険性が最新科学により認識され，その投与が一般に違法とされている場合に，ある医師（外科医）が専門外でその危険性を認識し得ないために手術の止血剤として投与してしまったような場合である．いわゆる旧ミドリ十字事件では現実にこのような事態が発生した[33]．あるいは，本件の場合でも，たとえば看護師が主治医に指示されるまま，――もちろん誤読の事情を知らずに――抗がん剤を過剰投与してしまった場合にも同様の問題が生じる．このような場合，その医師・看護師には予見可能性はないとしてよいであろう[34]．しかしだからといって，彼らに，結果回避義務はないとするべきではないと思われる．これらの投与の危険性は客観的に予見可能であるからには，その行為を差し控えるべきなのであって，それにもかかわら

---

31) 井田良「過失犯理論の現状とその評価」研修686号（2005）16頁注（18），島田聡一郎「薬害エイズ事件判決が過失犯論に投げかけたもの」刑事法ジャーナル3号（2006）31頁以下．
32) 本件一審判決が，「同被告人は，自己に課された注意義務を果たしていないのであるから，被告人Cの過失行為の予見可能性の有無を論ずる必要はない」としているのは，ミスリーディングだと思われる．
33) 林・前掲（注30）判時1775・13．
34) 船木簡略式平成13・1・5（判例集未登載）（飯田・前掲（注3）刑事医療過誤II 144頁）は，医師が誤った処方箋を薬剤師に交付して調剤させ，抗ヒスタミン剤を過剰投与させた事案について，医師に過失を認めているが，薬剤師は起訴されていないのも同様の考慮によるものと思われる．

ず投与し患者を死に到らしめれば客観的には違法とすべきものである．過失犯の成立を否定するとすれば，単に責任要素としての予見可能性がなかったという理由によるべきである．本来の意味での主観的予見可能性要件は，主観的注意義務を基礎づけるものであり，客観的注意義務違反（客観的予見可能性）とは別の，性格を異にする要件と解さなければならない[35]．

関連して，危険の予見可能性と結果の予見可能性を区別し，結果の予見可能性は結果回避義務を基礎づけえないが，危険の（主観的）予見可能性がないときには結果回避義務はないという見解がありうる[36]．しかし，危険とは「結果」発生の可能性であり，結果とは行為の時点では「危険」としてしか予見しえないものである．予見可能性を問題とする時間的段階では危険と結果に質的な違いはなく，その区別で結果回避義務を左右することに理論的な根拠があるかは疑わしい．

さらに，法は不可能なことを義務づけえず，行為者本人に予見不能のときは結果回避を義務づけえないとされることもある[37]．たしかに，生理的に行為不能のときは，その行為を義務づけえない．たとえば，医師が手術中に自らの脳障害のために突然手が震え始めたような場合，適切な手術を義務づけることはできない．義務づけうるのは，別の医師に依頼することとか，あるいは，そのような脳障害の可能性があるのであれば，手術をそもそも行なわないことのみである．しかし，その医師が手術のために投与した止血剤にエイズウイルスが入っていることが当時の科学水準によって高度に予見され，一般には投与が禁止されているにもかかわらず，彼が止血剤について専門外であったためそのことを知らなかったからといって，投与してよいということにはならない．この区別は，刑法の基礎にある違法と責任に対応するものである．近時の主観的予見可能性をもって結果回避義務を左右する見解は，この違法と責任の関係を混乱させるものと思われる[38]．

---

35) この区別について，林・前掲（注12）刑法総論（第2版）294頁．
36) 参照，古川伸彦・刑事過失論序説（2007）200頁以下．
37) 参照，島田・前掲（注31）刑事法ジャーナル3号31頁．
38) なお，相当因果関係の主観化傾向とそれに対する批判として，林幹人「相当因果関係の新動向」曹時57巻11号（2005）9頁以下参照．

★ 演習問題

1. 最決平成 17・11・15 は，どのような事実についてどのような判示をしたか
2. 医療過誤については，刑事制裁を科さず，独立の行政委員会の監視下に置くべきだという見解についてどのように考えるか
3. 交通事故・火災事故などとの均衡をどのように図るか
4. 監督過失とはどのような場合か，代表的な判例をあげなさい（最決平成 2・11・29，最決平成 5・11・25 など）
5. 本件の場合，監督過失と呼ぶことができるか
6. 一般に注意義務と呼ばれているものの内容を指摘しなさい
7. 本件の場合，被告人に作為義務はあるか
8. 病院の規模は，作為義務を認める上でどのような意味をもつか
9. 被告人にはどのような行為をすることが義務づけられるのか
10. 信頼の原則とは何か，本件の場合，その適用を認めることができるか
11. 札幌高判昭和 51・3・18 は，どのような事実についてどのような判断を示したか
12. 本件と札幌高判の事案にはどのような違いがあるか
13. 信頼の義務の原則の法的性格を指摘しなさい
14. 情報収集義務とは何か
15. 最決平成 12・12・20 は，どのような事実についてどのような判断を示したか
16. 客観的注意義務には，どのようなものがあるか
17. 診断上の過失とは何か
18. 情報収集義務の法的性格を述べなさい
19. 客観的注意義務と主観的注意義務とはどのように区別されるか
20. 客観的注意義務の中に主観的なものが入っている場合があるが，それはどのような場合か
21. 行為者本人の主観的予見可能性がないときに，結果回避義務違反を否定する見解にはどのような問題があるか

■責任能力 1

10──責任能力の現状
最高裁平成 20 年 4 月 25 日判決〔刑集 62・5・1559〕

1 最高裁平成 20 年 4 月 25 日判決[1]の意義

（1） 責任能力に新しい動きが見られる．

その第一は，最高裁平成 20 年 4 月 25 日判決である．責任能力についての最高裁判例は多くない．重要なものとしては，元自衛官事件（昭和 59 年 7 月 3 日決定)[2]ぐらいのものである．平成 20 年の判決は，最高裁として，新しい方向性を示している．理論的にもいくつか新しい問題がそこにはある．

第二は，学説の新しい展開である．安田教授，水留講師らをはじめとするいくつかの業績が出されており，長い歴史をもつ責任能力論に重要な問題提起がなされている．とくに重要なのは，責任能力制度の根拠，その存在理由という根本問題である．そこにおいては，いわゆる生物学的要素と心理学的要素の関係についても，問題提起がある．

第三は，いわゆる医療観察法の成立・施行である．心神喪失・心神耗弱により一定の重大な犯罪を行なった者に対して強制的な医療処分を課す今回の立法は，それ自体多くの問題を含むが，責任能力論との関係でも考えなければならないことがある．

第四は，裁判員制度である．2009 年に導入された裁判員制度の対象は，一定の重罪の場合に限られている．ところが，責任能力制度はその被告人を無罪とし，あるいは（医療観察法により）刑事制裁から外すものである．しかも，問題は正当防衛の場合などとは異なり，被告人の過去の精神障害による意思内容

---

1) 刑集 62・5・1559. 本件解説として，前田巌・ジュリ 1274 号 84 頁以下，安田拓人・刑事法ジャーナル 14 号（2009）93 頁以下などがある．
2) 刑集 38・8・2783. 本件については，林美月子「責任能力の認定」産大法学 32 巻 2＝3 号（1998）239 頁以下など参照．

を問題とする．そこに素人が関わることは，多くの問題を生じさせる．

　本章は無論，以上の諸問題の全面的な解決を試みるものではない．ポイントと思われるいくつかの点について若干の考察を行なうものにすぎない．

　(2)　本件の事案は，要約すれば，ほぼ以下のようなものである．被告人は，統合失調症により，幻視・幻聴などの症状が現われるようになった．その中で，被害者が自分のことをばかにしていると憤りを覚えるようになった．ある日，被害者が頭の中に現われ，「仕事に来い．電話しろ．」という声が聞こえたが，被害者に対する腹立ちは収まらず，被害者の店に出向き，暴行を加え，これを死に致した．

　第一審は，被告人は本件行為時心神喪失の状態にあったとして，無罪とした．ところが原判決は心神耗弱にとどまるとして，懲役3年を言い渡した．

　本最高裁判決は，ほぼ次のように述べて，原判決を破棄し，差し戻した．まず，鑑定の評価について，「その意見を十分に尊重して認定すべき」とし，そして，「本件行為当時，被告人は，病的異常体験のただ中にあったと認めるのが相当である．」とした．さらに，「原判決のように，動機形成等が了解可能であると評価するのは相当でない」とし，「被告人が，本件行為が犯罪であることを認識していたり，記憶を保っていたとしても，これをもって，事理の弁識をなし得る能力を，実質を備えたものとして有していたと直ちに評価できるかは疑問である」としたのである．

　(3)　原判決と最高裁判決を分けた1つの理由は，鑑定・証拠の評価であるが，本章はこの点については立ち入らない．

　ただ，注意しておきたいのは，最高裁昭和59年決定が，刑法39条に該当するかどうかはもとより，その前提となる生物学的，心理学的要素についても，究極的には裁判所の評価にゆだねられるべき問題であるとして，いわば，裁判所の鑑定に対する独立性を強調していたのに対して，本判決は「専門家たる精神医学者の意見が鑑定等として証拠となっている場合には」その意見を十分に尊重すべきだという，いわば逆の方向性を示したことである．抽象的には，両最高裁の判断に矛盾はないが，実際上の影響は大きいであろう．このような本判決の見解は，59年決定に対する学説の評価にもすでに出ていたものであって[3]，それ自体としては妥当なものであったと思われる．

　本件においては，鑑定が分かれている．保崎鑑定が被告人の本件行為当時の

症状は統合失調症が慢性化して重篤化した状態ではない、としている[4]のに対して、坂口鑑定は統合失調症が重いものであることを否定しない[5]としている。このような病状の重さという、医学的な判断については、「疑わしきは被告人の利益に」の原理がとくに妥当するであろう。

　(4)　理論的にも、本判決は原判決と異なる、しかも新しい見解を示している。その1は、「了解可能」の概念である。原判決は、被告人の行為は「了解不可能であるとはいえない」としていた[6]のに対して、本判決は、「了解可能であると評価するのは相当でない」としている点である。その2は、原判決が被告人は「犯罪」であることを「認識」していたとしていたのに対して、本判決は、「事理」の「弁識」をなし得る能力を問題としている点である。その3は、本判決は、その能力を「実質を備えたものとして有していた」かどうかを問題としている点である。このような「実質」という基準は、原判決には見られない。おそらくこれまでの判例上も、ほとんど見られなかったものではないかと思われる。

　以下には、この3点について検討を加えよう。

　(5)　了解可能性という概念は、判例上かなり前から使われていた[7]。原判決も本判決も、責任能力の判断の1つの基準として、了解可能性という概念自体は維持している。ただ、原判決は、「幻聴幻覚の内容は、特別に異常な要素を含んで」おらず、「被害者がへらへら笑っているように思えたり、路上でふざけてたぬき寝入りをしていると思ったにしても」、そのことにより腹立ちが収まらず、実行したことは了解可能だとしている。いわば、幻聴幻覚が現実だとすれば、それに基づく犯行は了解可能だとしている。それに対して、本判決は、「同種の幻聴等が頻繁に現われる中で、しかも訂正が不可能又は極めて困難な妄想に導かれて動機を形成した」と見られる以上は、了解可能と解すべきではないとしているのである。

---

[3]　林美月子「責任能力と法律判断」松尾浩也先生古稀祝賀論文集上巻（1998）309頁以下、浅田和茂「刑事手続と精神鑑定」季刊刑事弁護17号（1999）21頁など。
[4]　刑集62・5・1563。
[5]　刑集62・5・1620。
[6]　刑集62・5・1617。
[7]　参照、近藤和哉「責任能力における了解について」上智法学論集39巻2号（1995）97頁以下。

了解可能という概念はもともとは精神医学に由来するものであり，それを，判例が採用してきたのである．本判決が了解可能の概念について，先に見たような判断を示したことは，その精神医学上の当否は別として，重要な意義を有する．しかし，一見被告人の行動が了解可能であり，他の人間の行動との間に類似性があっても，重度の精神障害に罹患していることはありうることも指摘されてきた[8]．本判決が了解可能性に疑問を示すのも，結局は，病態ないし症状の重篤性がその根拠となっている．「了解可能性」という概念自体にはそれほどの重要性はないのではないか，疑問がある．

　(6)　本判決の理論上の最大の意義は，原判決が，被告人は本件犯行が「犯罪であることを認識していた」としているのに対して，「事理の弁識」をなし得る能力を問題としている点である．

　まず，責任能力における認識・弁識の対象は，犯罪なのか，事理なのかが問題となる．この点は，諸外国の法制においても重要な問題とされてきた．英米では，違法性（illegality）なのか，反道徳性（wrongfulness）なのか，という形で問題とされてきた．現在のイギリスでは，違法性と解されているようである[9]．アメリカでも，そのように解する立場は有力である．しかし，1984年に立法された連邦犯罪規制法においては，それはwrongfulnessとされている．具体的には，精神障害のために，被害者を殺せという神の命令を聞いて殺したような場合，国法に違反することは認識していたとしても，責任無能力とするべきだというのである．本件においてもまさに同様のことが問題となり，最高裁は「犯罪」ではなく，「事理」と解したのである．

　しかし，そのように解することに対しては，いくつかの疑問がある．まず，その内容が不明確なことである．「事理」とは一体何なのか，十分に明らかではない．理論的にも，責任能力制度の目的・根拠は，後にも述べるように，刑法の一般予防にあると解するときには，責任能力の対象となる認識内容は刑法に反すること，すなわち，可罰的違法性と解するのが妥当と思われる[10]．この

---

　8)　参照，近藤・前掲（注7）上智法学論集39巻2号．林幹人・刑法総論（第2版）(2008) 326頁．これを疑問視するものとして，大コンメンタール刑法第3巻（第2版）(1999) 375頁（島田仁郎＝島田聡一郎）．

　9)　Wayne R. Lafave, Criminal Law, 4th ed., p. 384によれば，イギリスでは，illegalityと解されている．さらに参照，ヨシュア・ドレスラー（星周一郎訳）・アメリカ刑法 (2008) 513頁．

　10)　最決昭和29・7・30刑集8・7・1233は，行為の「違法性」の意識の能力としている．前掲

点では，筆者自身は，原判決の採用する基準が正当と考える．

ただ，より厳密には，「犯罪」といっても，「責任」能力の関係すべきなのは，違法性だけであって，責任ではない．責任能力の中に，自己の責任能力の弁識能力を含めるべきではない．したがってまた，「可罰性」そのものの弁識能力を問題とする[11]べきでもない．

さらに，責任能力は個々の犯罪ごとに問題とされるべきである．たとえば，殺人罪の違法性は弁識できるが，文書偽造のそれは弁識できないということはありうる．いわゆる部分的責任能力の観念は承認せざるをえない．したがって理論的には，問題の犯罪に固有の違法性を弁識する能力があったかが問われるべきだと思われる．

違法性とは，法に反することである．法とは（国家）規範である．したがって，違法性とは行為の反規範性といってもよい．判例にも，このような表現をするものが少なくない．たとえば，東京高判昭和59年9月27日（判時1158号249頁）は，自己の行為の意味やその「反規範性」を認識する能力を問題として，心神耗弱としている．また，東京地判昭和53年11月22日（判時929号142頁）は，ある程度の「規範意識」があったとして，覚せい剤中毒患者を心神耗弱としている．さらに，東京高判昭和56年6月2日（高検速報2517号）は，「社会倫理的規範」の理解可能性を問題としている．最後の判例が「社会倫理規範」を問題とするのは，本章の立場からは若干不正確であるが，これらの判例が「規範」についての意識の在り方を問題としていることは，正当である．

責任能力要件とは異なる，いわゆる違法性の意識の可能性の要件においても，「違法性」の内容の理解について議論がある[12]．本件で問題となっている，責任能力の弁識能力の対象となるものと，いわゆる違法性の意識の可能性の対象となるものは同じものである[13]．

（注8）大コンメンタール刑法第3巻（第2版）368頁（島田＝島田）も，「『是非』とするより端的に『違法性』とする方がより適切」としている．なお，安田拓人・刑事責任能力の本質とその判断（2006）77, 78頁は，「全法秩序違反の認識」を問題とするべきだとする．

11) 町野朔「『精神障害』と刑事責任能力：再考・再論」内田文昭先生古稀祝賀論文集（2002）153頁は，「刑罰賦課によって犯罪行為を抑止しうる行為者の心理状態」とし，水留正流「責任能力における『精神の障害』（2・完）」上智法学論集50巻4号（2007）229頁は，「行為者に刑罰を通じた動機設定が可能な状態」とし，岩井宜子「責任能力の概念」ジュリ増刊・精神医療と心神喪失者等医療観察法（2004）81頁は，「刑罰によって禁じられていることを理解し，それによって，行動を制御しうる能力の有無が問われる」とする．

12) この点について，林幹人・刑法の基礎理論（1995）80頁以下．

本件の場合，最高裁は「事理」の弁識能力に疑いがあるとした．しかし，「犯罪」ないし「規範違反」の「認識」はあったものの，「弁識」はしていなかったとすることも可能だったと思われる．「弁識」の意義について，その社会的意味を十分に理解するというほどの狭い意味に解するのである．認識と弁識の違いについては，後にさらに検討する．あるいはまた，その弁識に従って自己の行動を制御する「実質的な」能力をもってはいなかったとして，本判決と同じ結論に到達しえたと思われる[14]．

（7）　本判決は，原判決が「認識」としていたのに対して，これまでの慣例に従い，「弁識」とした．これは，大した意味はないのかもしれないが，次のようにも解釈し得る．すなわち，単に知的にわかっているというだけでなく，もっと深く，感情的に理解する能力を問題とするべきだということである．

同じようなことはアメリカでも問題とされ，イギリスの古いマクノートンルールが"know"「知る」としていたのに対して，"appreciate"とする新しい立法動向がある[15]．そこにおいては，感情的・社会的に理解する能力が問題とされるべきだとされているのである[16]．「弁識」という概念はわが国で古くから使われているものであり，本判決が以上のことを意識したかは定かではないが，原判決よりも限られた能力を問題としたとも解し得る．

（8）　さらに本判決は，弁識能力について，「実質を備えたものとして有していた」ことが必要だという見解を示した．弁識能力がある程度あったとしても，ただちに心神喪失を否定してはならないということである．このような見解もアメリカで有力である．たとえば，模範刑法典においては，弁識能力について，犯罪性（悪性）を識別（appreciate）する実質的な（substantial）能力と定

---

13)　Systematischer Kommentar, 7 Aufl., §20, Rdnr. 20 (Rudolphi) によれば，責任能力における不法とは，違法性の意識の可能性における違法性と同じだとされる．なお参照，松原久利・違法性の錯誤と違法性の意識の可能性（2006）91頁以下．

14)　American Law Institute, Model Penal Code and Commentaries, PartI, 1985, §4.01, p. 170 によれば，神に命令されたというときでも，犯罪性を理解する能力は実質的なものではなかった，あるいは，法に従って行動する実質的な能力を欠いていたとできる．

15)　B. J. George, Jr., The Comprehensive Crime Control Act of 1984, 1986, p. 93 によれば，連邦の包括的犯罪規制法は，重大な精神障害により，行為の性質や，行為の wrongfulness を appreciate することができないときに，責任無能力となるとしている．

16)　Lafave, supra note 9, p. 383 は，「知る」(know) とは，単に抽象的で，純粋な知識であるだけではなく，社会的・感情的によくわかっているということだという見解を引用している．

義されている[17].

　これまでのわが国の判例には，2つの精神鑑定が心神喪失としたのに対して，「弁別力やそれに従う自己抑制力を全く失っていた」わけではないとして，心神耗弱としたものがある[18]．完全には失われていなくても，「実質的に」失われていれば，心神喪失としなければならないとする本判決の立場は，重要な意義をもつものである．

　責任能力を認め，犯罪の成立を認めることは，それ自体被告人に重大な不利益を与えるものである．刑罰が科されるとなれば，その苦痛はさらに大きい．したがって，責任能力があるというためには，「実質的」な能力でなければならないとする今回の最高裁判決は正当なものと思われる．

2　責任能力制度の根拠

　(1)　責任能力がない場合に無罪とするのはなぜなのか，この制度は何を目的としているのか，という根本問題は古くから論じられ，現在でも続いている．アメリカのいくつかの州においてはこの制度が廃止されたことからしても，このことは自明のことではない．現代の世界においても，大きな問題となっているのである．わが国でも，最近，安田教授，水留講師によって，この問題についてさらに検討が深められた．

　この問題を論じるどの見解も，刑罰目的論との関係を問題としている．これは当然のことである．理論的にいえば，犯罪を成立させることは，原則としては刑罰という法的効果を導くものである．したがって，逆にある場合に犯罪が成立しない根拠については，刑罰目的に適合しないということを内容とするのでなければならない．

　刑罰目的については，周知のように，応報刑論と抑止（予防）刑論がある．応報刑論が，刑罰は過去に行なわれた犯罪行為に対する応報として，それ自体で正当化されるとするのに対して，抑止刑論は，刑罰は人に苦痛を与えることを内容とする以上は，それ自体では正当化されず，将来の犯罪を防止することに正当化の根拠はあるとするのである．抑止刑論の中にも，犯罪を行なった者

---

17)　American Law Institute, Model Penal Code and Commentaries, PartI, 1985, § 4. 01. なお，Lafave, supra note 9, p. 399 も同趣旨の見解を示している．
18)　大阪高判昭和 58・3・24 高検速報 3 号（昭和 58 年）218 頁．

自身の再犯の防止を重視する特別予防論と，彼自身を含む社会全体に対する予防を重視する一般予防論がある．責任能力制度の根拠についても，それぞれの刑罰目的論から見解が分かれているのが現状である．

(2) 安田教授は，刑罰の目的は予防にではなく，応報にあるという[19]．その応報は，過去に行なわれた違法行為でない，適法行為＝他行為が可能であったことを前提とする．すなわち，自由意思により違法行為を選択したことが責任の根拠である．人間に自由意思があるかは疑問視されているが，この点については次のように述べる．すなわち，人に自由意思があることは，「フィクション」であってもよい，というのである．また，現行日本国憲法は人間の自由を前提としている，人間には「自由の意識」があり，非決定論は一般の確信に支えられているとも述べている[20]．

同様の自由意思論，他行為可能性論は，曽根教授によっても主張されている．曽根教授は，責任を予防の見地から基礎づける見解を批判し，「行為時の現実の規範意識を基準としても他行為可能であった」ことが責任を基礎づけるという[21]．これは，行為者に現実に自由意思があるのであり，そのことが責任の根拠だということである．

このように，責任の根拠として自由意思の有無を問題とすることは判例によってもしばしば行なわれている．たとえば，東京地判昭和 57 年 12 月 23 日（刑月 14 巻 11＝12 号 829 頁）は，「自己の行動を選択できる力」が残されていたとして，心神耗弱としている．また，東京地判昭和 62 年 12 月 11 日（判タ 661・255）は，「被告人には自由な意思選択の余地が十分に残されていた」として完全な責任能力を認めた．

たしかに，自由意思がない行為を非難することはできない．問題はその内容である．安田教授は自由意思は現実に存在するという見解のようである．また，

---

[19] 安田・前掲（注 10）刑事責任能力の本質とその判断 18 頁．同書 61 頁は，強制医療は「展望的・特別予防的」なものだが，刑事責任は回顧的・応報的なものだとする．しかし，刑事責任も展望的で予防的なものでなければならないと思われる．

[20] 安田拓人「責任の概念」刑法の争点（2007）54 頁．

[21] 曽根威彦「刑法における責任と予防」奥島孝康＝田中成明編・法の根底にあるもの（1997）381 頁は，他行為可能性判断の基礎におかれるのは，あくまでも当該行為者の能力だとする．また，同書 382 頁は，「個別行為責任の立場に立って行為者の責任を問うためには，行為時の現実の規範意識を基礎としても，なお他行為可能であったと言えるのでなければならない」とする．同様の見解として，浅田和茂・刑法総論（補正版）（2007）274 頁など．

曽根教授は他行為可能性については，当の個人を基準として判断する，すなわち，現実に他行為可能性は存在するとして，そこに責任の根拠を求めている．責任能力もこのような意味での自由意思，他行為可能性を基礎づけるものと解しているものと思われる．しかし，結論から述べれば，以上のような見解には疑問がある．

　(3)　まず，応報刑論に対する疑問である．この見解は，責任論を離れても，現在でも有力である[22]．しかし，死刑，自由刑などの重大な不利益を与える刑罰が，それ自体として善であるというのは，不可解である．たしかに人は，とくに被害者，その遺族などは，犯罪によって受けた被害と同じ苦痛を犯人に与えることによって，満足する．しかし，その感情は，いわゆる復讐や仇討ちによって得られるものと大差なく，人類が克服すべきものである．少なくとも，国家が刑罰の目的として標榜すべきものではない．刑罰は，それ自体としては悪である．ただ，犯罪を防止するために必要な悪と考えなければならない．

　自由意思を，現実に存在するものと考え，他行為可能性を本人を基準として判断することにも疑問がある．なぜなら，その前提とする非決定論は科学的に証明されていないからである．本人を基準として判断するならば，他行為可能性の証明は不可能であり，責任の証明は不可能である．また，犯罪の内容である責任を，「フィクション」によって構成するべきではない．国家が人に重大な不利益を科する前提としての刑事責任について，有るかどうかわからないものを，「有る」と擬制するべきではない，ということである．また，現行憲法は，科学的な証明のない非決定論を前提としているとも解されない．さらに，「自由の意識」や一般の確信は，自由意思の存在の証拠にはならない．

　自由意思は，仮定的に判断されなければならない．すなわち，非難の対象となる現実の意思に代えて，あるべき意思をもったならば，他行為可能であったとき，自由意思があったとするのである．他人の強制や精神障害の支配によって，あるべき意思をもちえないとき，人は不自由である．そのときは，人は自分の意思で行為を選択したとはいえないからである．

　では，なぜそのように仮定的な判断をするのか．それは，過去の違法行為時

---

22)　たとえば，限定的ではあるものの，佐伯仁志「刑法の基礎理論」法教283号（2004）45頁以下．また，高山佳奈子・故意と違法性の意識（1999）272頁は，「予防目的により責任論を構成しようとする」ことを問題だとする．

に，あるべき意思をもったならば，他行為が可能であったことを本人と一般人に示し，将来は，そのあるべき意思をもち，他行為，すなわち，適法行為を選択させるためである．このように，刑事責任と自由意思は，予防目的から構成されるべきものである[23]．

（4） したがって，責任能力制度は，予防目的から根拠づけられなければならない．予防にも特別予防と一般予防がある．わが国では，特別予防論によって責任能力制度を根拠づけようとする見解がある．

町野教授は次のように言われる．「刑罰は，行為者の以後の犯罪を防止するために，以後同種の犯罪を同種の事情の下で犯さないように動機付けるために科されるサンクション」であり，「刑罰を加えることによって，行為者にこのような動機付けが可能な彼の心理的特性が責任能力」である[24]．また，責任無能力は「実定法によって特権化された責任阻却事由」[25]である．そして，次のようにいわれる．「刑罰の賦課が当該行為者に現実に意味を持ちうるかは，かなり不確かである．このようなことから，精神障害による犯罪に刑罰をもって臨むことは抑制的であるべきであり，特に，非刑罰的な精神医療による処遇が適切と思われるときには，そちらを選ぶべきことになる．これは，責任能力論と無関係に刑事政策的要請が侵入しているからなのではなく，責任能力論が刑事政策論の適用だからである」[26]．水留講師もまた，刑罰の特別予防目的から責任能力制度を基礎づけようとする[27]．

（5） しかし，このような見解に対しては，幾つかの疑問がある．

まず，刑法の目的を特別予防のみにあるとする，あるいは，それをとくに重視することが妥当か，という疑問である．刑法は明らかに一般予防の機能を果たしており，また，果たすべきものと思われ，したがって，責任能力もこの見地から基礎づけられるべきだと思われる．たとえば，一般論として，監督過失

---

23) 林・前掲（注12）刑法の基礎理論1頁以下．
24) 町野朔「責任能力制度の問題」書研所報41号（1996）13，17頁．
25) 町野・前掲（注11）内田文昭先生古稀祝賀論文集148頁．
26) 町野・前掲（注11）内田文昭先生古稀祝賀論文集155頁．水留正流「責任能力における『精神障害』(1)」上智法学論集50巻3号（2007）204頁が，刑罰が犯罪の予防に役立たないとき，強制治療とするのも，同趣旨であろう．
27) 水留・前掲（注26）上智法学論集50巻3号137頁．精神医学の立場から同様の見解を示すものとして，五十嵐禎人「触法精神障害者の危険性をめぐって」前掲（注11）ジュリ増刊99頁以下．なお，Herbert L. Packer, The Limits of the Criminal Sanction, 1968, p. 134 は，責任能力は抗弁ではなく，非刑罰的方法による処分の契機にすぎないとする．

を犯したような社会的地位の高い，しかも高齢の被告人は，再犯のおそれはまったくない．しかしそのことは，彼に刑事過失を否定する理由とはならない．一般予防論に対して疑問をもつ背景には，犯罪者といえども人格をもっており，刑罰という不利益を与えて一般社会の利益を図るというのは，その人格を無視するものだというカント的な考慮があるものと思われる．しかし，特別予防も，被告人に不利益を与え，将来犯罪の犠牲になる人が出ないようにすることを目的とするものであり，その点に違いがあるとは思われない．再び犯罪を犯さないということは，犯罪者の利益というよりは，社会の利益である．

　次に，責任無能力制度が，「非刑罰的な精神医療による処遇が適切と思われる」という「刑事政策的要請」を根拠とする点にも疑問がある．そもそも，たとえば今回立法施行された医療観察法による治療処分などは，（少なくとも責任無能力の場合）犯罪が成立しないことに根拠があるのであり，医療処分の存在それ自体が，責任無能力を根拠づけるというのは論理が逆である．田口寿子氏によれば，アルコール酩酊[28]や薬物による一過性精神障害の場合，鑑定時には疾病性を満たさず，また，知的障害や認知症などの器質性精神障害，精神病質（人格障害）などの場合，治療反応性がなく，治療必要と判断されない[29]．さらに，情動行為も，そうであろう[30]．しかし，このように現在の被告人に対して，精神医療による処遇が不適切だということは，彼の過去の違法行為について責任能力がある理由とはならない．精神医学者の中には，覚せい剤事犯は医療処分に適応しないことを理由に，刑罰を科すべきだとする見解がある[31]．しかし，覚せい剤事犯の多くの場合に責任能力が認められるのは，妄想が人格を完全には支配せず，心理学的要素が失われないからである[32]．覚せい剤中毒により幻覚妄想に完全に支配され，心理学的要素が欠けるのであれば，治療方法がない

---

28) 近藤和哉「酩酊分類と責任能力」帝京法学19巻2号（1996）241頁以下．
29) 田口寿子「心神喪失者等医療観察法をめぐる私論」中谷陽二編・精神科医療と法（2008）162頁．
30) ドイツでは，情動行為についての無罪判決が多い．参照，林美月子「情動行為の責任能力判断」中谷編・前掲（注29）精神科医療と法23頁以下．そして，これらに対しては，保安処分も課されない．このことは，治療の要否と無関係に責任能力が解されていることを示す．なお，安田・前掲（注10）刑事責任能力の本質とその判断46頁は，情動行為について，わが国の判例はあまりに厳格すぎることを批判する．
31) 五十嵐・前掲（注27）ジュリ増刊100頁．
32) 森裕「責任能力論における精神の障害について」阪大法学56巻3号（2006）671頁は，統合失調症も覚せい剤中毒症も，ドーパミン作動性神経系の異常といった中枢神経系の機能的変化のレベルにおいては共通しているが，覚せい剤の場合，人格が完全には支配されていない，とする．

としても，無罪としなければならない[33]．

　反対に，精神障害者であっても，その障害が重度のものでなく，完全責任能力があったのであれば，その後重くなり，治療が必要なことが明らかとなり，あるいは，医療刑務所における治療では十分でない[34]としても，それらの事情は彼を無罪とする理由とはならない[35]．

　要するに，医療観察法などの強制治療の対象とすべきか否かは，現在の対象者についての，病状・危険性・治療可能性などによって決めるべきものであるが，犯罪の成否はあくまで，過去の違法行為の時点での精神状態を問題とすべきものである．このように責任能力の有無と強制医療の可否とは，判断基盤の時点，制度の目的を異にするのであって，どちらを選ぶべきかといった政策的判断に服するものではないのである[36]．この被告人を将来犯罪を犯さないようにするために，治療したほうがよいか，刑務所に入れたらよいか，ということは，行為当時の責任能力の判断にあたって，考慮してはならないことである[37]．

　最後に，心理学的要素の内容が十分に明確でないことを指摘したい．「刑罰を加えることによって，行為者にこのような動機付けが可能な彼の心理的特性が責任能力」という場合の，その「特性」の内容は十分に明確ではない．すで

---

[33]　参照，高橋省吾「精神鑑定と刑事責任能力」小林充＝香城敏麿編・刑事事実認定（1992）468頁．

[34]　仙台高判昭和63・2・16高刑集41・1・48は，精神障害者の交通事犯について，完全責任能力を認めた上，社会での治療が期待できないことを理由に実刑を科している．医療観察法ができても，この事件のような場合には，刑務所に入れざるをえないであろう．

[35]　高山佳奈子「責任能力について」刑雑45巻1号（2005）11頁は，「責任能力は刑罰適合性・医療適合性とは別に判断されるべき」とする．また，西山詮「責任能力の概念」前掲（注11）ジュリ増刊78頁は，「治療可能性の期待または見込みの肥大が責任能力判断に介入してくる」と指摘する．大コンメンタール刑法第3巻（第2版）（1999）25頁（島田＝島田）は，責任能力を刑罰適応性と解する立場に対して，「責任能力は受刑の際に存在することを要するし，また，それで足りるということになる」と批判する．Schoenke-Schroeder, 27 Aufl., §20, Rdnr. 26 (Lenckner-Perron) は，Strafempaenglichkeit は，責任能力の兆候とはなりうるにしても，基準とはなりえないとする．

[36]　岡田幸之「精神鑑定と裁判員裁判」中谷編・前掲（注29）精神科医療と法110頁は，特別予防的な観点から責任能力制度を説明する見解に対して，「治療の必要性」「医学的介入の有効性」「受刑能力」といった，本来は責任能力とは別に評価されるべき要素を，責任能力判断に混入させてしまう結果を招くと批判する．

[37]　Lafave, supra note 9, p. 432 によれば，アメリカでは，責任無能力で無罪となった者の後の処分については，陪審員を混乱させるので，説示してはならないという見解が有力である．もっとも，American Bar Association Standards for Criminal Justice, Chapter7, 1986, p. 344 は，説示するべきだという見解である．それは，この制度を知らないと，社会を守るために，責任無能力者を有罪としてしまうおそれがあるというのである．

に述べたように，平成20年の最高裁判決は，「事理」を弁識し，それにしたがって制御する能力としている．原判決は，「犯罪を認識」する能力としていた．それに対して筆者は，違法性，すなわち，「反規範性」を弁識し，それにしたがって行動する能力だと主張した．

　では，なぜそのように解するのか．それは，行為の反規範性を弁識し，それにしたがって自己の行動を制御する能力があったからには，その能力を発揮するべきだったといえるからである．それにもかかわらず反規範的行為を行なったのは，被告人に，十分に規範を尊重して行動しようとする意識が乏しかった，いいかえると，反規範的意思があったからである．それがまさに責任の本体である．それがあることを理由に非難としての処罰を行ない，市民一般の規範意識を強化し，犯罪を減らそうとするのが，責任の基礎に置かれるべき刑事政策でなければならない．このような見解を積極的一般予防論というのである．「積極的」というのは，単に刑罰という苦痛によって脅すだけではなく（それは消極的なものである），その前提となる「規範」を維持強化することによって，一般予防目的を追求するものだからである[38]．

　犯罪のほとんどは責任能力を有する主体によるのであって，これらを処罰することによって，以上の意味で，規範を尊重しようとする意識は維持強化される．将来の責任能力ある者の行為はこのことによって予防される．精神障害のために反規範的意思がなかった場合を処罰しても，将来，精神障害者の犯罪予防に効果はない．なぜなら彼らは，行為の反規範性を弁識し，それに従って行動する能力はないからである．それは刑法の目的を超える事態である．しかし，精神障害のために，過去に少なくとも違法行為を行なった者については，その精神障害のために，将来再犯のおそれがあるから，（本人の利益のためにも）強制的に治療すべきだということになる．このように，刑法の目的は，過去の責任を根拠とする積極的一般予防にあり，医療観察法など強制医療の目的は，対象者の現在の危険性（及び治療可能性）を根拠とする特別予防にあると考えられる[39]．

---

[38]　水留・前掲（注11）上智法学論集50巻4号221頁は，筆者のような見解に対して次のような批判を加える．すなわち，重度の統合失調症患者であっても，規範的意思をもっていることが多いが，それでも，責任無能力とするべきだというのである．しかし，刑罰という重大な不利益を与える前提としての責任＝反規範的意思は，ある程度重大なものでなければならないことは，当然である．

3 生物学的要素と心理学的要素の関係

(1) 責任能力制度の根拠について以上のように理解する立場からは，責任能力の本体は心理学的要素にあるのであって，生物学的要素は，心理学的要素の存在を基礎づけるかぎりで意義を有するということになる．

しばしば，生物学的要素と心理学的要素とのどちらが重要かというような問題が論じられる[40]．しかし，重要性の点では両者に優劣はない．ただ，犯罪の実体的要素としては，心理学的要素のみであって，生物学的要素は，その不存在を推定させる，その意味で証拠上の意義をもっているものと解される[41]．生物学的要素は，それ自体としては，実体法上意味をもたない．精神障害があっても，弁識・制御能力がある場合は，ありうる．その場合，責任を認めてよい．精神障害がなくても，違法性の意識の可能性・期待可能性がなく，責任がないということはありうる．弁識能力といわゆる違法性の意識の可能性，そして，制御能力と期待可能性[42]とは，原理的には同じものと解される．

これに対しては，精神障害に独自の意義を認め，犯罪が精神障害の結果であることが明らかとなれば，ただちに責任無能力とするべきだという見解がある[43]．この見解は，その場合被告人に対しては，刑罰ではなく治療が与えられるべきであり，その意味で，責任能力制度は精神障害者に「特権」を与えるものだというのである．そして，アメリカにおいてかつて採用されたことのあるダラムルールを支持する[44]．このルールによれば，犯行が精神障害の「産物」（product）であるときは，心理学的要素を問題としないで，ただちに責任無能

---

39) 一般予防の見地から責任能力制度を説明するものとして，林美月子・情動行為と責任能力（1991）13，28頁など．欧米について Claus Roxin, AT, Bd. 1, 4 Aufl., 2005, S. 873; American Law Institute, Model Penal Code and Commentaries, PartI, § 4. 01, p. 166. Cf., Lafave, supra note 9, p. 372. なお，Roxin, a. a. O., S. 97 は，刑罰と保安処分は，予防を目的としている点では同じだとする．Jescheck-Weigend, AT, 5 Aufl, 1995, S. 84 は，刑罰と保安処分に原理的な相違はなく，相互に交換可能だとする．

40) 水留・前掲論文など．

41) Jescheck-Weigend, AT, 5 Aufl., 1995, S. 442 は，責任能力規定は，Beweisregel だと述べている．これを支持するものとして，Roxin, a. a. O., Anm. 39, S. 900. なお，仙波厚＝榎本巧「精神鑑定の証明力」判タ767号（1991）62頁は，生物学的要素は心理学的要素を「推測」させるものとして，重要な意義を有するとする．

42) 責任能力と期待可能性の関係について，Nomos Kommentar, § 20, S. 688 (e)(Schild).

43) 町野・前掲（注11）内田文昭先生古稀祝賀論文集，（注24）書研所報41号．

44) 町野・前掲（注24）書研所報41号17頁は，「Durham rule は基本的に妥当だった」とする．

力とされるのである．

　しかし，アメリカにおいても，もはやこのルールはほとんど支持されていない．そのルールを採用した法域においてさえ，もはやとられていない．その理由にはいろいろあるが，最大のものは，犯行が精神障害の結果であったとしても，同時に心理学的要素が充足された場合，犯罪の成立を否定する理由はない，というにある[45]．その点ではわが国の判例・通説も同じである．わが国でも，一般には，統合失調症というだけでは，責任無能力とはしないのである[46]．もちろん，重度の統合失調症であれば，ほとんど責任無能力とされる．しかしそれは，その場合，被告人を治療すべきだからではない．重度の統合失調症であれば，心理学的要素もない，あるいは，少なくともその存在に疑いが生じるからである．いわゆるコンヴェンチオン（ドイツで責任能力の判定の慣習とされているもので，わが国でもこの概念がそのまま引用されることがある）も，以上のような意味においてのみ維持しうると解される．

　この関連で，しばしば，心理学的要素，とくに制御能力については知り得ないということがいわれる．これは，とくに精神医学者からいわれてきたことであり，法学者でもその影響を受けている者が多い．しかし，問題は，他の犯罪成立要件と質的に違うか，である．犯罪成立要件の客観的要素，たとえば，不能犯における「危険性」や，正当防衛の「相当性」は，その理論的内容が大問題であるだけでなく，それが定まっても，個々の場合の結論には価値判断を伴う．主観的要素，たとえば故意の場合もそうである．予見可能性に至っては，まさに「開かれた構成要件」であり，その有無は「規範的に」決定される．責任能力における心理学的要素については，しばしばこの「規範的」判断ということが強調される[47]．しかし，筆者には，他の犯罪成立要件との間に質的な相違があるとは思われない．しばしばいわれるように，それは（もちろん価値判断を伴うが）経験的に認識し得る部分が大きいことも確かである[48]．

---

45) Cf., American Law Institute, Model Penal Code and Commentaries, PartI, § 4.01, p. 173; Lafave, supra note 9, pp. 393, 396. ドレスラー・前掲（注9）アメリカ刑法519頁をも参照せよ．
46) 生物学的方法一元論を批判するものとしては，すでに，墨田葵・責任能力基準の研究（1980）217-218，223-228頁がある．
47) 心理学的要素の判断が「規範的」なものとはしばしばいわれることである．Vgl., Schoenke-Schroeder, 27 Aufl., § 20, Rdnr. 26 (Lenckner-Perron); Systematischer Kommentar, 7 Aufl., § 20, Rdnr. 23 (Rudolphi); Leipziger Kommentar, 12. Aufl., § 20, Rdnr. 48 (Heinz Schoech).
48) Roxin, a. a. O., Anm. 39, S. 872 は，制御能力や規範的応答可能性という責任の本体は，経験的

（2）　以上のように，筆者は，責任能力の本体は心理学的要素にあり，違法性の意識の可能性や期待可能性と基本的には同じものと解している[49]．責任能力は，違法性の意識の可能性や期待可能性の不存在が，外的事情にではなく，内的事情，すなわち，生物学的要素にあるという点で相違するにすぎない[50]．

このような理解に対しては，幾つかの疑問が示されている．

第一は，それでは，責任無能力規定は「原理的に不要」ということになるのではないか，というものである[51]．たしかにそのとおりである．現実に，英米法では，長い間責任能力制度は判例法理であった．アメリカの連邦で法定されたのは，1984年に至ってのことである．しかし，原理的に不要であるということと，ないほうがよいということとは，まったく別である．重度の精神障害の場合，弁識能力・制御能力が多いことはたしかなのだから，刑法典に規定することによって，そのことを裁判所に注意させ，また，規定の反面において，精神的に健常な市民は規範を尊重せよと呼び掛けるほうがよいことは明らかである．それが刑法39条の本旨である．しかし，そのことから，精神障害者に「特権」を与えるべきだという結論は生じない．

第二は，現実に，違法性の意識の可能性・期待可能性による無罪はほとんど認められないのに対して，この刑法39条によって，多くの無罪事例が出されているではないか，という疑問である[52]．しかし，それは，人間の規範意識は，外からよりも，内からの圧力・侵襲に弱いからである．安田教授もいわれるように，「精神障害者を精神障害の故に有利に扱うことは平等原則に反している」[53]．病的なものと，外的なものとが競合して，制御能力・期待可能性を喪失させることもありうる．たとえば，オウム真理教関係の事件で，教祖等に強制されて殺人罪を犯した事案において，過剰避難とされたものがある[54]．この場合，仮に被告人に軽度の精神障害があった場合には，それが加わって，制御

に確定できるものであって，周辺領域において価値判断を伴うものの，これはすべての法概念についてあてはまるとする．
49）　この問題について詳細な検討を加えたものとして，松原・前掲（注13）違法性の錯誤と違法性の意識の可能性91頁以下．
50）　安田・前掲注（10）刑事責任能力の本質とその判断167頁は，責任阻却は，期待可能性によって統一的に理解されるとする．
51）　水留・前掲論文．
52）　町野・前掲（注24）書研所報41号8頁．
53）　安田・前掲注（10）刑事責任能力の本質とその判断62頁．
54）　東京地判平成8・6・26判時1578・39．

能力，あるいは，期待可能性が失われることはありうる[55]．この場合は，その後治療の必要はないということにもなりうるが，だからといって，犯罪の成立を認め，刑罰を科すべきだということにはならない．

(3) 精神障害要件を治療の必要性を基礎づけるものと解する立場，逆にいうと，責任能力を刑罰適応性と解する立場に対しては，古くから次のような批判がなされてきた．すなわち，「責任能力が当の行為と結びつく必然性は少しもない」というものである[56]．それは，基本的に，治療の観点から，医学的に，決められるべきだということになろう．しかし，精神障害は基本的に，法律的概念である[57]．その意義は，すでに述べたように，心理学的要素を基礎づけるところにある．責任能力は，問題の違法行為について，その反規範性の弁識能力・制御能力を問題とするものでなければならない[58]．

最近，森博士は，生物学的要件について，以下のような見解を述べておられる．「ある病態に対して精神疾患名を与えるというプロセスそのものは，責任能力判断において決定的な意義は存在しない」[59]とされ，精神障害を規定するものは，病因（診断名）ではなく，心理学的要素に影響を与え得る，精神状態像・症状だとされ[60]，生物学的要素の内容は，「認識能力と制御能力に影響を与え得る精神状態像，或は精神症状」とされるのである[61]．さらに，統合失調症でも，その病状は変動するから[62]，症状・精神状態像の個別具体的な行為との関連が重視されるべきであり[63]，現在の被告人に精神疾患があるかどうかは責任能力判断に影響を与えない[64]とされる．

---

55) 参照，安田・前掲（注10）刑事責任能力の本質とその判断49，157頁．教授は，制御能力の判断は期待可能性判断によって規制されるとする．なお，うつ病で，「被告人に他の行為を期待することはできない」として心神喪失とした判例として，東京地判平成5・4・14判時1477・5がある．
56) 団藤重光「責任能力の本質」刑法講座3（1963）37頁．
57) 安田・前掲（注10）刑事責任能力の本質とその判断32頁（ドイツの状況について詳細である）．アメリカでもほぼ同様に解されている．Cf., Lafave, supra note 9, p. 397.
58) Jescheck-Weigend, a. a. O., Anm. 41, S. 437は，個々の行為について責任能力を問題としなければならないことを強調する．
59) 森裕「責任能力論における精神の障害について」阪大法学56巻3号（2006）672頁．
60) 森・前掲（注59）阪大法学56巻3号683頁．
61) 森・前掲（注59）阪大法学56巻3号683頁．安田・前掲（注10）刑事責任能力の本質とその判断68頁以下も，これを支持する．
62) 森・前掲（注59）阪大法学56巻3号680頁．
63) 森・前掲（注59）阪大法学56巻3号677頁．
64) 森・前掲（注59）阪大法学56巻3号681頁．

さらに，箭野章五郎氏も，責任能力とは一般的責任能力ではなく，個々具体的な行為についての能力だとする立場[65]から，精神の障害とは，「医学，心理学において広い意味で精神の障害とされるものの中で，認識・制御能力を少なくとも著しく減少させる可能性を有する程度の障害」だとされる[66].

本章の立場からすれば，以上のような生物学的要素と心理学的要素の関係についての理解は，正当だということになる．

4　心神喪失者等医療観察法における強制の根拠[67]

平成15年，心神喪失者等医療観察法が立法施行された．それ以前にも，強制的治療については精神保険福祉法が存在していたのであり，責任能力がないということで刑罰を受けなかった被告人に対しては，この法律で対処が可能だった．ただ，事実上の運用として，この法律では，緊急的な治療に限定されていた．その背景には，一般に精神病院は，この種の患者に対する治療について，積極的でなかったという事情があった．しかし，薬物療法などが進歩し，何より，精神障害者による犯罪に対する遺族や社会の関心が高まり，そして，当時の政治が安定していたことが，立法の原動力となった．犯罪を犯した精神障害者に対する強制治療にあたっては，社会の利益と本人の利益が対立し，それを調整するという，裁量の大きい「規範的」判断を要するのであるから，そこに，裁判官が関与するという形式をとったことも進歩であろう[68].

立法の過程で，対象者の人権に配慮し，一定の字句の修正が行なわれたものの，医療観察法における強制の根拠は，対象者の治療という本人の利益だけでなく，社会の利益，すなわち，再犯のおそれを防止するにあることは明らかで

---

65) 箭野章五郎「責任能力と個別行為責任」中央大学大学院研究年報37号（2007）167頁以下．
66) 箭野章五郎「刑事責任能力における「精神の障害」概念」法学新報115巻5＝6号（2008）322頁．
67) 強制入院の根拠については，岩井宜子・精神障害者福祉と司法（増補版）（2004）7頁以下，イギリスにおける精神障害犯罪者の処遇については，川本哲郎・精神医療と犯罪者処遇（2002）107頁以下，緒方あゆみ「心神喪失者等医療観察法と刑法39条」同志社法学57巻6号（2006）457頁以下など，ドイツの状況について，山中友理「ドイツ刑法63条の精神病院収容の現状と課題」中谷編・前掲（注29）精神科医療と法195頁以下など参照．
68) 五十嵐禎人「触法精神障害者の処遇とわが国における司法精神医学の課題」町野朔＝中谷陽二＝山本輝之編・触法精神障害者の処遇（増補版）（2006）105頁は，危険性判断は，経験科学的には決定できず，患者の危険性・治療継続の必要性と自由の制限を課すことによる不利益，さらには被害者をはじめとした社会一般の感情をも考慮して裁判官が規範的に行なうしかないとする．

ある．それは，まず，本法においては「自傷」ではなく，他害のおそれに限定されていること，次に，病気の重さではなく，犯行の重さが基準とされていること，何より，そのような犯行を過去に現実に行なったことが要件とされていることに表われている．

これに対しては，強制医療の根拠は，精神障害者は正常な判断能力をもっていないから，自分の利益を自分では守れないので，国家が強制的に守ってやることにあるという，パレンス・パトリエを強調する見解もある[69]．

しかしながら，精神障害者といえども，医療に関しては，本来その意思は尊重されなければならない[70]．たとえば，本件の最高裁判決における被告人が，自分の利益・不利益についての判断能力が無いとは，筆者には思われない．強制，とくに自由の侵害は，それ自体重大な負担を対象者に強いるものであり，治療のためとはいえ，ほとんどの場合，本人にとって不利益であることは否定しがたい事実である．強制は，それ自体症状を悪化させることもある．薬物療法などはともかく，精神療法や環境療法などは，本人に治療を受ける意思が全くない場合には，成立の余地がない[71]．それにもかかわらず強制力を行使することは，社会の利益なしに正当化することはできない[72]．強制力の行使にあたっては，再犯のおそれ，危険性について判断せざるをえないが，それはまさにこの社会の利益が正当化の根拠となっていることの現われである．

もちろん，再犯のおそれ＝危険性だけでは，少なくとも本法における強制の根拠とはならない．犯行の原因となった精神障害が治癒した場合[73]，さらに，

---

69) 町野朔「精神保健福祉法と心神喪失者等医療観察法」前掲（注11）ジュリ増刊69頁以下，柑本美和「人格障害に罹患した犯罪者の処遇」前掲（注11）ジュリ増刊63頁以下，山本輝之「心神喪失者等医療観察法における強制処遇の正当化根拠と「医療の必要性」について」中谷編・前掲（注29）精神科医療と法125頁以下，林美月子「責任能力制度と精神医療の強制」前掲（注11）ジュリ増刊113頁など．

70) 高柳巧「インフォームド・コンセント雑考」中谷編・前掲（注29）精神科医療と法231頁は，患者本人は，治療方法の決定，入院についても，自主性を希望する傾向を指摘する．なお参照，田坂晶「治療行為に対する患者の同意能力に関する一考察」同志社法学60巻4号（2008）217頁以下．

71) 五十嵐・前掲（注11）ジュリ増刊99頁．

72) Roxin, a. a. O., Anm. 39, S. 98 は，治療目的はそれ自体では，強制を正当化しないとする．Jescheck-Weigend, a. a. O., Anm. 41, S. 86 は，治療のための強制という思想を述べているものの，Jescheck-Weigend, a. a. O. Anm. 41, S. 89 は，危険性のない収容は正当化されないとしている．五十嵐・前掲（注11）ジュリ増刊97頁も，「医療の必要性だけでは，医療行為を正当化できない」とする．中島直「医療観察法の問題点」中谷編・前掲（注29）精神科医療と法186頁は，治療を要する人であって，対象行為を行なっていない者はいることを指摘する．

治療可能でない場合には，本法における強制はできないと解するべきである．しかし，どれほど重大な精神障害が残っていても，過去の違法行為を引き起こした精神障害はもはや残っておらず，それに基づく危険性がない以上は，医療を強制することはできない[74]．学説には，危険性は，この意味で外在的な制約ではあるが，強制の内在的な根拠ではないと説くものがある[75]．しかし，内在的な根拠のない外在的な制約はありえない[76]．現実の強制にあたっては，危険性＝リスクを判断せざるをえない以上は，その危険性も強制の根拠となっていることを，正面から認めるべきである[77]．

難しいのは，精神障害と，それに基づく危険性がありながら，治療の可能性がない場合をどのように考えるかであろう[78]．治療の可能性がない以上は，本法の範囲外とせざるをえないであろう．しかし，過去の違法行為という「証拠」がある以上は[79]，危険性について「疑わしくは被告人の利益に」の原則は妥当せず[80]，逆に治療可能性については，医の倫理からも，「疑わしくは治療

---

73) Foucha v. Louisiana, 504 U. S. 71 (1992) は，病気が治癒している以上は，危険性があるとしても，強制入院を継続することは適正手続に反するとする．

74) Systematischer Kommentar, 7 Aufl., § 62, Rdnr. 26 (Horn) は，過去の違法行為を引き起こしたのと同じ症状のゆえに生じる危険性のみが，強制治療の根拠となるとする．また，O'Conner v. Donaldson, 422 U. S. 563 (1975) は，危険性がないのに，精神病だというだけで州が収容を継続するのは，憲法違反だとする．アメリカの憲法判例については，後藤田誠「強制治療システムとその正当化根拠」前掲（注11）ジュリ増刊105頁以下．

75) 町野・前掲（注69）ジュリ増刊73頁．

76) 安田拓人「精神の障害に基づく錯誤について」中谷編・前掲（注29）精神科医療と法55頁は，「ある法的効果を制約するものは，同時にそれを基礎づけてもいる」とする．

77) 安田拓人「心神喪失者等医療観察法における医療の必要性と再犯の可能性」鈴木茂嗣先生古稀祝賀論文集上巻（2007）632頁は，本法における強制入院が再犯の可能性によって（も）正当化されていることを正面から認め，その上で，安全に対する社会の関心と対象者の自由権という相対立する利益を適切に衡量・調整することが必要だとする．さらに参照，丸山英二「精神医療における自由と強制」前掲（注11）ジュリ増刊137頁．Systematischer Kommentar, 7 Aufl., § 62, Rdnr. 6 (Horn) は，治療目的のみでは処分を正当化しえず，正当化の根拠は，つねに，まず，保安目的にあるとする．また，SK, § 62, Rdnr. 5 (Horn) は，対象者に対する不利益と対象者の危険性との均衡性を問題とするべきだとする．

78) この問題について，参照，柑本美和「刑事司法と精神医療過程との交錯」法と精神医療19号（2005）85頁，同「人格障害に罹患した犯罪者の処遇」前掲（注11）ジュリ増刊68頁．

79) 安田・前掲（注76）中谷編・精神科医療と法53頁は，過去の違法行為は現在の危険性の「証拠」だとする見解を支持している．

80) SK, § 61, Rdnr. 9 (Horn) は，危険性について，疑わしきは対象者の利益にの原則は妥当しないとする．Jescheck-Weigend, a. a. O., Anm. 41, S. 805 は，危険判断がきわめて未成熟だとする．なお，参照，石塚伸一「心神喪失者等医療観察法における危険性予測」刑雑45巻1号（2005）29頁以下．

の利益に」の原則が妥当する．しかしながら，それは同時に，対象者に対する重大な「人権侵害」を伴っていることを認めざるをえないのである．

このように，強制入院にも苦痛の要素があり，したがって，ある程度は一般予防効果をもつ．他方，刑罰も特別予防効果をもつことは明らかである．しかしそれらはいずれも，第一次的な目的ではない．すでに述べたように，刑罰の第一次的な目的は苦痛による積極的一般予防，強制治療の第一次的な目的は治療による特別予防である[81]．

5 責任能力と裁判員

（1） 2009年に，裁判員制度が導入された．裁判員制度は一定の重大な犯罪のみに適用されることになっているが，その重大な犯罪の成立を否定し，あるいは減軽することになる責任能力制度は，その中で重要な意味をもつことになる．しかも，正当防衛などとは異なり，行為当時の精神状態を，精神科医という専門家の鑑定を前提に判断するという特殊の難しさがそこにはある．しかし，諸外国の陪審員制度や参審員制度の下でも，同じことが長い間行なわれてきたのであり，世界の多くの法制度が抱えてきた問題に，わが国もおそまきながら取り組むことになったというにすぎない．問題が複雑で困難であることは，諸国の歴史が示している．本章を執筆するにあたり，主としてアメリカとドイツの文献を参照したが，どちらの国においても，素人と，法律家，そして精神科医の三者の力学は，責任能力制度の主要テーマとなっている．とくにアメリカの陪審員制度の場合，その感を強くした．アメリカにおいても責任能力の基準をめぐってはさまざまの考えがあるが，素人へのわかり易さという点は，その優劣を決める重要な要素となっている．たとえば，今ではほとんど顧みられることのないダラムルールの欠陥の1つは，まさにここにあった[82]．

さらに，次のような点が重要である．責任能力の判断については，これまでも，精神科医と裁判官の間で結論が相違することが少なくなかった．本件の場合も，裁判所の間で結論は分かれた．元自衛官事件の場合もそうである．元自

---

81) Massregel の目的は特別予防にあるとするものとして，Roxin, a. a. O., Anm. 39, S. 97.
82) Cf. Lafave, supra note 9, p. 393. さらに，同書398頁によれば，陪審員の判断のためには，弁識の対象は，法律違反ではなく，社会倫理違反（wrongfulness）としたほうがよいという判例がある．

衛官事件の最高裁の最終的な判断に対しては，精神科医[83]，学者[84]の批判があり，しかもその批判にはかなりの説得力がある．このことは，責任能力の有無については，基本的に経験的な認識が可能だとしても，その認識が容易でないこと，そして，そこには規範的な価値判断を伴うことを示している．したがって，裁判員も，最終的には，自分の判断で，決定せざるをえない局面・段階がある．逆にいうと，裁判官が，言葉の意味や考え方について，裁判員に対して説明するにも，限界がある．

　アメリカには，陪審員に対して，次のように説示した判例がある．行為の是非を「知る」（know）ということの意味について，陪審員は自由に決めてよいというのである[85]．あるいは，ある概念の意味について，裁判官は説明する義務はない，としたものもある．さらに，精神科医は，責任能力の有無，あるいは心理学的要素についての判断を示してはならない，という見解も有力である[86]．ダラムルールが支持を失った理由の１つには，裁判所が精神科医に支配されるという事態が生じたことがあった．責任能力に関わる法律や医学は，厳密性・客観性を旨としているという考えが一般社会には強い．裁判員制度は，むしろそのような考えの限界を前提としていることに注意しなければならない．

　(2)　問題の困難性に鑑み，裁判所内部ではさまざまの検討が行なわれているようである．たとえば，裁判員に理解しやすい指標の提供が必要ということで，統合失調症の事例においては，精神障害のためにその犯罪を犯したのか，もともとの人格に基づく判断によって犯したのか，という「指標」により，統合失調症の圧倒的な影響によって犯したもので，もともとの人格に基づく判断によって犯したと評価できない場合が心神喪失だとするような基準も考えられているようである[87]．

---

83) 西山詮・精神分裂病の責任能力（1996）．
84) 林（美）・前掲（注2）産大法学32巻2=3号239頁以下．
85) Lafave, supra note 9, p. 382. American Law Institute, Model Penal Code and Commentaries, PartI, p. 167 にも，同様の指摘がある．また，ある見解は，陪審員は，被告人が精神障害により無罪と認定されるべきかを判断する際には，自分自身のもつ正義感覚を適用する，としている．参照，ドレスラー・前掲（注9）アメリカ刑法509頁．
86) B. J. ジョージ「アメリカにおける刑事責任無能力の基準とその運用手続」刑雑28巻3号（1987）313頁によれば，アメリカにおいては，鑑定医に，責任能力の判断そのものについての意見を述べることを禁止する考えすらある．精神科医は，精神の発展・機能については言及し得るが，刑事責任については，言及してはならない，というのである．
87) 平成20年度法と精神医療学会配布の資料による．

このような基準について，若干の指摘をしておきたい．

まず，そのような基準は，これまでの判例理論と離れすぎないか，という点である．冒頭に検討した平成20年の最高裁判例によれば，責任能力とは「事理の弁識をなし得る能力を，実質を備えたものとして有している」こと，そして，制御能力である．たしかに，弁識能力と制御能力は実際上区別しがたく，これまでの判例によっても一体として判断されることが多かった[88]．しかし，たとえばアルコール中毒のような場合は，弁識能力は失われていないが，制御能力が失われることは，しばしば指摘される[89]．

また，本件で問題となったような，弁識の客体は「犯罪」か「事理」か，「認識」か「弁識」か，「実質を備えたもの」でなければならないかといった問題は，「人格」という概念にはおよそ含まれていない．英米やドイツでも素人が裁判に関与するが，そこで用いられている基準は，わが国の判例がこれまで採用してきた弁識・制御能力の理解とほぼ同じものであり，「実質」という概念もそうである．「人格」という概念は曖昧・広汎である．刑事責任の根拠となるのは，人格の一部にすぎない．さらに，たとえば知能障害の場合，知能も「人格」の一部ではないか，知能障害の場合には「人格」とは別の指標を用いるのだとすると，精神障害の種類によって指標が異なってよいものか，といった疑問も生じてくる．

筆者自身は，たとえば，心神喪失とは，「精神の障害により，行為が犯罪であることを理解し，その理解に従って行動する実質的な能力が失われた場合」とでもすればよいと考えている．そのような表現が，素人にとくにわかりにくいとは思わない．むしろすでに述べたように，責任能力制度の根拠である規範的一般予防の思想からしても，このような弁識と制御能力を含んだ基準が用いられるべきものと考える．

★ 演習問題
1 最判平成20・4・25は，どのような事実についてどのような判断を示したか
2 最決昭和59・7・3は，どのような事実についてどのような判断を示したか

---

88) 判例の傾向として，弁識能力と制御能力を一体のものとして捉え，弁識能力を重視しているとするものとして，仙波＝榎本・前掲（注41）判タ767・59．
89) Jescheck-Weigend, a. a. O., Anm. 41, S. 442.

3 最高裁の2つの判断にはどのような相違が認められるか
4 統合失調症の重篤さについて，専門医の鑑定が分かれた場合，裁判所はどのように判断するべきか
5 「了解可能」とは何か，それは，責任能力の判断にどのような影響を及ぼすか
6 原判決は，被告人は本件犯行が「犯罪であることを認識していた」としているのに対して，最高裁は「事理の弁識」をなし得る能力を問題としている．両者の判断はどのように異なるか，どちらの見解が妥当か
7 部分的責任能力とは何か，それを認めるべきか
8 違法性の意識の可能性の要件における「違法性」とはどのようなものであるべきか
9 「認識」と「弁識」とは異なるか
10 マクノートンルールとはどのようなものか
11 本判決は，弁識能力について，「実質を備えたものとして有していた」ことが必要だとしているが，これはどのような意味か
12 責任能力がない場合に無罪とするのはなぜなのか，それと刑罰目的とはどのように関係しているか
13 応報刑論にはどのような問題があるか
14 人には自由意思があるか，「自由意思」とは何か
15 刑法の目的を特別予防のみに求める，あるいは，それをとくに重視する見解にはどのような問題があるか
16 現在の被告人に対して，精神医療による処遇が不適切だということは，彼の過去の違法行為について責任能力がある理由となるか
17 積極的一般予防論とは何か
18 生物学的要素とは何か，心理学的要素とは何か，両者はどのような関係にあるか
19 ダラムルールとは何か，そこにはどのような問題があるか
20 責任能力と，違法性の意識の可能性，期待可能性との関係はどのようなものか
21 心神喪失者等医療観察法の趣旨はどのようなところにあるか
22 医療観察法における強制の根拠はどこにあるか
23 ある病気が治療可能でない場合，犯行を繰り返すおそれがあるというだけで，強制力を行使しうるか
24 精神科医は，責任能力の有無，あるいは心理学的要素についての判断を示してはならない，という見解について，どのように考えるか

■ 責任能力 2

11 —— 限定責任能力と原因において自由な行為
最高裁昭和 43 年 2 月 27 日決定〔刑集 22・2・67〕

1　最高裁昭和 43 年 2 月 27 日決定の意義

いわゆる原因において自由な行為の問題に関する重要な判例として，昭和 43 年決定がある．事実の概要は以下のとおりである．被告人は自動車を運転して酒を飲みにバーに行き，飲み終われば酔って再び自動車を運転することを認識しながら 3-4 時間にビール 20 本位を飲んだ後，酒酔い運転の犯行（道路交通法 117 条の 2 第 1 号，同法（昭和 39 年法律 91 号による改正前のもの）118 条第 1 項第 2 号）に及んだが，運転時には心神耗弱の状態にあった．第一審は心神耗弱による減軽を行なったが，原審はこれを破棄した．被告人側から上告がなされたが，最高裁はこれを棄却し，括弧の中で次のように判示した．「本件のように，酒酔い運転の行為当時に飲酒運転により心神耗弱の状態にあったとしても，飲酒の際酒酔い運転の意思が認められる場合は，刑法 39 条 2 項を適用して刑の減軽をなすべきでないと解するのが相当である」

2　間接正犯類似説

(1)　本件で問題となっている犯罪を処罰する規定は，「酒に酔い車両等を運転する」ことを禁止している．ところが，この酒酔い運転中には心神耗弱状態であったので，刑法 39 条 2 項によって刑の減軽を行なうべきか，それとも，運転に先立つ飲酒行為の時点では完全な責任能力をもっていた，すなわち，原因においては自由な行為であったので，減軽を行なうべきでないかが問題となる．学説上はこの場合に刑法 39 条 2 項の適用を行なうべきでないとする見解が多く，本決定もそのような見解をとっているのであるが，それをいかなる理論構成によって認め得るかが問題となるのである．

(2)　以前より有力な見解によれば，原因において自由な行為の場合，責任

無能力の他人を利用する間接正犯と類似しているという理由で犯罪の成立を認めるのである．これは，酒酔い運転という実行行為の前にさらに実行行為を求めようとする点では正当であるが，間接正犯とはもともと2人以上の人格が犯罪に関与し，一般に背後者が実行行為者を高度に支配・利用したのでなければならないとされ，そこから現に判例においても間接正犯はきわめて例外的にしか認められていないのである．そのような間接正犯の理解からは，原因において自由な行為の場合も，きわめて例外的にしか認めえないこととなる．たとえば，過失犯，とくに忘却犯などの場合，原因行為について実行行為性はその理解により認め得るにしても，それによる結果行為の支配・利用を認めることは困難である．

本件のように，結果行為時に心神喪失ではなく，心神耗弱にすぎない場合にも，この点が問題となる．そこで学説には，心神耗弱に陥ったにすぎない場合，原因において自由な行為として処罰することを断念するものもある．たしかに，この場合もはや間接正犯との類似性はかけらもない．これに対して，心神耗弱の場合，正常な意識が残っていることを理由に間接正犯とする見解もあるが，そのような理解からは，完全に正常な意識が継続していた場合でも間接正犯だということになり，およそ支配・利用という間接正犯の中核から離れてしまうのである．このような無理が生じるのは，本来単独犯である場合を共犯論のアナロジーで説明しようとするからである．間接正犯は「他人」に関与する広義の共犯である．原因において自由な行為の場合は単独犯であるから，単独犯の因果原理・責任原理によって犯罪の成立は基礎づけられなければならない．

なお，間接正犯類似説と同様の見解として，飲酒行為などの正犯性を問題としたり，あるいは，（結果を直接に発生させる行為時の）故意や責任能力の有無によって，それ以前の行為の正犯性が変動するとする見解もある．このような見解は，犯罪理論として実行行為要件をおよそ認めない，あるいは，認めても，その内容をそれ自体として未遂犯を成立させるような行為とする見解から主張されることが多い．しかし，1人の人格が行為を継続しているかぎり，行為の途中の何らかの，とくに責任に関わる事情によって，正犯性が変動することを認めるべきではない．正犯とは，本来，教唆・幇助などの対概念であって，2人以上の人格が関与した場合にのみ問題とすべきものである．単独犯の成立を限定する要件として認めるべきではない．問題とすべきは，正犯性ではなく，

実行行為性である．

3　いわゆる遡及禁止論について

さらに，結果から遡って，故意行為が介在した場合，それ以前の行為について刑事責任を負わすことはできないという見解（遡及禁止論）から，責任無能力の場合は遡及し得ることを理由に犯罪の成立を認める見解が主張されている．

しかし，この見解にも次のような疑問がある．まず，過失（とくに重過失）の場合には遡及が認められるのに，故意の場合にはそれが否定される理由が明らかでない．また，故意の場合に遡及しえないことと，責任無能力の場合遡及しうることとは，実体的に別個の基準によるもので，二元的な基準を採用している．違法性の意識の可能性や期待可能性がない場合はどうなるのかも明らかでない．そもそもそのような責任要素によって，違法の根幹をなす客観的帰属を動かすのは，違法と責任を分け，責任は違法を前提とする，いいかえると違法は違法要素によってのみ構成されるべきだという現代刑法理論の基本前提に反する疑いがある．

本件のように心神耗弱の場合にどうなるのかもはっきりしない．ある見解によれば，心神耗弱の場合本来遡及しえないが，飲酒行為時の責任と合わせて完全な責任を問うことができるとされる．しかし，遡及しえない場合に，遡及した以前の責任を理由に責任を問うのは，遡及禁止判断を無意味にするものであろう．それはまた，結果行為時のみならず原因行為時の責任も不完全であることを認めつつ，完全な罪責を負わせるのであるが，実行行為と責任の同時存在の原則からすれば，完全な罪責を負わせるためには，ある特定の時点において構成要件該当性と有責性が共に完全に備わらなければならないと思われる．

なお，1つの結果に向けて故意行為を2つ行なった場合，通常結果に直近の行為について罪責を問うのは，それが通常訴訟上証明しやすく，あるいは，犯罪の情状として重い，したがって，それ以前の行為について故意犯が成立していても，包括ないし吸収されるため，とりたてて問題としないというにすぎない．したがって，直近の行為時に責任能力がないような場合には，それ以前の行為について改めて犯罪の成否を問題とせざるをえないこととなるのである．なお，いわゆる「二重の故意」も，故意の成立には実行行為のもつ危険性を認識していなければならないということから要求されるものである．

4 「実行行為」の内容

　問題の核心は，責任能力ある時点での行為，本件でいうと飲酒するような行為であっても，犯罪の実行行為といえるかである．したがって問題は実行行為の理論的な内容である．その内容は，刑法上なすべきでない行為であり，刑法の目的は法益の保護にあるとすれば，その行為は，法益に対する危険性を有するものでなければならない．しかし，問題の犯罪によって保護しようとする法益以外の利益に対する有用性の高い行為を禁止するべきではないから，結局，実行行為とは，行為の有用性と衡量してもなお許されない程度に危険な行為ということになるのである．酒を飲むことはある程度は当然許されるのであり，許されないのは，それが相当危険なものになる場合である．本件の場合，これから運転する可能性のあるときに多量に飲酒することは，許されない危険をもった行為だといってよい．

　もっとも，条文の文言は，飲酒して「運転する」ことを禁止しているのであり，運転するつもりで「飲酒する」ことを禁止しているのではないようにも読めるから，飲酒する行為は，本罪の構成要件に該当しないのではないかが問題となる．しかし，構成要件とは条文の文言ではなく，違法類型なのだから，本罪における違法な行為といえれば，実行行為とも，構成要件に該当する行為ともいうことは可能である．

　このように，これから運転する可能性があるときに多量に飲酒するという本罪の構成要件に該当する実行行為が行なわれ，かつ，その時点で故意・責任能力など責任要件が充足され，そして，本罪の結果（酒酔い運転）が発生し，この結果が実行行為との間に因果関係があるのであれば，一般的な犯罪成立要件に何ら欠けるところがない．因果経過の途中で心神耗弱となったなどということは，犯罪の成立に何ら影響を与えない．このように，本件のような場合，単独犯の一般的な犯罪成立要件が満たされる以上は，そしてそのかぎりにおいて，完全な犯罪として処罰することができるのである．学説には，酒酔い運転の罪においては「特別」に刑法39条の規定の適用が排除されるとするものもあるが，実行行為と責任の同時存在の原則に反して犯罪の成立を認めるのは妥当ではない．

参考文献

中森喜彦・刑法理論の現代的展開 総論 I (1988) 226 頁以下
安田拓人・法学論叢 139 巻 6 号 (1996) 61 頁以下
内田文昭／斎藤信宰／日髙義博／中空壽雅・西原春夫先生古稀祝賀論文集第 2 巻 (1998)
町野朔・松尾浩也先生古希祝賀論文集上巻 (1998) 339 頁以下
山口厚／平川宗信／浅田和茂／林美月子・現刑 20 号 (2000)
林幹人・刑法の基礎理論 (1995) 119 頁以下

★ 演習問題

1 最決昭和 43・2・27 は，どのような事実についてどのような判断を示したか
2 原因において自由な行為とはどのような意味か
3 原因において自由な行為の場合，責任無能力の他人を利用する間接正犯と類似しているという理由で，完全犯罪の成立を認める見解にはどのような問題があるか
4 忘却犯とは何か
5 大判昭和 2・10・16 は，どのような事実についてどのような判断を示したか
6 本件の場合，飲酒行為は酒酔い運転行為を利用・支配しているといいうるか
7 飲酒行為などの正犯性を問題としたり，あるいは，故意や責任能力の有無によって，それ以前の行為の正犯性が変動するという見解にはどのような問題があるか
8 結果から遡って，故意の責任ある行為が介在した場合，それ以前の行為について刑事責任を負わすことはできないが，それが失われるときには遡及し得るとする見解には，どのような問題があるか
9 1 つの結果に向けて故意行為を 2 つ行なった場合，通常結果に直近の行為について罪責を問うのは，どのような理由によるものか
10 二重の故意とは何か（林幹人・刑法総論（第 2 版）333 頁参照）
11 実行行為，構成要件該当行為とは何か，本件の場合，飲酒行為にそれを認めることができるか

■ 共犯 1

12 ── 共犯の因果性
最高裁平成 21 年 6 月 30 日決定〔刑集 63・5・475〕

1　最高裁平成 21 年 6 月 30 日決定[1]の意義

（1）　共犯からの離脱・解消について，平成 21 年 6 月に新たな最高裁決定が出された．事案の概略は次のようなものである．ある夜被告人は，他の共犯者 7 名との間で，住居侵入・強盗の共謀を遂げた．共犯者 2 名は，住居に侵入した．ところが見張り役の共犯者は，屋内にいる共犯者が強盗に着手する前の段階において，現場付近に人が集まってきたのを見て犯行の発覚をおそれ，屋内にいる共犯者らに電話をかけ，「人が集まっている．早くやめて出てきた方がいい」，「危ないから待てない．先に帰る」と一方的に伝えただけで電話を切り，付近に止めてあった自動車に乗り込んだ．その車内では，被告人と他の共犯者 1 名が強盗の実行行為に及ぶべく待機していたが，被告人ら 3 名は話し合って一緒に逃げることとし，被告人が運転する自動車で現場付近から立ち去った．屋内にいた共犯者 2 名は，いったん被害者方を出て，被告人ら 3 名が立ち去ったことを知ったが，現場付近に残っていた共犯者 3 名と共にそのまま強盗を実行し，その際に加えた暴行によって被害者 2 名を負傷させた．

ほぼ以上の事実について，最高裁は，見張り役の共犯者が「一方的に伝えただけで，被告人において格別それ以後の犯行を防止する措置を講ずることなく」離脱したにすぎない，そうすると，「当初の共謀関係が解消したということはできず，その後の共犯者の強盗も当初の共謀に基づいて行なわれたものと認めるのが相当である」とし，住居侵入のみならず強盗致傷についても共同正犯の責任を負うとした原判決を維持した．

（2）　共犯からの離脱については，すでに最高裁平成元年 6 月 26 日決定[2]が

---

1)　刑集 63・5・475．
2)　刑集 43・6・567．

ある．この決定の事案は，被告人が共犯者と暴行を共謀し，共に暴行の実行に着手した後，被告人は立ち去ったというものであった．この事案について最高裁は，「被告人において格別これを防止する措置を講ずることなく」立ち去ったものであり，その後の共犯者の暴行も前の「共謀に基づくもの」と判示したのである．平成21年の最高裁決定は，実行の着手後についてのこの平成元年判例が，実行の着手前に離脱した場合にも妥当することを示したものである．ここに本決定の最大の意義がある．

　以前には，共犯の離脱についての基準は，実行に着手する前と後とで異なるかのような理解が多かった．そのように解される契機となったのは，次の2つの判例である．東京高裁昭和25年9月14日判決[3]は，実行に着手する前の離脱の場合について次のように判示した．「一旦他の者と犯罪の遂行を共謀した者でもその着手前他の共謀者にもこれが実行を中止する旨を明示して他の共謀者がこれを諒承し，同人等だけの共謀に基づき犯罪を実行した場合には前の共謀は全くこれなかりしと同一に評価すべきものであって，他の共犯者の実行した犯罪の責を分担すべきものでない」．これに対して，最高裁昭和24年12月17日判決[4]は，被告人と共犯者が強盗に着手した後，被告人は「お前の家も金がないのならばその様な金はとらん」といい，「帰ろう」といって表へ出たが，共犯者はその金を取ってきたという事案について，「強取することを阻止せず放任した以上」強盗既遂の罪責を免れないと判示した．

　この2つの判例を契機として，実行の着手前には，離脱の意思の表明と諒承で容易に共犯の解消を認めうるのに対して，実行に着手した後にはその後の犯行を阻止しなければならない，すなわち，実行の着手の前と後とで基準を異にするというような理解が有力となったのである．

　これを打破する契機となったのは，最高裁平成元年決定である．すでに見たように事案は，実行に着手した後のものではあったが，そこにおいて，その後の共犯者の暴行も前の「共謀に基づくもの」であることを理由に共犯の解消を否定する表現を用いたことにより，共犯の離脱の問題は，当時学説上有力に主張されていた因果共犯論[5]によるべきことを判示したものと理解された[6]．そ

---

[3]　高刑集3・3・407．
[4]　刑集3・12・2028．
[5]　平野龍一・刑法総論II (1975) 384頁，西田典之「共犯の中止について」法学協会雑誌100巻2

して，そうであるならば，実行の着手前であっても，この因果共犯論によるべきこととなるはずである．すなわち，実行の着手の前と後とで基準が異なるのではなく，因果共犯論によって統一的に構成しようとする理解である．そのような理解はすでに学説によって示されていた[7]．本決定は，このような理解を明示的に採用したものである．

(3) 一般的にいえば，実行に着手する前であれば離脱を認めやすいが，後となると認めがたいという事実上の違いがあることはたしかである．しかし，そこに理論的な根拠はない．実行の着手の概念自体，そう明確なものでもない．むしろ，この事実上の違いすら，因果共犯論による方が説明しやすい．実行に着手する前であれば，共謀による心理的影響といっても，一般的には言葉だけのものだから，その共犯者に対する影響はそれほどのものではない．したがって，被告人によるその除去も認めやすい．これに対して，実行に着手するということは，前に行なわれた共謀に強い支持を表明するものであって，他の共犯者に大きな心理的影響を与える．それを除くためには，相当のことをしなければならない．しかし，これはあくまで一般論である．実行に着手する前であっても，被告人が親分格の者であって，子分の共犯者に強い心理的影響を与えた場合には，それを除去するためには相当のことをしなければならない[8]．反対に，実行に着手した後であっても，たとえば平成元年の最高裁判例でいえば，共犯者に対して，以後は暴行を加えることを止めるよう求めたり，あるいは，被害者を寝かせてやってほしいとか，病院に連れていってほしいなどと頼んでいたとすれば，たとえ，それにもかかわらず共犯者が暴行に及んだとしても，もはや心理的因果性は切断されたとして，共犯からの離脱を認めるべきであろう．最高裁でもそうしたであろう[9]．

要するに，実行の着手という概念は，共犯の離脱の問題において理論的にはまったく意味をもたないのである．平成21年の最高裁決定は，そのことを明確に示したものといってよい．

(4) 以下には，今回の決定の背後にある因果共犯論の系譜を概観しておこ

号（1983）221頁以下など．
6) このような理解を決定的にしたのは，平成元年度最判解175頁以下（原田國男）である．
7) 林幹人・刑法の基礎理論（1995）206頁，同・刑法総論（第2版）（2008）388頁など．
8) 参照，松江地判昭和51・11・2刑月8・11＝12・495．
9) 参照，島田聡一郎・判評534号（判時1821号）（2003）39頁．

う．

　平成元年に最高裁判例が出される前の共犯の離脱に関する判例の状況は，大筋では因果共犯論による説明が可能なものであった[10]．しかし，それはそれほどはっきりしたものでもなかった．判例の中には，強盗の実行に必要な情報や武器の提供があり，明らかに共犯の因果性があるにもかかわらず，実行の着手前に離脱の意思・諒承があったことを理由に，離脱を認めたものがある[11]．これは，当時因果共犯論がまだ浸透していなかったことを示すものである．

　もっとも，共犯の離脱の問題についてではないものの，最高裁判例には因果共犯論を明示的に採用していたものもあった．最高裁昭和25年7月11日判決[12]は，被告人が住居侵入窃盗を教唆したが，正犯者は，その住居には侵入できなかったので，別の住居に入って強盗をしたという事案について，教唆行為と強盗行為との間に「因果関係」があるか疑問だとした．この判例は，共犯が成立するためには正犯行為との間に因果関係を要することを前提としている．また，最高裁昭和23年10月23日判決[13]は，被告人は公文書無形偽造教唆行為を共謀したものの，他の共犯者は被告人に謀ることなく，公文書有形偽造教唆行為をした場合について，「相当因果関係」があるとして，共犯の成立を認めた．この2つの最高裁判例は，因果共犯論を前提としていたといってよい．

　しかし全体としてみれば，判例は現在でも因果共犯論を採用しているとは言い難い．そもそも因果共犯論は，共犯の処罰根拠に関わる基礎理論であって，共犯論全体の基礎にあるものでなければならない．ところが，共犯の離脱の問題と並ぶ，因果共犯論のもう1つの試金石である承継的共犯の問題においては，判例は因果共犯論を採用していない．この問題についての支配的な判例は，次のような大審院判例である．すなわち，強盗殺人の後に，奪取行為にのみ関わったにすぎない者について，強盗「殺人」罪の幇助としたものである[14]．これはまさに因果共犯論に反するものである．

　因果共犯論とは，共犯行為と最終的な結果との間の因果関係が，共犯としての罪責を基礎づけるという見解である．いうまでもなく，因果関係とは，時間

---
10) 参照，西田・前掲（注5）法学協会雑誌100巻2号，原田・前掲（注6）平成元年度最判解．
11) 福岡高判昭和28・1・12高刑集6・1・1．
12) 刑集4・7・1261．
13) 刑集2・11・1386．
14) 大判昭和13・11・18刑集17・839．

的に前のことと後のこととの間に，一定の関係があることを内容としている．後のことが前のことに因果関係があるということはありえない．因果共犯論からすれば，被害者がすでに殺害された後に関わったにすぎない者について，その殺害の共犯とすることはできない．

　承継的共犯の問題については，因果共犯論の理解に関してさらに検討すべき重大な問題があるので，後にさらに検討を加えることとする．

　いずれにしても，共犯の離脱の問題については，因果共犯論によるべきことは本決定により，はっきりした．これまでの概観からも明らかなように，これは判例自体の内的な発展というよりは，学説の影響によるところが大きい．学説の実務に対する影響を示すものとして，平成 21 年の判例は象徴的な意味をもっている．

　このような学説の背後にあったものとしては，ドイツの学説・判例の影響もさることながら，共犯論における個人責任・自己責任，そして，結果無価値論の徹底という考慮が重要である．因果共犯論は，共犯も単独犯の場合と同じく，被告人自身が他の共犯者を介してではあるとはいえ，結果を惹起したことを処罰の根拠とするものといってよい．

　(5)　因果共犯論によれば，本決定の場合，被告人が初めの共謀の際に，他の実行行為を行なった者に与えた心理的因果性が，その後の被告人の行為によって切断されたかが問われるべきことになる．

　この心理的因果性は，あらゆる関与形式に共通するものである．心理的因果性が切断されれば，共犯の罪責をおよそ問えないが，共同正犯性が解消され，幇助犯としてのみ罪責を問い得るという場合もありうる．

　心理的因果性の内容が，幇助犯において下級審判例で問題となったことがある．そこにおいては，実行行為者の意図の「維持・強化」という概念が用いられた[15]．学説では「促進」という概念が使われることもある[16]．これらの概念が示すように，共犯における心理的因果性は，程度があるものである．したがって，共犯の離脱・解消を認めるために必要な，その切断にも程度はある．つ

---

15)　東京高判平成 2・2・21 判タ 733・232．
16)　橋本正博・刑法判例百選 I・総論（第 6 版）(2008) 179 頁は，「共犯不法とは正犯不法の促進」だとする．小島陽介「精神的幇助における因果関係について」法学論叢 163 巻 1 号 (2008) 137 頁は，精神的幇助の因果関係は，「幇助犯の行為が正犯の行為と蓋然性法則でつながっていること」「幇助犯の行為が正犯の行為の蓋然性を高めたこと」だとする．

ながった糸が切れたかを問題とするかのように考えるのは適切ではない.

さらに, 心理的因果性の有無は, 人の死に対する因果関係のように, 自然科学によって確定されるものではない. 外から法則を確定しようとするのではなく, 内から行為の動機を了解するものである. 共謀の場合, 被告人の行為は, 意思の表示である. その意思表示が, 共犯者の心理に取り込まれ, 実行行為の「理由」の1つとなったかを問うものである. 物理の世界は, 理由なく, ただ法則に従って動く. これに対して, 人間は感情と論理を理由として動く. 心理的因果性の設定と切断は, 被告人と共犯者の内的な価値関連的な交渉を了解することによって判断されるのである[17].

これまでの最高裁判例において心理的因果性が問題となった事例, たとえば, 先にあげた昭和24年12月17日判決, 後に問題とする正当防衛と共犯の離脱についての平成6年12月6日判決のいずれの場合も, 心理的因果性の有無については評価が分かれている[18]. 物理的・自然的因果関係のように, 科学的に判断されるのではなく, 価値判断による評価がそこには入っている.

(6) 本決定の場合も, 評価は分かれるかもしれない.

心理的因果性を否定する方向に働く事情としては, 次のようなものがある. まず, 強盗の実行は, 共犯者らがいったん被害者方を出た後, 被告人等が立ち去ったことを知った上で行なわれている. また, 一般に, 大きな心理的影響を与えた者には大きな防止措置が要求され, 小さな影響を与えたにすぎない者には小さな措置で足りるとされているが, 本件の場合, 7人で共謀したもので, その中で被告人が特に重要な地位を占めていたことは判旨からはうかがわれず, 被告人自身の心理的影響の部分はさほど大きくはないとも解し得る. 実行行為者らは離脱を了承してはいないが, そのこと自体は重要ではない[19]. 以上からすれば, 本件の場合, 心理的因果性は切断され, 新たな共謀によって強盗は実行されたとの評価も不可能ではない.

---

17) 以上について, 林・前掲 (注7) 刑法の基礎理論176頁以下. もちろん, 責任能力のない者は病気に支配され, 生理的な法則に従う. このように, 心身関係の限界は微妙である.
18) 参照, 昭和24年判決に対して疑問を示すものとして, 平野・前掲 (注5) 刑法総論II386頁, 西田・前掲 (注5) 法学協会雑誌100巻2号260頁など. 最高裁平成6年12月6日判決の場合の因果性の理解について, 参照, 嶋矢貴之・刑法判例百選I・総論 (第6版) 196頁以下.
19) 了承を不要とする判例・学説として, 大阪地判平成2・4・24判タ764・264, 大コンメンタール刑法第5巻 (第2版) (2005) 417頁 (佐藤文哉).

しかし他方，被告人らは過去に何度か侵入強盗を実行したことがあるという事情は，本件の共謀の心理的影響を強める要素である．また，被告人は単に仲間と一緒に逃走しただけで，防止措置自体がかなり小さかったともいえる．さらに，逃走が自発的なものではなく，発覚をおそれたためであったという事情は，強化・促進された心理的因果性を除去するものとして弱いとの評価を免れない．

　最高裁としては，以上のような事情を総合考慮した結果，共謀によって与えた心理的因果性は切断されていないと判断したものと解される．ここに事例判例としての意義がある．これをあながち否定することはできないと思われる．

　(7)　以上のような心理的因果性の性格から，因果共犯論自体に対する疑問が示されることもある．本決定は平成元年判例と同様に，「犯行を防止する措置」を講じなかった点も指摘している．そこで，犯行防止措置と共犯の因果性との関係が問題となるが，この点について，共犯の因果性があったとしても，（被害者や警察への通報など）犯行防止措置をとっていればよい，という理解がありうる[20]．重点は，犯行防止措置にあり，共犯の因果性にあるのではない，というわけである．しかし，犯行防止措置を講じたか否かというような事情が，それ自体として，共犯の成立にとって意味があるとは思われない．判例には，犯行防止措置をおよそ講じていなくても，長い時間的経過を理由に，共犯の解消を認めたものもある[21]．共犯の因果性の中には，先に述べた，相手の心理の強化・促進ということのほか（これが単独犯における条件関係に相当する），「危険の実現」ともいうべき，相当因果関係も含まれており，これが否定されることもありうる．どちらの要素も程度問題であり，その有無の判断には評価を伴う．犯行防止措置は，このような微妙な内容をもつ共犯の因果性の切断を判断する1つの事情にすぎないものと解される．

---

[20]　参照，堀内捷三・刑法総論（第2版）(2004) 304頁，さらに参照，東京地判平成12・7・4判時1769・158．

[21]　東京地判昭和52・9・12判時919・126は，共謀の解消は必ずしも明示的になされる場合にかぎられるものではなく，本件では共謀の背景にあった事情が2ヵ月余の時間の経過とともに大幅に変化し，遅くとも本件劇物販売行為の行なわれた日の直前までには上記共謀が暗黙のうちに解消していたのではないかとの疑いが濃いとした．

2 正当防衛と共犯の離脱

（1） 数人で正当防衛を行なった後，相手の急迫不正の侵害が終了したにもかかわらず，その中のある者が攻撃を続けたが，被告人はそれに加わらなかったものの，制止もしなかったという場合について，最高裁は次のように述べて，犯罪の成立を否定した．すなわち，このような場合，「侵害現在時における防衛行為としての暴行共同意思から離脱したかどうかではなく，新たに共謀が成立したかどうかを検討すべきであって，共謀の成立が認められるときに初めて，侵害現在時及び侵害終了後の一連の行為を全体として考察し，防衛行為としての相当性を検討すべきである」とし，共謀があったと認定することはできない，としたのである[22]．

（2） 最高裁は，このような場合，共犯からの離脱を問題とするべきではない，としている．この判例は，共犯の離脱についての平成元年判例の後に出されたものであるから，この判例の趣旨は，このような場合には，共犯の因果性の切断を問題とするべきではない，ということだと解される．

本件の場合，共犯の因果性がそもそもなかったという見方もある[23]．しかし，本件の場合，正当防衛が終了した後，引き続き，違法な暴行に発展する危険がなかったとはいえないであろう．すなわち，その後に暴行に及んだ者には，前の正当防衛行為の興奮状態が残っており，その意味では心理的因果性を認める余地はあったと思われる．しかしそうだとしても，その心理的因果性の切断を論じるべきかは別問題である．というのも，先立つ被告人の行為は，正当防衛行為あるいは，その「共謀」であり，暴行を続けた他の被告人らに対する心理的影響というのは，残っていたとしても，これらの，違法ではないものによるにすぎなかったからである．被告人としては，その心理的影響を排除しなければならない義務はない．新たな共謀も認めがたいとすれば，後に他の者らが犯罪行為を行なったのは，法律的には自分の意思によるものであり，被告人が共犯としての罪責を問われるいわれはない．これが本判例の趣旨であり，まったく正当なものと思われる[24]．

---

22) 最判平成6・12・6刑集48・8・509．
23) 今井猛嘉「共犯関係からの離脱」刑法の争点（2007）118頁，嶋矢貴之・前掲（注18）刑法判例百選I・総論（第6版）196頁など．

(3)　これに対しては,「共同正犯の成否が構成要件該当性の問題であるとすれば,その判断は違法性阻却の判断に先行すべき」「共同正犯の成否の判断は防衛行為の相当性判断に先行している必要がある」[25]という見解がある．これは,共同正犯の離脱・解消は,前の行為が正当防衛であるかに関わらず,問題としなければならないというものと解される．

　たしかに,共犯の因果性それ自体は,広義の共犯,すなわち,共同正犯・教唆犯・幇助犯に共通する,単独犯の構成要件を修正した,(広義の)共犯の構成要件該当性の問題だといってよい．しかし,構成要件は,一般に違法(責任)類型だとされるように,共犯構成要件も,また,違法(責任)類型である．すなわち,その該当性の判断は違法判断なのである．近時の最高裁判例には,背任罪に対する共同正犯の成立には,「強い働き掛け」がなければならないとしたものがある[26]．また,最近大阪高裁は,ウィニー・ソフトを提供した者に著作権法違反の幇助犯が成立するためには,他の「有用性」がなかったのでなければならないとした[27]．行為の危険性と有用性を衡量した上で結果回避義務を判断すべきだとした薬害エイズ事件判決[28]は,許された危険の法理を構成要件該当性の問題と解している．防衛行為の相当性も,行為の危険性と有用性の衡量によると解するときは,許された危険の一局面にほかならず,構成要件該当性の問題だと解することも可能である[29]．本来の意味での違法阻却事由とは,法益の侵害と,保全された利益の,結果の衡量のみと解するのである．このような理解が,違法阻却の原理は法益衡量にあるとする理解とも合致する．

　共同正犯性は,たしかに,広い意味では構成要件の問題だといってもよい．しかし,その構成要件は,共犯の因果性が構成要件該当性の問題だというときの意味とは異なっている．共犯の因果性は客観的結果帰属論に属する．これに対して共同正犯性は,共犯の因果性と違法性があることを前提として,共犯相

---

24) 参照,小田直樹・平成6年度重判解143頁,井田良・刑法総論の理論構造(2005)418頁,山中敬一・刑法総論Ⅱ(1999)895頁など．
25) 佐伯仁志・最判平成6・12・6評釈・ジュリ1125号149頁．さらに,川端博「共同正犯と正当防衛・過剰防衛の成否」研修578号(1996)9頁は,「一部実行の全部責任の原則は,共同正犯の構成要件該当性の次元で機能する原理」だとする．
26) 最判平成16・9・10刑集58・6・524.
27) 大阪高判平成21・10・8 LEX/DB25451807.
28) 東京地判平成13・3・28判時1763・17.
29) 林・前掲(注7)刑法総論(第2版)182, 195頁．

互の意思的・精神的な関係がどうであったか（支配的か従属的か，対等の立場で関与したのか）を問題とするものである．要するに，共同正犯か，教唆犯・幇助犯かの関与形式の区別は，共犯の因果性や違法阻却事由とは別のレベルの問題である．

この最高裁判例の場合，正当防衛を行なっている間は，その時点ではどこにも違法な行為はないのであり，共同正犯は成立しておらず，したがって，それからの離脱を問題とする余地はないといわなければならない．

3 承継的共犯について

（1） 共犯の因果性が問題となる局面には幾つかあるが，共犯の離脱と並んで問題とされているのが承継的共犯である．すでに述べたように，判例はここではまさに因果共犯論に反する傾向を示している．

大審院時代の判例[30]がいまだ支配的であることはすでに述べたが，それに反する，あるいは少なくとも緩和する判例の流れもある．たとえば，すでに終わった犯行を利用する意思，あるいは，利用した，ということが必要だとする下級審判例の動きも出ている[31]．しかし，終わったことを利用するということと，因果関係があるということは，やはり別のことである．過去のものは，利用しえても，引き起こすことはできない．

因果共犯論は，共犯の一般的な処罰根拠を基礎づけるものである．したがって，それに関わる1つの問題，すなわち，共犯の離脱の問題で因果共犯論を採用しながら，別の問題ではそれを否定するというのは，判例全体として見れば，矛盾である．すでに下級審判例には，承継的共犯の問題を因果共犯論によって判断したものも出ている[32]．現在の承継的共犯の判例の状況は，共犯の離脱の問題についての最高裁平成元年判例が出る前の状況と似ている．ちなみに，幇助犯の構成についても，因果共犯論的な下級審判例が出ていることも前述した．最高裁が，平成21年の決定によって共犯の離脱の問題において徹底した因果共犯論を，承継的共犯や幇助犯の構成においても一貫することを期待したい．

---

30) 大判昭和13・11・18刑集17・839．
31) 大阪高判昭和62・7・10高刑集40・3・720．
32) 承継否定説をとるものとして，名古屋高判昭和29・10・28裁特1・10・427，浦和地判昭和33・3・28判時46・33，福岡高判昭和40・2・24下刑集7・2・227など．

(2) 承継的共犯論に関連して、因果共犯論の内容について、未解決の問題がある。たとえば、学説の中には、因果共犯論を採用しつつも、承継的共犯論において次のように主張する見解がある。

甲が丙を気絶させた後、財物奪取にのみ関与した乙は、甲にとっては「強取」行為であり、乙はこの強取行為に関与しているから、窃盗罪ではなく、強盗罪の共犯だというのである[33]。また、この見解は、窃盗既遂犯による事後強盗の暴行脅迫にのみ関与した者を事後強盗罪の共犯とする。この問題も下級審で問題とされて以来[34]、学説でも盛んに論じられた。ここでも、まさに因果共犯論の理解が問われている。さらにこの見解は、甲が欺罔行為や恐喝行為を行なった後に、乙が金員の受領行為のみに関与した場合にも、乙を詐欺罪や恐喝罪の共犯とするべきだとする。その理由として、金員の受領は、甲の立場からみれば、詐取、喝取であり、乙はこの結果に関与しているというのである。

(3) ここにおいては、因果共犯論の内容が問われている。問題の要点は、先行者が引き起こした結果の発生にのみ関われば共犯が成立するのか、それとも、共犯が成立するためには、結果の発生に先行する実行行為（あるいは不法内容）にも関わらなければならないのか、にある。

一般に共犯は、犯罪の修正形式だとされる。これは、およそ次のような意味だと思われる。1つには、実行行為を自ら行なっていなくても、その前に、他人の実行行為を引き起こしていれば足りるということ、そして、共犯の因果性についても、単独犯に必要な条件関係を要しないということである。それを超えて、犯罪の不法内容の一部、とくに結果の惹起しかないにもかかわらず、その犯罪の共犯とするべきではない。ある犯罪の共犯とするためには、その犯罪の不法内容のすべてを、他人を介してではあるとはいえ、実現したのでなければならない。とくに、犯罪の実行行為は、結果と共に、犯罪の不法内容の中核をなすものであって、それを自ら実現せず、他人の実行行為をも惹起していないにもかかわらず、その犯罪の共犯とするべきではない。他人が欺罔・恐喝を行なった後に、財物奪取にのみ関与した場合、関与する時点で、自ら不作為による欺罔とか黙示の脅迫などにより、実行行為を行なったと評価され得る場合はあり得る。その場合に「共犯」と呼ぶかはまったく概念の問題である。それ

---

[33] 西田典之・刑法総論（2006）344頁。
[34] 東京地判昭和60・3・19判時1172・155、大阪高判昭和62・7・17判時1253・141など。

すらないにもかかわらず，ただ財物奪取という結果発生に関与したというだけで，欺罔行為・脅迫行為を重要な要素としている詐欺罪・恐喝罪の共犯とするのは不当だと思われる．

窃盗既遂犯による事後強盗の暴行脅迫にのみ関与した者についていえば，窃盗におよそ関与していない者について事後強盗罪の共犯の成立を認めるのは不当である．この場合，暴行脅迫の共犯とするべきだと思われる[35]．

甲が丙を気絶させた後，財物奪取にのみ関与した乙についても，同じである．「強取」行為とは，暴行・脅迫による奪取行為のほかは考えられない．暴行脅迫にいかなる意味でも関与していない者について，強取行為に関与したとするべきではないと思われる[36]．共犯とは，単に結果発生を共にするものではなく，他人の実行行為を介して，結果を発生させるものと解すべきだと思われる．

なお，このような根本的な理論の在り方が問題となっている局面において，「具体的妥当性」を問題とする[37]のは，適切とは思われない．

★ 演習問題

1 最決平成21・6・30は，どのような事実についてどのような判断を示したものか
2 最決平成元・6・26は，どのような事実についてどのような判断を示したものか
3 最判昭和24・12・17は，どのような事実についてどのような判断を示したものか
4 実行の着手の前後で共犯の解消の法理を異にするという見解にはどのような問題があるか
5 因果共犯論とはどのようなものか
6 最判昭和25・7・11は，どのような事実についてどのような判断を示したものか
7 最判昭和23・10・23は，どのような事実についてどのような判断を示したものか
8 判例は因果共犯論を採用しているといえるか
9 心理的因果性とは何か，物理的因果性とはどのように異なるか
10 東京高判平成2・2・21は，どのような事実についてどのような判断を示したものか
11 最決平成21・6・30の事案について評価しなさい（共謀と結果発生との間に心理的因果性はあったか）
12 犯行防止措置をとったかどうかという事情は，罪責にどのような意味で影響するか

---

35) 林幹人「事後強盗罪の新動向」刑事法ジャーナル2号（2006）53頁．
36) 林・前掲（注7）刑法総論（第2版）383頁．
37) 堀内捷三・前掲（注16）刑法判例百選I・総論（第6版）169頁，只木誠・同刑法判例百選I・総論171頁など．

13 最判平成6・12・6は，どのような事実についてどのような判断を示したものか
14 被告人の最初の正当防衛行為と後の他の共犯者による犯罪続行との間に共犯の因果性を認め得るか
15 被告人の最初の行為が正当防衛行為だとしたときでも，共犯の因果性があるならば，共犯の成立を認めるべきか
16 承継的共犯についての，大判昭和13・11・18は，どのような事実についてどのような判断を示したものか
17 大阪高判昭和62・7・10は，どのような事実についてどのような判断を示したものか
18 承継的共犯についての判例理論と共犯の解消についての判例理論とは，一貫性があるか
19 甲が丙を気絶させた後，財物奪取にのみ関与した乙は，強盗罪の共犯となしうるか
20 窃盗既遂犯による事後強盗の暴行脅迫にのみ関与した場合，事後強盗罪の共犯となしうるか
21 甲が欺罔行為や恐喝行為を行なった後に，乙が金員の受領にのみ関与した場合に，乙を詐欺罪・恐喝罪の共犯となしうるか

■共犯 2

13 ── 背任罪の共同正犯
最高裁平成 15 年 2 月 18 日決定〔刑集 57・2・161〕

1 最高裁平成 15 年 2 月 18 日決定の意義

（1） 平成 15 年に最高裁は，不良貸付けを行なった融資担当者に特別背任罪の成立を認めると共に，借り受けた者に共同正犯の成立を認める決定を下した[1]．そこにおいては，このような場合に借り受けた者に共同正犯を認めるには，「社会通念上許されないような方法を用いるなどして積極的に働き掛けることもなかった」としても，「共同加功をしたとの評価を免れない」としたことが注目される．それまでの下級審判例には，このような場合に背任罪の共同正犯を認めるには，この類いの何らかの限定が必要だとするものがあった[2]．それに対して最高裁は，そのような限定に消極的な姿勢を示したのである．

たしかに，このような場合に共同正犯が成立するかどうかは，共同正犯についての一般理論に服するのであって，背任罪の場合だけ，あるいは不良貸付けの場合だけを特別視するわけにはいかない．しかし，不良貸付けが背任罪を構成する場合，借り受けた者はつねに共同正犯や幇助犯となるとすることにも疑問がある．経営困難に陥った経営者が，企業再建に向けての努力を行なうこと自体は，状況に応じて，許容されるだけでなく，社会的な義務ですらある[3]．とくに，その一環として資金を借り受けようとする場合，その最終的な決定を行なうのは，貸し付ける者である．借り受けようとする者が一定限度の働き掛

1） 最決平成 15・2・18 刑集 57・2・161．
2） 東京地判平成 12・5・12 判タ 1064・254，東京地判平成 13・10・22 判時 1770・3 など．
3） 関哲夫「背任罪の共同正犯についての一考察」佐々木史朗先生喜寿祝賀論文集・刑事法の理論と実践（2002）363 頁は，「自己の経営する会社の倒産を回避し，経営状態の改善・回復を図るために，是非とも金融機関から（継続）融資を受けようと努力・画策することは，融資を受けた借受人から見た場合，通常は許容される行為ないし違法性がきわめて低い行為と考えることができるのではないだろうか」とされる．

けを行なうことは，許されなければならないと思われる．それまでの下級審判例が背任罪の共同正犯を認めるについて，一定の限界を示そうとしたことにはある程度は理由があったと思われる．そもそも起訴の実務としても，不良貸付けの借り受け人のすべての者を共同正犯として起訴してきたわけではなかったのではないだろうか．

いずれにしても，以上に述べたような背任罪の共同正犯の成立の限界を，刑法理論上どのような枠組みによって説明するかは，これまで十分に検討されてこなかったように思われる．本章はこのような問題について，若干の試論を述べようとするものである．

(2) この問題に入る前に，いくつか確認しておきたいことがある．

その第一は，(特別) 背任罪は身分犯であるが，身分のない者がこれに関与した場合，教唆・幇助的な関与のときには刑法 65 条 1 項が適用されるのは当然として，関与者が正犯的な関与を行なったときに同法を適用して身分のない者に共同正犯を認めることができるか，という問題である．この点について判例は，伝統的に刑法 65 条 1 項は共同正犯にも適用があるとしてきた[4]が，本章もこれを正当と考える．身分のない者であっても，身分犯の実現に重要な役割を果たすことはありうる．背任罪の場合でも，たとえば，三越事件のような場合であれば，関与者に共同正犯を認めてよいであろう[5]．

ただ，「特別」背任罪に身分のない者が関与した場合，65 条の 1 項と 2 項の適用をどのようにするか，という問題がある．判例はこの場合を業務上横領罪に関与した場合と同じように解し，65 条 1 項を適用して特別背任罪の共同正犯とし，刑は背任罪の刑を科するとしているが，このように犯罪の成立と科刑を分離するのは妥当ではないのではないか．さらに，「特別」背任罪は違法身分ではないか[6]，そうだとすれば，身分のない関与者についても 65 条 1 項を適用し，特別背任罪の共犯の成立を認め，その刑によって処断するべきではないか，疑問がある[7]．

(3) 第二の問題は，共同正犯と幇助犯の区別である．他の場合と同じよう

---

4) 大判大正 4・3・2 刑録 21・194 など．
5) 最決平成 9・10・29 判タ 952・203．評釈として，佐々木正輝・警論 51 巻 6 号 (1998) 197 頁以下など．
6) 参照，芝原邦爾・新釈注釈会社法 (13) (1990) 558 頁．
7) 参照，林幹人・刑法総論 (第 2 版) (2008) 430 頁，同・刑法各論 (第 2 版) (2007) 297 頁．

に，不良貸付けに関与した場合の中にも，犯行において重要な役割，すなわち，精神的に優越的・対等的な役割を果たした場合と，いわば従属的・二次的な役割を果たしたにすぎない場合がありうる．最高裁判例にも，不良貸付けに関与した場合について，共同正犯ではなく，幇助犯にすぎないとしたものがある[8]．この区別は，共同正犯と幇助犯の区別の一般理論に従ってなされることになる．

ただ，不良貸付けを受けた者に共犯を認めるにあたっては，1つ注意しなければならないことがある．共同正犯と教唆犯・幇助犯（以下狭義の共犯と呼ぶことにする）の区別にあたって，判例の中には，いわゆる主観説の立場から，犯罪の利益が誰に帰属したかを重視するものが少なくない．その基準をこの場面に適用すると，借り受けた者は，融資の現実的利益が帰属したということで，精神的にまったく従属的・二次的な役割しか果たしていないのに，共同「正犯」とされてしまうおそれがあるということである[9]．しかし，不良貸付けの場合，借り受けた者は，融資を受ける反面において，元金と共に，場合によって高額の利子を支払う義務を負う．単に融資を受けたという現象面だけを捉えて，犯罪の利益が帰属したとし，これをただちに共同「正犯」としてはならない．犯罪の利益の帰属は，共同正犯と狭義の共犯を区別するときの1つの要素であるにすぎないのである[10]．

もっとも，共同正犯と幇助犯の区別はそれほど重要ではない．共同正犯ではないとされても幇助犯として処罰されるのであれば，法定刑が違うだけで，大した問題ではないのである．重要なのは，ここでの問題の場合，共同正犯にも幇助犯にもならない場合がありうるのではないか，ということである．

この問題において，「共謀」や「幇助」の言葉の意味に関連させて可罰性を否定することも判例によってなされることがある．しかし，そのことには限界がある．そのような限定が無意味だとは思わないが，重要なのはそのような解釈を支える理論的・実質的な枠組みである．いいかえると，共同正犯と幇助

---

[8] 最判昭和57・4・22判時1042・147（富士銀行背任事件）．
[9] これを指摘するものとして，柴田牧子「不良貸付を受けるなどした会社の実質的経営者の地位になく，個人的利益の帰属もみられなかった貸付などを依頼した者についても特別背任罪の共同正犯が成立するとされた事例」上智法学論集39巻1号（1995）369頁，星周一郎「不正融資の相手方に特別背任の共同正犯の成立が認められた事例」東京都立大学法学会雑誌38巻1号（1997）624頁など．
[10] 林・前掲（注7）刑法総論（第2版）395頁．

犯・教唆犯（これらを合わせて「広義の共犯」と呼ぶことができる）に共通する基本的な成立要件があるのではないか，ということなのである．

2　故意と共犯の因果性

（1）　背任罪の共同正犯については重要な無罪判例がある[11]が，それは，関与者の故意を否定したものである．およそ関与者に広義の共犯が成立するためには，故意が必要である．ここで問題としている不良貸付けの事例においても，この無罪判例以後，裁判所はつねに借り受けた者について故意の成否を問題としてきた．それは本件の最高裁決定においても重要視されている．ここでは，不良貸付けに背任罪の共同正犯を認める際に，故意についてとくに注意すべき点を指摘しておきたい．

共同正犯ないし広義の共犯の故意を認めるには，借り受けた者について，貸し付ける相手が背任罪の不法内容を実現すること，とくに，本人に損害を与え，任務違背行為をすることの認識が必要である．不良貸付けの場合，客観的な返済不可能性が損害を基礎づけるが，借り受ける者としては，何とか返済できると思っていたのではないかが問題となる．また，相手の任務違背性の認識については，貸付けの業務内容を正確には知らない借り受け人にそれがいかなる意味で認められるかが問題となるが，ここではいわゆる素人仲間の平行的な認識[12]をもって足りるとせざるをえないであろう[13]．

理論的に重要な問題として，借り受け人において，貸し付ける者に図利加害目的があったことまでの認識を要するか，という問題がある[14]．これは，図利加害目的要件の理解にも関係する．その内容を故意と解し，かつ，故意を不法要素と解する立場からは，その認識を要するということになる．これに対して，それを故意と解しつつも，故意を責任要素と解する立場，あるいは，それを故意ではない，動機としての責任要素と解する立場からは，認識を要しないとい

---

11)　最判昭和40・3・16裁判集刑155・67. 評釈として，三井誠・続刑法判例百選（1971）182頁以下など．
12)　その内容について，参照，林幹人・刑法の基礎理論（1995）63頁以下．
13)　なお，参照，藤木英雄・経済取引と犯罪（1965）242頁，佐々木史朗＝内田幸隆「特別背任罪所定の身分のない借受人である被告人について，同罪の共同正犯が認められた事例」判タ1064号（2001）64頁．
14)　参照，島田聡一郎・正犯・共犯論の基礎理論（2002）382頁以下．

うことになると思われる．

本件の最高裁決定は，貸し付ける者の図利加害目的の認識に言及しており，共同正犯の故意の内容としてその認識を要するという立場に立っているとも解される．しかし，故意とは犯罪の不法内容の認識であり，共犯の不法内容は，他人を介して法益侵害・危険を惹起することにあると解される以上は，故意の成立にはそのことの認識で足りると思われる．図利加害目的要件の理論的内容は責任要素としての故意と解され[15]，共同正犯においてその認識は要しないと思われる．実際上も，たとえば，相手が情を知らないと思って毒薬を渡したが，相手は情を知って殺した場合，相手の故意あることを知らないが，殺人罪の教唆犯としてよいであろう．また，相手が責任能力があるとは思わなかった場合であっても，故意があるとしてよいと思われる．

理論的には，さらに，共同正犯を認めるには，関与者自身について，図利加害目的があることを要するか，という問題もある．これも，図利加害目的要件の内容の理解に関連する．その内容を故意の一部と解すれば，共同正犯にも当然に必要だということになる．とくに，不良貸付けを受けた場合，借り受けたというだけで自己の利益のために行為したとされてしまうおそれがある．あくまで，自己の客観的な返済不可能性の認識を要することに注意しなければならない．

（2）このように，不良貸付けの場合に背任罪の共同正犯を認めるには，故意の成立が必要であることはたしかであるが，それ以前に，客観的な限定が必要ではないかが，さらに問題となるのである．不良貸付けの場合に共同正犯の成立を否定した下級審判例も，故意の成立を認めた上で，客観的な要素に着目して，これを限定しようとしたものである．

共犯の客観的要件としてまず重要なのは，共犯の因果性である．判例は，共犯の因果性を必要と解しているものもある[16]が，いわゆる承継的共犯の問題においては，共犯の因果性が認められない場合にも共犯の成立を認める傾向を示している[17]．しかし，学説上は，共犯の因果性は共犯成立の基本的要件であり，

---

15) 林・前掲（注7）刑法各論（第2版）276頁以下．
16) 参照，最判昭和23・10・23刑集2・11・1386，最判昭和25・7・11刑集4・7・1261，東京高判平成2・2・21判タ733・232など．
17) 大判昭和13・11・18刑集17・839など．

むしろ，共犯処罰の根拠そのものだとする見解が有力であり，本章もこれを妥当と考える[18]．共犯として処罰するためには，他人を介してであるとはいえ，最終的な結果に因果性が肯定されなければならず，このことは，共同正犯・幇助犯を問わず，およそ広義の共犯の基本的な成立要件なのである．

もっとも，共犯の因果性は，単独犯の場合に要求される因果関係とは若干異なる．共犯の場合，共犯行為と最終的な結果との間に条件関係は要せず，結果を直接に惹起する者の行為を，心理的・物理的に強化・促進すれば足りる．しかし，共犯の場合も，相当因果関係がなければならない．

背任罪の共同正犯の場合も，以上に述べたことは当然に妥当する．ただ，不良貸付けに背任罪の共同正犯の成立が問題となる場合には，この共犯の因果性が否定されるのは，きわめて稀であろう．

(3) 共犯の限定としては，別の論理もある．それは，必要的共犯の論理である．不良貸付けの場合に背任罪の共同正犯を認めることに疑問を示す見解の中には，この点を問題とするものがある[19]．判例は，犯罪の実現に，ある者の関与が必要な場合でありながら，その関与者を処罰する規定が設けられていない場合，共犯として処罰することはできないという見解をとっている[20]．たしかに，不良貸付けの場合，貸付けを受ける者は必要である．しかし，背任罪の不法類型自体が関与者を必要としているわけではないので，この場合を必要的共犯と解し得るか，疑問がある．

のみならず，いわゆる必要的共犯が処罰されないのは，実質的に，関与者に違法性ないし有責性を欠くからであると解される[21]．たとえば，判例は，弁護士でないにもかかわらず法律事務を取り扱った者に対する依頼者を共犯として処罰することはできないとしたが，その理論的な根拠は，依頼した者は，この犯罪の被害者だということにあると解される．しかし，不良貸付けを受けた者は背任罪の被害者であるわけではない．また，この者に有責性を欠くとする理

---

18) 参照，林・前掲（注12）刑法の基礎理論159頁以下，同・前掲（注7）刑法総論（第2版）374頁以下．
19) 関哲夫「手形保証債務を負担させたことが刑法247条にいう『財産上ノ損害』に当たるとされた事例」判タ927号（1997）58頁は「事実上の対向犯の類型と考えることもできるのではないだろうか」とされる．
20) 最判昭和43・12・24刑集22・13・1625など．
21) 林・前掲（注7）刑法総論（第2版）426頁以下．

論構成も困難である．したがって，必要的共犯の論理によってこの場合の共犯の成立を限定することはできないと思われる．

　ただ，不良貸付けの場合，貸付けをした者の行為が違法であっても，そして，借り受け人に故意と共犯の因果性を否定しえないとしても，なお，違法でない場合がありうるのではないか．必要的共犯だとする見解は，この趣旨のものであるかぎり[22]，そこには妥当なものがあると思われる．ただ，そのようなことが犯罪理論上いかなる意味でありうるのか，それが問題なのである．

3　共犯間の違法性の相対性

　（1）　共犯間の違法性の相対性の問題において近時とくに注目を集めたのは，直接行為者が適法，ないし，問題の犯罪の完全な違法性を備えていないときでも，関与者・背後者はなお，完全な違法性を充足することがありうるのではないか，という問題である．近時の判例は，この意味での共犯間の違法性の相対性を認めるに至っている．すなわち，最高裁平成4年6月5日決定は，直接の行為者に過剰防衛を認めながら，背後者である関与者に完全な犯罪の成立を認め，この両者を共同正犯としているのである[23]．これに対しては，いわゆる制限従属説との関連で，「違法は連帯，責任は個別」という原則を立て，共犯間の違法性の相対性を承認しない学説も以前から有力である[24]．しかし，教唆犯・幇助犯などの狭義の共犯の成立要件としての制限従属説は，正犯，すなわち，間接正犯や共同正犯には妥当しないと思われる[25]．判例もまた，直接行為者の行為が適法であっても，間接正犯の成立を認めている[26]．共同正犯も正犯である以上は，この意味での違法性の相対性を認めるべきだと思われる[27]．

　しかし，ここで問題としている背任罪の共同正犯の場合は，直接の行為者は違法であって，かつ，これに共犯の因果性が認められても，関与者は違法でないということを認め得るかが問題である．こちらの方が，理論的には前の場合

---

22)　関・前掲（注3）佐々木史朗先生喜寿祝賀論文集・刑事法の理論と実践参照．
23)　刑集46・4・245．
24)　町野朔「惹起説の整備・点検」内藤謙先生古稀祝賀・刑事法学の現代的状況（1994）113頁以下．
25)　林幹人・刑法の現代的課題（1991）102頁以下．さらに参照，島田聡一郎「適法行為を利用する違法行為」立教法学55号（2000）21頁以下．
26)　最決平成9・10・30刑集51・9・816など．
27)　林・前掲（注7）刑法総論（第2版）423頁．

よりもむしろ問題は小さいといえる．一般に共犯の成否が問題となる場合，直接に犯罪を実現した者に関与しながら，その関与行為が違法かは，常に問題とされるところである．しかし，そこにおいてはどのような意味において違法判断がなされているのか，なされるべきなのか，それがまさに問題なのである．

(2) この問題に入る前に，この意味での共犯間の違法性の相対性は，判例上も認められてきたことをまず確認しておきたい．

たとえば，不動産を二重譲渡すれば横領罪が成立する．第二の譲受人には横領罪の共同正犯の成立を認めてよさそうであるが，最高裁はこれを否定している[28]．最高裁は，「……民法上の原因によって本件不動産所有権を適法に取得したのであって，被告人Xの横領行為とは法律上別個独立の関係である」としている[29]．この判例からは，二重抵当の場合も，二重抵当を設定した者には背任罪が成立するとしても，後に抵当権の設定を受けた者には，背任罪の共同正犯は成立しないということになろう．

さらに，有名なものとして，外務省秘密漏泄事件の判例がある．ここにおいては，国家秘密を漏泄した公務員について秘密漏泄罪（国家公務員法109条12号）の成立が認められる場合に，それに関与した新聞記者について，独立犯罪としての「そそのかし」罪（同法111条）の成立が認められるかが問題となった．一審は，新聞記者は，報道・取材の自由を守るために行為したとして無罪とした．高裁と最高裁は新聞記者を有罪とした．しかし，高裁も最高裁も，新聞記者については，機密漏泄をした公務員とは独立の違法判断をなすべきだということ自体は認めている[30]．

近時の判例に次のようなものがある．地方税法上の軽油引取税の特別徴収義務者がその脱税を企て地方税法所定の不納入罪を犯した場合において，被告人が右義務者の意図を知りつつ，同人から軽油を通常よりも安く購入していたとしても，右不納入罪の共同正犯ないし幇助犯とはならないというのである[31]．これも，故意と共犯の因果性を前提としつつも，共犯の成立を否定したものである．この判例は「共同正犯」や「幇助」の概念から共犯の成立を否定してい

---

28) 最判昭和31・6・26刑集10・6・874．
29) もっとも，福岡高判昭和47・11・22刑月4・11・1803は「執拗且つ積極的に働きかけ」た場合に横領罪の共同正犯としている．
30) 参照，最決昭和53・5・31刑集32・3・457．
31) 熊本地判平成6・3・15判時1514・169．

るようであるが，むしろ，その解釈を支える理論的・実質的な根拠が問われなければならないと思われる．

4 共犯構成要件としての客観的帰属

（1） 直接正犯に間接的に関与した者について，直接正犯が違法な行為をし，関与者がこれに因果性ある行為をなし，かつ，故意がある場合，それにもかかわらず，関与者の行為の違法性を否定することがどのような意味において可能か．この問題について本章は以下のように考える．

過失犯，たとえば交通事故の場合，自然的な意味では因果性が認められたとしよう．すなわち，およそその時点で車を運転していなかったならば人は死ななかったであろうといえたとする．それにもかかわらず，判例・通説は，ここでただちに自動車運転過失致死傷罪の違法性を認めはしない．むしろ，自動車運転過失致死傷罪の構成要件該当性・違法性の判断は，そこから始まる．すなわち，まずもって，運転の或る時点において，客観的な注意義務＝結果回避義務の違反がなければならないのである．問題は，そのような義務違反の内容であるが，刑法の目的は法益の保護にあるとすれば，それは基本的に法益侵害の危険性でなければならない．しかし，法益侵害の危険性あるあらゆる行為を刑法は禁止することはできない．それでは，運転をするなということになってしまう．ある程度の危険性があっても，行為に有用性，すなわち，正当な利益の実現可能性がある場合には，その行為は許されなければならない．したがって，客観的な注意義務違反の内容は，許されない程度に危険な行為ということになる．行為が許された危険の範囲にある場合，たとえ自然的な意味においてその行為から結果が発生したとしても，その行為を違法とするべきではないのである[32]．

以上の法理は，故意犯の場合にも妥当すると解される．法益侵害の危険性ある行為が，それにもかかわらず許されるのは，その危険性を認識していないからではなく，有用性があることによるのだからである．したがって，この客観

---

[32] 近時の判例で，このような見解を明示的に採用したものとして，薬害エイズ事件判決がある．参照，東京地判平成 13・3・28 判時 1763・17．なお，この意味での危険性と相当因果関係における相当性とは異なることについて，林・前掲（注 7）刑法総論（第 2 版）131 頁．さらに参照，井田良「過失犯における『注意義務の標準』をめぐって」刑雑 42 巻 3 号（2003）333 頁以下，小林憲太郎・因果関係と客観的帰属（2003）185 頁以下．

的要件は，故意以前に位置するものと解されなければならない．

本章は，さらにすすんで，この法理は共犯にも妥当すると考える．たとえ関与行為から自然的な意味において因果性ある結果が，直接行為者の行為を介して発生したとしても，関与行為の時点で，その行為が許された危険の範囲内にある場合，その行為を違法とすることはできない．そのことは，共犯としての故意以前に問題とされるべきことである．

以上のことは，体系的には次のようにいうこともできる．単独犯の場合，行為が不法類型としての構成要件に該当するものでなければならないことは当然のこととして承認されている．共犯の場合，単独犯と同じ構成要件に該当する行為をしなくてもよいことは当然であるが，単独犯の構成要件を修正した，共犯の構成要件に該当しなければならない．先に述べた単独過失犯における許された危険を超えた行為は，客観的な注意義務違反を基礎づけるものであるが，また，単独犯の（過失犯・故意犯に共通する）構成要件該当性を基礎づけるものでもある．共犯とは結果との間に他人の行為が介在する場合であるが，それが故に，単独犯の構成要件は一定の修正を受けることになる．すなわち，共犯の構成要件は，他人の行為を介して法益侵害を引き起こす危険性があり，それが行為のもつ有用性と衡量してもなお許されない程度に高度のものであることを内容とするのである．

共犯の構成要件が修正された構成要件だという観念は，わが国でも以前より主張されている[33]．しかし，そこにおいては，単独犯の本来の構成要件を拡張する側面が強調されていた．すなわち，単独犯の構成要件該当性，とくに，実行行為性を充たさなくても，共犯行為たりうるということがその主内容であった[34]．他人の実行行為に関与して結果を引き起こす危険性は，最終的な結果からみれば，当然ある程度低いものである．その意味で，共犯の構成要件・実行行為は，単独犯のそれらよりは，拡張・緩和されたものである．しかし，そこにおいても，単に自然的な意味での因果性さえあればよいというものではなく，行為の性格に応じた一定の限定が必要なのである．その根拠は，基本的には，過失犯の場合と同じように，法益侵害の危険性あるあらゆる関与行為を禁止するならば，行動の自由が著しく制約されてしまうということにある．以上のこ

---

33) 小野清一郎・犯罪構成要件の理論（1953）84, 245頁．
34) 参照，平野龍一・刑法総論 II（1975）307頁．

とは，共同正犯や幇助犯を問わずあらゆる共犯行為について妥当することである．共犯は，修正・緩和されたとはいえ，固有の成立要件としての構成要件・実行行為をもっているのである．

先にあげた，共犯間の違法性の相対性を認めた判例は，理論的・実質的には，以上に述べた観点から説明するべきだと思われる[35]．

（2）以上のような見解は，近年ドイツでも主張されるに至っている．ドイツにおいては，「日常的・中立的」な幇助行為がなされた場合，たとえば，タクシー運転手が，途中で客が強盗を犯そうとしていることを知ったにもかかわらず運転を続けた場合，ナイフを売る業務に従事する者が，相手が殺人を犯すかもしれないと思いながら売った場合[36]，ある企業が環境犯罪を犯すかもしれないと思いつつ，工場に部品・材料などを納入した場合，脱税を犯すかもしれないと思いつつ，金を支払った場合[37]などである．このような場合について，どのような理論的意味において共犯成立の限定をなしうるかが問題とされている．

ドイツにおいては，単独犯において，構成要件の内容として，「客観的帰属」を認める見解が有力になっている．これは，過失犯の場合において，自然的な意味において結果を発生させた場合に，それにもかかわらず，構成要件該当性を改めて問題としなければならないという立場から，その内容を「許されない危険の実現」と解するものである．それは，過失犯のみならず故意犯にも同様に妥当するという見解，さらに，それは共犯の場合にも妥当するとする見解が有力に主張されているのである．この見解によれば，自然的な意味での因果性，そして，故意があるだけでは，共犯，とくにその最も弱い関与形式である幇助犯をただちに認めるべきではないとされ，その関与行為について，それが許された危険を超えているかを問題としなければならないというのである．そして，共犯行為についても，単独犯と同じものではないにしても，構成要件該当性・客観的帰属が問題とされなければならないというのである[38]．

---

35) なお，構成要件の段階で危険性と有用性の衡量を行なうべきことと，違法阻却原理としての法益衡量との関係について，参照，林・前掲（注7）刑法総論（第2版）182頁．
36) 参照，松生光正「中立的行為による幇助」姫路法学 27・28 合併号（1999）203 頁以下，島田聡一郎「広義の共犯の一般的成立要件」立教法学 57 号（2001）44 頁以下，同・前掲（注14）正犯・共犯論の基礎理論 359 頁以下．
37) この2つの場合について，Claus Roxin, Was ist Beihilfe?, Festschrift für Koichi Miyazawa, 1995, S. 516; ders, Anmerkung, JZ 1997, S. 211.
38) Vgl., Wolfgang Frisch, Tatbestandsmäßiges Verhalten und Zurechnung des Erfolgs, 1988, S.

本章の立場は，近年ドイツにおいて主張されている以上のような見解と基本的に同じものである．
　(3)　不良貸付けの場合の借り手に背任罪の共同正犯の成否が問題となっているときにも，この意味での共犯の構成要件該当性・実行行為性が問題とされなければならない．その実質的・理論的な内容は，関与行為が許された危険を超えていることである．借り手の申し込みが，通常経済社会において行なわれている程度のものであって，貸し手が背任罪を犯し本人に損害を与えることとなる危険性がそれほど高度でない場合，とくに，借り手の働き掛けには企業再建という有用性がある程度認められる場合には，その行為は許された危険の範囲内のものとして，合法，少なくとも，共犯の構成要件該当性・実行行為性を欠くものとして，背任罪の共同正犯のみならず幇助犯の成立も否定されるべきである[39]．本件の最高裁判例においては，「被告人は，抜本的な経営改善策を講じないまま，JHLに対し繰り返し運転資金の借入れを申し入れて，乙山ら融資担当者をして任務に違背するよう仕向けた」(傍点筆者)という事情が指摘されているが，このような事情はこの意味で重要である．企業再建や抜本的な経営改善策の可能性がある場合，背任罪の損害そのものが否定されることもありうるが，それは否定されず貸付けた者に背任罪の成立が認められても，借入れの申し入れが通常の程度のもので，不良貸付けを行う危険性が高度ではなく，かつ，ある程度の有用性があるときには，共犯の成立は否定されなければならないと思われる[40]．
　かつてのいわゆるバブル経済の下で，不良貸付けを行なった者を背任罪で処罰し，同時に借り手をその共犯として処罰する判例が相次いでいる．その中にはたしかに共犯として処罰されてもやむをえない場合もありうるであろうが，処罰するべきでない場合もありうる．共犯固有の構成要件該当性・実行行為性をもたない行為をも処罰するならば，将来にわたって，経営困難に陥った経営

41; R. Hefendehl, Jura1992, S. 377; Urs Kindhäuser, Bestimmtheit des Gehilfenvorsatz, NStZ 1997, S. 283; Wolfgang Wohlers, Hilfeleistung und erlaubtes Risiko, NStZ 2000, S. 169; Systematischer Kommentar, 7 Aufl., 2003, § 27, Rdnr. 23 (Hoyer).

39)　中森喜彦「背任罪の共同正犯」研修609号 (1999) 6頁は，「その行為が自己の利益の追求の枠内にあると見ることができる限度では，それが刑事責任につながることは原則としてない」とされる．

40)　大阪高判平成14・10・31判時1844・135は，「関与の程度が通常の融資等の取引の在り方から明らかに逸脱しているといえるか否か」を「共謀」の認定にあたり考慮している．

者の企業再建に向けての努力を萎縮させてしまうおそれがある．それは，共犯の基礎理論にも反するものである．

★ 演習問題

1 最決平成15・2・18は，どのような事実について，どのような判断を示したのか
2 「支配的な影響力を行使する」必要はないとする点はどうか
3 「社会通念上許されないような方法を用いるなどして積極的に働き掛ける」必要はないとする点はどうか
4 身分のない者が特別背任罪に関与した場合，刑法65条1項を適用して，教唆・幇助のみならず，共同正犯まで認めることができるか
5 刑法65条1項を適用して特別背任罪とし，刑は同65条2項により背任罪の刑を科するとする見解にはどのような問題があるか
6 共同正犯として起訴されたときに，無罪を争う方法としてどのようなものがあるか
7 共同正犯について故意が必要とされる根拠はどこにあるか
8 貸し手の任務違背性の認識について素人仲間の平行的な認識をもって足りるといわれることがあるが，これはどのような意味か
9 貸し手の図利加害目的の認識が，借り手に共同正犯を認めるために必要か
10 必要的共犯とは何か，本件のような場合に必要的共犯の論理を適用することにはどのような問題があるか
11 最決平成4・6・5はどのような事案についてどのような判断を示したものか
12 この平成4年決定の場合と，本件の場合とでは，共犯間の違法性の相対性に関して，どのような違いがあるか
13 東京地判平成12・5・12は，どのような理由で無罪としたのか，その判断にはどのような問題があるか
14 最高裁平成16・9・10は，どのような事実についてどのような判断を示したか
15 刑集58・6・528 (1) 最後の「被告人が協会に対する負担金の拠出に応じないことを利用して代位弁済を強く求めることができたかどうか」を問題としていることの意義と問題について検討しなさい
16 東京地判平成13・3・28薬害エイズ事件判決はどのような事実についてどのような判断を示したのか
17 共犯とするためには，行為が許された危険を超えていなければならないという見解にはどのような問題があるか

■ 共犯 3

14 ── Winny と幇助罪
大阪高裁平成 21 年 10 月 8 日判決

1 大阪高裁平成 21 年 10 月 8 日判決[1]の意義

(1) コンピューター上のファイル交換ソフトである，いわゆる Winny を開発・提供した行為について，京都地裁平成 18 年 12 月 13 日判決は，著作権法違反幇助罪の成立を認めた[2]．これに対して大阪高裁平成 21 年 10 月 8 日判決は，原判決を破棄し，被告人に無罪を言い渡した．

その理由とするところは，概要，以下のようなものである．

まず，著作権法 120 条の 2 第 1 号で規定されている以外の公衆に対する機器提供型の著作権侵害行為については，著作権法上は処罰規定がなく，間接的に著作権侵害に関与した者でも，刑事処罰は予定されていないとの主張については，著作権法には幇助犯の適用を排除する特別の規定はなく，幇助犯の成立を限定的に解すべきものではない，としてこれを却けた．

また，不特定多数者に対する幇助行為は一般的に認めることは許されないとの主張についても，これを却けた．

ところが，次のような理由により，結局無罪としたのである．

まず Winny の技術，機能について，「著作権侵害に特化したものではなく，Winny は価値中立のソフト，すなわち，多様な情報の交換を通信の秘密を保持しつつ効率的に可能にする有用性があるとともに，著作権の侵害にも用い得

---

1) LEX／DB25451807．本判決について，参照，岡村久道・NBL 916 号（2009）1 頁，岡邦俊・JCA ジャーナル 56 巻 11 号（2009）72 頁など．
2) 京都地判平成 18・12・13 判タ 1229・105，LEX／DB28135109．一審判決について，後掲文献のほか，参照，小倉秀夫「高度の匿名性を謳った情報発進ツールを公衆に提供した者の幇助責任」ジュリ 1335 号（2007）88 頁以下，岡村久道「Winny 開発者著作権法違反幇助事件」NBL 848 号（2007）41 頁以下など．さらに参照，石井徹哉「Winny 事件における刑法上の論点」千葉大学法学論集 19 巻 4 号（2005）146 頁以下など．

るというソフト」だとしている．ここにおいて，「価値中立」という概念が使われ，その内容について，「有用性」があること，しかし同時に，「著作権の侵害に用い得る」ということを指摘しているのが注目される．次に見るように，本判決において「価値中立」という概念は，無罪の結論を導き出す前提として重要な基準とされているが，そこにおいて，「有用性」という，刑法概念としては，一般にいわゆる許された危険の法理の構成概念が用いられていることが注目されるのである．「著作権侵害に用い得る」ということは，法益侵害の可能性，すなわち，危険性と読み替えることもできる．このような本判決の基本的な視点は，後に詳述するが，筆者も正当なものと解している．

　もっとも，本判決は許された危険の法理を全面的に採用しているとまではいえない．なぜなら，第一審判決を破棄するにあたり，次のような見解を述べているからである．第一審は，価値中立的な技術については，「その技術の社会における現実の利用状況やそれに対する認識，さらに提供する際の主観的態様如何による」という基準を示した．これに対して本判決は，「時期や統計の取り方によって，調査の結果にも相当の幅があると認められるのに，Winnyの公開・提供時の現実の利用状況をどのようにして認識するのかが判然としない上，どの程度の割合の利用状況によって幇助犯の成立に至るのかも原判決の基準では判然としない」と述べている．これは，幇助罪の成否の判断にあたり，現実の利用状況を考慮しないかにも受け取れる．そうだとすれば，それは（少なくとも筆者の採用する）許された危険の法理とは異なる．このような本判決の立場は，また，被告人の行為によってどれほどの正当利益の保全があったかも問題とせず，したがって，法益衡量などの違法判断をするべきでもないということにもなりかねず，このような理解でよいものか，疑問となろう．

　本判決は，続けて次のように述べる．「一般に，中立行為による幇助犯の成立につき，正犯の行為について，客観的に，正犯が犯罪行為に従事しようとしていることが示され，助力提供者もそれを知っている場合に，助力提供者の行為は刑法に規定される幇助行為であると評価することができるが，これとは逆に，助力提供者が，正犯がいかにその助力行為を運用するのかを知らない場合，又はその助力行為が犯罪に利用される可能性があると認識しているだけの場合には，その助力行為は，なお刑法に規定する幇助犯であると評価することはできない」．そして，「価値中立のソフトをインターネット上で提供することが，

正犯の実行行為を容易ならしめたといえるためには，ソフトの提供者が不特定多数の者のうちには違法行為をする者が出る可能性・蓋然性があると認識，認容しているだけでは足りず，それ以上に，ソフトを違法行為の用途のみに又はこれを主要な用途として使用させるようにインターネット上で勧めてソフトを提供する場合に幇助犯が成立すると解すべきである．」ところが，本件の場合，「著作権侵害の用途のみに又はこれを主要な用途として使用させるようにインターネット上で勧めて Winny を提供していたとはこれを認めることができない」としている．その理由として，次のような事情を指摘している．本件ソフトには，「これらのソフトにより違法なファイルをやり取りしないようお願いします」との記載があることである．

(2) 本判決の内容のうち，次の 2 点は，正当だと思われる．

まず，著作権法 120 条の 2 第 1 号で規定されている以外の公衆に対する機器提供型の著作権侵害行為については，著作権法上は処罰規定がなく，間接的に著作権侵害に関与した者でも，刑事処罰は予定されていないとの主張[3]を却けた点である．そのような主張も論理的にまったく成り立たないとは思わないが，本判決のような見解も十分に成り立つ．このような主張は，必要的共犯における立法者意思説[4]を想起させる．しかし，必要的共犯の場合，そのようないわば形式論によってではなく，より実質的に，すなわち，違法・責任に関連させて不可罰性の説明はなされるべきである[5]．ここでも同じでなければならない[6]．

また，幇助行為は特定の正犯者に対するものでなければならないとする主張[7]にも，十分な理由があるとは思われない．

(3) しかし，本判決の採用する見解にも疑問はある．本判決によれば，価

---

3) 参照，東雪見「『Winny』を開発し，提供した行為に対する著作権侵害罪の成否について」成蹊法学 62 号（2005）108 頁以下．同 109 頁は「著作権法は，それ全体として刑法 62 条の適用を排除して」いるとする．
4) 最判昭和 43・12・24 刑集 22・13・1625．
5) 林幹人・刑法総論（第 2 版）(2008) 427 頁以下．
6) 東・前掲（注 3) 成蹊法学 62 号も，実質的には許された危険の法理を根拠としている．なお参照，小島陽介・第一審判決評釈・立命館法学 320 号 311 頁．
7) 十河太朗・第一審判決解説・平成 18 年度重判解 174 頁．なお，園田寿「Winny の開発・提供に関する刑法的考察」刑事法ジャーナル 8 号（2007）62 頁は，「特定の個々具体的な著作権法違反を幇助しているとの確定的な認識がない」ことを理由に幇助犯の成立を否定する．正犯者を知っていなくても幇助になるとする判例として，大判昭和 10・2・13 刑集 14・83．

値中立のソフトを提供する場合には,「ソフトを違法行為の用途のみに又はこれを主要な用途として使用させるようにインターネット上で勧めてソフトを提供する場合」に幇助犯が成立するというが,そのように解する理論的な根拠が明らかでないのである.いわば,ただ処罰したくないといっているにすぎないように思われる.「違法なファイルをやり取りしないようお願いします」と記載して,違法行為を勧めていないというだけで,何故に幇助犯が成立しないことになるのだろうか.そのような記載があったところで,本件のソフトを提供すれば,大規模な著作権侵害が起こるであろうことは,客観的に明らかであり,被告人はそのことを認識・認容していたのである.それにもかかわらず幇助犯が成立しないとすれば,別のより理論的な説明が必要と思われる.本件で問題となっていることは,一般的な共犯理論,ないし違法論に関わることで,より基本的な理論により,不可罰性は説明されるべきだということである.

本章は,以上のような問題意識から,若干の試論を述べようとするものである.

2 関連判例の系譜

(1) 本件の問題の要点は以下の点にある.本件の場合,正犯に犯罪が成立することに問題はない.そして,本件被告人が,正犯の著作権侵害に必要な物理的関与をすることによって,自然的な意味において,いわゆる共犯の因果性を与え,かつ,そのことを認識・認容していたことも明らかである.それにもかかわらず,共犯の成立を否定することがいかなる意味において可能なのであろうか.

この問題は,幇助犯だけでなく,共同正犯においても問題となりうる.本件の場合,被告人と正犯の間に意思の疎通はないから,共同正犯とはなしえないものの,意思の疎通があり,共同正犯となりうる場合であっても,その関与が価値中立であることにより,共同正犯となしえないことはありうるのである.

(2) このような問題に関連するこれまでの判例を見ておこう.

まず,最高裁昭和31年6月26日判決[8]は,不動産の二重売買の事例について,売った者を横領罪の正犯として処罰しながら,それを買った者については,

---

8) 刑集 10・6・874.

共犯の成立を否定した．その理由として次のように述べる．「……民法上の原因によって本件不動産所有権を適法に取得したのであって，被告人 X の横領行為とは法律上別個独立の関係である」．ここにおいては，民法上適法に取得したという，いわば形式的なことが指摘されている．これに対して学説は，より実質的な説明を行なおうとしている．たとえば，第二の買主の行為により，自由競争秩序が守られている，などがそれである[9]．このような見解においては，第一の買主の不動産所有権を侵害したにもかかわらず，第二の買主の関与行為の有用性，ないし保全利益の重大性が指摘されていることが重要である．

似たような下級審判例も出されている．熊本地裁平成 6 年 3 月 15 日判決[10]は，地方税法上の軽油引取税の特別徴収義務者がその脱税を企て地方税法所定の不納入罪を犯した場合において，被告人が右義務者の意図を知りつつ，同人から軽油を通常よりも安く購入していたとしても，右不納入罪の共同正犯ないし幇助犯とはならないというのである．この判決は，「被告人が自己の利益を追求する目的のもとに取引活動をしたことの結果に過ぎない」として，幇助する意思はなかったとした．ここにおいては，購入者の取引の自由が，行為の有用性として重視されているといえる．

次に，いわゆる外務省秘密漏泄事件についての判例である最高裁昭和 53 年 5 月 31 日判決[11]が重要である．ここにおいては，国家秘密を漏泄した公務員について秘密漏泄罪（国家公務員法 109 条 12 号）の成立が認められる場合に，それに関与した新聞記者について，独立犯罪としての「そそのかし」罪（同法 111 条）の成立が認められるかが問題となった．第一審は，新聞記者は，報道・取材の自由を守るために行為したとして無罪とした．高裁と最高裁は新聞記者を有罪とした．しかし，どちらの判決も，新聞記者については，機密漏泄をした公務員とは独立の違法判断をなすべきだということ自体は認めている．

最近の下級審判例に次のようなものがある．家庭裁判所から精神鑑定を命じられた医師が，ジャーナリストに対し，供述調書等を閲覧させるなどした行為について，秘密漏示罪の成立を認めたものである[12]．この事件では，ジャーナ

---

9) 参照，佐伯仁志＝道垣内弘人・刑法と民法の対話（2001）131 頁．
10) 判時 1514・169．
11) 刑集 32・3・457．
12) 奈良地判平成 21・4・15 判時 2048・135．

リストの方は起訴すらされていない．これも，ジャーナリストの行為について独立の違法判断をしたものである．ジャーナリストの行為は，表現の自由を守る有用性ある行為だという考慮が働いたものと思われる．

　近時問題となったものとして，背任罪の共同正犯がある[13]．最高裁平成15年2月18日決定[14]は，不良貸付けを申し込んだ借り手について，無制限に背任罪の共同正犯の成立を認めるかのような判示を行なった．これに対して，最高裁平成16年9月10日判決[15]は，このような場合，共同正犯が成立するには，ある程度「強い」働き掛けを行なう必要があるという判断を示した．これは，理論的にいえば，共犯とするためには，正犯が実行行為を行なう「危険性」が大きい行為をしたのでなければならないとした判断と見ることもできる．

　先に見た不動産の二重売買の第二の買受人についても，昭和31年の最高裁判例により原則不可罰であるものの，その後の下級審判例には，第二の買受人が「執拗且つ積極的に働きかけ」た場合には，横領罪の共同正犯とするものがある[16]．これも，関与者の行為の危険性を重視したものと見ることもできよう．

　今回の大阪高裁判決は，価値中立のソフトの場合，「著作権侵害の用途のみに又はこれを主要な用途として使用させるようにインターネット上で勧める」必要がある，とした．これは，上述のような判例の流れに沿うものであって，理論的には，正犯行為を行なう「危険性」が一定程度高度のものでなければならないという見解と親和性をもっていると解することが可能と思われる．

3　若干の考察

（1）　本判決は，Winny の技術，機能について，「著作権侵害に特化したものではなく，Winny は価値中立のソフト，すなわち，多様な情報の交換を通信の秘密を保持しつつ効率的に可能にする有用性があるとともに，著作権の侵害にも用い得るというソフト」だとしている．このような指摘は，問題の本質を的確に表現したものである．ただ，そのことから引き出す解釈論に疑問があることは，すでに述べたとおりである．

---

13) この問題について，参照，林幹人「背任罪の共同正犯」判時1854号（2004）3頁以下，島田聡一郎「取引の相手方による背任行為への加功」上智法学論集50巻3号（2007）19頁以下など．
14) 刑集57・2・161．
15) 刑集58・6・524．
16) 福岡高判昭和47・11・22刑月4・11・1803．

筆者自身の解釈は，以下のようなものである．Winny は，本判決の指摘するように，有用性と著作権侵害の危険性を共にもっている．このような Winny の提供が幇助犯となるのは，危険性が有用性を上回り，可罰的違法性をもつ場合と解するべきである．すなわち，有用性と危険性との衡量を行なうべきものと思われる．いわゆる許された危険の法理によって，幇助罪の成否を決定すべきだということである[17]．

　許された危険の法理は，過失犯において認められてきた．この法理を明示的に採用したものとして，薬害エイズ事件無罪判決がある[18]．被告人が被害者に投与した非加熱製剤は，エイズによる死を引き起こすという危険な副作用があるものの，投与の時点では，そのことはきわめて小さい可能性としてしか予見できなかった（すなわち，危険性が小さい）反面，血友病の治療という有用性が大きいことから，非加熱製剤の投与は結果回避義務違反とはならないというのが，判決の要点である．

　過失犯においては，事実上，危険性と共に有用性があることが多い．医療行為，自動車の運転，危険な工事などを考えれば，このことは明らかである．ところが故意犯でも，違法な正犯行為に対する間接的な関与となると，有用性が多い場合が出てくる．たとえば，包丁を売ったところ，それで殺害行為をした，あるいは，タクシーで運んだところ，目的地で強盗をした，というように．過失犯や，間接的関与には，このように，価値中立行為が多いのである．

　この場合の違法性は，法益保護を目的とする刑法にとっては，基本的には行為のもつ法益侵害の危険性によって決められるべきである．しかし，刑法は法益保護目的を無制限に追求するわけにはいかない．たとえば，自動車によって多くの重大な犯罪行為が行なわれるとしても，自動車の生産を，その幇助として違法とするわけにはいかない．その理由を問えば，自動車の生産の時点では，その危険性はきわめて小さい反面において，その行為は巨大な社会的有用性を

---

17) 中立的・日常的な関与行為の限界については，世界的に問題とされているが，ドイツ（最近の文献として，曲田統「日常的行為と従犯」法学新報 111 巻 3・4 号（2004）141 頁以下，山中敬一「中立的行為による幇助の可罰性」関西大学法学論集 56 巻 1 号（2006）34 頁以下，それ以前の文献については，林・前掲（注 13）判時 1854 号 8 頁参照）でもアメリカ（参照，永井善之「アメリカ刑法における『中立的行為による幇助』」金沢法学 50 巻 1 号（2007）1 頁以下）でも，許された危険の法理による解決が有力である．

18) 東京地判平成 13・3・28 判時 1763・17．

もっているということになろう．本件の判決においても，問題は，著作権侵害の危険性と有用性の衡量によって決すべきものと思われる．

（2）　許された危険の法理は，行為についての判断である．薬害エイズ事件判決は，有用性が危険性を上回るという判断により，結果回避義務違反がないとしたが，これは，過失犯の実行行為＝構成要件該当行為がないということである．同じようにして，共犯行為についても，正犯を介しての法益侵害の危険性があっても，有用性が大きく，可罰的違法性に達しないとき，共犯としての広義の構成要件に該当しないこととなるのである[19]．

本来の意味での違法阻却は，結果としての法益侵害と，結果として保全された利益との衡量の問題である．本判決は，第一審判決が問題とする「利用状況」について，どの時点を問題とするのか明らかではないことを指摘しているが，理論的には，行為の時点と結果の時点とを共に，判断すべきものである．すなわち，行為の時点で危険性と有用性を衡量し，結果の時点で法益侵害と保全利益を衡量し，共に違法といえるときに，その行為は行為と結果を含めて全体として違法ということになるのである[20]．

本判決は，本件の法益侵害結果の範囲が不明確であることを指摘する．しかし，これは，解釈によって決まることである．正犯がアップロードした時点で既遂となり，犯罪は終了するのか，それとも，警察などによって削除されるまで犯罪は継続するのかは，インターネット犯罪では常に問題となることであり，本件に限った問題ではない[21]．

また，許された危険の法理は，本来，結果の衡量では法益侵害が保全利益を上回るが，行為の時点では有用性が危険性を上回るときに，実際上の意義を有するものである．たとえば，交通事故や薬害エイズによる生命侵害を上回る保全利益などありえない．それにもかかわらず，行為の時点ではその危険性が小さく，有用性が大きいことから，違法類型としての構成要件の該当性を欠くことになりうるのである．もっとも本件の場合は，行為の時点と結果の時点で，衡量が質的に異なってくるような事情の変化はないように思われる．

---

19)　参照．林・前掲（注13）判時1854・3．
20)　参照．林・前掲（注5）刑法総論（第2版）182頁．
21)　参照．大阪高判平成16・4・22判タ1169・316．さらに参照．最決平成18・12・13刑集60・10・857．林幹人「犯罪の終了時期」刑事法ジャーナル9号（2007）66頁以下．

（3）　本件被告人の意思内容はどのような意味をもつであろうか．それを単に故意の問題にすぎないと解する[22]のは，妥当ではないと思われる．故意以前の危険性の判断に，本件被告人の意思はある程度の意味をもっている．というのは，危険性とは，物理的・自然的なものではないからである．そのような理解からは，結果が発生したときには，常に危険性100パーセントということになりかねない．危険性とは，行為の時点での人間の判断を基礎とする．もちろん，人によってあったりなかったりするものであってはならないから，その時点で最も思慮深い人の判断する結果発生の可能性だということになる[23]．薬害エイズ事件判決も，非加熱製剤投与の時点での，世界的専門家の知見を集約して，その意味で，客観的な予見可能性を問題としている．それが，ここで問題としている危険性の意味でなければならない．本件被告人は，インターネットの科学的専門家であったから，彼の判断する危険性と有用性の判断は，かなり客観性があるといってよいのである．

（4）　許された危険の法理に対しては，その判断が不明確・恣意的だという批判がなされることがある[24]．しかし，価値中立の領域における犯罪の成否の判断が，数学的な厳密性と確実性をもってなされうると考えるのは，幻想である．たとえば過失犯において，注意義務違反の判断が一義的になされうるとは誰も考えない．そこにはどうしても「評価」が入る．大切なのは，その基準である．法益保護を目的とし，社会的有用性を損なわない限度でその目的を追求すべき刑法において，なすべきでない行為を判断する基準として，許された危険の法理に優るものはない．

　許された危険の法理においては，侵害される法益の価値・数量・危険性の程度などが総合的に考慮される．本件の場合，著作権という法益の重要性，そして，本件ソフトを提供したときに生じるであろう法益侵害の数の規模，さらに，（被告人の個人的な警告にもかかわらず）その客観的な危険性の高さからして，被告人の本件ソフト提供は重大な法益侵害の危険性があったといわざるをえない[25]．

---

22)　豊田兼彦・共犯の処罰根拠と客観的帰属（2009）180頁は，「行為者が主観的に追求する意図は，幇助の可罰性を左右する意義を有しない」とする．
23)　参照，林・前掲（注5）刑法総論（第2版）136頁．
24)　参照，島田聡一郎「広義の共犯の一般的成立要件」立教法学57号（2001）71頁．
25)　なお，行為の違法性を判断するにあたっては，正犯の法益侵害を超えた他の法益侵害，その

それでは，有用性はどうであったか．被告人は，「とりあえず技術とそれを何に使うかは別で，大規模なファイル共有技術というのはいろいろと応用が効くし，次世代コンピューティングで基盤となる重要な技術」と考え[26]，「コピーフリーでも成り立つコンテンツへの課金システムという方面で何か新しい流れが出るだろうと期待して待っている」[27]とも考えている．これは，先に述べた意味において，客観的な有用性といってよいであろう．学説上も，「技術上の可能性」を指摘するものもある[28]．

この危険性と有用性の衡量，そして，正犯によって引き起こされた法益侵害と保全された利益の衡量については，判断が分かれるかもしれない．筆者自身は，本件の場合，幇助罪の成立を認めてよかったのではないかと考えている[29]．

★ 演習問題

1 Winny とは，どのようなものか
2 京都地判平成 18・12・13 は，どのような事実についてどのような判断を示したか
3 大阪高判平成 21・10・8 は，どのような事実についてどのような判断を示したか
4 著作権法上，本件のような行為は，処罰が予定されていないとの見解にはどのような問題があるか
5 幇助行為は特定の正犯者に対するものでなければならないとする見解にはどのような問題があるか
6 大阪高判平成 21・10・8 の採用する見解にはどのような問題があるか
7 最判昭和 31・6・26 は，どのような事実についてどのような判断を示したか
8 最判昭和 53・5・31 は，どのような事実についてどのような判断を示したか
9 最決平成 15・2・18 は，どのような事実についてどのような判断を示したか
10 最判平成 16・9・10 は，どのような事実についてどのような判断を示したか
11 許された危険の法理とはどのようなものであり，どのような問題があるか
12 許された危険の法理と違法阻却とは，どのような関係にあるか

危険性を問題としてよいと考える．林・前掲（注5）刑法総論（第2版）182 頁．前掲（注11）の最高裁判例は，相手の公務員の「人格を著しく蹂躙」したことを考慮して，違法性を認めている．

26) 本件一審判決 LEX／DB28135109．
27) 本件一審判決 LEX／DB28135109．
28) 園田・前掲（注7）刑事法ジャーナル8号57頁．なお，東・前掲（注3）成蹊法学62号105頁以下は，本件ソフトの有用性について詳述する．
29) 本件の場合，許されない危険の創出にあたるとするものとして，豊田・前掲（注22）共犯の処罰根拠と客観的帰属179頁．

13 共犯構成要件とは、どのようなものでありうるか
14 本件被告人の意思内容は、犯罪の成否において、どのような意味をもっているか
15 本件の被告人の行為の有用性として、どのようなものが考えられるか
16 本件について、許された危険の法理を適用した場合、結論はどうなるか

■ 共犯 4
15 ── 共謀共同正犯と「謀議」
最高裁平成 15 年 5 月 1 日決定〔刑集 57・5・507〕

1 最高裁平成 15 年 5 月 1 日決定の意義

平成 15 年に最高裁は共謀共同正犯について決定を下した．事案は，大阪の暴力団の親分が，子分に対して東京に行くという指示を与えたところ，子分は東京にいる仲間に連絡した．そこで東京の仲間は，けん銃を所持してその親分を警護することとし，現実にそうしたというものである．原原審，原審ともこの親分にけん銃の不法所持罪の共謀共同正犯の成立を認めた．最高裁もこの判断を支持した[1]．

この事件にはいろいろ問題があるが，最も重要なのは，共謀共同正犯の成立に「具体的な謀議」を要するか，という点である．この事案の場合，少なくとも言葉の通常の意味においては，謀議はなされていなかったといわざるをえない．原審は次のように述べている．「共謀共同正犯の成立を認めるには，常に必ず具体的な謀議行為の事実を特定して認定しなければならないとは解されない」[2]．弁護人はまさにこの点を突いて上告した．最高裁はこの点についてはっきりとは述べていないが，おそらくは原審の判断を支持したものと思われる．そうだとすれば，これは重要な新しい判断である．

古い判例には，共謀共同正犯の成立には事前に明示的に謀議することを要しないとするものがあった[3]．また，実務家の立場から，「謀議行為」は必要で

---

[1] 刑集 57・5・507．解説・評釈として，亀井源太郎・法教 280 号（2004）114 頁，大久保隆・平成 15 年度重判解 159 頁，芹澤政治・ジュリ 1265 号（2004）112 頁，末道康之・判例セレクト 2003 など．さらに，参照，小池健治「けん銃の所持について」警論 54 巻 6 号 65 頁以下．本決定の見解に疑問を示すものとして，村井敏邦「拡大する『共謀』概念についての批判的考察」激動期の刑事法学・能勢弘之先生追悼論集（2003）17 頁以下，本田稔・本件解説・法セ 584 号（2003）118 頁，山中敬一・本件評釈・関大法学論集 53 巻 3 号（2003）180 頁．

[2] 刑集 57・5・616．

[3] 最判昭和 24・11・10 裁判集刑 14・503，東京高判昭和 32・9・30 東高刑時報 8・10・350．

はなく，「共同遂行の合意」をもって足りるとする見解が以前より示されていた[4]．しかし，戦後の共謀共同正犯理論のリーディングケースとされている練馬事件大法廷判決は，最高裁は明らかに「謀議」が必要だと判示している[5]．もっとも，謀議が行なわれた日時・場所などについていちいち具体的に判示することを要するものではないとしているし，そこでいわれる「謀議」という概念自体にどれほどの意味があったかは，はっきりしない．しかし練馬事件判決においては，「『共謀』または『謀議』は，共謀共同正犯における『罪となるべき事実』にほかならないから，これを認めるためには厳格な証明によらなければならない」とされているのである．その後の共謀共同正犯についての重要な最高裁判例においても，「謀議」がなされたとして共謀共同正犯の成立が認められている[6]．ちなみに，改正刑法草案26条2項においても，共謀共同正犯の成立には「謀議」が必要とされている．

　練馬事件判決においては「共謀」と「謀議」とは同一のものと理解されているように思われるが，言葉の上で若干の違いがないわけでもない．「謀議」というと，事前に複数の被疑者が一堂に会して犯行を計画するという意味がより強くなる．他方「共謀」という概念は，判例によっていろいろの意味で広げられている．たとえば，現場共謀[7]，暗黙の共謀[8]，順次共謀[9]も含まれるとされている．そしてそのような判断は，——共謀共同正犯否定論は別として——学説によってもほぼ是認されてきたから，刑法上は，本来の意味よりも若干広がっている．したがって，「共謀」は「謀議」に限られないといっても，誤りということはできない．

　しかし，このように「共謀」概念が広がると，一体その理論的な内容・構造はどのようなものなのかを明らかにする必要がより強くなったといえる．本件の決定も，練馬事件判決と「謀議」の概念では異なる理解がなされているとしても，理論的に同一の枠組みで説明しうると解してはじめて判例を統一的に説明しうるのである．実務には，「共謀」という概念自体を重視する傾向がない

---

4) 小林充「共同正犯と狭義の共犯の区別」曹時51巻8号（1999）12頁．
5) 最判昭和33・5・28刑集12・8・1718．
6) 最決昭和57・7・16刑集36・6・695．
7) 最判昭和23・12・14刑集2・13・1751．
8) 最判昭和23・11・30裁判集刑5・525．
9) 前掲最判昭和33・5・28．

ではないが，概念自体をいくら詮索しても，問題は解決しない．解決は，共犯論・共謀共同正犯論の基礎理論に立ち返ることによってのみ可能なのである．本決定も，共謀共同正犯の成立を理論的に構成しようとする姿勢を見せている．

　共謀共同正犯の理論的な内容・構造については，実務上も若干の混乱がある．たとえば，本件と同じように，親分について，子分のけん銃の不法所持罪との共謀共同正犯が問題となり，それが否定された近時の判例[10]においては，次のように判示されている．「被告人が，……自分の警護のために本件けん銃を所持していることを明示的又は黙示的に認識し，これを容認（認容）していたものであると認めることができるのであるならば，……親分である被告人が子分であるＫらとの間で意思を相通じた上で，Ｋらの実行行為者によるけん銃等の所持の犯行を利用，支配して自己の身の安全を守るという利益を享受した，つまり，被告人において『自己の犯罪として』けん銃をＫらと共謀して所持したと評価することが可能である……」[11]，「親分にあっては，せいぜいけん銃を所持する者が周囲にいるかもしれないという程度の漠然とした未必的認識（意思の連絡の基礎となる認識としてはかなり薄弱なものというほかはない．）を持つにすぎないのではないかとの疑問もある」[12]．

　しかしこれでは，どのような理論的な根拠によって共謀共同正犯が否定されたのか，はっきりしない．「意思の連絡」，不法所持の認識，「自己の犯罪」というような，共謀共同正犯の成立要件として判例上重視されているものは，理論的にいえばそれぞれまったく別のことである．

　本決定の結論自体は正当なものである．「謀議」を要するとする理論的な根拠はないからである．それでは「共謀」とは何なのか．本章は以上のような問題意識から，「共謀」概念の理論的構造について，若干の考察を加えようとするものである．

2　心理的因果性・修正構成要件該当性

　(1)　共謀共同正犯の最も基本的な要件は，心理的因果性である．すなわち，実行行為を行なった者に対して，その理由を提供したことである[13]．わが国の

---

10)　大阪地判平成 13・3・14 判時 1746・159.
11)　同前 163 頁.
12)　同前 177 頁.

刑法典は，広義の共犯として共同正犯・教唆犯・幇助犯の３つを認めているが，因果性はこれらに共通する基本的な要件である．この共犯の因果性には，心理的因果性と物理的因果性の２つのものがあるが，共謀共同正犯の場合（後に述べるように実は実行共同正犯の場合も同じなのだが），背後者が，実行行為を行なった者に心理的な因果性を及ぼし，そのことが最終的な結果に結びついていることに，基本的な処罰の根拠はある．これは学説上は因果共犯論といわれるものであって，共犯も単独犯と基本的には同じく個人責任の原則に従い，実行正犯を介してであるという違いはあるものの，彼自身が最終的に法益の侵害・危殆化を引起こしたことに処罰の根拠はあるとするものである．殺人行為に関与した者は，実行者を介して殺人を行なったものだという見解だといってもよい．いわゆる共同意思主体説14)は，個人責任を原則とする因果共犯論から外れるかぎりにおいて妥当でない．

　判例についていえば，かつてのわが国の判例には，共謀共同正犯は，「個人を単位として因果関係の理論を応用して共犯現象を解せんとする個人的責任論」ではなく，「群衆の特殊心理を酌みて共犯現象を解せんとする団体的共犯論」に基づくとするものがあった15)．練馬事件大法廷判決には，共謀共同正犯の基礎づけとして，共同意思主体説的な考慮と，「相互利用」「各自の意思を実行に移すことを内容とする謀議」という，より個人責任的な考慮とが共にみられる．しかし本決定においては，まず，「意思の連絡」があるとされ，次に正犯性を基礎づける事情が指摘されているが，共同意思主体説的な判示はそこには見られない．

　(2)　この因果共犯論は，現在ではかなりの程度判例の中に定着している．最高裁判例にも，共犯（教唆）行為と実行行為の「因果関係」を問題として原判決を破棄差戻したもの16)とか，共謀と教唆実行の間には「相当因果関係」があるから共謀共同正犯が成立すると判示したもの17)がある．順次共謀で足りる

---

13)　その内容について，町野朔「惹起説の整備・点検」内藤謙先生古稀祝賀・刑事法学の現代的状況（1994）113頁以下，林幹人・刑法の基礎理論（1995）159頁以下．
14)　最近のものとして，たとえば，岡野光雄「個人的共犯論と『共謀』共同正犯論」西原春夫先生古稀祝賀論文集第２巻（1998）285頁以下，高橋則夫「共同正犯の帰属原理」同書341頁以下，石井徹也「共同正犯に関する一考察」同書363頁以下．
15)　大判昭和12・3・10刑集16・299．
16)　最判昭和25・7・11刑集4・7・1261．
17)　最判昭和23・10・23刑集2・11・1386．

とする判例も，共犯の因果性があれば，全員会合して共謀する必要はないという見解に立っていたと解し得る．共謀共同正犯の成立要件として判例上しばしば問題とされる「意思の連絡」「意思の合致」は，理論的にいえば，この心理的因果性を主たる内容とするものと解される[18]．

さらに，次のような無罪判例は，心理的因果性がないことを理由とするものと理解できる．共謀の背景にあった諸事情が2ヵ月の時間の経過とともに大幅に変化し，犯行直前までには共謀が暗黙のうちに解消した疑いが濃いとされた事例[19]，前後2つの謀議の間に同一性・連続性が認められないとされた事例[20]，監禁場所から逃亡した者に加えられた暴行による傷害について，「本件監禁行為に当然随伴するものとして認識予見し得る範囲を逸脱したものであった」として，監禁の共謀共同正犯者の責任を否定した事例[21]などである．

さらにまた，犯罪を単に傍観していただけでは共犯者とはならないとされた事例[22]なども，後にも述べる作為義務がないとも解されるが，この因果性の欠如を理由とするものとも解される．

いわゆる共謀からの離脱の問題も，この心理的因果性が一旦設定されたにもかかわらず，離脱行為によってその因果性が切断されたかが，問題の要点をなすといってよい[23]．共謀からの離脱が認められた判例として，大阪地判平成2・4・2判タ764・264がある．

本件の場合も，被告人が東京に行くという指示を出したこと，あるいは，東京（羽田）に着いたときの黙示の意思疎通によって，けん銃の不法所持を引起こしたことが共犯としての基本的な処罰の根拠なのである．明示的なものでなく，黙示的なものであっても，心理的因果性が認められるかぎり，広義の共犯の基本的な処罰根拠は充足される．黙示の共謀はこれまでは現場共謀について認められてきたともいわれるが，事前共謀の場合でも，黙示の共謀を除く理由があるとは思われない[24]．

---

18) 「意思の連絡」についての最近の文献として，内田朋子「共同正犯における『意思連絡』の意義について」亜細亜法学39巻2号（2005）1頁以下．
19) 東京地判昭和52・9・12判時919・126.
20) 東京高判昭和60・9・30判タ620・214.
21) 名古屋高判昭和59・9・11判時1152・178.
22) 名古屋高判昭和29・10・28裁特1・10・427など．同趣旨の判例について，参照，村上光鵄「共同正犯」大コンメンタール刑法第5巻（第2版）（1999）134，288，315頁．
23) 林幹人・刑法総論（第2版）（2008）385頁以下．

(3)　共犯の因果性に関わる問題の1つに承継的共犯がある．この問題においては，判例は，因果共犯論に反する傾向を示している．大審院時代の，強盗殺人「後」に財物奪取に関与した者に，強盗「殺人」罪の幇助犯の成立を認めた判例[25]はその典型である．この事案で「共謀」と認められれば，強盗「殺人」罪の共謀共同正犯とされることになる．現に，その後の下級審判例には，傷害罪について，このような見解をとったものがある[26]．さらに，先行行為から生じた傷害結果の疑いがあっても，それを「利用した」ときには，傷害罪の共謀共同正犯となるという見解を示す判例も少なくない[27]．これは，上にあげた大審院判例の影響もあるが，練馬事件大法廷判決が「利用」を強調していたことの影響もあるものと思われる．しかしながら，「利用」という概念は，共謀共同「正犯性」を基礎づけるものではありえても，存在しない因果性を代替しうるものではありえない．共犯の因果性のないところに正犯性はありえない．練馬事件判決も，心理的因果性を前提とした上で，共謀共同正犯性を基礎づけるために，「相互利用」が必要だとしたものと解すべきである．共謀共同正犯のみならずおよそ広義の共犯において，因果性は最も基本的な要件であることに注意しなければならない．

　(4)　共犯は単独犯と基本的に同じものだという理解からは，さらに，次のような問題が生じる．第一は，単独犯の場合，行為性が要件とされるが，共犯の場合はどうか，という問題である．第二は，単独犯の場合，構成要件該当性が要件とされるが，共犯の場合はどうか，という問題である．

　第一の問題は，共謀共同正犯論の重要な論点とされてきた．一方では，客観的な謀議行為が必要だとするものがある[28]．ところが他方では，主観的な意思の合致をもって足りるという見解も有力である[29]．本件原審判決も，「共同遂行の合意」が成立しているとして共謀共同正犯を認めている[30]．

24)　なお参照，阿部力也「黙示の意思連絡について」法律論叢70巻2・3号（1997）95頁以下．
25)　大判昭和13・11・18刑集17・839．
26)　札幌地判昭和55・12・24刑月12・12・1279など．
27)　参照，大阪高判昭和62・7・10判時1261・132．
28)　村上・前掲（注22）大コンメンタール刑法第5巻（第2版）303頁．
29)　小林充「共謀と訴因」大阪刑事実務研究会編著・刑事公判の諸問題（1994）31頁は，共謀とは「犯罪遂行の合意」と把握した方が理解が容易であり，「犯行の時点までに形成された内心の意思状態にほかならない」とされる．さらに参照，石井一正＝片岡博「共謀共同正犯」小林充＝香城敏麿編・刑事事実認定（上）（1994）343頁．
30)　刑集57・5・617．

単独犯の場合，行為性は，思想や人格の自由を国家から守るものとして，基本的な要件とされている[31]．その要請は共犯の場合も同じであるはずである．したがって理論的には，共謀共同正犯の場合にも，客観的な行為が必要と解するべきである．ただ，とくに共謀共同正犯の場合には，それは，不作為かつ黙示的なものでも足り，さらに，意味連関的なもの，すなわち，意思を伝えることを内容とするものである．具体的にいえば，犯行前に打ち明けられて黙っているような態度ですら行為には含まれる．そのために，客観的な行為を要件とする実際上の意義は大きくない．しかしそれは，単独犯の場合も実は同じである．それでも，思想や人格，そして意思そのものを刑事制裁の直接の対象とはしないという限度では重要な意味をもっている．

(5) 実際上重要なのは第二の問題である．共犯の場合，単独犯と同じ意味での構成要件該当性を要しないことは当然である．まさに身自らにおいて構成要件該当行為＝実行行為を行なうのでない場合が共犯だといってもよい．共犯の因果性も，単独犯において要件とされる因果関係よりは緩和されたもので足りる[32]．このような意味において，共犯の場合，単独犯の構成要件が「修正」されることは否定しえないものの，なお，修正・緩和された構成要件該当性が要件とされるのではないかが問題となるのである．

平成13年に，不作為による共謀共同正犯の成立が認められた判例が出されている[33]．このような不作為による共犯は，近時判例上大きな問題となっているが，この場合，単独犯としての不作為犯と同じように，作為義務違反がなければならないということは，広く認められている[34]．作為義務違反というのは，構成要件該当性，すなわち，実行行為性の問題である．不作為による共犯の場合，不作為による単独犯の作為義務＝構成要件該当性＝実行行為性は若干の修正・緩和を受けるが，誰のどのような不作為でも共犯となるわけではなく，一

---

31) 林・前掲（注23）刑法総論（第2版）74頁以下．
32) 林・前掲（注23）刑法総論（第2版）377頁．
33) 大阪高判平成13・6・21判夕1085・292．
34) 参照，林幹人「不作為による共犯」齊藤誠二先生古稀記念・刑事法学の現実と展開（2003）317頁以下，山中敬一「不作為による幇助」同書331頁以下，島田聡一郎「不作為による共犯について（1）」立教法学64号（2003）1頁以下，松尾誠紀「『不作為による共犯の限定化』について」北大法学論集53巻6号（2003）159頁以下，内海朋子「不作為の幇助をめぐる諸問題について」慶應義塾法学政治学論究56号（2003）1頁以下など．名古屋高判昭和31・2・10高刑集9・4・325は，放火の決意を告げられ，阻止しなかった事案について，「共同意思」がないとして共謀共同正犯の成立を否定しているが，作為義務がないとするべきものと思われる．

定の人間の，一定の義務違反のみが不作為による共犯となるという意味において，共犯に固有の構成要件該当性を要するといえる．

もっとも，本件の場合は，黙示的とはいえ，被告人の指示によって犯意が生じたのであるから，そのかぎりでは，作為による共謀である．不作為による共犯とは，すでに生じている直接行為者の意思に基づく行為を阻止しなかった場合である[35]．したがって，羽田空港に到着した時点以後は，不作為による現場共謀があるというべきである．それらは包括一罪とみることができる．

（6）　作為義務＝犯罪阻止義務を否定した判例として，釧路地判平成 11・2・12 判時 1675・148 がある．この判例は，犯罪阻止行為は自己ないし胎児に危害が及ぶおそれがあることをその理由としている．このように，作為義務を決定するにあたっては，不作為のもつ，犯罪を実行させてしまう危険性と，不作為の有用性を衡量することになる．いわゆる過失の共同正犯の場合の注意義務違反を問題とするときにも，このような許された危険の法理に従うべきであることは，単独犯の場合と同じである[36]．このように，広義の共犯の構成要件該当行為・実行行為の内容は，許されない程度に危険な行為というべきものと思われる．

判例上，犯罪行為に因果性を有する行為をしているにもかかわらず，共謀共同正犯が否定され，無罪とされた例はいくつかある．たとえば，二重売買の第二の買主に横領罪の共同正犯の成立が否定された例[37]，軽油の売主が脱税することを知りながら軽油を低価で買い受けた者に共犯が否定された例[38]，不良貸付けの借り受け人に背任罪の共同正犯が否定された例[39]などである．最後の問題について大阪高判平成 14・10・31 判時 1844・135 は，「関与の程度が通常の融資等の取引の在り方から明らかに逸脱しているといえるか否か」を「共謀」の認定にあたり考慮している．

これらの場合，自然的な意味では因果性がありつつも，行為の構成要件該当

---

[35]　作為犯と不作為犯の区別について，林・前掲（注 23）刑法総論（第 2 版）147 頁以下.
[36]　単独犯の場合に，この見解を明示的に採用したものとして，東京地判平成 13・3・28 判時 1763・17（薬害エイズ事件判決）がある．
[37]　最決昭和 31・6・26 刑集 10・6・874.
[38]　熊本地判平成 6・3・15 判時 1514・169.
[39]　東京地判平成 12・5・12 判タ 1064・254，東京地判平成 13・10・22 判時 1770・3．さらに参照．最決平成 15・2・18 判時 1819・155.

性ないし違法性が否定されるために，広義の共犯の成立がおよそ否定されているのである．共謀共同正犯には，このような局面がありうることに，注意しておく必要がある[40]．

3 正犯性の客観的要素

（1） 共犯の因果性は，共同正犯のみならず，教唆犯・幇助犯にも共通する広義の共犯の成立要件である．共同正犯の成立には，関与した者すべてに正犯性要件が充足されなければならない．本決定も，まず黙示的な意思の連絡（それは心理的因果性を主たる内容とする）を問題にした後に，終始実行行為者の近辺にいて行動を共にしていたこと，指揮命令する権限を有していたことなどの正犯性に関わる事情を問題にしている．

この正犯性要件の内容は，まさにこれまでの共謀共同正犯論の主要な争点であったのであり，議論はほぼされ尽くしたようにも思われる．ここでは，筆者の見解の要点を述べるにとどめる[41]．

問題の要点は，正犯性は，主観的なものか客観的なものか，そしてそれらの内容はどのようなものか，ということである．ここで結論から述べれば，それはまず，客観的要素を含み，そして，それに関連した，すなわちその客観的な要素の認識としての主観的要素を内容とするものと思われる．

（2） 判例上は，正犯性は主観的なものと解される傾向がある[42]．たしかに，正犯性要件は主観的なものを含む．その内容については後に検討する．しかし，正犯性は単に主観的なものであってはならない．それは主観的なものを含み，かつ，相手の意思に対する影響を問題とするもの，その意味で意思的・精神的なものではあるが，実行行為者の意思を問題とする以上，背後者にとってはまずもって客観的な要件でなければならない．本決定も，正犯性を基礎づけるにあたり，「指揮命令する権限」「地位」という客観的な要素を重視している．判例は「自己の犯罪」か「他人の犯罪」かで正犯と狭義の共犯を区別することが多いといわれているが，背後者が実行行為者の意思に重大な影響を与えなかっ

---

40) この問題については，林幹人「背任罪の共同正犯」判時 1854 号（2004）3 頁以下参照．
41) 林幹人「正犯の内容」研修 601 号（1998）3 頁以下，同・前掲（注 23）刑法総論（第 2 版）391, 405 頁以下．
42) 小林・前掲（注 4）曹時 51 巻 8 号 14, 15 頁は主観説を正当とし，積極的態様を重視する．

た場合にまで，その犯罪を背後者にとって「自己の犯罪」とすることはできないであろう[43]．

なお，判例が正犯性の内容として相手に対する心理的影響の重大性を重視していることは，片面的共同正犯を認めないことにも表れている．

(3) 学説上は，正犯性の内容として実行行為を重視する見解が依然として有力である．それを徹底すれば共謀共同正犯否定論に至る[44]．そこまでいかなくても，共謀共同正犯の根拠，あるいはその内容の理解にあたって，実行行為性を拠り所とする見解は根強いのである[45]．

しかし，正犯性において実行行為性は，それ自体としては，意味をもちえないと思われる．共同正犯の典型，たとえば，甲乙が強盗を犯す共同意思で甲が暴行を，乙が財物奪取を分担したとしよう．この場合，甲について暴行罪のみならず財物奪取まで含んだ強盗罪の共同正犯とされるのは，暴行という実行行為を行なったからではない．実行行為のみを基準とするならば，財物奪取についてはおよそ正犯性を肯定できず，したがって，強盗罪について正犯性を肯定することはできない．財物奪取についてまで正犯性を肯定できるのは，それを実現した乙の意思に対する影響の重大性の故である．また，暴行について正犯性を肯定できるのも，実行行為を自ら行なっているからではなく，その行為において，——乙からの重大な心理的影響を受けつつも——甲自身の意思が大きな比重を占めているからである．「共同意思」とはまさにこのようなことを意味する．このような見方を徹底すれば，甲はおよそ実行行為を行なわなくても，強盗罪の実行行為をすべて行なった乙の意思に重大な影響を与えたならば共同正犯としてよいことになる．ここにまさに共謀共同正犯の根拠はある．

反対に，実行行為を分担し，あるいは，実行行為のすべてを行なっていても，その行為が他の関与者の意思に「支配」されているときには，正犯性は否定さ

---

43) 松本時夫「共謀共同正犯と判例・実務」刑雑 31 巻 3 号 320 頁は，「『自己の犯罪』と『他人の犯罪』の区別は，この共犯者の主観的意思のみによって定まるものではなく，互いの意思連絡を通じ相互の利用関係及び依存関係が設定されたかどうかにかかる」とされる．最近の文献として，亀井源太郎「実務における正犯概念」判タ 1104 号（2002）23 頁以下．

44) 最近の見解として，照沼亮介「共同正犯の正犯性」慶應義塾大学法学政治学論究 51 号（2001）282 頁は，正犯性を，実行行為を基準として事前的に決めるべきことを説く．さらに参照，平良木登規男「共謀共同正犯について」福田平・大塚仁博士古稀祝賀・刑事法学の総合的検討上巻（1993）455 頁以下．

45) 参照，西田典之「共謀共同正犯について」平野龍一先生古稀祝賀論文集上巻（1990）382 頁．

れ，幇助犯となることもありうることになる[46]．

これに対して，あくまで実行行為を重視する学説の中には，事前共謀は認めないが，実行行為の現場において支配的な影響を及ぼしたときには正犯性を肯定できるとするものもある[47]．本決定も，被告人は，けん銃を不法所持した者らの近辺にいて，この者らと行動を共にしていたことを指摘している．深澤裁判官はさらに，練馬事件大法廷判決は，犯罪の謀議にのみ参加し，実行行為の現場に赴かなかった者の共同正犯性を判示したものであって，被告人を警護するため，その身辺で組員がけん銃を所持していた本件とは，事案を異にするとしている．これは，現場に赴かないときには，具体的な謀議行為を要するということであろう．

しかし，実行行為の近辺にいたという，いわば物理的な接近性は，正犯性に意味をもちえないと思われる．本件の場合，被告人が現場にいなくても，たとえば，自分の身内の者の警護のために，支配的な立場から事前に指示を出していたならば，優に正犯性を肯定できる．それは，暗黙・黙示の場合でもそうである．その意味では，その場合であっても，具体的な謀議行為は不必要である．本決定も指摘していることだが，本件の場合の被告人に正犯性を肯定できるのは，被告人が子分やその仲間達に対してもともと支配的な立場にあったことによるのである．

なお，客観的な要素として，原審判決は，本件犯行を止めることができたのは被告人だけだったことを指摘している[48]．しかし，そのような要素が正犯性に必要であるわけではない．関与者が対等の立場にあり，止めることまではできなかったとしても，正犯性を肯定することはできる．止めることができたということは，客観的な支配性を推測させるものとしてのみ意味を持ち得るものと思われる．

（4）正犯性において実行行為が意味をもちえないことは，間接正犯の場合を考えれば明らかである．たとえば，郵便を利用して毒薬を送り殺害した場合，あるいは，12歳の養女を強制して窃盗を犯させた場合[49]，殺人罪・窃盗罪の

---

46) 参照，横浜地判昭和53・12・26判時842・127，大津地判昭和53・12・26判時924・145，亀井源太郎「実行行為を行なう従犯」東京都立大学法学会雑誌40巻1号（1999）331頁以下．
47) 橋本正博「『行為支配論』の構造と展開」一橋大学研究年報法学研究18（1988）300頁，臼木豊「正犯概念と共謀共同正犯」上智法学論集34巻1号（1991）139頁．
48) 刑集57・5・618．

間接正犯と一般にされている．ところがこの場合，背後者も実行行為を行なっているとも解されるが，直接行為者，すなわち，郵便配達夫，養女もまた実行行為を行なっていると解される．少なくとも直接の法益侵害行為を行なったのはこの者達である．にもかかわらず，この者達を正犯とするべきではないであろう．彼らはせいぜい，幇助，あるいは幇助にすらならないのである．

近年の最高裁判例には，12歳の長男に指示命令して強盗罪を実行させた母親に共謀共同正犯の成立を認めたものがある[50]．間接正犯ではなく共謀共同正犯とされたのは，実行行為を行なった子供は母親に完全に支配されておらず，ある程度の自由があったからである．それにもかかわらず母親が教唆・幇助とされなかったのは，母親の子供に対する影響が重大なものだったからである．そのような重大な影響がなく，単に因果性を及ぼしたにすぎない場合が狭義の共犯である．

このように，間接正犯と共同正犯，そして狭義の共犯を区別するものは，意思的・精神的な支配関係である[51]．それは，共犯とは意思を通じて犯罪を実現する場合であり，そこにおいて，主として誰の仕業かを論定するのが正犯性だということに基づくものである．

4 故意と正犯意思

（1）共謀共同正犯の成立には，故意あることが必要である．これは，教唆犯・幇助犯を含む広義の共犯の必須の要件である[52]．すでに述べたように，共犯も単独犯と基本的に同じ原理に服するという理解からは，罪を犯す意思のない行為は罰しないという刑法38条1項は共犯にも当然に妥当する．故意とは犯罪の不法内容の認識であり，本件でいうならば，実行犯がけん銃を不法所持し，それに心理的因果性を及ぼしたことの認識である．客観的な正犯性の認識については後述する．

以前より問題となり，本件でも問題となっているのは，この共謀共同正犯の成立要件である故意は確定的なものに限られるか，という点である．以前より，

---

49) 最決昭和58・9・21刑集37・7・1070．
50) 最決平成13・10・25刑集55・6・519．
51) いわゆる精神関係説．参照，林・前掲（注23）刑法総論（第2版）397, 409頁．
52) 広義の共犯の故意については，島田聡一郎・正犯・共犯論の基礎理論（2002）382頁以下．

共謀共同正犯の成立には確定的認識が必要だとする見解が主張されており[53]，けん銃の不法所持の共謀共同正犯について無罪とした前掲大阪地裁平成 13 年判決は「漠然とした未必的認識」しかなかったとしている．本決定においても，最高裁は，確定的な認識があったことを強調している．もっとも，未必的認識の場合には共謀共同正犯は成立しないとしたわけでもないから，この問題については留保しているとみるべきであろう．

「共謀」という概念，あるいはとくに「謀議」という概念からすれば，未必的なものではありえないようにも思われる．しかし，理論的にいえば，共謀共同正犯の故意を単独犯のそれと異なって解するべき理由があるとは思われず，その故意としては未必的なもので足りると思われる．

(2) 次に問題となるのは，客観的正犯性についての認識を要するか，要するとして，どのような内容のものと解するべきか，という点である．

この問題の前提として，客観的正犯性は共謀共同正犯の「不法内容」の一部といいうるか，という問題がある．本件でいうと，けん銃を不法所持し，それについて心理的因果性を及ぼしていることは，まさに広義の共犯の不法内容であり，故意の成立にはその認識が必要である．しかし，客観的正犯性を犯罪の不法要素と解することには疑問がある．というのは，不法の実質は法益の侵害・危殆化，すなわち，結果についての因果性にあるが，結果についての因果性という点では共謀共同正犯と教唆犯・幇助犯とで理論的には同じである．実際上も，共同正犯はいわゆる緩和・修正された因果性でも成立することがある（とくに条件関係についてはそのように解さざるをえない）一方，教唆犯・幇助犯には単独正犯とまったく同じ条件関係・相当因果関係があることもありうる．さらにまた，正犯性の極限である間接正犯の場合，犯罪の不法内容としては，直接に結果を惹起した者の行為の方がより危険だから，間接正犯よりもより大きな不法を実現しているともいえる．にもかかわらず正犯性としては間接正犯の方が大きいというべきであろう．これらのことからして，正犯性を犯罪の不法内容と解することには疑問がある．

このように，共犯の不法内容と客観的正犯性を区別することには実際上の意味もある．まず，共犯の不法内容の認識がない場合は，教唆犯・幇助犯も成立

---

53) 大阪刑事実務研究会「事実認定の実証的研究」判タ 254 号（1971）14 頁（上野）．

しない．しかし，それはあり，単に客観的正犯性の認識がないにすぎない場合は，教唆犯・幇助犯が成立しうる．また，過失の共同正犯の場合，まさに犯罪の不法内容については認識がない．しかし過失の共同正犯の場合であっても，正犯性の認識は要するであろう．過失の共同正犯の場合もいわゆる「共同意思」は必要だとされることが多いが，それは，心理的因果性と客観的正犯性の認識を意味するものと思われる．

ただ，共謀共同正犯は一般に故意犯であり，そこにおいては，客観的正犯性も不法内容と同じように認識を要し，そこに実際上の区別はない．そして，この正犯性の内容としての客観的正犯性の認識についても，確定的認識に限る理由はないと思われる[54]．

(3) 共謀共同正犯の意思として，以上に述べた意味で，故意と客観的正犯性の認識を超えた何らかの主観的要件が必要と解するべきかが最後の問題である．

ある見解によれば，共謀共同正犯の成立には積極的な意思が必要だという[55]．判例上は，さらに，自己の利益のために行為したか，さらに，分け前の分配が重要視されることがある[56]．本決定においても，最高裁は，本件のけん銃の所持による警護は被告人の「ために」行なわれたものであることを指摘している．深澤裁判官は，被告人は「自己の身辺の安全が確保されるという直接的な利益を得ていた」ことを指摘している．

しかし，このような主観的要素，あるいは，利益の帰属を要求する理論的な根拠があるかは疑わしい．主観的要素についていえば，それでなくても容易でない共犯の主観的要素の立証をさらに困難なものとするだけである．利益の帰属も，背後者の利益のために行為したということは，背後者の意思の重大な影響の下に行なわれた（それが客観的正犯性である）ことを推測させる情況証拠，間接証拠にすぎないように思われる．

背後者にとって，自己の意思が実行行為者の意思に重大な影響を与え，かつ，それを認識していれば，まさに「自己の犯罪」を実現したといえる．「自己の

---

54) 共同実行の意思は，未必的なものでもよいとするものとして，村上・前掲（注22）大コンメンタール刑法第5巻（第2版）142頁．
55) 石井＝片岡・前掲（注29）刑事事実認定（上）343頁は「積極的な意思」を必要とし，同367頁は，「被告人の犯行に対する意欲・積極性の有無は，……共謀の認定に影響がある」とする．
56) 石井＝片岡・前掲（注29）刑事事実認定（上）387頁．

犯罪」か「他人の犯罪」かという基準は，その根拠が明らかでなく，理論的な内容に不明確なところがある．その内容を本章のような意味において理解するのであれば，維持しうるものと思われる．

★ 演習問題

1 最決平成15・5・1は，どのような事実についてどのような判断を示したか
2 共謀共同正犯の成立には具体的な謀議を必要とするか
3 最判昭和33・5・28は，どのような事実についてどのような判断を示したか
4 最判昭和23・12・14，最判昭和23・11・30は，どのような事実についてどのような判断を示したか
5 順次共謀とはどのようなものか
6 心理的因果性とはどのようなものか
7 因果共犯論とはどのようなものか
8 東京地判昭和52・9・12，東京高判昭和60・9・30，名古屋高判昭和59・9・11，名古屋高判昭和29・10・28は，どのような事実についてどのような判断を示したか
9 承継的共犯についての判例の状況を説明されたい
10 共犯の場合にも「行為性」は要件となるか
11 共犯の場合にも，（修正された）構成要件該当性を要するか，本件の場合，この共犯行為はどこにあると解されるか
12 共同正犯性の内容はどのようなものであるべきか
13 「自己の犯罪」か「他人の犯罪」かで正犯と狭義の共犯を区別する見解にはどのような問題があるか
14 本決定において，被告人がけん銃を不法所持した者の近辺にいて，この者らと行動を共にしていたことは，共同正犯を認めるにあたり，どのような意義をもつか
15 共謀共同正犯の成立には，どのような主観的要素の充足が必要か，確定的故意が必要とする見解にはどのような問題があるか

■共犯 5

16──黙示的・不作為の共謀
最高裁平成 21 年 10 月 19 日判決〔判時 2063・154〕

1 最高裁平成 21 年 10 月 19 日判決[1]の意義

（1） 共謀共同正犯について重要な最高裁判決が出された．事案は，暴力団幹部の被告人が，幹部会に出席すべく，JR 浜松駅を出発し，翌朝本件ホテルロビーに至るまでの間，A 及び B は，被告人に対する別の暴力団からのけん銃による襲撃に備えるために，けん銃を所持した，というものである．一審判決と原判決は，A，B と被告人の間に共謀は認められないとした．これに対して最高裁は，被告人は襲撃の危険性を十分に認識し，これに対応するため配下の A，B らを同行させて警護に当たらせていたものと認められるのであり，このような状況のもとにおいては，他に特段の事情がない限り，被告人においても，A，B がけん銃を所持することを認識した上で，それを当然のこととして受入れて認容していたものと推認するのが相当である，として，第一審判決，原判決を破棄，差し戻した．

（2） 本判決が，このように判断した理由として重要なものは，およそ 2 つある．

1 つは，一審判決と原判決が，被告人が，襲撃の可能性はさほどではなく，それに対する警護もとくに厳重ではないと認識していたと認定したのに対して，襲撃の危険性を十分に認識し，これに対応する警護も厳重なものと認識していたと認定評価すべきだとしたことである．これは，被告人の故意の有無を問題としていると解される．故意の成立を認めるには，構成要件該当事実の認識を要するが，その事実の存在可能性について，ある程度高度のものの認識を要すると考えられる[2]．この事件でいうと，警護にあたる者達がけん銃を所持して

---
1) 判時 2063・154.
2) 参照，林幹人・刑法総論（第 2 版）（2008）244 頁以下.

いる高度の可能性の認識が必要なのである．一審判決と原判決は，被告人の認識していた可能性はそれほど高度のものではなかったと認定したのに対して，最高裁はそれが高度のものであり，したがって，故意を認め得ると判断したものと思われる．もう1つは，第一審判決と原判決が，共謀の成立には，けん銃の所持を「確定的に」認識している必要があるが，本件の場合そのような認識はないと判断したのに対して，それについては触れていないことである．この背後には，共謀の成立には確定的認識を要するものではないという判断があるものと解される．周知のように，最高裁平成15年5月1日決定[3]は，確定的認識があるとして共謀の成立を認めた．そこから，共謀の成立には確定的認識を要するという理解が生まれた．本件第一審判決と原判決は，このような理解に立っている．しかし，そのような理解に対しては，疑問も示されていた[4]．平成15年決定は「概括的とはいえ確定的な認識」があったとしているが，この「概括的」とか「確定的」という概念は，一般に，故意の成否に関わるものである．そうだとすれば，共謀共同正犯の場合だけ，確定的な故意に限られるとする理由はないはずである．この点の最高裁の判断は正当なものと思われる．

（3）　ただ，このように主観面で共謀の範囲が広がると，共謀共同正犯の成立範囲は一段と拡張することになる．判例は，共謀共同正犯の成立について，現場での共謀[5]，暗黙の共謀[6]を古くから認めてきた．その中にあって平成15年決定は，「謀議」を要しないとまでするに至った．「確定的」という基準には，そのような拡張的傾向に一定の歯止めをかける意図があったものと思われる．本判決により，そのような意図は否定されたことになる．

しかし本判決は，別の意味でも拡張している疑いがある．平成15年決定の場合，被告人は事前に東京に行くという指示を自ら下している．過去に何度かそのような指示を与え，その度ごとにその指示に基づいてスワット等がけん銃を所持したからには，その指示には「黙示的」にけん銃を所持した上で警護することが含まれていたといってよい．したがって，この場合には，作為犯と解してよい．それでも，被告人が羽田に着いてからの同行を重視する立場からは，

---

3)　刑集57・5・507．
4)　林幹人「共謀共同正犯と『謀議』」判時1886号（2005）8頁．同旨の見解として，島田聡一郎・平成15年決定評釈・ジュリ1288号（2005）159頁．
5)　最判昭和23・12・14刑集2・13・1751．
6)　最判昭和23・11・30裁判集刑5・525．

不作為犯ではないかとの理解も示されていた[7]．本判決の事案の場合，けん銃の所持は被告人以外の幹部の指示によるものであったようである．そうだとすれば，本件の場合はより不作為犯ではないかとの疑いが強くなる．もし不作為犯となると，作為義務などの客観的な要件の充足が必要となってくる．しかし，そもそも不作為による共謀共同正犯というようなものがありうるのであろうか．

本章においては，以上のような観点から，不作為による共謀共同正犯の理論的可能性について検討を加えてみたい．

2　不作為による共犯と共謀共同正犯

（1）　近時，作為犯に対して不作為的に関与した者の刑事責任が問題となっている．刑事責任を認めた多くの判例は，このような場合，幇助犯の成立を認めている[8]．学説には，幇助犯しか認めるべきではないという見解もある．筆者自身は，共同正犯となる場合もありうると解してきた[9]．不作為的に関与したとしても，支配的・対等的な立場にあると評価される場合はありうるからである．その中でも，共謀共同正犯の成否が問題となった場合もある．

大阪高判平成13年6月21日[10]は，母親が確定的殺意をもって幼児をこたつの天板に叩きつけ死亡させた場合について，その意図を知りながらこれを制止しなかった夫との間に共謀共同正犯を認めた．この判決は，夫が妻である実行犯と一旦合った目を逸らし，あえてこれを制止しないという行動に出た時点で，「暗黙の共謀」が成立したと判断したのである．本判決は，制止していれば，

---

7) 参照，大塚仁＝福田平「対談・最近の重要判例に見る刑法理論上の諸問題」現刑64号（2004）17頁（大塚），松原芳博「共謀共同正犯と行為主義」鈴木茂嗣先生古稀祝賀論文集上巻（2007）544頁など．
8) 札幌高判平成12・3・16判時1711・170など．この判例を契機として，不作為による共犯について多くの研究が発表された．後掲文献のほか，山中敬一「不作為による幇助」齊藤誠二先生古稀記念・刑事法学の現実と展開（2003）331頁以下，松尾誠紀「『不作為による共犯の限定化』について」北大法学論集53巻6号（2003）1775頁以下，内海朋子「不作為の幇助をめぐる問題について」慶應義塾大学法学政治学論究56号（2003）1頁以下，平山幹子・不作為犯と正犯原理（2005）など．
9) 林幹人「不作為による共犯」前掲（注8）齊藤誠二先生古稀記念・刑事法学の現実と展開328頁．同旨の見解として，島田聡一郎「不作為による共犯について」立教法学64号（2003）58頁は，「不作為者が作為者に対して犯行実現に向けて決定的ともいえるような心理的影響を圧力を伴って与えている場合には，不作為者を共同正犯とすべき」だとする．さらに，参照，曽根威彦「不作為犯と共同正犯」神山敏雄先生古稀祝賀論文集第1巻（2006）418頁など．もっとも，このような場合は，作為による関与ではないか，疑問がある．
10) 判タ1085・292．

殺害行為を止めた可能性が高かったこと，当時制止する立場にあったのは被告人のみであったことを指摘している．これは，要件でいうならば，不作為的関与と殺害行為の間の（共犯の）因果性，そして，作為義務を問題としていると解される．そうだとすれば，この判決は，不作為の共謀共同正犯を認めたものと解することが可能である．

　これとは違った理解に立つのではないかと思われる判例も，最近出されている．東京高判平成20年10月6日[11]は，殺人の現場に同行したが実行行為を行なわなかった者2人について，作為義務違反を認めた上で，実行行為者との共同正犯を認めた．原判決は暗黙の共謀を認めたのに対して，本東京高裁判決は，「故意の内容となる犯行への認識・認容に加えて主観的要素としての共謀の認定は必ずしも内実のあるものにはなっていない」と批判した上，不作為犯の成否を問題とするべきだとする．そして，「内容の濃い共謀は必要でない」とし，作為義務の有無を問題としている．この判決は，共謀共同正犯と不作為による共犯との関係について，排他的ないし択一的なものと解しているようである．すなわち，不作為による共謀共同正犯はありえないと解しているように見えるのである．たしかに，本件の場合の作為義務というのは，殺害実行犯の動機となった，強姦されたという被告人の訴えが，実は虚偽のものであるということを説明するというものであったから，（不作為的）物理的因果性が問題となっているとも解し得る．心理的因果性とは，実行犯の決意の強化・促進に関わるもので，情報の提供は物理的因果性に関わるとも解し得るということである．そうだとすれば，「共謀」の範疇に入れるのが妥当か問題がないわけではない．とくに，もう1人の被告人の作為義務というのは，警察や知人に通報するなどして犯行の阻止に努めるべきであったというもので，実行犯の殺害行為を文字通り物理的に阻止することが内容となっているようである．そうだとすれば，より強い理由で，作為と不作為の実行共同正犯と解したほうがよいといえる．しかし，およそ不作為による共謀共同正犯がありえないと解する理由があるかは疑問である．

　いずれにしても，この東京高裁判決が，原判決が暗黙の共謀を認めたのに対して，その認定が「内実のあるものにはなっていない」と批判したことは重要

---

11) 判タ1309・292．

である．暗黙の共謀，現場共謀がどのような理論的構造をもつのかを明らかにする必要がある．本判決がいうように，共謀を認めるには故意の成立を必要とするが，それでは足りないのである．後にも述べるように，共謀においても共犯の因果性が必要であり，その内容は心理的因果性を内容とするものであり，そしてそれが不作為的関与である場合には，作為義務等の要件を充足する必要がある，ということが重要と思われる．

　(2)　作為犯と不作為犯の区別は，困難な問題である．筆者自身は，作為犯とは，行為と結果との間に自然的因果関係がある場合であり，不作為犯はそれがない場合だと考えている[12]．たとえば，父親が子供を包丁で殺害すれば，作為犯である．それに対して，母親が自分の子供に食物を与えないために餓死させた場合は，不作為犯である．その区別は「自然的」因果関係の有無にある．不作為「犯」の因果関係は，食物を与えるという，「法律的に」義務づけられる行為をしていたならば結果は発生しなかったであろうか，という形で問われる．自然的には，子供は栄養不良の結果として死亡したにすぎない．

　近時の通説によれば，共犯の処罰根拠は共犯の因果性にある．最近の最高裁判例も，共犯の離脱の問題において，このような因果共犯論に依拠する見解を採用している[13]．因果共犯論は，すべての関与形式の基礎にあるものでなければならない．したがって，共謀共同正犯の場合にも妥当するのでなければならない．

　共謀共同正犯における因果性は，心理的因果性である．心理的因果性とは，関与者が実行者の心理に対して因果性を有するということである．このうち，作為的なものとは，自然的因果性がある場合であって，関与者が実行者の決意を強化・促進した場合である[14]．不作為的なものとは，実行者がすでにもっている決意を，作為義務ある関与者が減殺しなかった場合である．

　「共謀」という概念からすれば，不作為による共謀はありえないかのようでもある．しかし，理論的に考えれば，不作為による共謀という範疇を否定することはできないと考えられる．

　このように解することには実際上の意義がある．関与が心理的なものであっ

---

12)　林・前掲（注2）刑法総論（第2版）148頁．
13)　最決平成21・6・30刑集63・5・475．
14)　参照，東京高判平成2・2・21判タ733・232．

て，かつ，正犯性を否定しえない（したがって，共謀共同正犯となりうる）ものの，不作為犯と見るべき場合には，少なくとも次の3つの客観的要件が充足される必要があることになる．第一に，他ならぬ関与者が，作為義務を負っていたのでなければならない．第二に，具体的に義務づけられる作為に反していたのでなければならない．作為義務を負う者であっても，具体的にはどのような行為も義務づけられないこともありうる．たとえば，溺れる子を，その父は救助する義務が一般的にはあるが，もしその父が泳ぐことができず，他に方法がなかったとすれば，具体的に作為義務違反を認めることはできない．共犯についてもそのようなことはありうる．第三は，そのような作為義務を果たしていれば，実行者の決意は弱められたのでなければならない．要するに共犯の因果性がなければならない．

不作為による幇助犯については，この3点が現実に判例によって問題とされている．東京高判平成11年1月29日[15]は，第一の要件の充足を否定した．釧路地判平成11年2月12日[16]は，第二，第三の要件の充足を否定した．不作為の共謀共同正犯もありうるという前提に立つならば，同様のことはありうることになる．幇助犯と（共謀）共同正犯の区別と，作為義務の有無とは異なるレベルにある問題である．幇助犯において，不作為犯の場合，作為義務などの客観的要件の充足が必要であるならば，共謀共同正犯の場合も同じはずである．

このように解するならば，本件の最高裁判決によって，共謀共同正犯の主観的要件が拡張された代わりに，その客観的要件が限定されることになる．心理的因果性においても，不作為的なものがありうること，かつ，不作為者にも正犯性が備わり得るということは，理論的には否定しがたいことである．そのような場合，不作為による共謀共同正犯として，上記の3つの客観的要素の有無を検討するべきものと考える．

　（3）　次に，不作為による共謀共同正犯の性格を明らかにするために，不作為による実行共同正犯との区別について考えてみたい．

共犯の両方が作為を行なう実行共同正犯の場合でも，心理的因果性は重要な意味をもっている．たとえば，父と母が共にその子に暴行を加えて死に致したが，母の暴行が死因となったか不明の場合でも，母が父と共に実行共同正犯と

---

15) 判時1683・153．
16) 判時1675・148．もっともこの判断は，前掲（注8）判例によって破棄された．

して死について責任を負うのは，母の行為の父の暴行に対する心理的因果性を理由とする．母が作為による共謀共同正犯とされるのは，まったく実行行為をしないものの，実行犯に心理的因果性を及ぼした場合である．そうだとすれば，不作為による関与で，共謀共同正犯とされるべき場合とは，義務づけられる行為が心理的因果性に関わる場合と解すべきものと思われる．典型的には，言葉による制止が義務づけられる場合である．それに対して，物理的な行為が義務づけられる場合，たとえば，実行犯に対して体当たりして阻止することを義務づけられるような場合には，作為犯と不作為犯の実行共同正犯とするべきものと思われる．心理的・物理的行為の両方が要求される場合も同じだと思われる[17]．

不作為であっても，実行犯の行為を阻止するのではなく，直接結果の阻止が義務づけられる場合がありうる．たとえば，父の暴行により死に瀕した子について，その母がその子を病院に連れていく義務があるような場合である．そのような義務違反を理由に不作為犯とするべき場合には，共犯ではなく，不作為の単独犯とするべきものと思われる．この場合には，作為義務と結果の間には，単独犯に必要な因果関係が要求される．すなわち，義務を果たしていれば，結果を回避することが「10中8，9」確実であったのでなければならない[18]．共犯の場合には，そのように高度の可能性は要求されないのである[19]．

（4）　実務上は，共謀共同正犯の成立には「主観的な意思の合致」をもって足りるとする見解が有力だともいわれる[20]．これと対立するとされてきたのが，客観的な謀議行為が必要だとする理解である[21]．平成15年決定により，客観的な謀議行為までは必要でないことが，判例上は明確となった．しかし，共謀共同正犯の場合も，意思そのものを処罰の対象・根拠とするのは妥当ではないと思われる．それは，思想や人格そのものを処罰してはならないという刑法の鉄則に反する疑いがあるからである．共謀共同正犯の場合も，何らかの行為が

---

17)　前掲（注8）の判例は，幇助犯としてはいるものの，具体的な作為義務としては，「監視する行為」「言葉で制止する行為」「実力をもって阻止する行為」をあげている．第二のものが心理的因果性に関わり，第三のものが物理的因果性に関わる．
18)　最決平成元・12・15刑集43・13・879．
19)　参照，前掲（注8）札幌高判，林・前掲（注9）齊藤誠二先生古稀記念・刑事法学の現実と展開322頁．
20)　参照，林・前掲（注4）判時1886・5．
21)　大コンメンタール刑法第5巻（第2版）(1999) 303頁（村上光鵄）．

必要と解される[22]．ただ，それは黙示的，かつ不作為的なものでも足り，しかも，その内容は意思の連絡に関わるものだというにすぎない．たとえば，親分が子分から殺害の可否を尋ねられ，親分が黙っていたために子分に殺害の意思が生じ，それを実行した場合，それは，作為による共謀と認めてよい．黙っていたという行為が殺害の意思を生ぜしめたといいうるからである．子分と親分が話し合っている間に，徐々に殺害の共謀が形成されたという場合も，親分の言ったことによって子分の意思が形成・強化された部分があると認められる以上は，作為犯と解することができる．しかし，子分が自分で勝手に殺害の意思を形成し，それをそのまま維持した上殺害の実行に及んだものの，親分が終始黙っていて制止の指示を与えなかったような場合には，不作為による共謀共同正犯として，作為義務の有無などの客観的要素の充足を問題とするべきものと思われる．この場合，親分が子分の殺害の意思を認識したというだけで，安易に暗黙の共謀があったとするべきではない．

3　本件事案の評価

（1）　本件の被告人の関与行為が作為か不作為かは，困難な問題である．JR浜松駅で落ち合った時点以降も，実行犯のけん銃所持の意思を強化・促進していると解し得るのであれば，それは作為犯である．しかし，実行犯のけん銃所持の意思は，被告人と落ち合う前に，被告人以外の者の指示により形成されたものであり，被告人と落ち合って以後，その意思が強められた部分もないわけではないが，主としては，以前に形成された意思を維持していたと評価することができるように思われる．けん銃所持罪はいわば形式犯であり，被告人と落ち合う以前から犯罪を実現しているのであって，被告人と落ち合って以降その犯意を途端に維持・強化していると評価することには疑問がある．本件の場合，不作為犯との評価は十分に成り立つものと思われる．

（2）　仮にそうだとすると，前に述べた3つの客観的要件が充足されなければならないことになる．

まず，被告人に作為義務があるか，である．被告人の周りには，終始多くの者がいたものの，それはけん銃所持の事実を知らない一般人であるか，けん銃

---

[22] 松原・前掲（注7）鈴木茂嗣先生古稀祝賀論文集上巻527頁は，平成15年判例が，行為と因果性の認定において十分でないことを指摘する．

所持の実行犯，あるいはその関与者である．したがって，けん銃所持を止めさせる立場にあった者は，実質的には被告人のほかはいなかったと解し得る．もともと，このような排他的支配という基準の主たる眼目は，とくに轢き逃げ事件において，轢いて逃げたにすぎない場合には保護責任者遺棄罪や殺人罪などの作為義務は生じないが，一旦車の中に引き入れるとそれは生じるという，作為義務についての最も重要な実務を説明することにある．車の中に引き入れなかった場合に作為義務は生じないのは，他人による救助がありうるのに対して，車の中に引き入れたときに作為義務が生じるのは，その場合被害者を救助することができるのは被告人だけだという考慮がその基礎にある．不作為の共犯においても，この排他的支配という基準は多くの判例によって，しばしば示されている．ただ，本件のように周りに多数の者がいる場合には，それらの意思をも考慮した上で，その意味で実質的に，排他的支配の基準は判断されなければならないのである[23]．

次に，どのような作為が義務づけられるか，である．それは，おそらく，けん銃所持を止めるように指示することであろう．

そして最後に，そのような指示をしていれば，実行犯のけん銃所持の意思は大幅に減殺され，捨てるなどの行為に出ていた可能性があった．このようにして，不作為による共犯の因果性も認めることができるように思われる．

さらに，実行犯と被告人の精神関係についていえば，被告人は実行犯に対して支配的，少なくとも対等な立場に立っていたから，共同正犯の成立を認めることはできるであろう．

したがって，本件の場合も，不作為による共謀共同正犯の成立を認め得るように思われる．

（3） 近時，共謀概念は拡張的傾向を示している．その中にあって本最高裁判決は，意思＝故意の点で，これまでの判例よりも共謀の範囲を広げた．しかし，もし本判決の事案が不作為犯と解されるならば，通常の不作為犯の場合と同じく，作為義務などの客観的な要件を問題としなければならないことになる．本件の事案で義務づけられる作為は，けん銃の所持を，物理的にではなく，心理的に阻止する行為と解される．そうだとすれば，作為と不作為との実行共同

---

[23] 参照．林幹人「共犯と作為義務」上智法学論集49巻3・4号（2006）61頁以下．

正犯とするのは不適切だと思われる．不作為による共謀共同正犯とするべきではなかったか，疑問の余地がある．

★ 演習問題

1 最判平成21・10・19は，どのような事実についてどのような判断を示したか
2 最高裁の判断の理由として重要なものを2つ指摘しなさい
3 共謀共同正犯の成立には確定的な認識が必要とすることに理由があるか
4 本件の場合，作為犯か不作為犯か
5 大阪高判平成13・6・21は，どのような事実についてどのような判断を示したか
6 東京高判平成20・10・6は，どのような事実についてどのような判断を示したか
7 上記の2つの判例は，不作為による共犯と共謀共同正犯の関係についてどのように解しているか
8 暗黙の共謀，現場の共謀とはどのようなものか
9 作為犯と不作為犯とは，どのように区別されるか
10 心理的因果性とはどのようなものか
11 不作為による共犯の場合，どのような要件の充足が必要となるか
12 東京高判平成11・1・29は，どのような事実についてどのような判断を示したか
13 釧路地判平成11・2・12は，どのような事実についてどのような判断を示したか
14 札幌高判平成12・3・16は，どのような事実についてどのような判断を示したか
15 不作為による共謀共同正犯がありうるとした場合，不作為による実行共同正犯とはどのように区別されるか
16 本件が不作為による共犯だとした場合，被告人に，作為義務はあるか
17 どのような行為が義務づけられるか
18 共犯の因果性は認められるか

■ 共犯 6

17──被害者を強制する間接正犯
最高裁平成 16 年 1 月 20 日決定〔刑集 58・1・1〕

1 最高裁平成 16 年 1 月 20 日決定の意義

最高裁は，被害者を強制して死の危険を冒す行為に出させた場合について，殺人未遂罪の成立を認める判断を示している．事案は以下のとおりである．被告人は，自動車の転落事故を装い被害者を自殺させて保険金を取得する目的で，極度に畏怖して服従していた被害者に対し，暴行脅迫を交えつつ，岸壁上から車ごと海中に転落して自殺することを執拗に要求し，被害者をして，止むを得ず飛び込ませたというのである[1]．

このような被害者の行為を利用する殺人罪の間接正犯の成立を認めた最高裁判例としては，それ以前にも次の2つがあった．1つは偽装心中の事案であって，被害者の錯誤を利用した場合である[2]．もう1つは，脅迫により崖まで追い詰め逃げ場を失った被害者を川に転落させた後，川面を突いたりして溺死させたという事案である[3]．もっとも，後の事案では，被害者の独立の行為があったか，疑問の余地もある．しかし，独立の行為がなくても，殺人罪の直接正犯とすることに問題はない事案であった．本件の場合は，「行為」についてどのような理解をとろうとも，被害者は完全に独立の行為をしている．したがって，被告人に殺人罪の成立を認めるには，間接正犯性が肯定されなければならない．さらに，本件の場合ある意味で被害者は自分の意思で行為している．被害者は，いわゆる自殺の意思はなく，むしろ，助かろうとしているが，死の危険を承知の上で自分で運転して崖から海中に落ちたのである．このことが殺人

---

1) 刑集 58・1・1. 解説・評釈として，豊田兼彦・法セ 593 号 (2004) 115 頁以下，藤井敏明・ジュリ 1275 号 (2004) 161 頁以下，橋本久・法教 289 号 (2004) 152 頁以下，井上宏・警論 57 巻 11 号 (2004) 181 頁以下，山口厚・法教 290 号 (2004) 100 頁以下など．
2) 最判昭和 33・11・21 刑集 12・15・3519.
3) 最決昭和 59・3・27 刑集 38・5・2064.

未遂罪の成立にどのような意味をもちうるかも，問題となろう．

被害者の行為によって死の結果が生じた例としては，これまで2つの重要な下級審判例がある．1つは広島高裁昭和29年6月30日判決であって，暴行・脅迫などによって自殺させた事案について，自殺教唆罪の成立を認めたものである[4]．もう1つは，福岡高裁宮崎支部平成元年3月24日判決であって，欺罔・脅迫などによって自殺させた事案について，殺人罪の間接正犯を認めたものである[5]．

被害者の行為を利用する間接正犯は，これまでも学説の関心を集めてきた．しかしそこにおいては，偽装心中についての最高裁判例の影響が強く，欺罔による場合の方が重要視されてきた．しかし，理論的には強制による場合も同価値であり，むしろ，欺罔による場合も強制による場合との比較において論じられてきたのである．ところがその肝腎の強制による場合については，十分な検討がなされているとはいえない[6]．本章では，強制による場合を主眼として若干の検討を加えることとしたい．

2 「実行行為」について

本決定は本件の場合殺人未遂罪が成立する理由として，「殺人罪の実行行為」に当たるというべきであるとしているが，このことの意味・当否がまず問題となる．

最初に確認しておきたいことは，実行行為は犯罪構成要件の中核的要素であり，それを含まない犯罪理論はありえないということである．犯罪の成立には結果との間に因果関係を要するが，因果関係を問題にするにあたっては，実行行為を前提とせざるをえない．因果関係は実行行為と結果との間で問われるものであり，それ以外のものではありえない．本件の場合の実行行為は被害者に飛び込むように命じる行為であるが，被告人はそれより前にも後にも無限の行為を行なっている．結果との間の因果関係を問題にするにあたっては，当然にその中からある一点の行為を特定しなければならない．それを特定するものが実行行為要件にほかならない．

---

4) 高刑集 7・6・944．
5) 高刑集 42・2・103．
6) 参照，橋田久「強制による行為の法的性質」法学論叢131巻1号（1992）90頁以下．

本件の場合，被害者の行為を利用する「間接正犯」の成否が問題となっているが，間接正犯の場合も，被告人の行為に実行行為性が備わる必要があることは，単独犯の場合と同じである[7]．被告人の行為と最終的な結果との間に他人の行為が介在していながら，なお単独犯と同じものとして処罰しようとするのが間接正犯なのであり，通常の単独犯の成立に実行行為性が必須の要件だとすれば，間接正犯の成立にもまたそれは必須の要件である．

本件の場合被害者は結局助かったために未遂犯の成立が問題となるが，未遂犯の場合にも当然に実行行為性は必要である．理論的にいえば未遂犯の場合も，未遂結果（法益侵害の危険）と，実行行為（事前的な危険性ある行為）との間の因果関係が問題とされる．たとえば，郵便を利用して殺人を犯そうとしたが果たさなかったというような場合（これは間接正犯による未遂犯の典型である），未遂結果は到達した時点で発生する[8]．実行行為は発送する行為である．そして，その間の因果関係が問題とされ，通常はそれが肯定されるために，未遂犯の成立が認められるのである．

本件の場合，未遂犯の結果がいつ発生したとみるべきかは問題であるが，この郵便を利用した場合とパラレルに解すれば，被害者が崖に向かって発進した段階位が妥当なところであろう．実行行為は，被害者に対して命じた行為である．両者に因果関係があるのは明らかである．

しかし本件のような場合，殺人罪の実行行為として問題となるのは，単に死の結果が発生する危険性なのではない．それを否定することはできない．重要なのは，殺人罪の成立には，生命侵害の結果が被害者の意思に反していることが必要であり，本件の場合最高裁によって実行行為性として問題とされているのも，その本体は，被害者の意思である．すなわち，被告人の行為時の，被害者が意思に反して車で飛び込む危険性が問題なのである．

3 「自殺意思」と間接正犯性

(1) 実行行為性は，理論的には，あくまで被告人の行為時の結果発生の危険性を問題とするものである．被害者の意思についても，被告人の行為時に，

---

7) 林幹人「『間接正犯』について」板倉宏博士古稀祝賀論文集・現代社会型犯罪の諸問題（2004）84頁．
8) 大判大正7・11・16刑録24・1352．

被害者が「意思に反して」法益を喪失させる行為に出る危険性がどの程度あったかが問われることになる．しかし，殺人罪の成立には，被害者の現実の行為時の意思が，法益喪失に反していたのでなければならない．任意で自由な意思をもってする自殺については殺人罪は成立しない．

ここで，自殺関与罪と殺人罪との関係が問題となるが，本件の場合，被害者は助かろうとして本件行為に及んでいるから，言葉の本来の意味で「自殺」する意思はなかった．そこから，本件の場合，自殺関与罪とはなりえないとする見解がありうる[9]．しかし，自殺関与罪と殺人罪との関係についていえば，本件のような場合，まず殺人罪の成否が問題とされ，それが成立しない場合には，自殺関与罪となりうるのである．本件の場合，言葉の本来の意味で「自殺」意思はなかったものの，被害者は高度の死の危険性を十分に認識しながら行為に及んでいる．そのまま死んでしまえば「自殺」といっても言葉の可能な意味の範囲内である．本件の場合のように，助かるかもしれないと思い，そのために止むを得ず死の危険を冒す場合の方が，確実に死ぬと思い，それを意図しつつ行為する場合（それが自殺の典型である）よりも，死を受け入れる意思は弱いから，結果無価値という点では大きい．したがって，前の場合を処罰せずに，後の場合を処罰するというのは，均衡を欠く．本件の場合，自殺関与罪が成立しないのは，強制されて止むを得ず行為したが故に殺人（未遂）罪が成立するからである．もし，強制の程度が弱く，被害者に自由意思が残っているために，殺人罪が成立しない場合ならば，生きる可能性に賭けていたとしても，強制により死の危険を承知の上で引き受けた以上は，自殺関与罪の成立を認めるべきである[10]．以上のように解する限度で，殺人罪と自殺関与罪とは基本・補充の関係に立つと解するべきこととなる．

（2）　以上に述べたように，被害者の意思は殺人罪と「自殺」関与罪との関係で重要な意味をもっているが，間接正犯性においても意味をもつ．12歳の養女を強制して窃盗罪を犯させた場合に養父に窃盗罪の間接正犯を認めた最高裁昭和58年9月21日決定は，「被告人が，自己の日頃の言動に畏怖し意思を抑圧されている同女を利用し」たとしている[11]．ここでも「意思の抑圧」が問

---

9)　参照，藤井・前掲（注1）ジュリ1275号．
10)　林幹人・刑法総論（第2版）（2008）176頁．
11)　刑集37・7・1070．

題とされているのである．

　殺人罪の成立を認めるには，被害者の意思に反して生命が侵害されなければならないが，それを直接に「侵害」する行為が被害者自身によってなされた場合には，すでに述べたように，間接正犯性が認められなければならない．理論的にいえば，死の結果ないし危険が被害者の意思に反しているということと，間接正犯性とは別の問題である．被害者の意思に反して死の結果が引き起こされたとしても，行為者のそれに対する関与の程度は教唆・幇助程度のものにとどまっていたということはありうる．たとえば，ある医師がガン患者に対して，実際は余命5年なのに半年と偽ったために，悲観した患者が自殺してしまった場合，患者は余命について錯誤がある以上は，いわゆる法益関係的錯誤があり，その死は被害者の意思に反したものである．しかしそのような事情だけで，医師が患者を「道具のように利用」したとして間接正犯とするべきではない．間接正犯性を認めるには，その医師と患者の関係がとくに親密で，患者は医師を厚く信頼していたなどの事情が必要である．最決昭和27・2・21刑集6・2・275は，重度の精神障害者で自殺の何たるかを理解しない者を利用して自殺させた場合に殺人罪の成立を認めているが，この事案は，「被告人のいうことは何でも服従するのを利用し」たという場合であった．そのような事情が間接正犯に必要な「支配」を基礎づける．理論的にいえば，被害者の不同意は結果無価値を基礎づけるものである．間接正犯性は，そうした結果無価値を前提として，その結果無価値を生ぜしめた張本人は誰かを問題とするものである．両者は別のものである[12]．被害者以外の第三者に強く働き掛けたが間接正犯とされていない場合がある．たとえば，12歳の長男に強盗を指示命令し，奪った金品をすべて自らに領得した母親について共同正犯とした事例[13]，オウム真理教の教祖が信者を脅して殺害せしめた場合について共同正犯を認めた事例[14]などは，いずれも間接正犯との限界が問題となるが，この限界と，被害者を利用し

---

12) ほぼ同旨を説くものとして，林美月子「錯誤に基づく同意」内藤謙先生古稀祝賀・刑事法学の現代的状況（1994）36頁，小林憲太郎「被害者の関与と結果の帰属」千葉大学法学論集15巻1号（2000）175頁，塩谷毅・被害者の承諾と自己答責性（2004）70頁，林・前掲（注7）板倉宏博士古稀祝賀論文集・現代社会型犯罪の諸問題92頁．もっとも，これを同一視する見解も有力である．Vgl., Nomos Kommentar, § 25 Rdnr. 48 (Schild).
13) 最決平成13・10・25刑集55・6・519．
14) 東京地判平成8・6・26判時1578・39．

た場合の同意の法理とが一致するとは考えがたい．

　もっとも，本件の場合のように強制によって被害者の行為を利用する場合には，いずれにしても「自由」であったかが問題となる．生命という誰にとってもかけがえのない法益に対する危険をあえて冒す行為を被告人によって強いられたために，法益に対する自由がない場合，被告人に対する関係でも自由でないといってよい．したがって，実際上は，その判断は重なりあうといってよい．問題はその自由の理論的な内容である．以下にはこの点について検討を加えよう．

4 「自由」の法益関連性

（1）　偽装心中についての最高裁判例の原審は「心中の決意実行は正常な自由意志によるものではなく，全く被告人の欺罔によるものであ」るとしている．被害者を威迫して自殺させた事案について自殺教唆罪の成立を認めた広島高裁昭和29年判決は以下のように述べている．「犯人が威迫によって他者を自殺するに至らしめた場合，自殺の決意が自殺者の自由意思によるときは自殺関与罪を構成し進んで自殺者の意思決定の自由を阻却する程度の威迫を加えて自殺せしめたときは，もはや自殺関与罪でなく殺人罪を以て論ずべきである」．被害者を欺罔・脅迫して自殺させた場合に殺人罪の成立を認めた福岡高裁宮崎支部平成元年判決は「その自殺の決意は真意に添わない重大な瑕疵ある意思であるというべきであって，それが同女の自由な意思に基づくものとは到底いえない」としている．本決定もまた，「被告人の命令に応じて車ごと海中に飛び込む以外の行為を選択することができない精神状態に陥らせていた」としている．これは，他行為可能性がない，すなわち，自由意思がないというのと同じである．このように，判例は，被害者の行為を利用する殺人罪の間接正犯の成立を認めるにあたっては，被害者に自由意思があったかを問題とし，それが否定されるときに殺人罪の成立を認めている[15]．結論から述べれば，このような判例の見解は基本的に正当である．しかし判例においても，その理論的な根拠と内容が十分に明らかとはいえない．以下にはその点について検討を加えることと

---

[15]　なお，霊感による性器治療だと騙して姦淫した事例について，東京地判昭和58・3・1刑月15・3・255は，「暴行・脅迫と同程度に相手方の自由意思を無視したものと認めざるを得ない特段の事情の存することが必要」だとし，無罪としている．

したい．

　(2)　被害者の行為を利用する間接正犯の成立には，被害者の不自由が要件とされることの理論的な根拠は次のようなところにあると考えられる．被害者の同意がある場合，原則として犯罪の法益の要保護性が失われ，犯罪の成立は阻却されるのであるが，被害者が外形的には同意を与え，自損的な行為を行ったとしても，それが行為者の脅迫や欺罔による意思操作に支配されたものであるために，被害者自らの意思というよりは，実質的に行為者の意思によるものである場合，直接に行為者が被害者の意思に反して法益侵害をした場合と実質的には同じである．このような理解からは，不自由とは，結局，強制・欺罔により被害者の意思が行為者の意思に支配されたことを意味することになる[16]．

　(3)　さらにこのような理解からは，自由とは法益関係的なものでなければならないということになる．すなわち，法益処分について自由なときに，同意は有効となり，間接正犯性も否定される．法益処分についての自由とは，法益処分が，行為者の意思によるのではなく，被害者自身の意思によることを意味するのである．行為者が被害者の法益処分の一原因を設定しただけでは，いまだ被害者は不自由とまではいえない．偽装心中に殺人罪の成立を認めた最高裁昭和33年決定は，被害者は被告人の欺罔の「結果」死を決意したとしているが，このように行為者が被害者の法益処分の一原因を設定しただけではいまだ相手を「支配」しているとはいえない．その意味で，偽装心中についての最高裁判例には若干の疑問がある．この事案の場合，死ぬことを言い出したのは被害者であり，行為者はしぶしぶこれに応じたのである．死ぬ意思決定に被害者の意思が大きな比重を占めている[17]．

---

16) たとえば，ある母親が，欺罔により，子供が目に怪我をして角膜をすぐ移植しなければならないという錯誤に陥ったために，角膜の摘出に同意した場合，その母親は，行為者によって形成された錯誤に支配され，自由を失っていることを根拠に，同意は無効とされる．これに対しては，この場合，子供が真実怪我をして角膜の移植を受けなければならないときは自由だとすれば，騙されたときも不自由とはいえないという理解がある（山口厚『「法益関係的錯誤」説の解釈論的意義』司法研修所論集111号（2004）111頁）．しかし，このような緊急状態が現実に存在した場合に自由なのは，母親が他人（行為者）の影響を受けずに，真実に即してまったく自らの意思で法益処分を決断したからである．緊急状態が現実に存在しないのに存在すると騙された場合には，行為者によって真実に即しない意思が形成され，それによって本来の意思が抑圧されたからこそ被害者は不自由なのである．論者は，緊急状態が現実に存在した場合，抑圧されていない自由があるとし，その自由を行使したから同意は有効となるという．そのような自由は，騙された場合にももちろんあるが，単に行為しうるというだけで「行為」の要件ですらもなく，刑法上は無意味である．

行為者が死ぬ意思決定に一原因を与えただけで殺人罪の成立を認めてよいとするなら，広島高裁の事案の場合にも，殺人罪の間接正犯の成立を認めざるをえなくなる．広島高裁の事案においては，被告人は被害者を脅迫してはいたが，なお，死の決定について被害者自身の意思がかなりの程度関与したようであり，判決は，「被告人の右暴行，脅迫が［被害者の］前記決意をなすにつき意思の自由を失わしめる程度のものであったと認むべき確証がない」と判示している．この判例の事案においても，行為者は被害者の自殺の一原因を設定していることは否定し得ない．それを超えて被害者を支配し，自由意思を喪失させたとするためには，行為者の強制による被害者の意思に対する働き掛けの結果として，被害者の本来の意思は圧倒され，ほとんどが行為者の意思になったことを要するのである．福岡高裁宮崎支部判決の事案はこのような場合であり，支持しうると思われる．

（4）行為者による欺罔により，被害者が法益処分についてまったく認識を欠いている場合，すなわち，法益関係的錯誤に陥っている場合は，法益処分について不自由な場合の1つにほかならない．法益関係的錯誤は，それがまさに不自由を基礎づけるからこそ，同意を不存在ないし無効とする．ここで問題としている不自由とは，法益処分が被害者自身の意思に基づいていないことを意味するのであり，法益関係的錯誤に陥っている被害者の法益処分はまさにこの意味で不自由なものである．

欺罔による錯誤の場合，法益関係的錯誤がある場合だけでなく，そのような錯誤がなく法益について認識しているときにも，行為者の欺罔による錯誤に支配されて，認識している法益を処分せざるをえないと判断し，その意味において自由意思を喪失しているときには，同意を無効とするべきことは，これまでも認められてきた[18]．さらに，強制による場合，自由意思の不存在が被害者の行為を利用する間接正犯を基礎づけることも，これまで認められてきたことである．そして，欺罔による場合と強制による場合とで，被害者の行為を利用する間接正犯の成立要件は統一的に理解されるべきであるから，それは要するに，

---

17) 参照，林幹人・刑法各論（第2版）(2007) 30頁．
18) 山中敬一「被害者の同意における意思の欠缺」関西大学法学論集33巻3＝4号 (1983) 357頁，齊藤誠二・特別講義刑法 (1991) 115頁，林（美）・前掲（注12）内藤謙先生古稀祝賀・刑事法学の現代的状況32頁，林幹人「錯誤に基づく被害者の同意」松尾浩也先生古稀祝賀論文集上巻 (1998) 233頁以下など．なお後注22も参照．

被害者の自由意思を喪失せしめたことにあるというべきだと思われる[19]。

(5) もっともこの自由には，事実上は，程度がある．どの程度の不自由に至った場合に，被害者の行為を利用する間接正犯を認めるべきかは，各犯罪の解釈問題である．たとえば，最高裁昭和58年決定のように窃盗罪の間接正犯を認める前提としての「意思の抑圧」は，本件のように殺人罪を認める前提としての「他行為不可能性」よりも，事実上は軽度のもので足りる．しかしそうだとしても，問題の犯罪の間接正犯の前提となる「不自由」は，理論的には問題の犯罪の成立要件にほかならず，あるかないかであって，被害者に自由が残されているとしながら，被害者の行為を利用する間接正犯を認めるのは理論的に妥当とはいいがたい[20]。

これに対して学説には，被害者にある程度の自由はあっても間接正犯を認めるべきだとするものがある[21]。本件の原審も，「威迫等によって被害者が抗拒不能の絶対的強制下に陥ったり意思決定の自由を完全に失っていなくても，行為者と被害者との関係，被害者の置かれた状況，その心身の状態等に照らし，被害者が他の行為を選択することが著しく困難であって，自ら死に至る行為を選択することが無理もないといえる程度の暴行・脅迫等が加えられれば，殺人罪が成立する」としている．これは被害者は完全には自由を喪失していない，すなわち，自由は残されていたとしても殺人罪は成立するということである．これに対して最高裁は，本件の場合「海中に飛び込む以外の行為を選択することができない精神状態に陥らせていたものということができる」としている．すなわち，自由はなかったとしている．

この問題は，被害者の行為を利用する間接正犯の成立要件としての「不自由」の理解に関わることである．すでに述べたように，それは法益関係的なものでなければならない．本件の場合他行為可能だということは，他行為可能性の判断において，きわめて高度な法益（生命）保護意思を仮定してなされるべきだという前提に立つことを意味する．しかし，通常の生命保護意思をも殺人

---

19) この点については，詐欺罪でも問題となる．参照，林幹人「詐欺罪における財産上の損害」現刑44号（2002）53頁以下，同「詐欺罪の新動向」曹時57巻3号（2005）1頁以下．
20) 振津隆行・刑法判例百選II・各論（第4版）（1997）7頁，塩谷毅・刑法判例百選II・各論（第5版）（2003）7頁，豊田・前掲（注1）法セ593号115頁など．
21) 金築誠志・大コンメンタール刑法第8巻（1991）116頁，山口・前掲（注1）法教290号107頁．

罪で保護するべきである以上は，通常の生命保護意思をもってしては他行為不能であれば，それは不自由なものとして，殺人罪の成立を認めるのでなければならないと解される．

（6）このように，「客観的」に解するべきなのは，問題の法益を保護する意思についてのみである．他のすべての事情については，——原審判決も述べるように——主観的に解されなければならない[22]．本件の場合，警察に届けることができ，自由は残されていたのではないかが問題とされている[23]が，被害者本人がそのようなことは不可能であり，無意味と考えていたのであれば，それはあくまで被害者本人を基準として自由＝他行為可能性は判断されなければならない．被害者本人の当時の意思状態を基準とすれば，通常の生命保護意思をもってしては，——本件行為にのみ被告人による追求から逃れ，生き延びる可能性があったと被害者には思われたことも重要である——死の危険ある行為以外の行為を選択することは，困難であるだけでなく不可能であり，自由は残されていなかったとした最高裁の判断は支持してよいと思われる．

★ 演習問題

1 最決平成16・1・20は，どのような事実についてどのような判断を示したか
2 最判昭和33・11・21は，どのような事実についてどのような判断を示したか
3 最決昭和59・3・27は，どのような事実についてどのような判断を示したか
4 間接正犯と直接正犯とはどのように区別されるか
5 広島高判昭和29・6・30は，どのような事実についてどのような判断を示したか
6 福岡高裁宮崎支判平成元・3・24は，どのような事実についてどのような判断を示したか
7 本決定は本件の場合殺人未遂罪が成立する理由として，「殺人罪の実行行為」に当た

---

22) 林・前掲（注18）松尾浩也先生古稀祝賀論文集上巻245頁以下，同・前掲（注10）刑法総論（第2版）169頁以下，井田良「被害者の同意」現刑2巻6号（2000）86頁以下，島田聡一郎・正犯・共犯論の基礎理論（2002）91頁以下，上嶌一高「被害者の同意（下）」法教272号（2003）76頁以下，塩谷・前掲（注20）刑法判例百選II・各論（第5版）7頁など．これに対して客観的に解するべきだとするものとして，山口厚「錯誤に基づく『被害者』の同意」田宮裕博士追悼論集上巻（2001）321頁以下，小林憲太郎「いわゆる『救助・追跡事故』について」千葉大学法学論集15巻3号（2001）158，159頁，森永真綱「被害者の承諾における欺罔・錯誤」関西大学法学論集52巻3号（2002）99頁以下など．なお，小林憲太郎「追いつめられた被害者」立教法学67号（2005）89頁は，被害者が緊急避難に陥った場合に任意性を否定する．これに対しては，林・前掲（注7）板倉宏博士古稀祝賀論文集・現代社会型犯罪の諸問題89頁参照．
23) 橋田・前掲（注1）法教289号．

るとしているが，そのことの意味・当否を説明されたい
8　間接正犯とは何か
9　間接正犯の場合，実行行為は誰のどこの行為にあるか
10　本件の場合，未遂犯の結果はどの時点で発生したとみるべきか
11　自殺関与罪と殺人罪との関係について，どのように解するべきか
12　最決昭和58・9・21は，どのような事実についてどのような判断を示したか
13　死の結果ないし危険が被害者の意思に反している（被害者の同意がない）ということと，間接正犯性とはどのような関係にあるか
14　最決昭和27・2・21は，どのような事実についてどのような判断を示したか
15　最決平成13・10・25，東京地判平成8・6・26は，それぞれ，どのような事実についてどのような判断を示したか
16　判例は，被害者の行為を利用する殺人罪の間接正犯の成立を認めるにあたっては，被害者に自由意思があったかを問題とし，それが否定されるときに殺人罪の成立を認める傾向があるが，その根拠と内容はどのようなものか
17　偽装心中事件の被害者は自由でなかったといいうるか
18　法益関係的錯誤とはどのような意味か，そのことと自由意思の有無とはどのような関係にあるか
19　被害者は完全には自由を喪失していない，すなわち，自由は残されていたとしても殺人罪は成立するという見解にはどのような問題があるか，本最高裁決定はこの点についてどのように解しているか
20　本件の場合，被害者には自由意思があったか，それはどのようにして判断されるべきか
21　本件の場合，警察に届けることができ，自由は残されていたとする見解があるが，これにはどのような問題があるか

■共犯 7

18 ── 共犯と作為義務
最高裁平成 17 年 7 月 4 日決定〔刑集 59・6・403〕

1 最高裁平成 17 年 7 月 4 日決定の意義

(1) 平成 17 年に最高裁は，不作為による共犯の成立を認める決定を下した[1]．事案は，被告人は，「シャクティパット」と称する独自の治療をしていたが，その信奉者であった被害者が脳内出血で倒れて治療中に，被害者の息子に対して被害者をその治療を施すから自分の居るホテルに運び込むように指示したが，ホテルに運び込まれた被害者を見て，そのままでは死亡する危険があることを認識したにもかかわらず，必要な医療措置を受けさせないまま放置し，死亡させたというものである．

原原審は，病院からの連れ出し，ホテルでの放置という「一連の行為をもって，殺人罪の実行行為に該当するもの」とし，「前記本件一連の実行行為はこれら作為及び不作為の複合したもの」とした上，被告人に殺人罪の共謀共同正犯の成立を認めた．これに対して原審は，ホテルに運び込まれる前には殺意があったと認定するには合理的疑いがあるとしたが，ホテルに運び込まれ被害者の様子を認識した以後の段階では未必の殺意を抱いており，かつ，病院から連れ出させ，ホテルに運び込ませたという「先行行為」を理由として作為義務を認め，不真正不作為犯として殺人罪の成立を認めた．被告人は上告したが，最高裁は次のように判示して原判決を是認した．「被告人は，自己の責めに帰すべき事由により患者の生命に具体的な危険を生じさせた上，患者が運び込まれたホテルにおいて，被告人を信奉する患者の親族から，重篤な患者に対する手当てを全面的にゆだねられた立場にあったものと認められる．その際，被告人

---

1) 刑集 59・6・403，判タ 1188・239．原原審判決について，千葉地判平成 14・2・5 判タ 1105・284 参照．本件の解説・評釈として，山口厚・法教 302 号（2005）98 頁以下，高橋則夫・刑事法ジャーナル 2 号（2006）95 頁，松宮孝明・法セ 611 号（2005）119 頁以下など．

は，患者の重篤な状態を認識し，これを自らが救命できるとする根拠はなかったのであるから，直ちに患者の生命を維持するために必要な医療措置を受けさせる義務を負っていたものというべきである．それにもかかわらず，未必的な殺意をもって，上記医療措置を受けさせないまま放置して患者を死亡させた被告人には，不作為による殺人罪が成立し，殺意のない患者の親族との間では保護責任遺棄致死罪の限度で共同正犯となると解するのが相当である」．

(2) 本最高裁決定は，いわゆる不真正不作為犯としての殺人罪の成立を認めたものである．不真正不作為犯の成否において最も重要なのは作為義務の有無であり，本件においてもその点が最大の問題となっている．

原原審は，病院からの連れ出しと，ホテルでの放置という一連の行為をもって，殺人罪の実行行為に該当するとした．まずもって，このような実行行為の理解の当否が問題となるが，筆者はこのように実行行為を広汎に捉えることに疑問をもつ．病院からの連れ出しとホテルでの放置とは，態様がまったく異なり，時間的にもかなり隔たっている．それらは異なる実行行為と理解するべきだと思われる．筆者の理解では，病院からの連れ出しそれ自体で，殺人罪の実行行為とすることができる．その時点で殺意があり，ホテルに連込まれる前に死んでしまった場合には，殺人罪の成立を認めることができる[2]．病院からの連れ出しの時点では殺意について疑いがあるというにすぎない．

原審判決は，ホテルに運び込まれた時点以後の不作為について殺人罪の成立を認めたが，作為義務の根拠として「先行行為」を指摘している．これに対して最高裁は，先行行為という概念は用いず，「自己の責めに帰すべき事由により患者の生命に具体的な危険を生じさせた」と指摘した．「先行行為」という概念は，それ自体としては漠然としており，また，作為義務を根拠づけるものとして理論的にも弱いところがある．この点では最高裁の判示の方が妥当と思われる．

それだけでなく最高裁は，原審判決では示されなかった点を指摘した．「患者が運び込まれたホテルにおいて，被告人を信奉する患者の親族から，手当てを全面的にゆだねられた立場にあった」としたのである．そのほかにも，作為義務を認める前提として，重篤な状態の認識，自らが救命できる根拠がないこ

---

[2] 原原審判決解説・判タ1105・285参照．

ともあげているが，このうち前のものは故意であって，作為義務の根拠とすべきものではない[3]．後のものは患者の法益が危難に陥り，被告人の治療法が無効であることを示すものであり，いわゆる保障人的地位を基礎づけるものではない．作為義務を根拠づけるものとして重要なのは，最初の2つ，すなわち，生命に対する具体的危険を生じさせたこと，全面的にゆだねられたことである．

（3）不真正不作為犯についての最高裁判例としては，放火罪についてのものがある[4]．そこにおいては，「被告人は自己の過失行為により右物件を燃焼させた者（また，残業職員）」であることが指摘されている．本件の最高裁決定において「過失行為」とされなかったのは，病院からの連れ出しは遺棄の故意があるともいいうることを考慮したからかもしれない．理論的にいえば，先行行為について過失の場合に限る理由はない．もっとも，最高裁は「自己の責めに帰すべき事由」によることを指摘しているが，このことの意義は明らかではない．先行行為について，実行行為性・違法性，ないし故意・過失などの限定を付すべきかについて学説は以前より議論してきた．筆者自身は後にもみるように先行行為・危険創出行為などを作為義務の根拠とすること自体に疑問をもっており，したがって，それらについての限定を論じること自体妥当でないと考えているが，判例のようにそれらを重視する立場からは，この点も問題となろう．

「ゆだねられた」という点は，最高裁としては，まったく新しい．この点を付加したことは妥当と思われるが，理論的にそれが何を意味するのか，あるいは意味するべきなのか，問題となる．

この事件においては，共犯関係がある場合が問題となっている．不作為による共犯は近時判例・学説で大きな問題となっているが，作為義務論は共犯の場合，さらに困難となる．本章は，共犯関係も視野に入れつつ，この作為義務論について，若干の検討を行ないたい．

2 「排他的支配」について

（1）判例上作為義務の発生根拠が問題となったものはかなりあるが，そこ

---

3) 参照．林幹人「不作為による共犯」齊藤誠二先生古稀記念・刑事法学の現実と展開（2003）319頁．
4) 最判昭和33・9・9刑集12・13・2882．

に一貫した基準を見出すことは困難である．そこで，その内容はどのようなものであるべきかについて，学説による検討が続けられている．その中から得られた最大公約数的な基準は「排他的支配」というものである[5]．すなわち，その内容・限界について論者に若干の相違があるものの，被害者の法益を他人が救助できないような状態に陥れたことに，作為義務の発生根拠はあるというのである．本件でいうと，被害者をホテルに連込み，もはや他人による救助ができないような状態にしているということである．このような基準は，これまでの判例・実務をも合理的に説明し得るものと考えられている．たとえば，不真正不作為犯は判例上はまず放火罪について問題とされたが，大審院判例は，問題の建造物を所有「占有」していたことを指摘していた[6]．これは，その建造物の中には被告人の他に誰も火を消すことのできる者はいなかったという状態を意味し得る．また，轢き逃げについて，わが国の実務は，過失によって轢いても，それだけでは保護責任者遺棄罪や不作為による殺人罪の前提となる作為義務は生じないとし，たとえ死ぬかもしれないと思いつつそのまま逃走しても，不作為による殺人罪の成立は認めない．保護責任者遺棄致死罪や不作為による殺人罪の成立を認めるのは，被告人が被害者を自分の車に引き込んだ場合だけである[7]．これも，そのことによって，他人が救助できない状態を作り出したからであり，轢いて逃げただけでは作為義務が生じないのは，他人＝通行人等による救助可能性があるからだと説明するのである．少女に覚せい剤を注射した後に放置した場合に保護責任者遺棄致死罪の成立を認めた最高裁判例がある[8]が，それも，ホテル内で起きたことであり，やはり他人による救助が不可能だからだと説明することになる．

　筆者自身も，このような見解が基本的に妥当だと考えている．

---

[5] 堀内捷三・不作為犯論（1978）255頁以下，西田典之「不作為犯論」芝原邦爾ほか編・刑法理論の現代的展開Ⅰ（1988）67頁以下，佐伯仁志「保障人的地位の発生根拠について」香川達夫博士古稀祝賀・刑事法学の課題と展望（1996）95頁以下，林幹人・刑法総論（第2版）（2008）156頁，山口厚・刑法総論（2001）84頁以下，井田良・刑法総論の理論構造（2005）41頁以下など．なお，この作為義務を「多元的に理解」する見解（高橋・前掲（注1）刑事法ジャーナル2号99頁）に対しては，林・同前書154頁参照．

[6] 大判大正7・12・18刑録24・1558，大判昭和13・3・11刑集17・237．判例の分析として，林幹人「不作為犯」町野朔ほか・考える刑法（1986）50頁以下など．

[7] 参照，最判昭和34・7・24刑集13・8・1163など．もっとも，この判例は，作為としての遺棄を認めたものとも解し得る．参照，林幹人・刑法各論（第2版）（2007）42頁．

[8] 最決平成元・12・15刑集43・13・879．

(2) ところが近年，このような「排他的支配」という基準に対しては批判が強くなっている．それはまず，共犯者の存在をどのように考えるのか，という形で示された．少し前に，不作為による共犯が判例上大きな問題となり，その場合の作為義務についてどう考えるかが問題となった．筆者自身は，作為義務に関しては，共犯の場合も単独犯の場合と原理的には異ならず，「排他的支配」という基準が有効であると主張した[9]．これに対しては，共犯の場合，共犯者が現にそこにいる以上は，排他的支配はない，排他的支配とは被告人の他に誰もその場にいなかったことを意味するのだから，という批判がなされた[10]．本件の最高裁決定の場合でも，被告人の他に，共犯者である被害者の親族がホテル内にいたのであり，それにもかかわらず排他的支配があるといいうるのか，問題となるのである．

このような問題は，実は，共犯の場合を問題とするまでもなく，「排他的支配」という基準が主張された当初から，難問として意識されていたものである．たとえば，子供が海で溺れているときに，その父親の周りに数人いた場合，排他的支配はないのではないか，そうだとしても，父親に作為義務を認めるべきではないか，というものである[11]．

作為義務論は長い歴史をもっているが，完璧な基準など現在の段階では望むべくもない．どのような基準でも，周辺部分には必ず問題がある．それでも，そのいわば根幹に基本的な妥当性・有効性があるのであれば，それを採用するべきなのである．排他的支配を批判する者は，それに代わる基準を示す義務がある．排他的支配に対する上述のような批判に答える前に，次には批判する論者自身が示している基準を検討してみよう．

---

9) 林・前掲（注3）齊藤誠二先生古稀祝賀・刑事法学の現実と展開318頁以下．
10) 島田聡一郎「不作為犯論」法教263号（2002）113頁以下，同「不作為による共犯について（1）」立教法学64号（2003）1頁以下，とくに，同「不作為による共犯について（2・完）」立教法学65号（2004）226頁．
11) この点を問題とした最近の文献として，たとえば，高山佳奈子「不真正不作為犯」山口厚編著・クローズアップ刑法総論（2003）56頁．同旨の批判として，鎮目征樹「刑事製造物責任における不作為犯論の意義と展開」本郷法政紀要8号（1999）350頁以下（「最も効率的に（低コストで）結果回避措置（期待される作為）をなしうる主体」を重視する），塩見淳「不作為犯論」刑法の争点（第3版）（2000）19頁，斉藤彰子「進言義務と刑事責任」金沢法学44号（2002）153頁，松尾誠紀「『不作為による共犯の限定化』について」北大法学論集53巻6号（2003）214頁．さらに参照，内海朋子「不作為の幇助をめぐる問題について」慶應義塾大学法学政治学論究56号（2003）1頁以下，平山幹子・不作為犯と正犯原理（2005）209頁など．

（3）　まず，法規範（法令）を重視する見解が主張されている[12]．このような見解は古くからあるものである[13]．最高裁も，昭和34年7月24日判決において轢き逃げに対して保護責任者遺棄罪の成立を認めるにあたり，道路交通取締法に救護義務が規定されていることを指摘している．

しかし，作為義務は問題の犯罪の構成要件該当性を基礎づけるものであるからには，他の法令をただちに作為義務の根拠とするべきではない．たとえばこの見解は，海で子供が溺れているときに父親が救助しなかった場合に，周りに多数の人がいて「排他的支配」がないとしても，「民法」上の親であるからには作為義務を負うべきだという．しかし，民法上の親だとしても，その父親がその子供を一度も見たことも養育したこともなく，偶然にそこに居合わせたにすぎないとしたらどうであろうか．逆に次のような例も考えられる．老いた父親に対して，子供は民法上の扶養義務を負う．しかし，その父親からはまったく養育されたことがない場合に，老いた父親が路傍に倒れていたのに偶然に出会った場合，刑法上の作為義務を負い，そのまま通り過ぎたときに殺人罪の成立を認めてよいかは疑問である．このような場合民法上の義務も負わないと解するべきかもしれないが，いずれにしても，刑法上の，とくに，殺人罪の作為義務について，民法上の義務を直接の根拠とするのは妥当でない．

同じことは轢き逃げの場合の救護義務についてもいえる．道路交通法（72条1項）に救護義務が規定され，それに対する違反に罰則が設けられている（117条）としても，そのこと自体が保護責任者遺棄罪，まして殺人罪の作為義務を根拠づけるわけではない．轢いてそのまま逃げれば，道路交通法上の救護義務違反とはなる．しかし，最高裁昭和34年判決の事案も，被告人は被害者を自ら車の中に引き入れたというものであり，このような事情こそが重要なのである．

他方，法令がなくても，刑法上の作為義務が発生することはありうる．たとえば，親でなくても，親同様に養育していれば，刑法上の作為義務が生じることはありうる．轢き逃げの場合でも，轢いていない通りがかりの者には救護義務はないが，その者が被害者を自己の車の中に引き込み，昭和34年判決と同

---

12) 高山・前掲（注11）クローズアップ刑法総論58頁．中森喜彦「保障人説」現刑41号（2002）7頁は「支配の観点自体を規範的に観察することを厭うべきではない」とする．
13) 詳細について，堀内・前掲（注5）不作為犯論18頁以下，189頁以下．

じような行為をしたならば，保護責任者遺棄罪とする余地はある．本件の最高裁決定の場合も，被告人には何らかの法令上の義務，たとえば事務管理（民法697条）があったかを詮索することに意味があるとは思われない[14]．

（4） 次に，危険創出行為を重視する見解が主張されている[15]．このような見解も新しいものではない[16]．判例上も，すでに述べたように放火罪においては，事前に被告人自身が火を出したことが重視されていた．

しかし，危険創出行為だけで作為義務を認めるべきではない．このこともまた，排他的支配説の重要な前提であった[17]．たとえそれが違法，ないし故意・過失によるものであっても，である．本件においても，原審判決は「先行行為」のみをもって作為義務を認めたのに対し，最高裁は「ホテル」で「全面的にゆだねられた」という点も付加しているが，これは重要なことである．危険創出行為のみで作為義務を認めるならば，轢き逃げの場合も，轢いたというだけで，殺人罪の作為義務を認めることになってしまう．

もっともこの見解も，このような轢き逃げの場合，作為義務を認めても，「単独正犯性」という要件を別個認めるべきだと主張している[18]．轢いた後に逃走したにすぎない場合は，現場に救助可能な人がいるかぎり，この単独正犯性が否定されるというのである．すなわち，排他的支配は作為義務を根拠づけるのではなく，単独正犯性を基礎づけるものだというのである．

しかし，轢き逃げの場合，やはり轢いたというだけで殺人罪の作為「義務がある」というべきではないと思われる．「単独正犯性」という独立の要件を認めるにしても，他人が通る可能性があるというだけで（それでも排他的支配性は否定されうる）それを否定し得るものか，疑問がある．のみならず，この見解によるときは，作為で殺人行為を行なおうとするときに，側に救助可能な他人がいるときは，単独正犯性がないということにもなりかねない[19]．

---

14) 参照，佐伯仁志「不作為犯論」法教288号（2004）56頁以下．
15) 島田・前掲（注10）法教263号117頁，同・前掲（注10）立教法学65号228頁．同251頁は危険創出行為が作為義務の「プロトタイプ」だとする．
16) 参照，日高義博・不真正不作為犯の理論（1979）．
17) 参照，堀内・前掲（注5）不作為犯論，西田・前掲（注5）刑法理論の現代的展開I．最近のものとして，林・前掲（注3）齊藤誠二先生古稀記念・刑事法学の現実と展開319頁，山中敬一「不作為による幇助」前掲（注3）齊藤誠二先生古稀記念・刑事法学の現実と展開351頁など．
18) 島田・前掲（注10）法教263号115頁，同・前掲（注10）立教法学64号33頁以下．
19) なお参照，林幹人「『間接正犯』について」板倉宏博士古稀祝賀論文集・現代社会型犯罪の諸問題（2004）85頁．

他方，先行行為，危険創出行為がおよそなくても作為義務を認めることはできる．たとえば，すでに述べたように，親というだけで作為義務を認めることはできないが，親が事実上も養育していたときには，先行行為，危険創出行為がなく，子供が自分の原因で病気になったようなときにも，作為義務を認めることができる．

（5）　そこで，法益の「引受け」があったときに作為義務は生じるともされる[20]．しかし，まさに「引受け」の内容こそが問題である．とくに，それは法令上の引受け，すなわち，民法上の扶養義務や契約などではなく，「事実上の引受け」でなければならない[21]というときには，排他的支配という学説を創唱した原点[22]に立ち返ることを意味する．本件で最高裁が指摘する「全面的にゆだねられた」ということも，この事実上の引受けを意味するものと解することも可能であるが，それが理論的に何を意味するのかがまさに問題なのである．

まず，現実に「引受けた」としても，たとえば，車で轢かれた人の手当てを開始するだけでは足りない．手当てを開始すれば，ただちにそれを放棄しても殺人罪というわけにはいかないからである．

そこで，法益を維持存続させる行為の反復・継続を要求する見解が主張されている[23]．すでに述べたように，親が，ただ産んだ，あるいは法律上の親だというだけではなく，事実上養育していることが必要だというときには，まさにこのような意味である．しかし，「違法」類型としての構成要件該当性を基礎づける作為義務について，そのように法益を保護し続けている状態そのものを重視するのが妥当かにはやはり疑問がある[24]．むしろ「事実上の引受け」として重要なのは，そのような継続的な法益維持行為の結果として，周りの他人が今後もそれを信頼し，救助しようとしなくなることだと思われる[25]．

このように考えてくると，「事実上の引受け」とは，やはり基本的に排他

---

20)　島田・前掲（注10）法教263号118頁は，「法益の意識的引受」を別の基準とする．同・前掲（注10）立教法学65号228頁も参照．
21)　山口・前掲（注1）法教302号103頁．
22)　堀内・前掲（注5）不作為犯論254頁以下．
23)　堀内・（注5）不作為犯論260頁．なお，西田典之「不作為による共犯」法学協会雑誌122巻4号（2005）424頁は，「社会継続的な保護関係」を重視する．
24)　参照，斉藤・前掲（注11）金沢法学44号152頁，佐伯・前掲（注14）法教288号58頁．
25)　参照，斉藤・前掲（注11）金沢法学44号158頁，佐伯・前掲（注14）法教288号62頁．

支配を設定することでなければならないと思われる．学説史的にみれば，「排他的支配」とはまさに，「事実上の引受け」を分析した結果，獲得されたものであることを忘れてはならない．

3 他人による救助「可能性」と意思

（1）　作為義務の発生根拠は，やはり，「排他的支配」を基軸として構成されなければならない[26]．すでに述べたように，それに対する批判は，被告人のほかに共犯者がいる場合，あるいは，海で子供が溺れているときに父親のほかに周りに多数いる場合などには排他的支配を認めがたいが，このような場合に作為義務を否定するのは妥当でない，というものであった．

まず，共犯の場合についていえば，たしかに，作為義務の内容は単独犯の場合と原理的には同一のものでなければならない[27]．学説には，共犯の場合，排他的支配性は「一体」として判断されるべきだという見解がある．たとえば，父親が子供に暴行しているときに，母親が黙認した場合，父親と母親は共犯として「一体」として判断され，彼らのほかに救助する者がそこにいない以上は，排他的支配は肯定できるというのである[28]．しかし，そのような見解では，同時犯の場合の説明が困難である[29]．のみならず，そのような見解は共犯の成立を作為義務の基礎としているのだが，共犯の成立それ自体が作為義務を前提とするものである[30]．そもそも，共犯にも個人責任の原則が妥当する以上は，作為義務の有無は各個人毎に判断されなければならないと思われる．

本章では，この問題について以下のように考える．排他的支配とは，他人がおよそ側にいないことを意味するのではなく，救助「可能」な他人がいないことを意味するのであり，その可能性の判断にあたっては，側に人がいるときには，その意思をも判断の基盤に置かなければならない．およそ救助の意思のない者が側にいるからといって，排他的支配がないなどといえないことは，当然のことである[31]．

---

26)　佐伯・前掲（注14）法教288号59頁以下，西田・前掲（注23）法学協会雑誌122巻4号420頁以下．
27)　島田・前掲（注10）立教法学65号221頁以下．
28)　佐伯・前掲（注14）法教288号62頁，西田・前掲（注23）法学協会雑誌122巻4号423頁．
29)　参照，山口・前掲（注1）法教302号102頁．
30)　参照，島田・前掲（注10）立教法学65号226頁，同・前掲（注10）法教263号116頁．

このような趣旨を述べた判例は少なくない．単独犯において排他的支配説的な見解を述べた判例は多くはないが，共犯の場合にはそのような判例はむしろ多いのである．たとえば，大阪高判昭和 62・10・2 判タ 675・26 は，「他に右殺害を阻止し得る者は誰も居らず」とする．札幌高判平成 12・3・16 判時 1711・177 も，「D（被害者）が A から暴行を受けることを阻止し得る者は被告人以外存在しなかったこと」を指摘する．さらに，大阪高判平成 13・6・21 判タ 1085・302 も，「本件犯行当時，その場には，乳幼児らを除くと，甲の本件犯行を制止することができる立場にあったのは自分ただ一人であった」ことを指摘している．

もちろん，他に誰も救助可能な人がいないような状況に偶然に遭遇したというだけで作為義務を認めることはできない．通りすがりの者に，危殆に瀕した法益の保護義務，あるいは，犯罪阻止義務を認めることはできない．作為義務を認めるためには，排他的支配を「自ら設定した」というような状況がなければならない．具体的にいえば，被害者をほかに誰も救助しえないような場所に連れていきながら，共犯者によって暴行を受けるのを阻止しなかったような場合であることが必要である．このことは，単独犯の場合でも同じである．たとえば，自分の家の庭にホームレスの病人がころがりこんできても，それだけで作為義務を認めることはできない[32]．

排他的支配については，一般的にいえば，空間的な閉鎖性が重要な要素である．たとえば，轢いた後に「車の中」に引き入れた，他人が通常は立ち入らない「家の中」で失火したり・子供を養育した，あるいは「ホテルの中」で覚せい剤を注射した，そして本件のように患者を「ホテルの中」に連込んだ，というように．しかし，それは絶対に必要というわけのものではない．重要なのは，被告人自らが他人による救助が不可能な状態を作出したことである．たとえば，すでに述べたように，親の子に対する場合，親が子を養育していることによって，他人がその後の養育・救助をも信頼・期待し，その意味で他人が「委ね」，被告人が「引き受けた」ということ，すなわち，いわば心理的な排他的支配が

[31) すでに，林・前掲（注5）刑法総論（第2版）438頁以下，同・前掲（注3）齊藤誠二先生古稀記念・刑事法学の現実と展開 319 頁，同「国家公務員の作為義務」現刑 41 号（2002）24 頁以下において論じた．
[32) 林・前掲（注5）刑法総論（第2版）156頁．

生じるということが重要なのである．本件の場合最高裁が指摘する「全面的にゆだねられた」ということも，まさに，被害者の親族はもはや自らは医療措置を受けさせる意思はない，ということが重要なのである．

そうだとすれば，そのような状態が海で子供が溺れているときに生じた場合でも，他人が周りに多数いるという状況は，必ずしも排他的支配を認める妨げにはならないということになる．もし，そのような状態すら認めがたいというときには，作為義務は認めないということでよい．すでに述べたように，親というだけで作為義務を認める理由はないのである．

（2）最後に，本件の最高裁決定は不作為犯の共同正犯の成立を認めたが，その客観的帰属ないし関与形式の内容が問題となる．この問題については最近多くの論考が出されているので，本章では，現在とくに問題となっている点に絞って簡単にコメントしておく．

まず，そもそも共犯における作為犯と不作為犯の区別が，とくに，心理的因果性の場合について問題とされている．近時の最高裁判例には黙示・暗黙の共謀を認めたものがある[33]が，たとえば，親分によってけん銃の不法所持が暗黙に示されており，そのことによって子分に実行意思が生じた場合には，作為による心理的因果性を認め得る．注意するべきは，作為犯と不作為犯との区別は，義務づけられる行為が不作為か作為かによるのではないということである．問題の最高裁判例の場合，被告人である暴力団の親分には，けん銃を不法所持しないことを告げる作為義務がある．しかし，それを告げなかったために，けん銃を不法所持することが暗黙のうちに示されていれば，作為犯としての共謀共同正犯が成立するのである[34]．

学説には，不作為による共犯における正犯と狭義の共犯の区別において，心理的影響を圧力を伴って与えている場合が正犯だとするものがある[35]．しかし，それは作為による心理的因果性の場合だと思われる．何も言わずそこに立っているだけであったとしても，そのことによって，実行正犯の意思を現実に強化・促進したときには，作為による心理的因果性を認めることができる[36]．

---

33) 最決平成 15・5・1 刑集 57・5・507．
34) 林幹人「共謀共同正犯と『謀議』」判時 1886 号（2005）5 頁．
35) 島田・前掲（注 10）立教法学 64 号 60 頁，65 号 300 頁．
36) 作為犯と不作為犯の区別について，林・前掲（注 5）刑法総論（第 2 版）148 頁参照．

他方，不作為による共犯は片面的共犯に限られるという見解もある[37]．しかし，本件の最高裁決定の事案の場合，片面的共犯とはいえないであろうが，不作為による共犯といえるであろう．作為犯を阻止しようとしなかった場合であっても，その作為犯人が不作為者の存在を意識していれば，片面的共犯ではないともいえる．

不作為による心理的因果性とは，実行正犯においてすでに生じている実行意思を減殺しなかった場合である．義務づけられる作為（たとえば制止の意思表示）を行なっていれば，実行正犯の実行意思は大幅に減殺されたであろう場合が共同正犯であり，それが小幅であったろう場合が不作為による心理的幇助である[38]．いずれにしても共犯の場合，作為による場合と同じく，実行意思を完全に放棄したであろうことまでは必要でない[39]．

（3）　本件の最高裁決定の場合，被害者の親族と被告人には，被害者に対する関係でいずれにも医療措置などを受けさせる作為義務があるといえる．その内容は，自ら受けさせることと，相手に受けさせるように働きかけることである．両被告人には共にそのような義務があるといえる．前の義務は実行正犯を基礎づける義務であり，後の義務は共犯を基礎づける義務である．そして，被告人等どちらについても，前の義務を履行していれば，結果はほぼ確実に回避されたであろうし，後の義務を履行していれば回避されたある程度の可能性があったといえる．本件の場合，被告人等は共に実行正犯としての客観的帰属と同時に共同正犯としての客観的帰属をも充足している．彼らは共同正犯とされているが，実は実行正犯が競合しているともいえるのである．

★　演習問題

1　最決平成17・7・4は，どのような事実についてどのような判断を示したか
2　作為義務についての最高裁の判断は，原原審，原審の判断とどの点で異なっているか
3　排他的支配とは，どのような意味か

---

[37]　西田・前掲（注23）法学協会雑誌122巻4号441頁．
[38]　橋本正博・平成12年度重判解149頁は「要求される作為が犯罪実現過程に及ぼす現実的影響」が重要だとする．
[39]　林・前掲（注5）刑法総論（第2版）377頁以下，同・前掲（注3）齊藤誠二先生古稀記念・刑事法学の現実と展開322頁以下．

4 排他的支配という基準は，過去の判例にどのように現われているか
5 排他的支配という基準に対しては，どのような批判がなされているか
6 法令を基準とする見解は，どのようなものであり，どのような問題があるか
7 最判昭和34・7・24は，どのような事実についてどのような判断を示したか
8 危険創出を基準とする見解は，どのようなものであり，どのような問題があるか
9 この見解は，判例上，どのように現われているか
10 法益の「引受け」を基準とする見解は，どのようなものであり，どのような問題があるか
11 共犯の場合，排他的支配を認め得るか
12 不作為による共犯の場合についての判例は，どのような基準で作為義務を認めているか
13 海で子供が溺れているとき，多数の者が周りにいたとする．それにもかかわらず，父親に作為義務を認め得るか
14 不作為による幇助と不作為による共同正犯とはどのように区別されるか
15 本決定は，どのような犯罪の限度で共同正犯を認めているか，犯罪共同説，行為共同説の対立との関係はどうか

■ 罪数

19 ── 横領物の横領
最高裁平成 15 年 4 月 23 日判決〔刑集 57・4・467〕

1 最高裁平成 15 年 4 月 23 日判決の意義

(1) 窃盗を犯した後に，その物を損壊したような場合，不可罰的事後行為とされ，かつての通説は，このような場合，器物損壊罪は成立しないとしてきた[1]．判例上も，たとえば，他人所有の土地に権限なく抵当権を設定すれば横領罪が成立するが，その後に所有権を移転する契約を結び登記を移転しても，この後の行為は不可罰的事後行為であり，横領罪は成立しないとされてきたのである[2]．ところが平成 15 年に，最高裁大法廷は従前のこのような判例の見解を変更し，この後の所有権移転行為について起訴がなされた場合，横領罪の成立を認めるべきだとした[3]．

これまでの通説・判例の見解に対しては，批判がなされていた．学説上は，理論的に，不可罰的事後行為の場合，器物損壊罪は成立しているのであり，ただ，窃盗罪と共に処罰されるにすぎないと解するべきだという見解が主張されていた[4]．さらに，いわゆる横領物の横領の場合についての判例に対しても，筆者は次のように批判していた．この場合も「後の所有権移転によってさらに新たに被害者の所有権は侵害されているから，横領罪を構成し，……後の行為で起訴してきた場合，……裁判所としては横領罪の成立を認めるべきであ

---

1) 団藤重光・刑法綱要総論（第三版）(1990) 446 頁，山中敬一・刑法総論 II (1999) 919 頁，小林充「包括的一罪について」判時 1724 号 (2000) 4 頁など．
2) 最判昭和 31・6・26 刑集 10・6・874，東京高判昭和 63・3・31 判時 1292・159．なお，不可罰的事後行為の判例については，阿部純二・判例刑法研究 4 (1981) 243 頁以下など．
3) 最大判平成 15・4・23 刑集 57・4・467．本判決の解説・評釈として，後掲文献のほか，福崎伸一郎・ジュリ 1255 号 (2003) 139 頁以下，佐久間達哉・研修 661 号 (2003) 13 頁以下，鈴木左斗志・法教・判例セレクト 2003・33 頁など．控訴審判決について，西田典之「抵当権の設定による横領について」研修 657 号 (2003) 3 頁以下，小林憲太郎・判例セレクト 2002・36 頁など．
4) 平野龍一・刑法総論 II (1975) 414 頁，虫明満・包括一罪の研究 (1992) 286 頁など．

る」[5].

平成 15 年の大法廷判決はこのような批判を受け入れたものであって，筆者としても，結論としては支持しうるものである．ただ，その理論的な基礎づけの在り方，そして，そこから生じるいろいろな問題について，なお，検討を要するのである．

(2) 不可罰的事後行為という考えは，窃盗後の損壊のように，前の行為の方が重い場合を想定している．ところが，これを理論的に突き詰めると，領得行為の後には同一物に改めて領得ないし損壊はありえないということになる．しかし，まさに本件のように，同一の不動産に対して抵当権を設定した後に所有権移転登記を行なったような場合は，後の行為の方が違法性は大きい．しかも，前の行為が時効にかかっていたり，（権限があった疑いがあり）横領を犯したことが証明できないような場合には，両行為共に処罰できないということになってしまうのである．不可罰的事後行為の観念の基礎には，おそらく，前の重い行為を処罰すれば，もう一罪別に犯罪の成立を認め二罪犯したものとして処罰するまでもないという感覚がある．ところがそれを理論化すると，どちらも処罰できないという帰結をもたらしかねないのである．このような不合理は以前より指摘されていたが，本件ではそれが現実となり，裁判所としては判例変更せざるをえないということになったわけである．

一審と二審は，これまでの通説・判例を尊重し，本件の場合は典型的な不可罰的事後行為ではないということを強調している．それに対して最高裁大法廷は，はっきりと判例を変更するとし，かつ，理論的にも，「売却等による所有権移転行為について，横領罪の成立自体は，これを肯定することができるというべきであり，先行の抵当権設定行為が存在することは，後行の所有権移転行為について犯罪の成立自体を妨げる事情にはならない」として，横領物の横領，あるいは，領得後の領得について，従前の通説・判例の見解を明示的に否定したのである．この大法廷判決は，従来の不可罰的事後行為の基礎理論そのものの見直しを促している．

このような判例の変更は，ある程度は必然であったと思われる．というのは，すでに最高裁昭和 59 年 1 月 27 日決定は，公職選挙法における交付罪と供与罪

---

5) 林幹人「罪数論」法セ 418 号（1989）87 頁，同・刑法の基礎理論（1995）235 頁．

の関係について，交付は供与に吸収されるという従前の判例を前提としつつも，交付で起訴された場合，供与した疑いがあったとしても，交付の罪を認め得るとしていたからである[6]．不可罰的事後行為も吸収関係の1つの場合と考えれば，この最高裁決定からは，同様の結論になるはずである．

　この公職選挙法における交付と供与の関係について，吸収関係だとしても，犯罪が吸収されるのか，刑罰が吸収されるのか，が問題となった．これは，吸収関係にある場合，犯罪がそもそも成立しないのか，それとも，犯罪としては成立するが，刑罰が吸収されるにすぎないのか，という問題だといってもよい．昭和59年決定，そして，本件の大法廷判決は刑罰吸収説的な考えをとったものとみることができよう．もっとも，その厳密な理論的内容については，さらに検討を要する[7]．

　(3)　不可罰的事後行為とは，ドイツの影響下に唱えられたものである．そこで，ドイツの状況について若干の説明をしておこう．

　ドイツにおける罪数論において，不可罰的事後行為という考えは，現在でも重要な地位を占めている．わが国で本件において問題となった横領物の横領の問題も，まさに不可罰的事後行為の一場合として，以前より論じられている．この問題については，判例上はいまだ犯罪吸収説的な見解が支配的である．重要な判例として，BGHSt 14, 38がある．事案は，被告人は詐欺によって財物を取得した後に，これを処分したというものである．問題はこの処分が（占有離脱物）横領となるかである．連邦裁判所は，横領は詐欺など犯罪行為によって得られた他人の物でないことを構成要件的に前提としているとして（S. 45），本件のような場合横領罪の構成要件該当性を欠き，横領罪は成立しないとしたのである．

　これに対して当時の多くの学説は，このような場合も後行行為について横領罪の構成要件該当性そのものを否定することはできないと批判した[8]．横領罪の構成要件該当性ではなく，犯罪の競合・罪数が問題なのだと批判したのである．そこで，連邦裁判所のような見解を構成要件的解決（Tatbestandslösung）

---

6)　刑集38・1・136．
7)　犯罪吸収説と刑罰吸収説については，参照，只木誠・罪数論の研究（2004）168頁以下など．
8)　Paul Bockelmann, JZ1960, 621; Horst Schröder, JR1960, 308; Jürgen Baumann, NJW1961, 1141; Hans Welzel, Das Deutsche Strafrecht, 11 Aufl., 1969, S. 351.

と呼び，批判する学説のような見解を罪数的解決（Konkurrenzlösung）と呼ぶのが一般的となっている．あるいは，不可罰的事後行為（straflose Nachtat）ではなく，「共」罰的事後行為（mitbestrafte Nachtat）と呼ぶべきだという考えもほぼ同じことをいおうとするものである．この呼び方もわが国に輸入された．これは，わが国でいわれる犯罪吸収説と刑罰吸収説の対立にほぼ対応するものといってよい．そして，このようにして後行行為に構成要件該当性を認めれば，先行行為時に責任能力がない，あるいは，時効にかかったり，証明できないような場合には，後行行為を独立に取り出して犯罪の成立を認め処罰できる，また，後行行為についてのみの共犯の成立も可能だという見解が多い．しかし，連邦裁判所のような見解には，横領物の横領の局面にかぎっても依然として根強い支持がある[9]．一般的な罪数論においても，不可罰的事後行為の法的性格としては，「共」罰的事後行為という呼び方はかなり一般的になっているものの[10]，犯罪吸収説的な見解は依然として有力であり[11]，まさに問題の難しさをうかがわせるのである．

2 後行行為の構成要件該当性

（1）先行行為に犯罪の成立が認められるにもかかわらず，同一の客体について重ねて犯罪の成立が可能か，という問題は，理論的には，後行行為の構成要件該当性の問題である．そして，実質的には，先行行為にもかかわらず，新たな法益の侵害・危殆化，すなわち，新たな不法内容の実現があるか，という問題である．いいかえると，横領など先行行為によって生じる法益侵害にもかかわらず，依然として法益は残存しており，それが，新たな実行行為によって侵害・危殆化され，新たな犯罪を構成するとみうるか，ということが問題の要点である．これが肯定されるのであれば，犯罪の成立は認められるのであり，ただ，客体が同一の財産である場合，それは併合罪としてではなく，包括一罪（ないし吸収一罪）として評価されるべきことになる．いわゆる犯罪吸収説に対しては，先行行為が責任無能力で犯罪が成立しない，あるいは，時効にかかっ

---

9) Bernd Schünemann, Die Stellung der Unterschlagungstatbestände im System der Vermögensdelikte—BGHSt 14, 38, JuS 1968, 114.
10) ドイツにおいて不可罰的事後行為の数罪性を強調するものとして，Maurach-Gössel-Zipf, AT., Tb. 2, 7 Aufl., 1989, S. 461.
11) Vgl., Jescheck-Weigend, AT., 5 Aufl., 1995, S. 736.

たり，犯罪事実が証明できないときに，およそ処罰できず不当な結論になる，と批判されてきたが，もし，後行行為に犯罪の成立が認められないのであれば，そのような結論は当然のことである．このような批判は，後行行為に犯罪の成立を否定しがたいことを前提としているのである．

(2) 先行行為に犯罪が成立することを理由として，後行行為の構成要件該当性が否定される場合はありうる．とくに，先行犯罪が，後行行為の犯罪の前提となる法益を喪失させる場合である．

その典型が，盗品関与罪である．盗品関与罪は，本犯自身には成立しない[12]．窃盗した者自身には，盗品関与罪は成立しないのである．これは，本犯でないということが構成要件要素となっているということである．このように解される実質的な理由は，本犯自身による盗品の事後処分の場合，追求権の侵害が類型的に低い，いいかえると，盗品関与罪は，他人に渡ったときの類型的な追求権の困難性を不法内容としているということ，のみならず，本犯自身による事後処分の場合には，（他人である）本犯の犯罪性を助長するということがないことにある[13]．そして，このように解する以上は，盗品関与罪の成立を認めるためには，物は被告人自身の財産犯によって取得されたものでないことが証明されなければならない．そのことに疑いがあるとき，すなわち，被告人自身が盗んだ物である疑いがあるときは，盗品関与罪の成立を認めることはできない[14]．このことは，元の財産犯を犯すときに責任能力がない，あるいは，財産犯が時効にかかっているときも同じである．この場合は，いわば真正の，あるいは，類型的な不可罰的事後行為ということができる．

なお，このように解すると，盗品関与罪で起訴されたとき，被告人は自ら財産犯を犯したことを，検察官は犯していないことを主張することになるが，それは，何らおかしなことではない．本判決は，「訴因外の犯罪事実をめぐって，被告人が犯罪成立の証明を，検察官が犯罪不成立の証明を志向するなど，当事者双方に不自然な訴訟活動を行なわせることにもなりかねず，訴因制度を採る

---

12) 最判昭和24・10・1刑集3・10・1629．
13) 参照，最判昭和26・1・30刑集5・1・117．
14) この意味で，藤永幸治「不可罰的事後行為」研修399号（1981）42頁，鈴木茂嗣「不可罰的事後行為」刑法の争点（新版）（1987）153頁，中山善房・大コンメンタール刑法第4巻（第2版）（1999）213頁，森本和明・原審判決評釈・研修640号（2001）30頁，小川新二・本決定評釈・警論56巻7号（2003）163頁には，疑問がある．

訴訟手続の本旨に沿わない」というが，盗品関与罪においてこのような場合がありうることを否定するものではないであろう．

これに対して，いわば不真正，あるいは，事実上の不可罰的事後行為ともいうべき場合もある．たとえば，器物損壊罪において，損壊行為を繰り返したとき，もちろんただちに不可罰的事後行為とすることはできない．先行行為によっても，物の効用性・完全性が失われていないときには，後行行為に器物損壊罪の成立を認めることができる．しかし，たとえば，高価な絵画に対して大きな傷をつけて無一文にした後に，さらに傷をつけたような場合，後の行為は器物損壊罪を構成しない．この場合，先行犯罪によって，法益そのものがなくなっているのである．

横領罪の場合も，この事実上の不可罰的事後行為とするべき場合はありうる．それは，先行犯罪によって被害者の所有権が失われてしまった場合である．しかし多くの場合，横領行為が行なわれても被害者の所有権そのものは依然として被害者に残っている．本件の場合もまさにそのような場合であった．本件の場合，後行行為の時点で保護法益が残っていたということがまずもって重要なことである．もっとも，その残っていた所有権は，先行行為によって制約されており，それはもはや横領罪によって保護するに値しないものとなっているという理解もあり得る．しかし，少なくとも本件のような場合，およそどのような行為からも保護するに値しないものとなったと解するべきではないであろう．

(3)　ところが横領罪の場合，それにもかかわらず，「領得した物をまた領得するということはありえない」[15]，重ねて領得するということは概念的にありえない[16]として，一般的・理論的に後行行為に横領罪の成立を否定する見解がわが国でもドイツでも有力である．後行行為の時点で所有権が残っていることは否定しえないとすれば，この見解は，実行行為を再び行なうこと（あるいは重ねての法益侵害・取得）はありえないとするものだと解することが可能である．

ところが，横領罪の実行行為（不法内容）の内容は不明確である．問題の根

---

15)　平野龍一「包括一罪についての若干のコメント」判時1733号（2001）4頁．
16)　Urs Kindhäuser, Nomos Kommentar, 2 Aufl., § 246, Rdnr. 62. 具体的危険と共に，法益侵害は発生したのであり，さらなる行為によって，法益侵害は深められることはありえても，再び発生させられることはありえないと説くものとして，Münhener Kommentar, 2003, § 246, Rdnr. 41 (Hohmann).

源はまさにここにある．判例・通説は，その内容を，不法領得の意思を実現する一切の行為，あるいは，不法領得の意思をもってする権限逸脱行為と解している[17]．この定義は，少なくともそれ自体としては，曖昧・広汎なものである．

たとえば，他人の本を借りていた者が，期限が来たので，所有権者から返還を求められたときに，その本は自己の物だと主張すれば横領罪となるとしてよいと思われる[18]．それでは，その後，不法にもその本を利用し続けたとき，その行為をもって横領罪となしうるであろうか．前にあげた横領行為の定義からすれば，横領罪になりそうであるが，このような場合にまで横領罪とするべきではないであろう．なぜなら，一般に，期限が来たにもかかわらず返さないで利用しただけでは横領罪とするべきではないと思われるが，上の場合はこのような場合と実質的に同じだと思われるからである．しばしば，領得罪を犯した後の「通常の利用・処分」は領得罪を構成しないといわれるが，それは違法性がそれ自体として小さいために，そもそも横領罪の予定する実行行為・法益侵害にあたらない場合であると解される．この場合，それ自体として，すなわち，先行行為がないとしても，そもそも不法内容が小さく，横領罪とするには不十分なのである．

これに対して，借りた者が，自分の物だと主張した後に，それを第三者に売り払ったような場合はどうであろうか．この場合，自分の物だと主張したことに横領を認めれば，もはや改めて横領罪の成立を認めえないのであろうか[19]．そうではないと思われる．この場合，先行する横領にもかかわらず，所有権は依然として残っているのであり，その所有権は占有者の重大な侵害行為から保護するべきである．そして，第三者に売却することは，まさに新たな重大な法益侵害（取得）行為とみるべきであろう．

不法領得とは，他人の所有権を排除し，自ら所有権者としてふるまうことである[20]．犯罪の成立を認めるからには，その行為はある程度重大な法益侵害性を有していなければならないが，一旦横領行為が行なわれても，残っている所有権に対して新たな重大な法益侵害行為がなされることはありうるのであり，

---

17) 林幹人「横領行為と不法領得の意思」研修669号（2004）3頁以下．
18) 参照，最決昭和35・12・27刑集14・14・2229，高松高判昭和36・9・13高刑集14・7・479．
19) 窃取後の処分について，占有離脱物横領罪の成立を否定したものとして，大判明治42・11・9刑録15・1549．
20) 参照，大判大正4・5・21刑録21・663，最判昭和24・3・8刑集3・3・276など．

自己の物とする行為がさらに高度に強化されることはありうるのである．

次のような場合も問題とされている．委託された金員を着服し，自分の金庫に入れておいた後に，それを費消したような場合である[21]．この場合も，後の行為の時点で，被害者の所有権は残っており，それに対する新たな重大な侵害行為が行なわれた（決定的に自分の物とする行為でもある）と解される以上は，横領罪の構成要件該当性を否定すべきではない．

(4) 領得罪を状態犯と解することとの関係で，先行行為に領得罪の成立を認めれば，その予想する違法状態であるかぎり，不可罰的事後行為となる[22]，あるいは，先行行為に領得罪の成立を認めれば，後行行為まで「評価」することになる[23]といわれることがある．しかし，窃盗後の損壊は一般にむしろ予想されない．また，領得罪が状態犯であるとは，まさに，犯罪としての評価は先行する問題の犯罪事実にしか妥当しないということである．継続犯の場合，犯罪は成立し続け，その全体に1つの犯罪としての評価がなされる．それ故，後の行為に共犯の成立が可能であり，犯罪が継続している間は時効も進行を開始しない．領得罪が状態犯とされるということは，領得後の状態は違法ではあるが，それだけでは犯罪でないことを意味するのであり，犯罪でない事実を犯罪の一部と評価することはできない．領得罪の場合，先行する問題の犯罪事実のみを評価するのであり，後行して別の領得罪が犯された以上は，別個新たな評価を行なってよい，あるいは，行なうべきなのである．ただ，実質的に1個の法益に対する数個の犯罪は，併合罪ではなく，包括して一罪とし，刑の上では一罪として処断するべきである，したがって検察官としても先行行為のみを起訴するだけでもよい，というにすぎない．

以上の意味で，領得後の領得の場合も，刑罰吸収説，「共」罰的事後行為的な見解が妥当するものと思われる．

(5) 本件の場合，先行の抵当権設定行為については，そもそもこのような行為を横領行為となしうるかも問題とされている．控訴審判決はこれに疑問を

---

21) 平野・前掲（注15）判時1733号は横領後の横領を否定する．肯定的なものとして，本件控訴審判決・東京高判平成13・3・22高刑集54・1・42，高木俊夫「訴訟の場から見る不可罰的事後行為」河上和雄先生古稀祝賀論文集 (2003) 285頁．
22) 鈴木・前掲（注14）刑法の争点（新版）．
23) Günther Jakobs, AT., 2. Aufl., 1991, S. 879 は，すべての事情が先行行為によって確定的に評価されるという．

呈し[24],学説にはこれを否定するものがある[25].もし,横領行為であることを否定すれば,後行行為について横領を認めることに問題が生じないのである.

　抵当権設定行為が横領行為となることを否定する理由は,それは横領罪の保護法益である所有権の一部を把握するにすぎないというにある.しかし,一部とはいえ,所有権は侵害されたと解することは可能である.抵当権は,それが実行されれば,所有権そのものが決定的に侵害される危険をもったものである.そのようなものを設定する行為を横領としないのは妥当でない.そのような行為は,他人の不動産についての権限の逸脱であることを否定しえないし,また,行為者からみれば所有者のようにふるまうものというに十分である.抵当権設定行為は背任行為とすべきだという見解もあるが,背任罪の主体は「他人の事務を処理する者」に限定されており,抵当権のような担保を設定する行為を横領行為から一切除くならば,重大な処罰の間隙が生じる.

　(6)　もっとも,本件のような場合,先の抵当権設定行為に横領を認めると否とにかかわらず,被害者の法益状態は変わらない.所有権は依然として被害者に残っており,ただ,抵当権によって制約されているにすぎない.そして,後に行なわれた権限のない所有権移転登記行為は,それ自体として横領行為とするに十分である.一・二審も指摘するように,それは最も決定的な横領行為であって,不法内容として,後行行為の方が先行行為よりもむしろ重い[26].前の抵当権設定行為がたとえ横領になるとしても,それが予想したものだとか,それで評価し尽くしているとして,後行行為が犯罪として吸収され成立しないとするのは明らかに不当である.本件の場合まさに古典的な不可罰的事後行為理論の欠陥が余すところなく示されているのであり,一・二審とは異なり,最

---

24) 高刑集54・1・44は,抵当権設定は,これが交換価値のほぼ全部を把握するものでない限りは,横領罪ではなく背任罪を構成するものと解する方が,妥当のようにも思われるとする.これは,全部を把握した後に第二抵当権を設定したような場合,後行行為にもはや横領罪の成立を認めるべきではないとするかぎりでは理解しうる.しかしこのような場合でも,所有権を移転させようとするような行為を後に行なった場合には,やはり,横領罪を新たに認めるべきであろう.
25) 浅田和茂・本件評釈・平成15年度重判解169頁.
26) 一審判決は,先行する担保権設定行為は,土地が有する経済的価値のみを侵害する犯罪が成立するに止まり,後行行為は土地所有権(経済的価値を含め,土地が有する価値の全て)を第三者に譲渡する行為だということを,不可罰的事後行為でないとする理由としている.本件の場合は従来の不可罰的事後行為とされてきた窃盗と器物損壊とは違うというのである(刑集57・4・497).控訴審判決は,抵当権設定と土地売却を比較し,土地売却の方がはるかに重要な意味をもつ,損害もはるかに大きい,としている(高刑集54・1・42).

高裁大法廷が率直にかつての判例理論を変更したことを評価したい.

3 両行為が共に起訴された場合

（1） 最高裁は，抵当権設定行為と所有権移転行為が共に横領罪に当たるとして起訴された場合についての結論を留保している．この点についてかつて筆者は，「［不可罰的事後行為など］吸収一罪の場合，検察官は両方の罪について（包括一罪として）起訴しうるのであり，その場合裁判所としては，両方の罪について事実の認定をし，法令の適用をした上で，吸収一罪あるいは包括一罪として重い方のみで処断するべき」だとしたことがある[27]．

これに対して控訴審判決は，「先行行為についての犯罪事実が，既に取り調べられた証拠により明白に認められるか，若干の追加立証により明白に立証できる確実な見込みがある場合に限って，起訴されている後行行為を不可罰的事後行為とする」べきだとする[28]．これは，先行犯罪が証明されたときは，不可罰的事後行為となる，すなわち，後行行為は無罪となる趣旨のようにも読める．もっとも，控訴審は，「双方が包括的に一個の横領行為を構成すると解することも検討に値する」ともしている[29]．ドイツでも，先行犯罪が立証できないときは，後行行為を処罰できるとし，先行犯罪が立証されたときには，後行行為について犯罪の成立を認めないかのような見解が有力である[30]．

たしかに共罰的事後行為の場合，典型的な包括一罪の場合よりも，一罪性は強い．いいかえると，数罪性は弱い．典型的な包括一罪とは，同一人の財物を数回にわたって連続して領得したような場合である．しかし，共罰的事後行為は法条競合の場合とも異なり，明らかに数個の犯罪事実が現に存在する場合である．それをあたかも単純一罪のように評価するべきでもない．いわんや，先行行為が証明されたかどうかといった訴訟的な事情によって実体的な罪数関係を動かすのは妥当でないと思われる．

（2） 次のような見解もある．後行行為を独立に処罰することは可能であるとしながら，先行行為と後行行為の両者が起訴された場合，先行する横領行為

---

27) 林・前掲（注5）刑法の基礎理論229頁以下．
28) 高刑集 54・1・38．
29) 高刑集 54・1・43．
30) Vgl., Schönke-Schröder, 25 Aufl., Vorbem § 52, Rdnr. 117.

により当該委託物全体が領得されたと評価する以上，当該物の占有に関する「委託関係」が消滅したと評価されることになり，後行行為についてさらに横領罪の構成要件該当性を肯定することができなくなるというのである．この見解によれば，委託関係は窃盗罪の占有要件に対応する要件だというのである[31]．

たしかに，たとえば本を借りている者が，所有権者からその返還を求められたときに，自分の物だと主張すれば，委託物横領罪が成立するが，そのことによって，委託関係は消滅し，その後その本を他人に売却したような場合，占有離脱物横領罪しか成立しないとするべきかは1個の問題であり，委託関係がなくなると解することも可能ではある．しかし，そのように解するのであれば，後の売却行為のみが起訴されたときも，委託物横領罪ではなく，占有離脱物横領罪のみを認めるのでなければならない．本件の場合も，後行行為のみが起訴されたときに現に委託関係があるとして委託物横領罪の成立を認めるのであれば，先行行為が立証された途端にそれが消えてなくなるということはありえないことである．評価は事実に基づくものでなければならず，厳然として存在する犯罪事実を存在しないものと評価することはできない[32]．

そもそも横領罪の委託関係は，窃盗罪の占有要件に対応する要件ではない．横領罪はまさに占有侵害のない領得を本質とするものであり，窃盗罪の占有要件に対応する要件は横領罪には存在しない．たしかに，窃盗罪においては，占有侵害が一度行なわれれば，同一物について再び占有侵害が行なわれることはありえない．しかし，委託関係がある下で横領罪が行なわれた場合，そのことによって委託関係が消滅すると解するべきかはまったく解釈の問題であり，むしろ，原則としては委託関係は消滅しないと解するべきである．窃取・騙取した物については，所有権者との間で委託関係を認めることは原則としてできないとするべきであろう[33]が，委託された物を領得したからといって，委託関係がなくなると解するのは妥当ではない．

この見解によれば，「一部横領」を認めることはできないという．抵当権設定に横領罪の成立を認めれば，委託物の全部について横領を認めることになる

---

31) 山口厚・本件評釈・法教278号（2003）39頁以下．
32) 同旨の批判として，浅田・前掲（注25）平成15年度重判解170頁．
33) 横領罪の成立には，犯罪行為によらない限りは物体が犯人の占有に帰した原因のいかんを問わず，委託関係によって占有に帰したことを要しないとするものとして，大判大正4・9・17新聞1049・34．

から，後の所有権移転を横領と評価することはできないというのである[34]．しかし，抵当権設定について横領罪の成立を認めるのは，まさに，抵当権設定行為のもつ法益（所有権）に対する事実上の影響に対してのみである．それのみが犯罪の不法内容であり，横領罪としての評価はその事実に対してのみ妥当する．たとえば，1億円の価値のある不動産に1千万円の債務について抵当権を設定したとしても，その不動産が「全部」領得されたと解するべきではない．1千万円の債務に対して抵当権設定された場合の法益侵害＝領得の内容は，あくまで，その土地の価値から1千万円剥奪される危険性のみである．被告人としてもそのような利益のみを取得したのである．そのような不法内容であっても横領罪の成立は認められるのであり，そうであるからこそ後に所有権移転登記がなされたような場合には，別個新たに横領罪の成立を認めることができる．とくに本件の場合，後行行為は所有権移転行為で，まさに決定的な法益侵害・取得が行なわれたのであり，抵当権設定というより小さな犯罪だけで後行行為をも「評価」してしまうのは，実体的に妥当でない．

　後行行為のみが起訴されたときに犯罪の成立を認め，そして，その時点から新たに時効は進行を開始するとし，さらにそれに関与した第三者には共犯の成立を認める，このようなことが可能となるのは，そこに犯罪としての実体が存在するからである．そうした実体をもったものが証明されているにもかかわらず，先行行為が証明された，あるいは，犯罪として評価されたことを理由に，評価しないというのは，不当というほかはない．

　(3)　なお，このように抵当権設定行為と所有権移転行為との2つの構成要件が実現された場合，包括一罪とすべきだとすると，包括一罪を含む広義の一罪と，本来的な数罪，すなわち，観念的競合・牽連犯，あるいは併合罪などとの区別は，構成要件によってなされるわけではないということになる．その区別は，筆者の理解では，犯罪の実質，すなわち，不法・責任内容の一体性・関連性によってなされる[35]．横領物の横領の場合併合罪とならないのは，法益が1個だからである．それに対して，数回にわたって金員を着服したような場合，なお包括一罪とされるのは，不法内容としては数個あるにしても，機会の関連性＝意思の継続性から，責任内容は一体のものとみられるからである．構成要

---

34) 同旨の見解として，曽根威彦「不可罰的事後行為の法的性格」研修668号（2004）12頁．
35) 林・前掲（注5）刑法の基礎理論220頁．

件は，ある程度高度の法益と実行行為を内容としているという意味では実質的なものではあるが，数罪に近い包括一罪と本来的数罪の区別には役に立たないのである．

4 共罰的事前行為と事後行為

（1） 窃盗後損壊したような場合，不可罰的事後行為の典型とされてきた[36]．これまで述べた本章の立場からは，このような場合，窃盗にもかかわらず被害者の所有権が残っており，それが損壊行為から保護されるべきかが問題とされ，それが肯定される以上は，器物損壊罪は成立し，ただ，重い方の窃盗罪のみで処断されるべきだということになる．窃盗にもかかわらず，被害者の所有権は残っており，中でも，物の効用性・完全性についての利益はその侵害行為から保護されるべきである．

ここで次のような問題が生じる．器物損壊罪よりも軽い遺失物横領罪の後に損壊行為が行なわれた場合，どのように解するべきか，である．古典的な不可罰的「事後」行為の理解からは，後行犯罪に先行犯罪を「吸収」させることはできないようにも思われる．しかし，本章の採用する「共」罰的事後行為的な理解，すなわち，先行犯罪・後行犯罪共に犯罪としては成立しているのであり，ただ包括一罪として処断されるにすぎないという理解からは，遺失物横領後に損壊したような場合，器物損壊罪が成立すると解する以上は，その刑を処断にあたって考慮せざるをえない．したがって，このような場合，器物損壊罪の刑で処断するということにならざるをえないのである．もちろん，その器物損壊罪を考慮した処断刑の範囲内で，遺失物であることを理由に軽く量刑することは可能である．

これに対しては，それは遺失物横領罪を軽く処罰する趣旨に反するという反論がなされうる．しかし，この罪が軽く処罰されるのは，被害者の占有も委託も侵害しない領得行為だからである．物の効用性・完全性を侵害した場合にまで軽く処罰する趣旨のものと解するべきではない[37]．およそ器物損壊罪の成立を否定するならば，遺失物横領が時効にかかった後に損壊した場合などの処理

---

36) 盗品寄蔵後の損壊罪を否定したものとして，東京地裁八王子支判昭和 51・12・17 刑月 8・11 = 12・527．
37) 虫明・前掲（注 4）包括一罪の研究 257 頁は，これを併合罪とする．

に窮するであろう[38].

　最高裁判例によれば，窃盗または詐取後に，代金支払いもしくは返還請求を暴行によって免れれば，窃盗または詐欺と2項強盗の包括一罪であり，2項強盗の刑で処断される[39]．この判例はほとんどの学説によって支持されている．これを前提とすれば，債権をまず欺罔によって免れ，次いで暴行によって免れた場合，さらに，遺失物横領後に返還請求権を暴行によって免れた場合も同じであろう．

　そして，債権をまず暴行によって免れ，次いで詐欺によって免れた場合も，2項強盗と2項詐欺の包括一罪となり，2項強盗の刑によって処断すべきだということになる．このように，不可罰的事後行為と不可罰的事前行為とは，本章の理解では，まったく相対的なものである．学説には，本件の場合，最高裁判決は抵当権設定行為を不可罰的事前行為とする趣旨とも解し得るとするものもある[40]が，このような理解も成り立ち得るものと思われる．もっとも，同じ横領罪だから，両行為は等価値のものと理解するほうがよいであろう．

　本章の理解では，先行犯罪の方が重い場合が不可罰的事後行為であり，後行犯罪の方が重い場合が不可罰的事前行為である．これは，どちらの場合も，犯罪としては成立しているのであり，ただ，刑が重い方だけで処断するべきだという考慮によるものなのである．

　(2)　古典的な不可罰的事後行為の考え方は，長い間判例・学説を支配してきた．それでも余り問題が生じなかったのであるが，本件では実際上の不都合から最高裁大法廷はその基礎理論そのものを変更した．それが，これまでの不可罰的事後行為についての判例のどこまでに及ぶかは大問題である．たとえば，遺失物たる乗車券を横領後，欺罔によって払戻しを受けた場合[41]，あるいは，パチンコ玉を窃取後景品を詐取した場合などに詐欺罪の成立を否定した判例[42]などは，本判決からすれば，変更すべきではないか，疑いがある．

---

38)　ドイツにおいてこの趣旨を説くものとして，Günther Kohlmann, Schließt die Verjährung der Vortat auch die Bestrafung wegen der Nachtat aus?, JZ 1964, 492.
39)　最決昭和61・11・18刑集40・7・523.
40)　野村稔・評釈・現刑63号（2004）77頁．
41)　東京地判昭和36・6・14判時268・32，浦和地判昭和37・9・24下刑集4・9＝10・35.
42)　仙台高裁秋田支判昭和29・8・24裁特1・4・157など．

★ 演習問題

1. 最判昭和31・6・26は，どのような事実について，どのような判断を示したか
2. 乙はどのような理由で無罪とされたのか，そこにはどのような問題があるか（理論的・体系的にみて，乙に犯罪の成立を認めるにはどのような要件について問題が生じるか，共犯の因果性・故意を否定し得るか）
3. 乙について横領罪の共犯はおよそ成立しえないのか（林幹人・刑法各論（第2版）288頁）
4. 甲について，所有権移転行為について横領罪が成立しない理由はどこにあるか
5. 最大判平成15・4・23の原原審は，どのような事実についてどのような判断を示したか（とくに，刑集57・4・497，「四　不可罰的事後行為について」を参照されたい）
6. そこにはどのような問題があるか（窃盗後損壊した場合と，本件の場合とで，理論的に異なるか，損壊が窃盗に対する違法評価に包含され尽くしているか）
7. 金銭について，領得後，費消した場合，費消のみをとらえて起訴してきた場合，裁判所としてはどうするべきか——原審はどのように解しているか（高刑集54・1・42下から7行目あたりを参照されたい）
8. 本件と，最高裁昭和31年判決との関係について，原審はどのように解しているか
9. 判例変更をする必要があると解しているか
10. 原審は，抵当権設定は背任とする余地があるとしているが，どう考えるか
11. 最高裁大法廷判決について，原原審，原審との違いはどこにあるか——裁判所として，どちらの判断が妥当であるか
12. 盗品保管罪で起訴したところ，被告人は，それは自分で窃盗したものだという抗弁をしたとする，本件の最高裁判例によれば，裁判所としてはどのように判断するべきか
13. 抵当権設定行為と，所有権移転行為とを共に起訴した場合は裁判所としてはどのようにするべきか
14. 法条競合，包括一罪の典型をあげなさい
15. 不可罰的事後行為に対して共罰的事後行為といわれることがあるが，どのような意味か，さらに犯罪吸収説と処罰・刑罰吸収説の対立について検討しなさい
16. 委託物を領得すると，委託関係は消滅すると解するべきか
17. 遺失物横領後，損壊した場合，どのように解するべきか（後行行為の方が重い場合）
18. 窃盗・詐欺後，返還請求権を暴行・脅迫によって免れた場合はどうか

II──各　論

■ 傷害罪

1── 精神的ストレスと傷害罪
最高裁平成 17 年 3 月 29 日決定〔刑集 59・2・54〕

1 最高裁平成 17 年 3 月 29 日決定の意義

（1） 傷害罪について重要な最高裁決定がある．事案は，自宅から隣家の被害者に向けて，精神的ストレスによる障害を生じさせるかもしれないことを認識しながら，連日連夜，ラジオの音声及び目覚まし時計のアラーム音を大音量で鳴らし続けるなどして，被害者に精神的ストレスを与え，慢性頭痛症等を生じさせたというのである．最高裁は，原原審，原審の判断を維持して，傷害罪の成立を認めた[1]．

（2） 被害者に精神的ストレスを与えることによって，精神に関連する障害を生ぜしめた場合には傷害罪が成立するということは，これまでの下級審判例においても認められていた．

たとえば，すでに東京地判昭和 54・8・10 判時 943・122 は，嫌がらせ電話により精神衰弱症に陥らせた場合について，また，名古屋地判平成 6・1・18 判タ 858・272 は，約 7 ヵ月の間ほぼ連日にわたって怒号などの威嚇的な嫌がらせ行為をし，約 2000 回に及ぶ無言電話等をかけ続けた結果，被害者に入院加療 3 ヵ月を要する「不安及び抑うつ状態」を生じさせ，いわゆる PTSD を増悪させた場合について，さらに，富山地判平成 13・4・19 判タ 1081・291 は，3 年以上にわたる嫌がらせ電話により PTSD を負わせた場合について，それぞれ，傷害罪の成立を認めていた．最後の判例では，被告人の行為は相当強い恐怖心をいだかせるものであり，被害者には鳴ってもいない電話の呼出音が聞こえ，音に対する過敏な反応があり，嫌がらせ電話のことを話すと皮膚が赤くなるなどの緊張状態が続き，不眠もあったことが指摘されている．最近の同様の

---
[1] 刑集 59・2・54. 解説・評釈として，島岡まな・法教 301 号（2005）84 頁，山口厚・法教 303 号（2005）91 頁，江口和伸・研修 685 号（2005）17 頁以下など．

判例として，東京地判平成 16・4・20 判時 1877・154 がある．さらに，強制わいせつの被害者が受けた精神的ストレスを PTSD と認定し，強制わいせつ致傷罪の成立を認めた事例もある[2]．

もっとも，注目すべき無罪判例もある．福岡高判平成 12・5・9 判時 1728・159 がそれである．本判例は，暴行を受けた後の被害者の状態は PTSD にあたることに疑問を示し，「その症状も種々の犯罪の被害者が被る心理的ストレス等の被害を特に上回るものとまではいまだ認め難い」として，暴行罪のみの成立を認めたのである[3]．この判例においては，暴行後の一定限度の精神的ストレスは暴行罪に織り込み済みのものであり，その限度にとどまるかぎり，傷害罪の成立は否定されるべきだという理解が示されている．このような理解は重要であって，強制わいせつ致傷罪や強姦致傷罪，あるいは，昏睡強盗罪の場合にも同様のことがいいうるであろう[4]．

（3） 冒頭にあげた最高裁決定は，以上のような下級審判例の動向を是認するものであるが，事案を見ると，次の 2 点において，傷害罪の成立を認めやすかったといえる．第一に，行為の方法は，暴行にはあたらないものの，大音量を鳴らし続けるという，ほとんど物理的なものである．そこに，「嫌がらせ」という精神的・心理的な意味合いも含まれてはいるが，少なくとも，無言電話よりは物理的なものである．第二に，被害者には明らかな身体的症状が出ている．すなわち，全治不詳の慢性頭痛症，睡眠障害，耳鳴り症である．これらは，「生理的障害」「健康状態の不良変更」とすることにほとんど問題がないものである．

しかし，行為の方法が，純粋に精神的・心理的なものだったらどうであろうか．たとえば，相手を侮辱したり，その秘密を暴露したような場合である．傷害罪の方法には限定がないというのが判例・通説であるが，それでよいものかが問題となる．とくに，侮辱罪や秘密漏洩罪は刑法典に独立に処罰する規定があるので，それにもかかわらず傷害罪の成立を認め得るかが問題となるのである．

---

[2] 山口地判平成 13・5・30 公刊物未登載（佐藤弘規・警察公論 2001 年 8 月号 59 頁以下）．
[3] 解説・評釈として，佐々木和夫・現刑 39 号（2002）67 頁以下，甲斐行夫・研修 639 号（2001）29 頁以下，緒方あゆみ・同志社法学 54 巻 1 号（2002）292 頁以下，内田博文・平成 12 年度重判解 152 頁，安田拓人・判例セレクト 2001・31 頁など．
[4] 参照，河上和雄「傷害概念の再検討」内田文昭先生古稀祝賀論文集（2002）307 頁以下．

さらに，本最高裁決定の事案は，被害者に明らかに身体的な症状が出ている場合である．しかし，たとえば強度の不安・抑鬱状態，あるいは，意欲減退・自殺衝動などはみられるものの，大きな身体的症状は出ていない場合もありうる．このような場合にも傷害罪の成立をどのような意味で認め得るかも問題となる．

　（4）　傷害罪の成立を認めなかった上級審の重要判例として，次の2つがある．第一は，短時間の失神の場合である．事案は，少女を強姦目的で背後から首を絞めて約30分間人事不省に陥らせたものの，被害者はたちまち心神回復しその精神身体に何らの障害を遺さなかったというものである．大判大正15・7・20新聞2598・9は，健康状態の不良変更はないとして，傷害罪の成立を否定した．第二は，最判昭和29・8・20刑集8・8・1277であって，被害者の身辺近くで大太鼓，鉦などを連打し，頭脳の感覚鈍り意識朦朧たる気分を与え又は脳貧血を起こさせ息詰まる程度に達せしめたときを暴行としたものである[5]．

　いずれも手段は物理的な方法をとる暴行であるが，精神・身体に一定限度影響を与えている．失神とは精神・意識の一時的喪失であり，また，意識朦朧・脳貧血に精神的ストレスが伴っていることは明らかである．傷害罪というと，純粋に生理的存在としての身体に対する物理的な侵害を想起しがちであるが，このように，精神・心理と交錯する場合は少なくない．この身体と精神との関係についてどのように理解するべきかは大問題である．

　本章は，被害者が精神的ストレスによって何らかの障害を受けた場合に，どのような要件の下で傷害罪の成立を認めるべきかについて，若干の考察を行なうものである．

2　「身体」と「精神」

　（1）　傷害罪の規定は「人の身体を傷害した者」としている．この「身体」に精神は含まれるであろうか．結論から示せば，そのように解することには疑問がある．

　傷害罪の不法内容については，判例上も，いくつかの基準が示されている．主なものは，「健康状態の不良変更」「生理的機能の障害」「生活機能の障害」

---

[5]　さらに参照，熊本地裁玉名支判昭和42・11・10下刑集9・11・1372．

の3つである．すなわち，大判明治 45・6・20 刑録 18・896 は，毛髪などを剃去する行為は，健康状態の不良変更ではないとして傷害罪の成立を否定した．最判昭和 27・6・6 刑集 6・6・795 は，性病を感染させた事例について，傷害罪は，他人の身体の生理的機能を毀損するものである以上，その手段が何であるかを問わないと判示した．「生活機能」という基準を示したのは，最決昭和 32・4・23 刑集 11・4・1393 である．「傷害とは，他人の身体に対する暴行により生活機能に障がいを与えることであって，あまねく健康状態を不良に変更した場合を含む」と解し，暴行により，その胸部に疼痛を生ぜしめたときは，たとい，外見的に皮下溢血，腫脹又は肋骨骨折等の打撲痕は認められないにしても，傷害罪が成立するとしている[6]．

最後の「生活機能」という基準は，判例自身によってなされているように，「健康状態の不良変更」と置き換えられるし，「生活機能」というだけでは，髪髭などを含むと解するいわゆる完全性説との区別が困難となる[7]から，傷害罪の不法内容としては，生理的機能の障害ないし健康状態の不良変更と解するのが妥当と思われる．

（2）問題となるのは，「生理的機能」の中に精神的機能を，「健康」の中に（身体のほかに）精神の健康を含めてよいかである．

先にあげた名古屋地判平成 6・1・18 判タ 858・272 は，「傷害罪にいう傷害の結果とは，人の生理的機能を害することを含み，生理的機能とは精神機能を含む身体の機能全てをいうと解されるから，……『不安及び抑うつ状態』という医学上承認された病名に当たる精神的・身体的症状を生じさせることが右の傷害の結果に当たることは明らか」とする．福岡高判平成 12・5・9 判時 1728・162 も「人の精神的機能に障害を与える場合も右にいう人の生理的機能に障害を与える場合に含まれ」るとしている．

しかし，このような理解に対しては，いくつかの疑問がある．

第一は，どのような意味で精神的機能は生理的機能に含まれるのか，ということである．精神と生理とは（深く結びつき，密接な相互関係があることは疑いな

---

[6] それ以前に疼痛について傷害罪としたものとして，大判大正 11・10・23 評論 11 巻刑法 400，福岡高判昭和 30・2・2 裁特 2・4・57．

[7] 「生理」機能に対して，身体の完全性を含むという意味で，「生活」機能を強調する見解として，河上・前掲（注4）内田文昭先生古稀祝賀論文集 305 頁．

いが）別のもの，あるいは，少なくとも別次元のものではないか，という疑問がある．

第二は，もし精神の健康をも傷害罪で保護するとなれば，不安・鬱・恐怖・パニックなどに支配され，あるいはとらわれたときは，それだけで傷害罪が成立してしまうのではないか，という疑問である．いわゆる「心の傷」「心の痛み」なども，ただちに傷害罪とするべきではないであろう．

第三に，刑法は，精神・心理・感情の領域を，生命・身体などとは区別して保護している．名誉毀損罪，侮辱罪，秘密漏泄罪，脅迫罪などと，殺人罪・傷害罪・暴行罪などとは区別しているのである．平成 12 年に立法されたストーカー規制法なども，このような刑法の立場を前提とするものであろう．

筆者は，刑法上は，「生理的機能」に精神的機能は含まれないと解すべきだと思う．傷害罪の保護法益としての「健康」とは，身体の健康を意味するのであり，そこに精神の健康は含まれないということである．もっとも，物理的・生理的存在としての身体には脳・神経も含まれており，それらが生体において重要な器官であることはまちがいないから，精神的ストレスを与えることにより，それらの器官に対して生理的機能障害・不健康状態を生ぜしめたときは，傷害罪の成立を認めうる．いわゆる精神的機能の障害も，背後に器質的な脳ないし神経の機能障害があるといいうるかぎりにおいて傷害罪の成立を認めうるのだと思われる．本最高裁決定でいうならば，傷害罪の不法内容は，頭痛などの身体的・客観的症状，あるいはそれらを発現させている脳・神経の生理的機能障害・不健康状態にほかならないのであって，それに伴う精神的・心理的・感情的な状態なのではない．このように解することによって，精神的ストレスを与えた場合も，物理的方法によって身体に生理的障害を生じさせ健康状態を不良変更した場合と，同一のレベルで，一元的に把握することが可能となるように思われる[8]．

（3）　ドイツ[9]とイギリスにおいてもほぼ同じように解されているといってよいように思われる．

---

[8]　「刑法上の傷害（致傷）の要件を充たすかは，生理機能の障害の存否に照らしてあらためて判断すべきである」とするものとして，林美月子「PTSD と傷害」神奈川法学 36 巻 3 号（2004）229 頁．

[9]　ドイツの判例・学説の状況について，林（美）・前掲（注 8）神奈川法学 36 巻 3 号 224 頁以下．

ドイツの学説にも，精神の一時的悪化，純粋な精神的な病気，たとえば抑鬱状態をも含むとする見解[10]，人体は身体的・精神的なものだから，精神病を生じさせることは，身体的病状が伴っていなくても，傷害罪を構成する[11]という見解もある[12]。しかし通説は，主観的な健在性が問題となっている場合でも，その事情の客観的に認識し得る基盤が要求されなければならない[13]，単に精神的な領域のみを問題としてはならず，傷害罪の成立を認めるには器官の過程（organischer Prozess）が示されなければならない[14]，精神的な影響が身体の反応を示すときにのみ傷害罪を構成する[15]，傷害罪を構成するには精神的な不健康状態では足りず，たとえば神経の興奮のように，身体的に客観化されるものが必要である[16]などと解している。

判例も同様であって，たとえば2日間夜中に2,3回電話で金銭の要求をされ，電話がまたかかってくるのではないかという不安で眠れず，疲労困憊し，神経質になったというだけでは，感覚神経の異常興奮があるとはいえず，「病理学的，身体的な客観的所見がない」として，傷害罪の成立を否定したもの[17]，不安とかパニックなどの感情そのものだけで傷害罪とすることはできず，心理的な影響が，被害者に身体的に客観化しうる状態にさせたのでなければならないとするものがある[18]。

もっとも，性的な電話を何度もかけて，自律神経に病的状態を生じさせ，重大な不安状態，睡眠障害，悪夢を見させるなどした場合には，傷害罪としている[19]。

---

10) Hans Welzel, Das deutsche Strafrecht, 11 Aufl., 1969, S. 288.
11) Blei, Strafrecht II, 12 Aufl., 1983, S. 47; Schoenke-Schroeder-Eser, 26 Aufl., § 223, Rdnr. 6.
12) Wolfslast, Psychotherapie in den Grenzen des Rechts, 1985, S. 4 (18ff.) は，精神それ自体を，傷害罪の保護法益の中に含めるべきだと主張し，あらゆる態様の精神病の悪化について，身体的な症状を伴わなくても傷害罪の成立を認めるようである。
13) Maurach-Schroeder-Maiwald, BT, 8 Aufl., 1995, S. 95.
14) Leipziger Kommentar, 11 Aufl., Vor § 223, Rdnr. 2 (Lilie)（精神病質とノイローゼは，単に異常というにすぎないとする）。
15) Muenchener Kommentar, Vor § 223, Rdnr. 5 (Joecks)（ノイローゼは，正常な状態からの量的な差異があるにすぎないとする）。
16) Leipziger Kommentar, 10 Aufl., § 223, Rdnr. 2 (Hirsch); Systematischer Kommentar, 7 Aufl., § 223, Rdnr. 23 (Horn); Nomos Kommentar, 2 Aufl., § 223, Rdnr. 3 (Paeffgen)。
17) OLG Duesseldolf, NYW2002, 2118.
18) BGH, Urt. v. 9. 10. 2002, NStZ2003, 150. スイッチの入ったヘヤドライヤーを投げ付けたために不安・恐れ・ショック・興奮に陥った場合について，否定した判例として，NStZ1997, 123.
19) BGH, Urt. v. 31. 10. 1995, NJW1996, 1068.

このように,ドイツの判例は,単に精神的健在性が動揺させられただけでは足りないが,そのことによって病理学的・身体的・客観的な状態が生じさせられた場合には,傷害罪が成立するとしている.

(4) イギリスの状況もほぼ同じである[20]. Regina v. Burstow, Regina v. Ireland (1997) 4 All E. R. 225 においては,女性に対する,数度に及ぶ(夜間にもなされた)無言電話のために,不安によるノイローゼ,重度の抑鬱症に罹患したという事案について,傷害罪(assault)を構成するとされた.そこでは,そのような精神病が身体の障害(bodily harm)となるかが問題とされたが,身体の障害には,認識しうる精神病が含まれるとされた(とくに,暴行がなされるおそれを被害者に生ぜしめたことが強調されている).本判例には,Regina v. Chan-Fook (1994) 1W. L. R. 689 が引用されている.その判例では,原審が,ヒステリーと神経質な状態そのものが,身体の障害になるという説示をしたが,これが破棄され,次のような判示がなされている.被害者の身体には,神経系,脳も含まれる.しかし,恐れ,抑鬱,パニックなどの単なる感情は身体の障害に含まれない.何らかの特定し得る臨床的な状態(clinical condition)があるという証拠がない心理状態そのものは含まれない,というのである.さらに,Regina v. Constanza (1997) 2Cr. App. R. 492 は,ストーキング的行為により,抑鬱症・不安症に陥らせた場合に,暴行を受けるおそれを生ぜしめたことを理由として,傷害罪の成立を認めた.

(5) もっとも,本章のような立場からも,ノイローゼをどのように解するかは難しい問題である.ドイツにおいて身体的・客観的な法益論を採用する立場から,ノイローゼは傷害結果にあたらないとする見解も有力である[21].しかし,少なくとも,動悸,呼吸困難,胸部圧迫感,めまい,吐き気,発汗,ふるえ,下痢などの身体的症状が出ている場合は,それらを総合して傷害罪とすることができよう.さらに,その背後に神経の病的状態があるといいうるかぎり,それをも傷害結果と解することはできる.大切なことは,不安感・抑鬱感・恐怖感などの精神・感情・心理の状態そのものを傷害結果と解するべきではないということである.医学上はともかく,刑法においては,そのような状態は本

---

20) なお,アメリカの状況について,林(美)・前掲(注8)神奈川法学36巻3号231頁以下.
21) Leipziger Kommentar, 11 Aufl., Vor § 223, Rdnr. 2 (Lilie); Muenchener Kommentar, Vor § 223, Rdnr. 5 (Joecks).

来の意味での生理的機能障害，「身体」の健康状態の不良変更を示す徴憑にすぎないと解するべきである．

　(6)　いわゆる感覚は，身体と精神の中間にあるものである．その典型が疼痛であるが，周知のように判例はこれを傷害結果と認めている[22]．しかし，疼痛については，「苦痛の継続は，苦痛それ自体が問題ではなくて，その原因たる創傷の程度を示すものとして意味がある」という指摘もなされている[23]．このように，疼痛の場合には，疼痛を生じさせている病変・創傷のほか，痛覚神経の興奮までが傷害罪の不法内容であって，感覚としての痛みはそれらを示す徴憑と理解すべきではないかと思われる．

　判例で問題とされた疼痛は暴行によるものである．しかし，精神的ストレスを与えることによって，身体的な疼痛に至ることもある．本最高裁決定の事案でも，頭痛に至っている．ドイツには，虚偽の死亡報告を近親者にすることによって心臓発作（この場合痛みを伴うことも多い）を生じさせた場合に傷害罪の成立を認めたものがある[24]．

　これと区別するべきは，精神的ストレスによる，いわゆる心痛・心の痛みの場合である．これだけでは，傷害罪の成立を認めることはできない．

　(7)　一時的な失神については，傷害罪を認めなかった前掲大審院判例のほかに，認めた下級審判例もある[25]．失神も，精神的ストレスによることが多い．精神の健康状態をも傷害罪の保護法益と解すれば，一時的にとはいえ意識を失うことを傷害でないとはいいにくいであろうが，それが短時間かつ一過性のものであって，重大な器質的病変を伴わないとすれば，（その間，脳の循環障害により血流低下があるとしても）傷害罪の成立を認めるまでもないであろう．傷害罪の成立を認め得るのは，それが長時間に及び，ある程度重大な器質的病変を伴った場合である．

　(8)　最近ではPTSDが重要な問題となっている．PTSDは精神的ストレスの中でも最も強烈なものの場合であるが，この病気においては精神的・主観的な症状が多く，身体的な症状は大したことがないこともあるということである．

---

22)　最決昭和32・4・23刑集11・4・1393，福岡高裁宮崎支判昭和62・6・23判時1255・38など．
23)　木村栄作「軽微な創傷についての傷害と暴行との区別」刑法判例研究Ⅱ (1968) 280頁．
24)　LG AACHEN, Urt. v. 12. 1. 1949, NJW1950, 759はこのような事例である．
25)　広島高裁松江支判昭和38・9・4高検速報129号（昭和38年）．失神について，参照，松本時夫「傷害の意義」刑事裁判実務大系第9巻・身体的刑法犯 (1992)．

しかし，前掲富山地裁判決は，PTSD の場合，「一般に自律神経の機能障害が指摘されており，さらには脳の一部に生理的な変化を生じて発症に影響を与えることも示唆されている」としている．傷害罪の不法内容としては，このような局面が重要だと思われる．

なお，PTSD という診断がなされることそれ自体が傷害罪の成否にとって重要なのではない．診断は治療の必要という観点に影響されるから，安易に認められる可能性がある．他方，PTSD までいかなくても，傷害罪が成立することはありうる．

さらに，治療に必要な期間も，それ自体としては重要でない．純粋の精神的ケアに必要な期間であるかぎり，傷害罪にとって意味があるわけではないと思われる[26]．

3　「無形的方法」について

（1）　わが国の判例は傷害罪については手段を問わず，いわゆる無形的方法であっても成立し得ると解している[27]が，精神的ストレスを与えた場合について，実行行為の内容に関して，何らかの限定が考えられるかが問題となる．

被害者に精神的ストレスを与える方法にも種々の形態がありうる．本最高裁決定の事案の場合は，被害者の近辺で大音量を鳴らし続けるというもので，若干心理的な意味合いも込められているものの，基本的には物理的なものである．しかし，本件の被告人の行為を暴行とまではいうことはできない．暴行によって精神的ストレスを与え，血圧を上昇させるなどして脳出血を起こさせ，傷害ないし殺人の結果を生ぜしめることはよくあることで，このような場合に，傷害罪・殺人罪の成立を認めることにとくに問題はない．判例もこのような場合には，ほとんど問題なくこれらの罪の成立を認めている[28]．

26）　PTSD については，杉田雅彦「PTSD（心的外傷後ストレス障害）と刑事事件」判タ 1072 号（2001）52 頁以下，宮地尚子「PTSD 概念を法はどう受け止めるべきか？」ジュリ 1227 号（2002）2 頁以下，山口成樹「心的外傷後ストレス障害（PTSD）と損害賠償請求訴訟」判タ 1088 号（2002）9 頁，山崎文夫「セクシュアル・ハラスメントと PTSD に関する法的諸問題」比較法制研究 25 号（2002）139 頁以下，滝沢誠「傷害罪と心的外傷後ストレス傷害」中央大学大学院研究年報 31 号（2002）211 頁以下など参照．

27）　参照，香川達夫「無形力行使と傷害」警研 52 巻 8 号（1981）3 頁以下．

28）　大判大正 14・12・23 刑集 4・780，最決平成 2・11・20 刑集 44・8・837（いわゆる大阪南港事件である）．

これに対して，嫌がらせの無言電話をかけ続けたような場合は，主として精神的・心理的方法といえるが，呼び鈴を何度も鳴らすといったところは物理的ともいえる．先にあげた名古屋地裁平成6年判決の事案の場合には，怒号したり，ダンプカーを被害者宅の玄関先で急停車させたり空ぶかしを繰り返したり，自転車のベルを鳴らして騒音を発するなどしており，嫌がらせといっても，かなり物理的である．

　しかし，純粋に精神的・心理的な方法によって精神的ストレスを与える場合もありうる．たとえば，侮辱・名誉毀損，秘密の暴露，ショッキングな事実の報告，ストーカー的行為などにより精神的ストレスを与える場合である．このような場合であっても，先に述べたような意味で生理的障害を生ぜしめた場合には傷害罪の成立を認めることができるであろうか．

　傷害罪には過失犯処罰規定があるから，たとえば，上司が部下に過重なノルマを課した場合，あるいは医師が患者にガンの告知をした場合，さらには職場において言葉によるセクハラをした場合などに，相手が精神的ストレスに陥り，傷害結果が生じた場合には，業務上過失傷害罪が成立しかねない．わが国の判例にはまだこのような例はないと思われるが，精神的ストレスによる傷害を認め，方法に限定がないとすると，広汎な犯罪化が生じる可能性がある．

　(2)　ドイツにおいては，精神的ストレスによる場合にも，方法には限定がないというのが判例・通説である．すでに紹介したように，近親者に対して虚偽の死亡報告をした場合に傷害罪の成立を認めた判例があり，最近の判例にも傷害罪の方法は暴行に限られず，脅迫，侮辱，ショッキングな報告など精神的影響であってもよいと判示したものがある[29]．通説もこのように解している[30]．

　これに対してイギリスでは，方法について無制限に傷害罪を認めることに慎重な傾向が見られる．無言電話でノイローゼに陥らせた場合について傷害罪の成立を認めた判例は，暴行を受ける不安を生ぜしめたことを強調している[31]．学説には，匿名の手紙で脅迫文を送り付けたような場合に傷害罪の成立を認め

---

29) NJW1996, 1069.
30) Schoenke-Schroeder-Eser, 26 Aufl., § 223, Rdnr. 5. Nomos Kommentar, 2 Aufl., § 223, Rdnr. 3 (Paeffgen)は，身体と精神は深く結びつき，部分的にしか解明されておらず，相互作用があるから，侵害の形式は問わないとしている．
31) Michael J. Allen, Look Who' stalking: Seeking a Solution to the Problem of Stalking, [1996] 4 Web JCLI 8 は，恐れ一般ではなく，暴行を受ける恐れのみが傷害となりうることを強調する．

ることに疑問を示すものがある[32]．さらに，感覚的・同時的な知覚に基づくショックに限定する不法行為法に言及して，恐ろしいできごとを視覚・聴覚で把握することによる突然の感情，さらには，直面すること（confront）を重視する見解も主張されている[33]．これは，傷害罪の成立する場合をPTSD的な精神的ストレスに限定しようとするものと思われる[34]．

（3）　政策的・実際的に考えれば，イギリスのような傾向には妥当なものがある．しかし，理論的に行為の方法に限定を加えることは困難である．暴行による場合，あるいは物理的な方法による場合はもちろん，脅迫的な行為によって精神的ストレスを与えた場合に，傷害罪をおよそ認めえないとすることはできないであろう．そうだとすると，肉親の死亡の虚偽報告や名誉毀損，ストーカーなどの場合も理論的には区別しえないであろう．

過度の犯罪化の危険に，各論的なレベルで対処することには限界がある．精神的ストレスによる生理的機能の障害は複雑な過程をたどるものであり，個人差が大きい．そこから，条件関係・相当因果関係，故意・過失の認定が慎重になされなければならない．さらには，純粋の言語による意思の伝達の場合，表現の自由や知る権利などとの関係で許された危険の法理が活用される場合もありうるものと思われる．

★ 演習問題

1　最決平成17・3・29は，どのような事実についてどのような判断を示したか
2　東京地判昭和54・8・10など，これまでの下級審判例は，この問題に関して，どのような事実についてどのような判断を示したか
3　強制わいせつの被害者が受けた精神的ストレスがPTSDと認定される場合，どのような犯罪が成立するか
4　福岡高判平成12・5・9は，どのような事実についてどのような判断を示したか
5　平成17年最高裁判例の場合，それまでの下級審判例と比べて，どのような特徴があるか
6　相手を侮辱したり，その秘密を暴露したために，相手に精神的ストレスを与えたような場合，傷害罪は成立するか

---

32) Smith & Hogan, Criminal Law, 8th ed., 1996, p. 413.
33) Jeremy Horder, Reconsidering Psyche Assault, [1998] Criminal Law Review 392.
34) さらに参照，Jonathan Herring, Assault by Telephon, [1997] The Cambridge Law Journal 11.

7 大判大正15・7・20は，どのような事実についてどのような判断を示したか
8 最判昭和29・8・20は，どのような事実についてどのような判断を示したか
9 傷害罪の客体としての「身体」に精神は含まれるか
10 「傷害」とは，判例によれば，何か
11 大判明治45・6・20は，どのような事実についてどのような判断を示したか
12 最判昭和27・6・6は，どのような事実についてどのような判断を示したか
13 最決昭和32・4・23は，どのような事実についてどのような判断を示したか
14 「生理的機能」の中に精神的機能を，「健康」の中に（身体のほかに）精神の健康を含めてよいか，そのように解することにはどのような問題があるか
15 ノイローゼをどのように解するか
16 不安感・抑鬱感・恐怖感などの精神・感情・心理の状態そのものを傷害結果と解するべきか
17 疼痛そのものを傷害結果と解すべきか
18 「苦痛の継続は，苦痛それ自体が問題ではなくて，その原因たる創傷の程度を示すものとして意味がある」という指摘についてどう考えるか
19 失神についてどのように解するべきか
20 PTSDとは何か，これを傷害結果とするべきか
21 無形的方法とは何か
22 本件の被告人の行為について暴行罪の成立を認め得るか
23 純粋に精神的・心理的な方法によって精神的ストレスを与えた結果，傷害を負わせた場合，傷害罪の成立を認めるべきか
24 匿名の手紙で脅迫文を送り付けた結果，傷害を負わせた場合，傷害罪の成立を認めるべきか

■窃盗罪 1

2 ── 窃盗罪の保護法益
最高裁平成元年7月7日決定〔刑集 43・7・607〕

1 最高裁平成元年7月7日決定の意義

窃盗罪の保護法益に関して，最高裁は平成元年に重要な判断を示している．事実の概要は以下のとおりである．

被告人は，いわゆる自動車金融の形式により，高利を得る一方，融資金の返済が滞ったときには自動車を転売して多額の利益をあげようと企てた．契約内容は，借主が自動車を融資金額で被告人に売渡してその所有権と占有権を被告人に移転し，期限までに買戻権を行使しないかぎり，被告人が自動車を処分しうるというものであった．当事者の間では，借主が自動車を利用することが前提とされていた．被告人等は，返済期限前後に，密かに作った合鍵を利用するなどして，転売するために，無断で自動車を引き揚げた．

以上のような事実について，最高裁は次のように判示した．「以上の事実に照らすと，被告人が自動車を引き揚げた時点においては，自動車は借主の事実上の支配内にあつたことが明らかであるから，かりに被告人にその所有権があつたとしても，被告人の引揚行為は，刑法242条にいう他人の占有に属する物を窃取したものとして窃盗罪を構成するというべきであり，かつ，その行為は，社会通念上借主に受忍を求める限度を超えた違法なものというほかはない．したがつて，これと同旨の原判決の判断は正当である．」

2 本権説と占有説

(1) 判例はもと本権説をとっていた（大判大正 7・9・25 刑録 24・1219 など）．ところが，戦後になって，占有説に傾いていった．最初は，窃取した物を，被害者ではなく，第三者が喝取した場合（最判昭和 24・2・8 刑集 3・2・83），さらに，いわゆる禁制品を奪取した場合（最判昭和 25・4・11 刑集 4・4・528）に，奪

取罪の成立を認めたにすぎなかった．これらの場合は，被告人に権利があるわけではなく，被害者に義務があるわけではないから，いわゆる本権説・占有説の問題の場合とは本来異なる．ところがそのとき，判例は，一般的に占有説を採用するかのような判示を行なった．その勢いで，いわゆる本権説・占有説の問題の典型例である，相手の財産に対して権利をもつ者が，もたない相手，すなわち本権の裏付けがなく占有する者に対して権利を行使するような場合についても，奪取罪の成立を認めるに至った．まず，詐欺罪（最判昭和34・8・28刑集13・10・2906)，次いで窃盗罪（最判昭和35・4・26刑集14・6・748）において，いわゆる占有説を採用したのである．本決定は，この判例の立場を再確認したものである．ただ，そこにおいては，「社会通念上借主に受忍を求める限度を超えた違法なものというほかはない」という形で，違法阻却される場合がありうる旨示されていることが注目される．

(2) このように，基本的に占有説をとりつつも，場合によって違法阻却を認めるという立場は，いわゆる権利行使と恐喝の問題において，最近の下級審判例によっても採用されている[1]．本権説・占有説の問題と権利行使と恐喝の問題は，別のものという見方もあるが，実は同じものである．本件の場合も，被告人が脅迫して自動車を引き揚げれば，権利行使と恐喝の問題となる．そして，自動車に対して権利をもつ場合と，金銭に対して権利をもつ場合とを区別する理由はない．判例が，本権説から占有説に移ったのとほぼ同じ頃に，権利行使と恐喝の問題において，権利があっても恐喝を認めるという立場を採用した（最判昭和30・10・15刑集9・11・2173）ことは，偶然ではないのである．そして，権利行使と恐喝の問題においては，権利があるということを重要な理由の1つとして無罪としたものが，最近に至るまで少なからずある．その際，最近の下級審判例は，権利があるということを違法阻却の局面で考慮する傾向がある．

恐喝ではなく，詐欺が問題となることもある．最近の最高裁判例には，被告人は欺罔して金員を取得したが，それは本来の支払時期を若干早めたにすぎない場合には詐欺罪の成立を認めえないとしたものがある（最判平成13・7・19刑集55・5・371)．ここにおいては，被告人には詐取した金員に対する権利がある

---

[1] 東京地判平成14・3・15判時1793・156, 大阪地判平成17・5・25判タ1202・285など．学説として，木村光江・財産犯論の研究（1988）など．

ということが基本的な前提・理由とされている．判例は占有説を徹底できないでいるのである．

(3) 被害者の占有に本権の裏付けがない場合，すなわち，被告人に権利がある場合，そのことを理由に財産犯の成立を否定するというのであれば，構成要件該当性がないといっても，違法性が阻却されるといっても同じである．しかし，判例の採用する見解はそのようなものではない．判例は，被告人に権利があるということを重視しているが，違法判断の1つの要素と解しているにすぎない．本件でいうと，相手に無断で合鍵を作ったというような事情も重視している．被害者の住居に侵入したというような事情があれば，それも重視されるかもしれない．権利行使と恐喝の場合でいえば，脅迫の程度，権利行使の方法・態様・状況なども重視される傾向がある．

判例のような見解の問題はまさにこの点にある．これらの事情は，当事者間の財産関係の外にあるものである．本件でいうと財産関係の内容をなすのは，期限が来てから引き揚げたのか，あるいは，精算金を支払ったのか，というような事情である．期限前に引き揚げるのは明らかに違法な財産侵害である．期限が来ても，本件の場合自動車の時価の2分の1ないし10分の1程度しか融資していなかったから，被告人には精算義務があり，それと自動車の引渡しは同時に履行しなければならない関係にあると解される．本件において窃盗罪の成立を認めるとすれば，このような事情によるべきである．このような事情があるかぎり，それだけで窃盗罪の成立を認めることができる．このような事情がないかぎり，すなわち，奪った財産に完全な権利を有しているときには，たとえ無断で合鍵を作り・住居侵入し・あるいは重大な脅迫をしていても，財産罪の成立を認めるべきではない．それらの事情は，住居侵入罪や脅迫罪の違法性を基礎づけるにすぎない．

3 若干の考察

(1) ただ，かつての純粋な本権説に問題があったこともたしかである．というのは，本権の裏付けがあるか，被告人に権利があるか，明白でない，いいかえると，被害者に本権がある可能性がある場合がありえ，その場合にいっさい財産罪の成立を認めないとすることには疑問がありうるからである．そこで，このような意味での明白性・(合理的な)可能性を犯罪成立要件の中に取り込む

見解が主張されている[2]｡

　しかしながら，このような見解に対しては，本権の明白性・可能性は，どの時点での誰を基準として判断するのか，という疑問を提起することができる．被告人の行為時には本権の存在が明白でなく，被害者に本権がある可能性があるといいえても，裁判時には，被害者に本権がないことが明白であり，本権がある可能性があるとはいいえない場合に，財産罪の成立を認めることには疑問がある．たしかに，このような場合でも，被告人は自分の権利は民事訴訟によって実現するべきであったとはいえる．現代の法秩序においては，権利をもつ者は自力救済によるのではなく，民事訴訟によってその権利を実現しなければならない．しかし，そのことと財産罪の成否はやはり別問題だと思われる．民事訴訟は所詮権利を実現するためのものである．権利のためにこそ民事訴訟はあるのであって，民事訴訟のために権利があるのではない．法秩序が被告人に権利を認めたということは，その財産は彼に帰属すべきものと判断したということである．その判断に沿った財産関係が結果として実現されているときに，その手段にすぎない手続を守らなかったことを理由に財産罪の成立を認めるべきではない．これらの見解は，結局，財産罪によって，財産ではなく民事訴訟制度を保護しようとしている疑いがある．

　現在では，窃盗犯人から，盗まれた被害者が取り戻すような場合には，財産罪は成立しないと一般に解されている．しかし，本当に盗まれた物なのかどうかも，多くの場合明白でなく，盗んだのではない可能性はある．「被害者」を窃盗犯人と断ずるのは容易なことではない．しかも，法秩序としては，盗まれた場合も，その取戻しは民事訴訟によるのが本則であり，せいぜい，還付（刑訴法124条）によるべきものである（参照，仙台高判昭和43・11・7判時551・98）．盗んだのでない，詐欺や横領による場合には，とくにそのことが妥当する．先にあげた権利行使と恐喝・詐欺の場合に無罪にするなどした判例は，すべて，純粋にいわば民事くずれの場合である．窃盗犯人の場合だけを特別扱いすることはできない．

　(2) より重要な問題は，刑事裁判所において審理を尽くしても，なお，明白でない，すなわち，被害者に本権がある可能性がある場合である．この場合

---

[2] 西田典之・刑法各論（第4版）(2007) 145頁，山口厚・刑法各論（補訂版）(2005) 191頁など．

の中にも，事実関係の場合と法的評価の場合がある[3]が，およそ裁判所として，法的評価の不明は許されないと思われる．法秩序の要である裁判所が，法的評価について自分の「専門外」だという言い逃れはできない．本件の場合でいうと，被告人に精算義務があるかという民事法上の問題があるが，刑事裁判所だからといって，この問題を避けて通ることは許されない．この問題は本件の場合まさに罪責を根拠づけるものであり，しかも，裁判所にとって唯一困難な問題といってもよい．前にあげた最近の恐喝罪・詐欺罪の判例のほとんどの場合，裁判所は罪責の前提となる法律問題に取り組み，自分の責任において最終的な判断をしているが，これは当然のことなのである．

しかしながら，裁判所の外の，過去の「事実」については，ついに「合理的な疑いを入れない程度」までは明らかにされなかったという場合はありうる．その場合，純粋な本権説からは，犯罪の証明がなく，無罪とすることになる．しかしそのような場合であっても，民事訴訟でならば，被害者に本権があり，あるいは被告人には権利がなかったとされるであろう場合はありうる（参照，東京地判昭和52・8・12刑月9・7=8・578）．そのような場合，刑事裁判所において，法秩序において保護されるべき財産の存在が，実体的にも手続的にも明らかになっているわけである．このような場合に財産罪の成立を認めることは，法秩序の統一性を損なうものではなく，むしろそれを実現するものということができる．この限度では本権説を修正する必要がある（修正された本権説）．

参考文献

本文中に引用のもののほか，
中森喜彦・刑法判例百選I・総論（第4版）（1997）50頁以下
曽根威彦・刑法の争点（第3版）（2000）162頁以下
佐伯仁志＝道垣内弘人・刑法と民法の対話（2001）220頁以下
安田拓人・法教261号（2002）36頁以下
町野朔・刑法判例百選II（第5版）（2003）48頁以下
山口厚＝井田良＝佐伯仁志理論刑法学の最前線II（2006）49頁以下（井田良）

---

3) 参照，島田聡一郎・法教289号（2004）103頁．

★ 演習問題

1 最決平成元・7・7は，どのような事実についてどのような判断を示したか
2 最判昭和24・2・8は，どのような事実についてどのような判断を示したか
3 最判昭和25・4・11は，どのような事実についてどのような判断を示したか
4 最判昭和34・8・28は，どのような事実についてどのような判断を示したか
5 本権説・占有説の問題と権利行使と恐喝の問題は，どのような関係にあるか
6 最判昭和30・10・15は，どのような事実についてどのような判断を示したか
7 最判平成13・7・19は，どのような事実についてどのような判断を示したか
8 違法阻却を判断する際，相手に無断で合鍵を作ったというような事情，被害者の住居に侵入したというような事情を考慮することには，どのような問題があるか
9 窃盗犯人から，盗まれた被害者が取り戻すような場合，財産罪は成立するか，成立しないとすると，どのような理由によるものか
10 詐欺や横領によって取得された物を，権利者が奪い返した場合はどうか
11 期限を付けて本を借りたにもかかわらず返さず，自分の物だと主張した場合，どのような犯罪が成立するか（参照，最決昭和35・12・27），そこで権利者が脅迫により取り返した場合，権利者にはどのような犯罪が成立するか
12 前問の後の場合において，「被害者」が，自分の物だと主張し，審理を尽くしたが，裁判所でも十分に明らかにできなかった場合，裁判所としては，どのように判断するべきか
13 東京地判昭和52・8・12は，どのような事実についてどのような判断を示したか

■ 窃盗罪 2

3 ── 親族相盗例の適用を否定した事例
最高裁平成 18 年 8 月 30 日決定〔刑集 60・6・479〕
最高裁平成 20 年 2 月 18 日決定〔刑集 62・2・37〕

1 最高裁平成 18 年 8 月 30 日決定[1]の意義

（1） 親族相盗例の適用を否定した重要な最高裁判例が 2 つある．

平成 18 年決定の事案はほぼ以下のようなものである．被告人（犯行当時 60 余歳）と被害者（76 歳）は昭和 43 年に婚姻したが，昭和 53 年に協議離婚しており，犯行当時婚姻関係になかった．犯行の約 5 年前，浮浪者となっていた被告人が被害者宅を訪問してきたため被害者は哀れに思い，被告人を自宅に入れたところ，被告人は居着いてしまい，2 人はそこで同居していた．もっとも，一審の認定によれば，被害者は実質的な意味での夫婦としての生活を営もうとする意思はなく，金庫内の現金についても，被害者が単独で管理しており，被告人には金庫の存在すら知らせなかった．ところが被告人は，被害者の不在中に鍵屋を呼んで，「鍵が見つからないので，開けてほしい」などと申し向け，金庫を開鍵させるなどして，現金（合計 725 万円）を盗んだ．原原審，原審とも親族相盗例の適用を否定したが，被告人側は上告した．最高裁は，上告を棄却し，以下のように判示した．

「刑法 244 条 1 項は，刑の必要的免除を定めるものであって，免除を受ける者の範囲は明確に定める必要があることなどからして，内縁の配偶者に適用又は類推適用されることはないと解するのが相当である．したがって本件に同条項の適用等をしなかった原判決の結論は正当として是認することができる．」

（2） 本最高裁決定は，被告人と被害者の間に内縁関係があるにすぎない場合に，「配偶者」間の窃盗として，刑法 244 条 1 項の親族相盗例の適用があるか，という問題について，否定的な判断を示したものである．この問題は，こ

1） 刑集 60・6・479.

れまでも下級審ではしばしば争われてきたが，判例はほぼ一致して，親族相盗例の適用を否定してきた（名古屋高判昭和 26・3・12 判特 27・54，東京高判昭和 26・10・5 判特 27・114，名古屋高判昭和 32・7・24 判特 4・14＝15・372，東京高判昭和 60・9・30 東高刑時報 11 判・昭和 60 年（う）1034 など）．本最高裁決定は，このような下級審判例の大勢を肯認するとともに，その理由として，「免除を受ける者の範囲は明確に定める必要があることなどからして」と判示したところに意義がある．

（3） 関連判例として，次のものがある．継続的に夫婦生活を営む意思がなく，金員を騙取する手段として婚姻届を提出したにすぎず，また相手方においても被告人の真意を知ったならば被告人と婚姻する意思がなかったと認められるときには，戸籍簿の外観上婚姻関係が存在するとしても，婚姻は無効として，本条 1 項の適用はないとしたものである（東京高判昭和 49・6・27 高刑集 27・3・291）．この判例は，「配偶者」の内容について，婚姻届という形式が基準とはならないことを示したものであり，裏からいうと，婚姻届がなくても，実質が伴っていれば，本条の適用を認めてよいということにもなりうる[2]．しかしこの昭和 49 年の東京高裁判決は，本条の適用を否定する理由について「婚姻は無効」としているのであって，その意味では婚姻の法律的な形式を重視しているともいえるのである．

（4） 学説上も，内縁関係があれば本条を適用すべきだという見解もある[3]ものの，否定的に解するのが通説だったといってよいように思われる．もっとも，その理由については，十分に検討されてきたとはいいがたい．これについて前掲東京高判昭和 60・9・30 は，親族相盗例規定は，「刑事政策的考慮に基づくもので，人的な処罰阻却事由を定めたものと解される」ということを指摘している．ここで刑事政策的考慮というのは，本条の趣旨として，違法や責任という犯罪の実体的内容と無関係の考慮を意味するものと解される．このような考慮の内容としてしばしば指摘されるのは，「法は家庭に入らず」という考えである．そのような考えに対しては異論がある（たとえば，家庭内暴力に対して法は入る）が，いずれにしても，内縁関係が「家庭」といえないのか，と

---

[2] 参照．松宮孝明・本件解説・法セ 623 号 120 頁．
[3] 参照．平川宗信・刑法各論（1995）352 頁，前田雅英・刑法各論講義（第 3 版）（1999）185 頁，大谷実・新版刑法講義各論（2000）223 頁，斎藤信治・刑法各論（第 2 版）（2003）117 頁．

くに本件のように，一度正式に婚姻し，離婚した後，改めて同居を開始し，5年間もそれを継続した関係が「家庭」といえないかは，疑問をはさむ余地があると思われる．

(5) 政策説を採用したとされるのは，最判昭和 25・12・12 刑集 4・12・2543 である．この判例は，本条について，「その犯人の処罰につき特例を設けたに過ぎないのであって，その犯罪の成立を否定したものではない」として，窃盗罪によって奪取された物は賍たる性質を失わないとしたものである．ここには，「法は家庭に入らず」という表現は見られない．いわゆる政策説とそのような考えを結びつけたのは，もともとは，学説だったと思われる[4]．それだけでなく，近時のいわゆる法律説も，親族相盗の場合も犯罪の成立は認める．最高裁昭和 25 年判例の判示は，違法や責任の阻却を認め，犯罪の成立そのものを否定するような立場とは相容れないであろうが，近時主張されている違法や責任の「減少」を理由とする法律説は，まさに，犯罪は成立していることを認めるものである．ただ，いわゆる政策説が，犯罪の成立を認めながら，違法・責任と無関係の「政策的」考慮によって，処罰しないというのは，理論的に妥当でないと批判しているにすぎない．すなわち，本来刑罰とは犯罪を前提とするものであり，刑罰を免除するとすれば，犯罪の内容，すなわち，違法ないし責任の減少を理由とすると考えなければならないと主張しているのである．この意味では，筆者も，法律説が妥当だと考えている．最高裁昭和 25 年判例において問題となったのは，親族相盗の場合の盗品性についてであるが，いわゆる法律説からも，それは（違法性は減少するとはいえ，存在している以上は）失われないと解することは可能である．

(6) そこで，次に問題となるのは，本件の場合，法律説からはどのように解されるか，である．本件の場合，被害者は，金庫内の現金について単独で管理しており，被告人には金庫の存在すら知らせなかったこと，同現金の持ち出しを被告人に対して許すなどといった意図が被害者にまったくなかったなどの事情があり，しかも，「居候させていたという認識」であったようである．しかし，このようなことは，通常の家族の間でもありうることである．そのような事情は，たしかに違法・責任を強める事情ではあるが，だからといって，親

---

[4] 参照．団藤重光・刑法綱要各論（第 3 版）(1990) 581 頁以下．

族相盗例規定の予定するような違法減少ないし責任減少が本件の場合にまったくなかったともいえない．

以上のように，本条の趣旨の理解は，本件の結論の決め手にはならないように思われる．

（7）　法律上「配偶者」という概念が使われているのは，刑法の親族相盗例だけではない．その中には，内縁関係を含む旨が法律に明記されている場合もある．たとえば，母体保護法3条1項によれば，「配偶者」について，届出をしていないが，事実上婚姻関係と同様な事情にある者を含むとされている．同様の規定は，厚生年金保険法63条1項2号などにもある．そこで，親族相盗例についての大阪高判昭和28・6・30判特28・51は，親族相盗例にはこのような明記がないから，反対解釈として，内縁関係は含まないと解している．しかし，このような解釈も絶対的なものではない．そのような規定が存在すること自体，親族相盗例において「配偶者」に内縁関係にある者を含むという趣旨にも解しえないではない．

（8）　本決定は，この規定は「刑の必要的免除を定めるものであって，免除を受ける者の範囲を明確に定める必要がある」ことをとくに強調している．たしかに，一旦内縁関係まで含むとすると，その限界が不明確となり，妥当でないとはいえる．しかしそれだけでは，本件の場合にかぎっていえば内縁関係が明らかだとすれば，適用を排除する理由として弱いといわざるをえない．ただ，次のようにいえるかもしれない．それは，立法当初とは異なり，現代では家族内でも各人の財産関係の独立性が重視されるようになり，その分，本条の存在意義が狭まっているということである．本件の場合も，実質的に見れば，窃盗罪の成立を認めるべきなのはもちろん，処罰しないことに理由があるとは思われない．本決定の結論は正当だと思われる．

2　最高裁平成20年2月18日決定[5]の意義

（1）　家庭裁判所から選任された未成年後見人が，未成年被後見人の財物を横領した場合に，親族相盗例の適用があるかが問題となった最高裁判例が平成20年に出されている．

---

5)　刑集62・2・37．

事案はほぼ以下のようなものである．被告人Tは未成年者Y（当時10歳位）の母Jの母であって，平成13年ごろ家庭裁判所によってYの後見人に選任され，Yの預貯金の出納，保管などに従事していたもの，被告人HはYの伯父（Yの母の兄），被告人KはHの妻である．被告人3名は，共謀の上，前後5回にわたり，Tが預かり保管中のY相続に係るJ名義定額郵便貯金口座などから約670万円を引き出し，横領した．さらに，TとHは，共謀の上，前後9回にわたり，Tが預かり保管中のY名義の普通預金口座から，約860万円を引き出し，横領した．被告人等3名は業務上横領罪で起訴されたが，親族相盗例を適用すべきだと主張した．被告人Tは上告したものの，最高裁は以下のように判示して，親族相盗例の適用を否定した．

「刑法255条が準用する同法244条1項は，親族間の一定の財産犯罪については，国家が刑罰権の行使を差し控え，親族間の自律にゆだねる方が望ましいという政策的な考慮に基づき，その犯人の処罰につき特例を設けたにすぎず，その犯罪の成立を否定したものではない（最高裁昭和25年（れ）第1284号同年12月12日第三小法廷判決・刑集4巻12号2543頁参照）．

一方，家庭裁判所から選任された未成年後見人は，未成年被後見人の財産を管理し，その財産に関する法律行為について未成年被後見人を代表するが（民法859条1項），その権限の行使に当たっては，未成年被後見人と親族関係にあるか否かを問わず，善良な管理者の注意をもって事務を処理する義務を負い（同法869条644条），家庭裁判所の監督を受ける（同法863条）．また，家庭裁判所は，未成年後見人に不正な行為等後見の任務に適しない事由があるときは，職権でもこれを解任することができる（同法846条）．このように，民法上，未成年後見人は，未成年被後見人と親族関係にあるか否かの区別なく，等しく未成年被後見人のためにその財産を誠実に管理すべき法律上の義務を負っていることは明らかである．

そうすると，未成年後見人の後見の事務は公的性格を有するものであって，家庭裁判所から選任された未成年後見人が，業務上占有する未成年被後見人所有の財物を横領した場合に，上記のような趣旨で定められた刑法244条1項を準用して刑法上の処罰を免れるものと解する余地はないというべきである．したがって，本件に同条項の準用はなく，被告人の刑は免除されないとした原判決の結論は，正当として是認することができる．」

(2) 親族相盗例の検討の前に，問題としたいことがある．それは，Hらは，Tから受け取ったカードを使って，Y名義の預金口座から引き出しているが，窃盗罪ではなく，業務上横領罪として起訴され有罪とされていることである．この判断は，TないしHは，カードの占有により，Yの預金について，占有しているという前提に立つものと思われ，妥当なものである．たとえば，甲が乙から，一定金額の引き出しを依頼され，乙名義の預金のキャッシュカードを預かったが，甲は領得の意思をもって引き出したような場合，窃盗罪の成立を認めるべきではない．すなわち，銀行の占有する，銀行ないし預金者の金員を領得したと解するべきではないということである．なぜなら，カードを預かったことにより，甲は乙の預金について，占有を取得したと解するべきだからである．仮に甲が，そのカードを用いて，銀行員を騙して引き出しても，詐欺罪の成立を認めるべきではない．また，ATMを通じて自己の口座に振込んだような場合でも，(「虚偽の情報を与え」たとはいいうるものの)「占有侵害」はないから，電子計算機使用詐欺罪の成立を認めるべきではない．甲には（業務上）横領罪しか成立しないと解するべきである[6]．

(3) 本決定は，親族相盗例の趣旨について，政策的な考慮にあると解している．そして，未成年後見人の後見の事務は公的性格を有するとして，親族相盗例の適用を否定したのである．

いうまでもなく，家庭裁判所による後見人としての選任がなかったときは，本条は適用され，被告人が処罰されることはない．本件において処罰された究極の理由は，被告人が家庭裁判所から選任・監督される後見人の立場にあったということにある．そのような立場にあれば，被害者の財産侵害について，ある程度は責任が重くなるといえるかもしれない．しかし，家庭裁判所による選任・監督は，所詮被害者の財産を守るためのものである．その被害者と被告人との関係は，後見人となっても基本的には変わっていないと考えられる．

家庭裁判所は，窃盗罪の保護法益である所有権も占有ももってはいない．すなわち，独立の財産的利益をもっているわけではなく，財産的利益に関してはあくまで従属的・副次的な立場であると解される．「委託」は家庭裁判所によ

---

6) 参照．林幹人「電子計算機使用詐欺罪の新動向」NBL837号（2006）34頁．

ってなされているとも解し得るものの（もっとも刑法上は，被害者からの委託を外から補強しているにすぎないと解すべきである），横領罪の保護法益としての財産は被害者のもので，その意味で犯罪の主内容は家庭内のことであり，違法・責任の減少も，少なくともある程度はあるといわざるをえない．所有者や占有者が独立した第三者である場合に本条の適用がないことは，すでに判例（最決平成 6・7・19 刑集 48・5・190）・通説となっているが，本件の場合は，このような場合とは異なっている．

　もともと，親族相盗例の規定は，現代ではそれほど理由があるものではなくなっていることはたしかである．しかし，それは立法論である．本条が存在する以上は，本件の場合に適用を否定することは，解釈論としては無理があると思われる．本決定は，財産罪によって家庭裁判所の面目を保護しようとしているのではないか，疑いがある．

参考文献

松原芳博「親族関係と財産犯」刑法基本講座第 5 巻（1993）317 頁以下
斎藤豊治「親族相盗例に関する考察」西原春夫先生古稀祝賀論文集第 3 巻（1998）197 頁以下
日髙義博「親族相盗例の問題点」専大法学 75 号（1999）1 頁以下
林美月子「親族間の財産犯罪」内田文昭先生古稀祝賀論文集（2002）331 頁以下

★ 演習問題

1　最決平成 18・8・30 は，どのような事実についてどのような判断を示したか
2　東京高判昭和 49・6・27 は，どのような事実についてどのような判断を示したか
3　内縁関係があるときは本条を適用すべきだという見解はどのような理由によるものか
4　親族相盗例規定の趣旨についての，政策説とはどのようなものであり，どのような問題があるか
5　最判昭和 25・12・12 は，どのような事実についてどのような判断を示したか
6　「法は家庭に入らず」という見解にはどのような問題があるか
7　法律説とはどのようなものであり，どのような問題があるか
8　最決平成 20・2・18 は，どのような事実についてどのような判断を示したものか
9　同事案で被告人等に窃盗罪，詐欺罪，電子計算機使用詐欺罪の成立を認めることができるか

10 家庭裁判所は「委託者」といいうるか，また，委託者を独立の法益主体と認めるべきか
11 同事案の場合に，親族相盗例の適用を否定した最高裁平成20年決定について，どのように考えるか

■ 詐欺罪 1

4──詐欺罪の新動向

最高裁平成 15 年 12 月 9 日決定〔刑集 57・11・1088〕
最高裁平成 14 年 2 月 4 日決定〔刑集 56・2・71〕
最高裁平成 16 年 2 月 9 日決定〔刑集 58・2・89〕
最高裁平成 14 年 10 月 21 日決定〔刑集 56・8・670〕
最高裁平成 12 年 3 月 27 日決定〔刑集 54・3・402〕

1 最高裁平成 15 年 12 月 9 日決定と最高裁平成 14 年 2 月 4 日決定

1 平成 12 年以降詐欺罪の成立を認める最高裁判例が相次いで出されている．その中にはこれまで十分に考えられてこなかった問題が含まれるものがある．また，これまで考えられてきた問題であっても，学説の新しい展開がみられるものもある．これらの詐欺罪の新動向について，若干の検討を加えることにしたい．

2 (1) まず検討を加えるのは，最高裁平成 15 年 12 月 9 日決定である．事案は，被告人は，治療効果のない釜焚きという儀式を，あるかのように欺いてこれを行ない，その代金を騙取する方法として，被欺罔者に信販会社との間で立替払い契約を締結させ，信販会社をして立替払い金員を被告人側に振込ませたというものである．最高裁は，「被害者らに上記クレジット契約に基づき信販業者をして立替払をさせて金員を交付させた」と判示して詐欺罪の成立を認めた[1]．

(2) 本件でまず問題となるのは，交付行為を行なった者は誰かということである．最高裁は，信販業者と解しているようでもある．そうだとすると，被欺罔者と交付行為者とが異なることになるが，それでも詐欺罪を構成しうるかが問題となる．判例には，被欺罔者と交付行為者が異なっていても，被欺罔者に，相手に交付行為をさせる「可能的地位」にあればよいとするものがある[2]．

---

[1] 刑集 57・11・1088. 評釈・解説として，林美月子・法教 287 号（2004）14 頁以下，山口厚「詐欺罪における交付行為」法教 288 号（2004）78 頁以下など.
[2] 大阪高判昭和 60・11・28 刑月 17・11・1090 は，欺罔される者と処分を行なう者とは同一人である必要はなく，被欺罔者が処分者に対して，「事実上又は法律上その被害財産の処分を為し又は為さしめ得る可能的地位にあることをもって足りる」とする.

さらに，過去の判例には，被欺罔者と交付行為者とが同一の「組織体」に属していればよいと判示したものもある[3]．学説上は，被欺罔者と交付行為者とは同一のものでなければならないとするものが多い[4]が，その理論的な根拠が十分に示されているわけではない．

被欺罔者と交付行為者が異なる場合には，少なくとも，被欺罔者は交付行為者に対して「支配的地位」にあったのでなければならないと解される[5]．本件の場合，被欺罔者は信販業者に対してそのような地位にあったわけではない．このように解するならば，本件の場合，信販業者を交付行為者として詐欺罪の成立を認めることはできないことになる．本件の場合の交付行為は被欺罔者が行なったものであり，その内容は，信販業者との間の立替払い契約にあるものと解すべきであろう．

（3）次に問題となるのは，被害者は誰かである．本件の場合，被害者は信販会社と解することも一応は可能である．信販会社は立替払いをしたとしても，被欺罔者に返済の意思・能力があれば財産的損害はないとも解し得るものの，被欺罔者は，騙されたことに気付いて信販契約を取り消すこともありうるから，財産的損害を認めることは可能である．しかし，このように解した場合には，詐欺罪の成立を認めるには，被欺罔者に信販会社の財産について交付の権限があったのでなければならないが，この点については疑問がある．交付の権限の内容をどのように解するべきかは大問題であるが，筆者は，次のように考えている．交付行為の内容は，交付意思に基づく被害者の財産の移転にあるが，そうである以上は，被害者ではなく被欺罔者が交付行為を行なったのであっても，被害者のそのような意思に基づいているかぎり，詐欺罪の成立を認めることができる．ここにまさに三角詐欺の処罰根拠はある．したがって，交付の権限は，被害者の財産交付の意思に基づくものと解するべきである[6]．

このように解するときには，本件の場合，被欺罔者が信販会社の財産に対して交付権限をもつとすることには疑問がある．というのは，被欺罔者が信販会社との間で立替払い契約を締結したのは，信販会社の事前の意思によるのでは

---

3) 大阪高判昭和 44・8・7 刑月 1・8・795.
4) たとえば，町野朔・犯罪各論の現在（1996）131 頁など．
5) 福田平・全訂刑法各論（第 3 版増補）(2002) 255 頁，林幹人・刑法各論（第 2 版）(2007) 244 頁以下．
6) 参照，林・前掲（注 5）刑法各論（第 2 版）246 頁．

なく，被欺罔者自身の意思によるのだからである．

　以上のように解するならば，本件の場合詐欺罪の成立を認めるには，被欺罔者に財産的損害があったのでなければならないということになる．

　(4)　それでは，どの時点でのどのような内容の不利益をもって，詐欺既遂を認めるに足る財産的損害の発生があったとするべきか．この点については，立替払い契約を結んだ段階での債務負担をもって足りるという見解，さらに，被欺罔者が信販会社に返済した段階とする見解も考えられるが，前の見解は早すぎ，後の見解は遅すぎる．最高裁も，信販会社が被告人側に金員を振込んだ段階で既遂を認めているものと思われ，そのように解するのが妥当である．被欺罔者は，その段階に至っても，信販契約を取り消すことはできるであろうが，そうだとしても，事実上返済を拒み難い状態に陥るであろうから，ここに財産的損害を認めることは可能であろう．

　さらに問題となるのは，本件の場合，1項詐欺か2項詐欺かである．仮に，被欺罔者が他の金融機関から金員を借りた上でその金員を被告人側に支払った場合，あるいは，被欺罔者が自分の金員を宅配業者に依頼して被告人に届けてもらった場合であれば1項詐欺を認めるべきであるが，本件はそのような場合ではない．被欺罔者は被告人側に入金された金員を一度も手にしておらず，被告人側に支払われた金員はあくまで信販会社のものである．信販会社は自己の立場で独立に立替払いをしたのであり，単に被欺罔者の金員を運んでやる道具であったわけではない．信販会社が振込んだ金員は，信販会社の損害の内容とはなしえても，それ自体としては，被欺罔者の損害の内容とはなしえないのである．被欺罔者は，信販会社の立替払いの結果被る事実上の不利益の故に被害者とされるとすれば，本件の場合，2項詐欺とするべきだと思われる．被告人側が得た利益を基準とすれば1項詐欺とするべきだが，財産的損害の内容を基準とすれば，2項詐欺ということになるのである[7]．

　このように，本件の場合被告人らが得た利益と被害者の損害の内容は同一のものではなく，いわゆる素材同一性を認めることはできない．しかし，信販会社の立替払いという同一の事実から，反射的に表裏の関係にある利益と損害が生じているから，詐欺罪の成立を認めることに支障はないと解される[8]．

---

　7)　ちなみに，いわゆるクレジットカード詐欺の場合も似たような状況になる．この点について，参照，林・前掲（注5）刑法各論（第2版）253頁．

(5) 本件の場合次のような問題もある．被欺罔者が，本件の被告人らと共に信販会社を騙したとして詐欺罪の成立を認め得るか，認め得るとした場合，そのことが前の詐欺罪の成否にどのような影響を及ぼすか，である．本件で問題となったような信販契約においては，商品は返済債務の担保となるとすれば，商品の内容を偽ることは詐欺罪を構成するとも解されるが，信販契約を結んだ最初の被欺罔者に返済の意思・能力があったのであれば，詐欺罪の成立を認めるまでもないと思われる．いずれにしても，この場合に詐欺罪が成立するかどうかは，前の詐欺罪の成否を左右するものとは思われない．

3 (1) 最高裁平成14年2月4日決定の事案は，被告人は，不正に入手した自動車運転免許証を利用して，消費者金融会社の担当係員を騙して，他人名義のローンカードを作成・交付させ，その場で，現金自動入出機から現金を引き出した，というものである．最高裁は，詐欺罪と窃盗罪の併合罪とした[9]．

(2) この事件においてまず問題となるのは，ローンカードの騙取自体を詐欺罪となしうるかである．ローンカードを騙取することは，実質的・経済的には，ローンを受ける地位を取得することであり，財産的利益を得たとはいうるものの，それはいまだ既遂を認めるには不十分ではないか，すなわち，カードを使用して現実に現金を手にしたときに既遂を認めるべきではないか[10]．また，ローンを受ける地位を取得したのだとすれば，無形の利益を得たものとして2項詐欺とするべきではないかが問題となるのである．この点については，ローンの単なる口頭での約束・契約のみでは既遂を認めるべきではないにしても，その証書を得たり，本件のようにローンカードを取得した場合には，ローンを受ける地位がより確定的・現実的になったものとして，既遂を認めること

---

8) 林美月子「クレジットカードの不正使用と詐欺罪」平野龍一先生古稀祝賀論文集上巻（1990）487頁．林・前掲（注5）刑法各論（第2版）253頁．

9) 刑集56・2・71．評釈・解説として，西田典之・研修621号（2000）3頁以下，佐久間修・法教264号（2002）126頁以下，平木正洋・ジュリ1239号（2003）134頁以下，鎮目征樹・現刑48号（2003）83頁以下など．

10) もっとも判例は，これまでも，債務の負担だけで，2項の既遂を認めてきた．すなわち，最決昭和43・10・24刑集22・10・946は，詐欺賭博により賭金の支払債務を負わせただけで，2項の既遂を認めた．さらに，不動産について，売り渡しの承諾によって既遂に達するとした判例として，大判明治42・5・14刑録15・607がある．これに対する学説について，参照，林・前掲（注5）刑法各論（第2版）176頁以下．問題の要点は，1項の未遂を既遂で処罰することにならないかにある．

は可能であり，また，その地位がカードに化体されているとして，1項詐欺とすることは可能であろう．

（3）　次に問題となるのは，そのようにして取得したローンカードを使用して現金を手にしたことまでを，詐欺罪として包括し得るかである．本事案のような場合の交付行為はローンカードを発行することにあると解されるが，その行為と現金取得には因果関係があるから，交付行為と財産的損害との間に因果関係があれば足りると解するならば，ここにもう1個の詐欺罪の成立を認め，カードの取得と包括一罪とすることができるようにも思われる．

ここで問題となるのは，交付行為と財産的損害の間に，行為者の現金取得行為が介在しているので，いわゆる直接性の要件が必要と解する立場からは，現金取得に詐欺罪の成立を認め得ないのではないかということである．しかし，先の信販会社が関係した事件においても，交付行為と財産的損害の間には信販会社の行為が介在している．それにもかかわらず詐欺罪の成立を認めることは可能であろう．そうだとすれば本件の場合も，被欺罔者でない者の行為が介在していることは詐欺罪の成立を認める妨げにはならないということになる．とくに本件のような場合には，たとえば，行為者が欺罔によって被害者の注意を他にそらせ，その隙に財物を奪取するような場合とは異なり（直接性要件によって詐欺罪を否定するべきだとされているのはこのような場合である），被欺罔者はローンカードを交付したときに客観的にも主観的にも完全な交付行為を行なっている．

もっとも，信販会社事件の場合には，介在しているのは行為者ではない第三者の行為である．本件ではまさに行為者の行為が介在している．しかも，信販会社は立替払い契約に基づいてその履行をするにすぎないのに対して，本件の場合の行為者はカードを得ても，その利用には大きな裁量をもっている．ここから，本件の場合には，現金についての詐欺罪の成立を否定することは可能であろう．

仮に詐欺罪を認めても，カードの使用は窃盗罪を構成することは明らかである．そうだとすれば，この窃盗罪によって詐欺罪は排除されると解することも可能である．

（4）　本件の場合，ローンカードを取得し，現金を取得するという2つの行為を行なっているが，法益侵害は実質的に1個とも解される．とくに本件の場合，その場でただちに現金を引き出している．さらに，証書などを騙取した後

に現金を取得したときは，一般に併合罪とはされていないように思われる[11]．そこで本件の場合も，詐欺と窃盗を包括一罪とすることも考えられる．ただローンカードは，一般の証書とは異なり，その後も使用される可能性のある独立の財産的価値をもっていると解されるから，併合罪とした最高裁の結論は支持してよいと思われる．

4（1） 以上の2つの最高裁判例のいずれの事案においても，詐欺罪の交付行為要件の理解が重要な問題となっている[12]．そしてこの交付行為の理解にあたっては，もっぱら詐欺罪の適正な成立範囲のみが問題とされている．詐欺罪の成立が問題となっているのだから，これは当然のことである．これに対して，交付行為要件は，窃盗罪との限界を画するための要件だとする理解がある．このような理解は広く行なわれているものであるが，そこには大きな問題がある．

およそ2つの独立の犯罪の関係については，それぞれに別個にその成立範囲を解釈によって確定し，両罪が競合するときは罪数論によって解決するというのが原則である．窃盗罪が成立するから詐欺罪は成立しないとか，詐欺罪が成立するから窃盗罪は成立しないなどとすることはできない．そのように解することは，結局のところ，詐欺罪・窃盗罪のいずれかを他の補充類型と解することを意味するが，両罪がそのような関係にはないことは，客体が異なることに明らかである．交付行為要件は，客体が財物の場合だけでなく無形の利益の場合にも同じく妥当し，そして，そこではおよそ窃盗罪との関係は問題にならない．まさに，詐欺罪の成立範囲だけが問題となっているのである．そうだとすれば，客体が財物の場合も同じはずである．無形の利益の場合の交付行為要件の内容は客体が財物の場合にも同じく妥当するが，その内容の理解によって窃盗罪の成立範囲を限定することはできない．財産犯の最も基本的な類型である窃盗罪の成立を詐欺罪によって排除するなどということを認めることはできな

---

11) 参照．債権証書を騙取した後財物を騙取した場合について，大判明治39・2・8刑録12・161，大判明治44・6・13刑録17・1158，保険証書を騙取した後保険金を騙取した場合について，大判昭和10・4・1刑集14・368．

12) この問題についての最近の研究として，山中敬一「詐欺罪における『処分行為』に関する一考察」阿部純二先生古稀祝賀論文集・刑事法学の現代的課題（2004）315頁以下，同「詐欺罪における他人の財産に対する処分行為について」関西大学法学論集52巻4・5号（2003）475頁以下など．

いからである．

（2） このような両罪の関係は，横領と背任の関係の場合と同じである．2つの財産犯罪の競合関係の典型とされている横領と背任の場合には，それぞれの成立範囲を相互に独立に決定し，両罪が競合するときには罪数論によって決定することとされている．

もっとも，横領と背任の関係についても，両罪の競合を避けるべきだという見解もある．滝川博士は次のように言われていた．「刑法立法の目標は，犯罪構成要件が互に境を接して並ぶように，即ち各犯罪構成要件の交叉を出来るだけ避けるように規定することである．……競合に関する規定は，上述の要求を充たすことが不能な場合に対する救済策である．斯ような不能がないにも拘らず，新しく作られた犯罪構成要件が既存のものを補充する以上に，その適用を争ふとすれば，それは立法技術の失敗である．……背任罪の本質を法律上の処分権ある者の権限濫用に求むるときは，横領罪と背任罪の区別は明らかになる．……斯ように解する限り，背任罪と横領罪等の想像的競合は考へられないし，また背任罪の規定が一般法，横領罪の規定が特別法であるといふ見解は許されない」[13]．

しかし，このように横領との競合を避けるために背任の本質について権限濫用説をとるならば，背任罪の成立範囲は，不当に狭められてしまう．すなわち，横領は「他人の物」についてしか成立しないから，「自分の物」，物でない「利益」の場合，権限濫用を超えた逸脱的な行為については，横領も背任も成立せず，不当な結論に至るのである．したがって，背任の成立範囲は横領とは独立に決定し（横領の成立範囲は背任とは独立に決定するべきことは当然と考えられている），その結果競合することもありうると解し，そして，競合するときは，重い方の横領で処断するというのが，通説・判例となっているのである[14]．

およそ2つの罪の関係がこのようなものだとすれば，詐欺と窃盗の関係の場合も同じでなければならない．横領と背任の場合とは異なり，詐欺と窃盗の場合は法定刑が同じである．しかしそのようなことは，以上の解釈原理を動かす

---

13) 滝川幸辰「背任罪の本質」民商法雑誌1巻6号（1935）12頁以下（原文は長いので若干省略した）．さらに参照，内田幸隆「横領罪と背任罪」早稲田法学会誌52巻（2002）49頁以下．
14) 林幹人・財産犯の保護法益（1984）243頁以下，同・前掲（注5）刑法各論（第2版）300頁，大判昭和10・2・27新聞3832・9など．

理由とはなりえない．競合した場合に，どうしてもどちらかに決めたいというのであれば[15]，旧稿に述べたように[16]，基本類型としての窃盗罪を認めるというだけのことである．

2 最高裁平成16年2月9日決定と最高裁平成14年10月21日決定

1 次に検討する判例は以下の2つである．第一は，被告人は，他人名義のクレジットカードを，名義人になりすまして使用し商品を購入した場合，名義人からそのカードの使用を許されており，かつ，利用代金が名義人において決済されるものと誤信していたとしても，詐欺罪にあたるとする最高裁平成16年2月9日決定である[17]．第二は，被告人は，不正に入手したA名義の国民健康保険被保険者証を使用してAの名前で預金口座を開設し，預金通帳を取得しようとしてAの名前で申込書を作成し，自分がA本人であるかのように装って，預金通帳の交付を受けた場合に詐欺罪にあたるとする最高裁平成14年10月21日決定である[18]．

2（1） この2つの判例の問題は，財産的損害の発生を認めることができるかにある．

財産的損害は，詐欺罪成立の基本的要件である[19]．詐欺罪においては背任罪とは異なり，条文上「財産上の損害」が要求されていないことは，詐欺罪をいわゆる個別財産に対する罪と解する理由とはなっても，およそ財産上の損害を要しない理由とはならない．財産の保護を目的とする財産犯において，財産の侵害，すなわち，財産的損害の発生を要しないということは，まさに法益侵害のない犯罪を認めることである．詐欺罪を個別財産に対する罪と解することは，被害者に交付された相当対価を考慮しないで，被害者の交付した財産の喪失そ

---

15) 参照，山口・前掲（注1）法教288号81頁．
16) 林幹人「詐欺罪における処分行為」刑法理論の現代的展開　各論（1996）214頁．
17) 刑集58・2・89．解説として，石山宏樹・研修675号（2004）25頁以下，野村稔・現刑6巻12号79頁以下など．
18) 刑集56・8・670．解説として，甲斐行夫・警論56巻3号（2003）200頁以下，長井圓・平成14年度重判解153頁以下，松原芳博・法教274号（2003）138頁以下，伊藤渉・ジュリ1277号（2004）139頁以下など．
19) 不要とするものとして，小田直樹「財産犯論の視座と詐欺罪の捉え方」広島法学26巻3号（2003）216頁，山口厚「文書の不正取得と詐欺罪の成否」法教289号（2004）125頁．

のものを以て財産的損害とするということを意味するにすぎず,およそ財産的損害を要件としない趣旨ではない[20].

財産的損害の発生を要求しない見解の中には,「錯誤」要件の中に法益侵害をみようとするものがある.たしかに,詐欺罪もまた一般の同意法理に服するから,騙されて同意した場合についての,いわゆる法益関係的錯誤説が基本的に妥当し,したがって,法益について認識せずして交付された場合にのみ同意は不存在となるといえる[21].その意味で,法益関係的錯誤がある場合に,法益侵害性を肯定しうるといってもよい.しかしそうだとしても,錯誤による不同意という意思そのものの中に法益侵害があるわけではない.違法性の基礎となる法益侵害は,まずもって,客観的な利益,財産犯の場合ならば,客観的な財産の行為者による侵害を前提とする.錯誤があるために被害者の同意がない場合,錯誤そのものではなく,錯誤に基づく客観的な利益侵害こそが法益侵害の内容なのである.詐欺罪における法益侵害の内容についても,まずもって客観的な「財産」の内容こそが第一次的な重要性を有するものであることに注意する必要がある.

このことを示す近時の重要な最高裁判例に次のものがある.被告人は,地方公共団体から請負った建物を完成した後,汚泥処理量を偽って申請し,地方公共団体による支払い時期を若干早めたという事案について,原審,原原審が詐欺罪の成立を認めたのに対して,これを差戻したのである[22].この判例においても,そのように判断された理由として,まずもって,被害者には請負契約どおりの建物が相当対価として提供されていること,そして,早められた支払い時期というのが,きわめて短いものであったことなどの客観的な財産的事情こそが重要視されている.

(2) この客観的な財産上の損害の内容について,周知のように,個別財産

---

20) 西田典之・刑法各論(第 2 版)(2002)199 頁,松宮孝明「証拠証券の受交付と詐欺罪」立命館法学 286 号(2002)240 頁など.
21) この問題についての最近の文献として,森永真綱「被害者の承諾における欺罔・錯誤(1・2完)」関西大学法学論集 52 巻 3 号(2002)99 頁以下,53 巻 1 号(2003)204 頁以下,上嶌一高「被害者の同意(上・下)」法教 270 号(2003)50 頁以下,272 号(2003)76 頁以下,山口厚「『法益関係的錯誤』説の解釈論的意義」司法研修所論集 111 号(2004)107 頁以下.この問題についての筆者の見解として,林幹人「錯誤に基づく被害者の同意」松尾浩也先生古稀祝賀論文集上巻(1998)245 頁以下,同・刑法総論(第 2 版)(2008)170 頁以下.
22) 最判平成 13・7・19 刑集 55・5・371.

に対する罪と全体財産に対する罪の対立がある．判例は，一応，理論的には個別財産に対する罪と解する立場を採用していると解される[23]．これに対して学説上は，もはや本来の意味での個別財産に対する罪と解する立場は，かつての勢力を失っているといってよい．

　そのことを端的に示すのが，クレジットカード詐欺の場合である．支払いの意思・能力なく，自己名義のクレジットカードを使用した場合，判例は加盟店に財産上の損害を認めている[24]．これは個別財産に対する罪と解する立場からの当然の帰結である．これに対してほとんどの学説は，加盟店には，財産上の損害はないと解している[25]．なぜなら，加盟店はほぼ確実にクレジット会社からの立替払いを受けるからである．財産上の損害は，むしろカード会社にあるというのである．このことは，ほとんどの学説は，詐欺罪をもはや本来の意味での個別財産に対する罪とは解していないということを示している．それはすなわち，全体財産に対する罪と解しているということである．

　（3）　もっとも，最近では，目的失敗理論という見解が主張されている[26]．しかしこれも，詐欺罪を本来の意味で個別財産に対する罪と解しているわけではない．個別財産に対する罪とは，いうまでもなく，詐欺罪の客体である「財物」「利益」の交付そのものを財産的損害とするということを意味するが，この目的失敗理論はまさにそれを否定するものだからである．すなわち，行為者によって提供された対価が，被害者の目的を達成するものであった場合には，法益侵害（＝財産的損害）を否定するのである．いわゆる全体財産に対する罪と解する立場も，財産の価値を決めるに際しては被害者の主観を重視すべきことを強調してきた．提供された対価についての被害者の主観を考慮して財産的損害はないというのと，目的は達成されたとして法益侵害性を否定するのは，実質的には同じことである．違うのは，いわゆる全体財産に対する罪と解する立場は，提供された対価を，被害者の「財産」的損害の内容とするが，目的失敗理論はあくまで個別財産に対する罪と解することを前提として，被害者の交

---

23)　最決昭和 34・9・28 刑集 13・11・2993 など．
24)　東京高判昭和 59・11・19 判タ 544・251．
25)　参照，林・前掲（注5）刑法各論（第2版）252 頁，西田・前掲（注20）刑法各論（第2版）198 頁など．
26)　伊藤渉「詐欺罪における財産的損害」刑雑 42 巻 2 号（2003）143 頁以下，山口厚・刑法各論（2003）264 頁．

付した「財物」「利益」のみを財産と認めるということにある．

しかし，この点については，いわゆる全体財産に対する罪と解する立場の理解のほうが妥当と思われる．先にふれたクレジットカード詐欺の場合，加盟店に財産的損害の発生を否定するのは，加盟店はカード会社から立替払いを受けるからであるが，それはまさに，「財産」的利益というべきものである．その客観的に「財産」というほかはない利益が被害者に提供されたからこそ「取引目的は達成」されたということになるのだから，正面から，提供された利益を財産的損害要件の内容とする，すなわち，全体財産に対する罪と解するほうがよいということである．

次のような場合も同じである．未成年者に対する販売が禁止されている酒を成年者と偽って購入した場合，あるいは，処方箋がなくては購入できない劇薬を，処方箋を偽造して購入した場合[27]，いずれも，詐欺罪は成立しないということについて，学説・判例に広い一致がある．これらの場合，いずれも，未成年者には売らない，処方箋のない者には売らないという目的は失敗している．それにもかかわらず詐欺罪の成立が否定されるのは，売主に相当対価が提供されたからである．相当対価として提供された金員は，交付行為の結果としてまさに売主の「財産」となったものであり，その提供された財産を考慮に入れた結果として「財産的損害」は否定されるのである．いわゆる目的失敗論者も，これらの場合には法益関係的錯誤はないとする．そのように解することは，相当対価を法益と認めたのと同じである．

（4）　目的失敗理論というのは，もともとはドイツで主張されたものである．たとえば，アフリカの難民に寄付すると偽って金員の交付を受けた場合，被害者は金員の交付を意識している．すなわち，法益関係的錯誤はなく，同意があるようにみえる．それにもかかわらず，被害者の交付の目的は失敗しているから，財産上の損害を認めるべきだというのである．たしかに，この場合詐欺罪の成立を認めるべきである．問題はその理論構成である．

まず指摘したいのは，このような寄付金詐欺といわれる場合，目的の達成は，詐欺罪の保護法益ではないということである．いいかえると，目的の失敗そのものは財産的損害ではない．目的が成功したか失敗したかによって，事後的に

---

[27]　東京地判昭和 37・11・29 判タ 140・117．

財産的損害を決めるわけにはいかないことにそれは明らかである．財産的損害の内容は，寄付された金員のほかにはない．ところが，その寄付された金員について錯誤はない以上は，この場合法益関係的錯誤を認めることはできない[28]．この場合に，それにもかかわらず，被害者の同意がなく，財産上の損害を認めうるのは，法益関係的な錯誤なくなされた法益の処分が「自由」なものではなかったからだと解するほかはない[29]．

　欺罔に基づく被害者の同意は，それが，法益関係的錯誤の場合のみならず，法益関係的錯誤がなくても不自由なものであるとき，不存在ないし無効となることは，学説のみならず，判例によってもある程度承認されている[30]．寄付金詐欺の場合，被害者は，寄付目的に使用されるという錯誤に決定されて金員を交付しているから，被告人の欺罔行為による錯誤に支配されて意思決定をしているといえる．したがって，同意は自由なものではなく無効であり，財産的損害の発生を認め得るのである．

　このように，交付目的についての欺罔の場合，錯誤に基づく被害者の同意における「自由」の問題と解してはじめて，詐欺罪において考慮すべき目的と考慮すべきでない目的の区別が明らかとなる．たとえば，アフリカの難民にたしかに寄付するものの，被告人は，隣家が寄付した額について欺罔した結果，「被害者」が見栄のためもあって寄付したような場合には詐欺罪の成立を否定するべきだと思われるが，それは，錯誤が，被害者の意思決定を支配したというよりは，その条件になったにすぎない，すなわちいまだ自由は残っていると解されるからである．目的失敗理論によれば，この場合も見栄をはるという目的は失敗しているということになりかねない[31]．

　付言するが，この自由そのものを詐欺罪の保護法益と解してはならない．詐欺罪は財産に対する罪であって，自由に対する罪ではない．「自由」は，ただ同意法理の適用の枠内においてのみ，意味をもちうるのである．

---

28) 本来の法益関係的錯誤説からはそのように解されていたと思われる．Vgl., Arzt/Weber, Strafrecht, Vermögensdelikte, 2 Aufl., 1986, S. 186.
29) 参照，林幹人「詐欺罪における財産上の損害」現刑 44 号（2002）53 頁以下．
30) 参照，最判昭和 33・11・21 刑集 12・15・3519，東京地判昭和 58・3・1 刑月 5・3・255，福岡高裁宮崎支判平成元・3・24 高刑集 42・2・103 など．
31) 上述の請負契約事件の場合も，汚泥の不法投棄につき，取引の目的は実現されておらず，「個別財産の侵害」が認められるとするものとして，長井圓「証書詐欺罪の成立要件と人格的財産概念」板倉宏博士古稀祝賀論文集・現代社会型犯罪の諸問題（2004）336 頁．

(5) 詐欺罪の財産的損害の内容について以上のように解するならば，それは背任罪の財産的損害と原理的に異なったものではないということになる．いわゆる目的失敗理論は，財産（交換）の性格と法益関係的錯誤説を根拠として詐欺罪に固有の法益侵害論を展開している．しかし，それらはいずれも，詐欺罪のみならず背任罪についても同じく妥当する．もし，詐欺罪において目的失敗理論をとるべきだというのであれば，背任罪においてもとらなければならない．

背任罪においては，全体財産に対する罪と解するのが，判例・通説となっている．「財産上の損害」という条文からは，個別財産に対する罪と解することも可能である[32]．それにもかかわらず全体財産に対する罪と解されているのは，そこに実質的・理論的な理由があるからである．

もっとも，周知のように，判例・通説は背任罪における財産上の損害は「経済的」に理解するべきだともしている[33]．全体財産に対する罪というと，被害者の主観を考慮しないで，損害をまったく客観的・金銭的に解する見解であるかのような誤解がわが国にはある．それを考慮して，筆者は，詐欺罪においても全体財産に対する罪をとるべきだとは積極的には述べてこなかったつもりである．もっとも，本来の意味での個別財産に対する罪と解する立場を批判してきたことも事実であるから，全体財産に対する罪の論者とされても，別に不服もない[34]．ただ，筆者としては，このような立場は，経済的財産説と呼ぶのが適切だと考えている．相当対価を「財産」と認めるべきだということは，交換の対象となった利益以外の財産も全体として考えるべきだというのではなく，被害者が交付した財産と，提供された財産を共に考慮すべきだということであり，それはまさに，経済的取引の実体を基礎として財産的損害を理解しようとするものだからである．

3 以上のような理解を基礎に，この2つの判例を考えれば，かなりの問題が含まれていることがわかる．

---

32) ドイツにおいてすら財産上の損害の意義について個別財産に対する罪と解する立場がある．参照，林・前掲（注14）財産犯の保護法益25頁以下．
33) 判例として，最決昭和58・5・24刑集37・4・437．
34) 最近，この立場を採用すべきことを明言するものとして，松宮・前掲（注20）立命館法学286号240頁．

平成16年2月9日決定の事案の場合，被害者として問題となりうるのは，カード会社であると解される．加盟店は，利用者が本人自身と信じて取引したとしても，カード会社から代金相当の立替払いがほぼ確実になされるから，財産的損害を認めるべきではない．問題となるのは，カード会社に財産上の損害が発生したといえるかである．もし，本件の場合，名義人に支払いの意思・能力があり，そのことを前提に被告人にカードの利用を許したというのであれば，カード会社に財産的損害を認めることはできないと思われる．平成14年10月21日決定の場合も，名義人以外の者に預金通帳を交付することによって，銀行にどのような被害が生じることとなり，それが，財産犯によって保護に値するものか，さらに，通帳の交付によって銀行はどのような経済的利益を得ることとなるかが問題とされなければならない．原審判決は「単なる他人名義の口座開設が，従来詐欺罪を構成するものとは考えられてこなかったのは，そのことによって銀行は何ら損害を被らず，預金獲得による利益の方が利便の提供という負担より通常上回り，その方が銀行としては利益になるという事情によるものであったと解される」とする[35]が，これは正当な指摘である．

　ことは，脱税・マネーロンダリング・振込め詐欺などさまざまな不法目的のために行なわれる．とくに最近は，そのような事件が相次いでおり，大きな社会的問題となっていることは周知のとおりである[36]．銀行からの被害届けがなされることもあるようである．しかし，これに対しては，各種脱税犯罪対策，麻薬新法，組織犯罪処罰法，本人確認法などに立法的手当てがなされており，それで足りない場合には，伝統的な詐欺罪によるのではなく，新たな刑事立法によるべきでないかがまさに問題なのである．警察などの捜査が入ること，あるいは，振込め詐欺の場合，詐欺罪の被害者などとの紛争に巻き込まれるおそれがあること，これらの事情を詐欺罪における財産的損害となしうるかは疑問である．脱税やマネーロンダリングなどの目的の場合には，名義は実質的には自己名義であって[37]，銀行には相当対価が提供され，財産の損害を認め得るか

---

35) 刑集56・8・687．
36) 参照，菅原胞治「預金口座の不正利用と金融機関の対応」金融法務事情1709号（2004）9頁以下，遠藤雅人「最近の詐欺罪の傾向と対策について」警論57巻8号（2004）182頁，松並孝二「他人に譲渡する意図を秘して自己名義の預金口座を開設し，金融機関から預金通帳等の交付を受けた行為に詐欺罪を適用した事例」研修674号（2004）101頁以下，渡辺博己「預金口座の不正利用と金融機関による利用停止・強制解約等」銀行法務21・635号（2004）4頁以下など．

も疑問となる．

3　最高裁平成12年3月27日決定

1　最後に検討するのは，次の判例である．被告人は，Aと共謀の上，Aが入院中の上，すでに法定の保険金最高限度額を満たす簡易生命保険契約がなされているため，被保険者とすることができないことを知りながら，その保険契約を締結させた上，証書を交付させたというのである．最高裁は詐欺罪の成立を認めた[38]．

2(1)　ここにおいては，国家的法益と詐欺罪の成否が問題となっているが，この点については，すでに最高裁昭和51年4月1日決定が次のような判示を行なっている．「被告人らの本件行為が，農業政策という国家的法益の侵害に向けられた側面を有するものとしても……，その故をもって当然に，刑法詐欺罪の成立が排除されるものではない．欺罔行為によって国家的法益を侵害する場合でも，それが同時に，詐欺罪の保護法益である財産権を侵害するものである以上，当該行政刑罰法規が特別法として詐欺罪の適用を排除する趣旨のものと認められない限り，詐欺罪の成立を認めることは，大審院時代から確立された判例であり，当裁判所もその見解をうけついで今日に至っているのである．」[39]．

この判旨は，それ自体としては支持しうるし，その結論も妥当なものであろう[40]．しかし，この判例は，それまで国家的法益の侵害として詐欺罪の成立が否定されてきた多くの事例，たとえば，脱税[41]，罰金の不正免脱[42]，旅券[43]・印鑑証明書[44]・運転免許証の不正入手[45]などについての判例（それらは学説によ

---

37) したがって，この場合，申込書に有形偽造を認めることにも疑問がある．参照，林・前掲（注5）刑法各論（第2版）365頁以下，松宮・前掲（注20）立命館法学286号238頁，松原・前掲（注18）法教274号．
38) 刑集54・3・402．解説として，飯田喜信・曹時55巻3号（2003）313頁以下，伊藤渉・平成12年度重判解160頁以下，田中利幸・現刑31号（2001）91頁以下，古川伸彦・ジュリ1221号（2002）169頁以下，清水真・判評510号（判時1749号）(2001) 230頁など．
39) 刑集30・3・425．
40) 反対説として，伊東研祐・現代社会と刑法各論（第2版）(2002) 241頁．
41) 大判明治44・5・25刑録17・959など．
42) 水戸地判昭和42・6・6下刑集9・6・836．
43) 最判昭和27・12・25刑集6・12・1387．

ってもほぼ是認されている）を一挙に覆そうとする趣旨ではないと思われる．そうだとすれば，これらの詐欺罪の成立を否定した判例と上述の昭和51年4月1日決定の関係，そして，本件の場合についての判断は，判例上自明のことではなく，どのような理論的枠組みによってこの問題に対処すべきかは，依然として未解決の部分を多く残しているといわざるをえない．

　（2）　この問題においては，詐欺罪と特別法上の犯罪，あるいは，刑法上の偽造罪との関係が問題となることが多い．しかし，特別法・偽造罪の問題の行為を処罰する旨の規定があっても，詐欺罪が当然に排除されるわけではない．それらの罪と観念的競合となることはありうる．したがって，特別法によって排除されると解するならば，その理論的・実質的な理由が説明されなければならない．その結果として，そのような理論的・実質的な理由が妥当するならば，たとえ特別法上の処罰規定がないとしても，詐欺罪の成立を否定するのでなければならない．したがって問題は，先にあげた無罪判例の基礎にある理論的・実質的な理由である．

　（3）　この問題について，文書の取得という観点から解決を試みる見解が主張されている．この見解によれば，旅券など証明証書の場合，名宛人に交付することが目的であり，それが実現しているときには，詐欺罪は成立しないというのである[46]．この見解の前提とする目的失敗理論には前述のような疑問があるが，その点は措くとしても，このように，証明文書の名宛人に着目する見解に対しては，次のような疑問がある．

　まず，公務所の交付する旅券など証明文書の場合，名宛人に交付することだけが目的だとはいえない．名宛人そのものについて錯誤がないとしても，名宛人に関する諸事情について錯誤があった場合，そのかぎりで交付目的はまさに失敗したものといわざるをえない．逆に旅券などの場合，名宛人以外の者に対する交付だとしても，ただちに詐欺罪の成立を認めてよいことにはならない[47]．

---

44)　大判大正3・6・11刑録20・1171．
45)　高松地裁丸亀支判昭和38・9・16下刑集5・867．
46)　山口・前掲（注19）法教289号127頁．
47)　東京地判平成10・8・19判時1653・154においては，旅券について名宛人を偽っても，詐欺罪の成立は認められていない．なお，旅券の場合については，刑法157条2項だけでなく，旅券法23条1項との関係も問題となる．印鑑証明書の事案も，他人（実父）名義のものであったようである．

また，この見解は，偽造罪との「住み分け」という観点から前述のような見解を主張するのであるが，詐欺罪は偽造罪の補充類型ではないのだから，そのような前提自体に疑問がある．詐欺罪と各種偽造罪は相互に独立しており，すでに述べたように，両罪が観念的競合に立つ場合がありうることを否定することはできない．さらに，偽造罪との関係をいうならば，名宛人ではなく，名義人を基準とするべきであろう．名宛人もまた，文書偽造罪との関係では，文書の内容にほかならない[48]．そればかりでなく，脱税や罰金を不正免脱した場合には，証書の不正入手ということはおよそ問題となっていないが，これらの場合と旅券や印鑑証明書・運転免許証など証書の場合とで，統一的な説明がなされなければならないと思われる．

（4）　次に，この問題の場合，財産的損害（ないし移転性）を否定することによって，詐欺罪の成立を否定しようとする見解もある．証明書の場合，国家の証明という価値は財産的価値ではない[49]，財産侵害が軽微[50]というのがそれである．

しかし，旅券・印鑑証明書・運転免許証などは，証明価値が財物に化体されているからには，それ自体は財産犯の客体として十分な価値があるといわざるをえない．それを第三者が窃取すれば窃盗罪の成立を認めうることにそれは明らかである．本人自身ですら，公務所から窃取すれば，窃盗罪の成立を免れない．さらに，脱税や罰金の不正免脱の場合などには，まさに財産的価値として十分な利益を侵害している．

（5）　そこで，これらの場合，詐欺罪の構成要件に該当していることを前提として，ただ政策的な理由から詐欺罪の不成立ないし排除を説明しようとする見解もある．脱税の場合，回復が容易である[51]，「国家において強制的に調査・徴収を行なうことができ，しかも一般の債権に対する優先権が認められて

---

48)　名宛人を偽った場合に，刑法157条2項の罪を認めた判例として，大判昭和9・12・10刑集13・1699．虚偽の申立ては，申立事項の内容について虚偽のある場合にかぎられず，申立人に関して虚偽のある場合をも含むとするものとして，団藤重光編・注釈刑法第4巻（1965）144頁（大塚仁）．

49)　平野龍一「刑法各論の諸問題」法セ212号（1973）97頁，伊藤・前掲（注38）平成12年度重判解162頁，古川・前掲（注38）ジュリ1221号172頁，田中・前掲（注38）現刑31号95頁．

50)　葛原力三・刑法判例百選II・各論（第5版）（2003）89頁．

51)　伊藤渉「公法上の財産をめぐる不正行為に対する詐欺罪の適用」中山研一先生古稀祝賀論文集第2巻（1997）283頁以下．

いる」[52]などの指摘がそれである．しかし，そのような事情は，租税債権の財産としての重要性を理由とするものであって，特別法で軽く処罰する理由とはならないと思われる．そこで，「定型的処理の必要性や行為者にとっての誘惑性」[53]など制度的・政策的な理由が示されることもある．しかし，いわゆる国家的法益と詐欺として論じられている場合には，脱税以外の多くの場合があり，それらと統一的な説明がなされるべきであろう．それだけでなく，詐欺罪の成立が否定され，あるいはより軽い特別法上の罪によって排除されるとすれば，問題は，詐欺罪の基本的な要件に関わっていると解するべきだと思われる．

(6)　筆者は，これらの場合に詐欺罪が成立しないのは，交付行為要件を欠くものと解している[54]．詐欺罪は，私人間の取引の公正を確保することによって財産を保護しようとするものであり，したがって，国家が一私人と同じ立場で取引関係に立つ場合には詐欺罪の成立を認めるべきことは当然であるが，国家がその権力を行使する局面での私人による国家財産の侵害は，交付行為要件を欠くために，詐欺罪は成立しないと解されるのである．

同様の見解はこれまでも示されてきた．「租税の場合は，明らかに国家の権力作用であるのに対して，配給関係は……行為自体は直接その権力作用のあらわれではない．したがって配給も又，交付に属するといえる」[55]，「処分の本質が公権力の行使にあり，それが財産的処分行為を随伴しているにすぎない場合には，詐欺罪は成立しない」[56]．さらに，旅券が財物であることは明らかだとしたうえ，それを所持者から騙取すれば詐欺罪の成立が認められるが，「交付権者を欺罔して証書の交付を受ける場面では，証書の財物性が認められても，直ちに詐欺罪の成立が肯定されるわけではない．そこでは，財産権の侵害が別に必要とされ，その有無の判断に当たり，客体の性質は当該処分行為との関連で捉え直されることになる」[57]などの見解は，本章の見解とほぼ同じものである．本件の原審判決も，簡易生命保険の「事業内容は生命保険という保険業務であって，私企業の行なう生命保険業務と本質的に異ならず，経済活動の色彩

---

52)　伊藤渉「不正受給と詐欺」刑法の争点（第3版）(2000) 181頁．
53)　前田雅英・刑法各論（第3版）(1999) 244頁．
54)　林・前掲（注5）刑法各論（第2版）249頁以下．
55)　平野龍一「主要食糧の不正配給と詐欺罪」判例研究2巻5号 (1948) 86頁．
56)　平川宗信・刑法各論 (1995) 366頁．
57)　飯田・前掲（注38）曹時55巻3号320頁．

が強いものである」ことを指摘しつつ詐欺罪の成立を認めているが，これも本章の見解に近いものである．

もちろん，その限界は微妙である．たとえば，健康保険証の不正取得などの場合などは，まさに限界事例である[58]．それを以て経済的利益を受け得るという点では，詐欺罪の成立を認めてもよさそうであるが，その点では印鑑証明書なども同じであろうし，旅券による旅行が経済的利益でないとはいえない．

いずれにしても，本件の場合は，まさに国家が通常の保険会社とほとんど同じ立場で取引しているといえる．詐欺罪の成立を認めた結論は支持しうるであろう．

なお，この場合，既遂には，「本命の財物ないし財産的利益の現実の移転が必要」と解する見解もある[59]が，単なる口頭での契約ではともかく，証書の交付を受ければ，既遂としてよいと思われる．

★ 演習問題

1 最決平成15・12・9は，どのような事実についてどのような判断を示したか
2 本件において，交付行為を行なった者は誰か
3 被欺罔者と交付行為者とが異なる場合，詐欺罪を構成しうるか
4 本件の場合，被害者は誰か
5 被欺罔者に，信販会社の財産について交付の権限があったといえるか
6 交付の権限の内容をどのように解するべきか
7 本件の場合，どの時点でのどのような内容の不利益をもって，詐欺既遂を認めるに足る財産的損害の発生があったとするべきか
8 本件の場合，1項詐欺か2項詐欺か
9 被告人らが得た利益と被害者の損害の内容は同一のものでなければならない（素材同一性）とする見解についてどのように考えるか
10 最決平成14・2・4は，どのような事実についてどのような判断を示したか
11 本件の場合，詐欺罪の既遂時期はどの時点と解するべきか
12 1項詐欺か2項詐欺か
13 現金について，詐欺罪，窃盗罪は成立し得るか
14 本件の場合，包括一罪か，併合罪か

---

58) 最決平成18・8・21判タ1227・184．参照，伊藤渉「健康保険証の不正取得と詐欺罪」東洋法学38巻2号（1995）249頁以下．
59) 松宮・前掲（注20）立命館法学286号232頁．

15 窃盗罪と詐欺罪との関係，横領罪と背任罪との関係について，述べなさい
16 最決平成16・2・9と最決平成14・10・21は，それぞれ，どのような事実についてどのような判断を示したか
17 詐欺罪においては，財産的損害が条文上は書かれていないが，そこから，この要件を要しないとする見解にはどのような問題があるか
18 法益関係的錯誤説とは，どのようなものか，この説は，詐欺罪において，どのような意義を有するか
19 最判平成13・7・19は，どのような事実について，どのような判断を示したか
20 個別財産に対する罪と全体財産に対する罪の見解の対立とは，どのようなものか
21 最決昭和34・9・28は，どのような事実について，どのような判断を示したか
22 支払いの意思・能力なく，自己名義のクレジットカードを使用した場合，損害はどこにあるか
23 未成年者に対する販売が禁止されている酒を成年者と偽って購入した場合，あるいは，処方箋がなくては購入できない劇薬を，処方箋を偽造して購入した場合，どのように解するべきか
24 子供が親のクレジットカードを借りて，親名義で買物をした場合，詐欺罪は成立すると解するべきか
25 他人名義の預金口座を開設し，他人名義の預金通帳を取得した場合，銀行にはどのような意味で財産上の損害が生じるか
26 最決平成12・3・27は，どのような事実について，どのような判断を示したか
27 最決昭和51・4・1は，どのような事実について，どのような判断を示したか
28 脱税，罰金の不正免脱，旅券・印鑑証明書・運転免許証の不正入手などについての判例が，詐欺罪を否定しているのは，どのような理由によるものか
29 詐欺罪と脱税犯など特別法上の犯罪，あるいは，刑法上の偽造罪との関係は，どのようなものか

■ 詐欺罪 2

5 ── 詐欺罪の現状

最高裁平成 19 年 7 月 10 日決定〔刑集 61・5・405〕
最高裁平成 19 年 7 月 17 日決定〔刑集 61・5・521〕
最高裁平成 16 年 7 月 7 日決定〔刑集 58・5・309〕

1 最高裁の新判例

(1) 最近詐欺罪についての最高裁判例が相次いで出されている．そこにはいくつかの問題がある．本章においては，これらの判例を分析し，若干の私見を述べることとする．

第一の判例は，最高裁平成 19 年 7 月 10 日決定[1]である．その要旨は次のようなものである．公共工事の請負者甲が，地方公共団体から使途を限定して甲名義の預金口座に振り込まれた前払金につき，上記使途に沿った下請負業者乙に対する支払と偽って預金の払出しを請求し，その旨誤信した銀行係員をして，乙に無断で開設していた乙名義の預金口座に振込入金させた行為は詐欺罪に当たる，というのである．ここにおいては，現金がすでに甲名義の預金口座に振り込まれているので，その預金について甲自身に詐欺罪の成立をどのような意味で認め得るか，が問題となる．この最高裁決定を以下「請負事例」と呼ぶ．

(2) 次の判例は，最高裁平成 19 年 7 月 17 日決定[2]である．その要旨は，預金通帳等を第三者に譲渡する意図であるのに，これを秘して銀行の行員に自己名義の預金口座の開設等を申し込み，預金通帳等の交付を受ける行為は，詐欺罪に当たるというものである．本件においては，被告人は自己名義で口座開設を申し込んでいるので，それにもかかわらず詐欺罪の成立を認め得るかが，問題の要点である．最高裁判示においては，銀行行員等は，第三者に譲渡する目的が分かれば，預金通帳等の交付に応じることはなかったことが指摘されて

---

1) 刑集 61・5・405．解説・評釈として，橋本正博・平成 19 年度重判解 179 頁，山口厚・NBL871 号 (2007) 8 頁以下，松澤伸・判例セレクト 2007・34 頁など．
2) 刑集 61・5・521．解説・評釈として，前田巌・ジュリ 1347 号 63 頁，門田成人・法セ 634 号 112 頁，長井圓・平成 19 年度重判解 181 頁，樋口亮介・判例セレクト 2007・33 頁など．

いることが注目される．この最高裁決定を，以下「通帳事例」と呼ぶ．

（3）　筆者の理解では，上記の2つの最高裁判例の最大の問題は，詐欺罪における財産的損害を認め得るかにある．周知のように，判例は詐欺罪をいわゆる個別財産に対する罪と解する立場を一応採用している．しかし，後にも述べるように，判例自身それを徹底させていない．学説においては，むしろ最近では，少なくとも「形式的」個別財産説は少数説である．しかし，「実質的」とは一体何を意味するのかについて，多くの議論がある．上記の2つの判例においても，まさにこの点が問題となっている．

この観点から見るとき，若干遡るが，最高裁平成16年7月7日決定[3]も重要な判例である．その要旨は次のようなものである．根抵当権放棄の対価として支払われた金員が，根抵当権者において相当と認めた金額であっても，根抵当権者が，当該金員支払は根抵当権設定者が根抵当権の目的である不動産を第三者に正規に売却することに伴うものと誤信しなければ，根抵当権の放棄に応ずることはなかったにもかかわらず，根抵当権設定者が，真実は自己の支配する会社への売却であることなどを秘し，根抵当権者を欺いて前記のように誤信させ，根抵当権を放棄させてその抹消登記を了した場合には，詐欺罪が成立する，というのである．この判例を以下「根抵当事例」と呼ぶ．

この判例においても，通帳事例の場合と同じく，被害者が誤信しなければ，放棄に応ずることはなかったという事情が重視されている[4]．しかし，このような論理ないし公式はどのような根拠によるのであろうか．本件の結論に問題はないのであろうか．以下にはこのような点について若干の検討を加えることとする．

2　詐欺罪の公式

（1）　最近の判例における顕著な特徴は，詐欺罪の成立を認めるにあたり，真実を告知するならば相手は交付しなかったであろうという事情を指摘するも

---

3)　刑集58・5・309．解説・評釈として，安永健次・研修680号（2005）27頁以下，松宮孝明・平成16年度重判解167頁など．

4)　最高裁平成19年7月10日決定の原審判決も，このような事情を重視している．刑集61・5・433参照．ちなみに，最決平成18・8・21判タ1227・184（国民健康保険被保険者証の詐取について詐欺罪の成立を認めたもの）の解説においても虚偽記載の事実を承知していれば，市町村が交付を拒絶することが明らかである旨が指摘されている．判タ1227・185参照．

のが多いということである[5]．このような考慮は，いわば1個の「公式」としての地位を占めるに至っている．最近の判例のこのような傾向の淵源を明らかにすることは困難であるが，1つ考えられるのは，最高裁昭和34年9月28日決定[6]の影響である．この判例は，最高裁としていわゆる個別財産に対する罪と解する立場を明言したもので，その後の判例に大きな影響を与えた．上記の根抵当事例の最高裁決定の判示は，その1つの例である．

この昭和34年判例は，次のように判示している．すなわち，価格相当の商品（ドル・バイブレーターと称する医療器具）を提供したとしても，真実を知れば金員を交付しないような場合において，商品の効能について真実に反する誇大な事実を告知して相手方を誤信させ金員の交付を受ければ，詐欺罪が成立する，というのである．この判例からも明らかなように，この「公式」は，詐欺罪をいわゆる個別財産に対する罪と，いわば形式的に理解し，そのことによって，その成立範囲を拡張する機能を果たしてきた．筆者は，結論から述べれば，この公式のもつ一定の意義を承認するものの，そのことのみを理由として詐欺罪の成立を認める傾向に疑問をもっている．

(2) 一般的な犯罪理論の見地からは，この公式は結果回避可能性要件と同じものである．真実を知っていたならば交付しなかったであろうとは，その行為をしなかったならばその結果は発生しなかったであろうということだからである．そして，基礎理論としては，結果回避可能性要件は，条件関係を基礎づけるものとして，犯罪理論上重要な要素である[7]．この要件はとくに過失犯において重要視されているが，故意犯においても同じく重要であり，そのことは詐欺罪においても変わらない．すなわち，欺罔行為という実行行為と交付行為・損害の因果関係を基礎づけるものとして，重要な意義を有するのである．しかし，過失犯において，結果回避可能性要件は重要ではあるものの，それだけで犯罪の客観的要素を充足しない（主観的要件＝予見可能性などが別個重要な要件であることはさらに別論である）のと同じく，詐欺罪においても，この公式は，一定の限度でしか意味をもたないことに注意しなければならない[8]．そのこと

---

5) 日野浩一郎「自己名義預金口座開設に伴う通帳等詐欺事犯の捜査について」捜査研究639号（2004）38頁によれば，販売目的を告げれば口座開設を断られると思っていたという供述から，欺罔とその認識を明らかにする捜査手法が言及されている．
6) 刑集13・11・2993．
7) 林幹人・刑法総論（第2版）（2008）116頁．

は，次に見るように，過去の最高裁判例も明言している．

第一に注目されるのは，最高裁昭和31年8月30日決定[9]である．この判例において最高裁は，真実を知ったとすれば交付しなかったであろうという事実を認めながら，その真実を告げる義務はないとした．同様の判例は大審院にもあった．大審院昭和8年5月4日判決[10]は，客体が係争中であることを秘して売買した場合について，係争事情を告げるならば相手は買い受けないであろう場合であっても，告知義務はないとしたのである．

このような観点は重要である．犯罪理論的にいえば，結果を回避させる行為であっても，あらゆる行為が義務づけられるわけではない，ということである．ある行為が義務づけられるか否かは，事前的な，行為の時点での事情（とくにその行為のもつ危険性と有用性）によって決定されるべきものである[11]．その行為をしたならば結果は回避されたであろうかといった事後の事情によって決定されるべきものではない．詐欺罪でいうなら，ある行為が実行行為としての「欺罔」といえるかは，その行為の時点での事情で決めるべきものであって，別の行為，すなわち，真実を告げていたならば，相手はどのような反応をしたであろうかといった，事後の事情によって決めるべきものではない．そのような考えは，因果関係＝条件関係があれば，実行行為はあるというのと同じであって，犯罪理論上あってはならないものである．真実を告げていたならば相手は交付したであろうか，という問いは，まず行為が実行行為としての「欺罔」にあたるという前提を押さえ，その欺罔と相手の錯誤・交付行為との間の条件関係を問題とするときに，はじめて発すべきものである．

（3）　最近の最高裁が採用する公式に対する疑問はそればかりではない．前述の意味において欺罔行為が認められ，かつ，真実を告知するときは交付しなかった，あるいは，別の結果になったとしても，その結果が詐欺罪によって保護に値するものでないことはありうる．近時の著名な最高裁平成13年7月19日判決[12]はまさにこのことを判示したものである．この判例の要旨は次のよう

---

8)　参照，大塚裕史・刑法判例百選II・各論（第6版）（2008）94頁．さらに，酒井安行「詐欺罪における財産的損害」刑法の争点（2007）190頁など．
9)　判時90・26．
10)　刑集12・538．
11)　林・前掲（注7）刑法総論（第2版）121頁以下．この問題についての近時の研究として，小林憲太郎・刑法的帰責（2007）146頁以下．

なものである．受領の権利を有する請負代金につき，欺罔手段を用いて不当に早く受領したとして，その代金につき詐欺罪が成立するには，欺罔手段を用いなかった場合に得られたであろう支払とは，社会通念上別個の支払に当たるといい得る程度の期間，支払時期を早めたことが必要である，というのである．この事案において，原審も原原審も，真実を告知するときは，現実の交付とは別のものとなったということを理由として詐欺罪の成立を認めた．それに対して最高裁は，そうだとしても，それだけで詐欺罪の成立を認めてはならないとしたのである．最高裁は，現実の結果と，真実を告知したならば生じたであろう仮定的な結果とが大きく違う，すなわち，結果が重大なものでなければならないと判示したと解される．

一般の犯罪理論において結果回避可能性が問題とされるときには，結果の内容はすでに明らかであり，しかもそれは重大なことが多い．たとえば，過失致死罪において結果回避可能性が問題とされるとき，被害者の死亡の結果は明らかで，かつ重大である．問題の行為を行なわなかったときには死ななかったときはもちろん，たとえいずれは死んだ場合であっても，生命は刻一刻重要であるから，わずかでも死期を早めれば，死について責任を負わせてよい．しかし，財産はそうはいかない．いずれ支払わなければならなかったという事情を無視してはならない．いいかえると，きわめてわずかの財産的損害で詐欺罪の成立を認めてはならない．上記の平成13年最高裁判例は，このことを判示したものであり，この意味で重要である．要するに，真実を告知したならば交付しなかったであろう場合であっても，ただちに詐欺罪における財産的損害を認めてはならないのである．

以上の2つの点で，最近の最高裁が採用する公式には限界があることに注意しなければならない．

現在では，未成年者が年齢を偽り酒を購入したような場合，詐欺罪は成立しないことについて広い一致がある．真実の年齢を告げたならば売主は売らなかったというだけで詐欺罪の成立を認めてはならないことは，このことからも明らかである[13]．

---

12) 刑集55・5・371．この点に着目しつつ本判決に検討を加えたものとして，樋口亮介・ジュリ1249号（2003）157頁．さらに参照，松原芳博・前掲（注8）刑法判例百選II・各論（第6版）96頁，林幹人「詐欺罪における財産上の損害」現刑44号（2002）48頁以下など．

（4）　もっとも，判例がそのような公式を採用することには，ある程度理由がある．詐欺罪の要件としては，一般に，欺罔行為・錯誤・交付行為・財産的損害の4つのものがあげられる．しかし，すでに欺罔行為の内容自体不明確で，一致がない．財産的損害の要件についても，それを要しないとする見解すらあり，判例もはっきりしない．のみならず，この4つの要件は相互に密接に関連している[14]．騙した故に騙され，財産的損害についても騙された，すなわち，錯誤に陥っていることが重要な前提である．また，最近の判例の採用する先に述べた公式は，不完全なものではあるにしても，多くの場合について，正しい結論に導くこともたしかである．しかしながら，すでに述べたように，この公式には大きな欠陥があるために，一般的に採用することには疑問があるのである．

　有効でより適切な公式としては，次のものが考えられる．それは，被害者に隠された事実が重要な財産的利益に関わるものか，というものである．そのようにいえれば，それにもかかわらず取引が行なわれれば，通常は，欺罔行為・錯誤・交付行為・財産的損害を認め得る．欺罔行為の内容は，被害者にとって重要な財産的利益に関わる事実を隠すことにほかならず，そのことが被害者にとって隠されたままに，取引されれば，いわゆる法益関係的錯誤（あるいは自由意思喪失的錯誤）[15]に基づく財産的損害が生じるのである．筆者としては，あえて公式を用いるのであれば，このようなものが妥当と考えている．

3　3決定の評価

（1）　以上の考察を前提として，3決定に対する若干の検討を行ないたい．

---

13)　本江威憙・民商事と交錯する経済犯罪 II（1995）18 頁は，「真実を知っていたら交付しなかった」という主張が経済取引の観点から見て合理的と評価される場合でなければならないとする．

14)　欺罔と損害，欺罔と保護法益の密接な関係を指摘するものとして，木村光江・詐欺罪の研究（2000）254 頁，足立友子「詐欺罪における欺罔行為について（2）」名古屋大学法政論集 211 号（2006）172 頁など．

15)　林幹人「詐欺罪の新動向」曹時 57 巻 3 号（2005）13 頁．さらに参照，小田直樹「財産犯論の視座と詐欺罪の捉え方」広島法学 26 巻 3 号（2003）208 頁，足立友子「詐欺罪における欺罔行為について（5・完）」名古屋大学法政論集 215 号（2006）420 頁，長井圓「証書詐欺罪の成立要件と人格的財産概念」板倉宏博士古稀祝賀論文集・現代社会型犯罪の諸問題（2004）339 頁など．なお，最高裁平成 22 年 7 月 29 日決定（LEX／DB25442483）は，航空機によりある外国への不法入国を企図している者のために，航空会社係員を欺いて，別人の搭乗券の交付を受けた場合について，「搭乗券の交付を請求する者自身が航空機に搭乗するかどうかは，本件係員らにおいてその交付の判断の基礎となる重要な事項であるというべき」だとして，詐欺罪の成立を認めた．

まず，請負事例についてである．この事案の実質的な被害者は（銀行と解されないでもないが）地方公共団体だと解される[16]．そのように解しても，銀行には交付の権限があるから，詐欺罪の成立を認めることは可能である．本件の場合，問題の金員は被告人名義の口座に入っているが，いまだ被告人に占有はなく，所有権もないと解される[17]．被告人は，本来の使途に問題の金員を使用する意図はなく，したがって，地方公共団体としては，請負契約のために使用されない（したがって相当対価が提供されない）危険ある状況の下で，金員を提供したことになる．被害者に隠されていたその事実は，まさに重要な財産的利益に関わることである．詐欺罪の成立を認めた結論は正当と思われる．

(2) 次に，通帳事例である．この事案の場合，預金通帳そのもの，あるいは，預金通帳発行に伴う通常のサービスそのものを財産的損害と解するべきではないと思われる．そのような財産の移転は，預金などの対価の可能性によって，十分に埋め合わされるからである．しかも銀行は，そのような財産的利益の交換について十分な認識をもっており，そこに法益関係的錯誤を認めることはできない．

他方，振り込め詐欺やマネーロンダリングなどの危険そのものを，銀行にとっての財産的損害と解するべきでもない．それらは，銀行の損害を超えたものであり，詐欺罪の内容ではないと解される．それらの危険・損害を対象とするのは，金融機関等による顧客等の本人確認等に関する法律の処罰規定である．

もっとも，現在では，預金通帳等の名義人と利用者とを違えることにより，それらの犯罪が犯される事例が多くなってきており，その事態に対処するための銀行の経済的負担は重大なものとなっている．本件事例のような場合，その負担の危険を捉えて財産的損害を認めることは可能であろう[18]．さらに，通帳などについて譲渡を禁止する約定の趣旨としては，大量の取引を行なう金融機関にとって，自由に預金債権譲渡がされると新預金者を確認する事務処理が負

---

16) 同旨，松宮孝明・法セ579号（2003）107頁．
17) 最判平成14・1・17民集56・1・20．
18) 辻裕教・警論58巻9号（2005）223頁は，「金融機関及び金融システムの健全性並びにこれに対する信頼が害され，ひいては，より広く正常な経済活動に悪影響を及ぼす」とする．また，日野・前掲（注5）捜査研究639号40頁は，「犯罪に利用された場合に関係機関との応対，照会回答，事情聴取等の負担が生じるなど，財産的な実害を被る」ことを指摘する．同様の指摘をするものとして，松並孝二・研修674号（2004）107頁．

担となることが指摘されている[19]．このような負担の危険をも財産的損害の内容と解することは可能であろう．このような財産的損害は，銀行にも隠されていたのである．すでに最高裁は，他人名義で預金通帳等の交付を受けた場合について詐欺罪の成立を認めていた[20]．この判例からすれば，本件においても同様に詐欺罪の成立を認めることとなると思われる．本件においても，同様の財産的損害が銀行に生じると解することができるであろう．

預金通帳関連のこの 2 つの最高裁判例については，金融機関等による顧客等の本人確認等に関する法律との関係も問題となる．名義を偽って預金通帳等の交付を受けた場合は，この特別法によって処罰されるが，第三者に利用させる目的で，本人名義で預金通帳等の交付を受けた場合は，それだけではこの特別法では処罰されない．ただ，正当な理由のない預金通帳等の譲渡等が平成 16 年法律第 164 号により，処罰されることになった．

ここで，この特別法と詐欺罪の関係が問題となるが，特別法で処罰されていることが詐欺罪をただちに排除しないように，特別法で規定されていないとしても，詐欺罪の成立を認めることは可能である．これらの特別法の趣旨は，もちろん，銀行の保護もあるであろうが，少なくとも直接的には，振り込め詐欺やマネーロンダリングの危険を処罰対象としているものと解される．したがって，詐欺罪とこの特別法違反行為とは，法益が異なり，観念的競合（ないし併合罪）とするべきであろう．

(3) 最後の根抵当権事例については，結論からいえば，疑問がある．被害者とされている根抵当権者＝住管機構は，本件根抵当権放棄によって，経済的により貧しくなったとはいえない．事件当時の住管機構は，被告人に対して多額の債権を有していたものの，被告人には本件不動産のほかにはめぼしい財産がなく，その回収は，本件不動産についての根抵当権の実行，ないし，売却によって得られた代金からの充当によるほかは，ほとんどできなかったであろう．仮に住管機構にとって当初の予定であった正常な売却が行なわれたとしても，本件で住管機構が得た以上の「相当対価」が得られた可能性があったかも疑わしい．本件の場合，その本来の場合と比べて，住管機構にとってとくに悪い経済状態が引き起されたとはいえない．本件の場合，被告人の下には不動産と借

---

[19] 前田・前掲（注 2）ジュリ 1347 号 64 頁はこの点を指摘する．
[20] 最決平成 14・10・21 刑集 56・8・670．

入金の残りが現実には残されていたものの，それらは本件取引がなければなかったものであり（したがって，そこからの利益の取得の可能性を問題とするべきではない），しかもその利益も，実質的には，むしろ多額の融資を行なった銀行から得たものといってよいように思われる．本件においては，被告人が住管機構から不法な利益を取得したという事実は存在しないように思われる．たしかに，売却の後，被告人の下に利益を残さないという「方針」があったものの，その本旨は，不動産の対価はすべて債務の弁済に充当するというものである．本件の場合，そのこと自体はまさに現実に実現されており，住管機構が受け取った以上の代金を当時得られた可能性があったか明らかでなく，その意味で，その方針に実質的に違反していたとはいいがたい．被告人が隠した事実は，住管機構にとって重要な財産的利益に関わるものではなく，そのことによって住管機構の自由意思を侵害したともいえない類のものであったと思われる．

　住管機構は，真実を告知すれば本件の時点では根抵当権放棄を行なわなかったであろう．しかし，住管機構としても，いずれは被告人をして，不動産を売却させ代金を弁済に充てさせるほかはなかったのであり，その額は本件で住管機構が受領した額とほとんど変わらなかったであろう．上記の平成13年最高裁判例の枠組みからしても，本件について詐欺罪の成立を認めることはできないと思われる．

　本決定は，表面的には最高裁昭和34年判例（ドル・バイブレーター事件）に従っている．しかし昭和34年判例では，提供された医療器具は被害者の病気には役に立たなかった物であったことが重要である．本件の場合，根抵当権の対象となった不動産についての「相当対価」は，まさに住管機構が得ようとしていた本体にほかならず，住管機構に経済的損害を認めることは困難と思われる．

　要するに，根抵当事例は，未成年者が年齢を偽って酒を購入した場合と同じではないか，疑問がある．

★ 演習問題

1　最決平成19・7・10は，どのような事実についてどのような判断を示したか
2　最決平成19・7・17は，どのような事実についてどのような判断を示したか
3　最決平成16・7・7は，どのような事実についてどのような判断を示したか
4　最決昭和34・9・28は，どのような事実についてどのような判断を示したか

5 最判平成 13・7・19 は，どのような事実についてどのような判断を示したか
6 真実を告知するならば相手は交付しなかったであろうという事情によって，詐欺罪を認めることにはどのような問題があるか
7 平成 19 年の 2 つの決定を評価しなさい
8 最決平成 16・7・7 を評価しなさい
9 最決平成 22・7・29 を評価しなさい

■詐欺罪 3

6──誤振込みと詐欺罪の成否
最高裁平成 15 年 3 月 12 日決定〔刑集 57・3・322〕

1 最高裁平成 15 年 3 月 12 日決定の意義

　事実の概要は以下のようなものである．税理士甲の妻が，顧問料等の振込口座として，誤って，被告人の銀行預金口座を届けたため，被告人の口座に 75 万円余が誤って振込まれた．被告人は，通帳の記載から，誤振込みがあったことを知ったが，これを自己の借金の返済に充てようと考え，銀行の窓口係員に対し，誤振込みがあった旨を告げることなく，その時点で残高が 92 万円余となっていた預金のうち 88 万円の払戻しを請求し，交付を受けた．一，二審とも詐欺罪の成立を認めたが，被告人側は上告した．

　最高裁は次のように判示して上告を棄却した．「本件において，振込依頼人と受取人である被告人との間に振込みの原因となる法律関係は存在しないが，このような振込みであっても，受取人である被告人と振込先の銀行との間に振込金額相当の普通預金契約が成立し，被告人は，銀行に対し，上記金額相当の普通預金債権を取得する（最高裁平成 4 年（オ）第 413 号同 8 年 4 月 26 日第二小法廷判決・民集 50 巻 5 号 1267 頁参照）．

　しかし他方，記録によれば，銀行実務では，振込先の口座を誤って振込依頼をした振込依頼人からの申出があれば，受取人の預金口座への入金処理が完了している場合であっても，受取人の承諾を得て振込依頼前の状態に戻す，組戻しという手続が執られている．また，受取人から誤った振込みがある旨の指摘があった場合にも，自行の入金処理に誤りがなかったかどうかを確認する一方，振込依頼先の銀行及び同銀行を通じて振込依頼人に対し，当該振込みの過誤の有無に関する照会を行うなどの措置が講じられている．

　これらの措置は，普通預金規定，振込規定等の趣旨に沿った取扱いであり，安全な振込送金制度を維持するために有益なものである上，銀行が振込依頼人

と受取人との紛争に巻き込まれないためにも必要なものということができる．また，振込依頼人，受取人等関係者間での無用な紛争の発生を防止するという観点から，社会的にも有意義なものである．したがって，銀行にとって，払戻請求を受けた預金が誤った振込みによるものか否かは，直ちにその支払に応ずるか否かを決する上で重要な事柄であるといわなければならない．これを受取人の立場から見れば，受取人においても，銀行との間で普通預金取引契約に基づき継続的な預金取引を行っている者として，自己の口座に誤った振込みがあることを知った場合には，銀行に上記の措置を講じさせるため，誤った振込みがあった旨を銀行に告知すべき信義則上の義務があると解される．社会生活上の条理からしても，誤った振込みについては，受取人において，これを振込依頼人等に返還しなければならず，誤った振込金額相当分を最終的に自己のものとすべき実質的な権利はないのであるから，上記の告知義務があることは当然というべきである．そうすると，誤った振込みがあることを知った受取人が，その情を秘して預金の払戻しを請求することは，詐欺罪の欺罔行為に当たり，また，誤った振込みの有無に関する錯誤は同罪の錯誤に当たるというべきであるから，錯誤に陥った銀行窓口係員から受取人が預金の払戻しを受けた場合には，詐欺罪が成立する．

　前記の事実関係によれば，被告人は，自己の預金口座に誤った振込みがあったことを知りながら，これを銀行窓口係員に告げることなく預金の払戻しを請求し，同係員から，直ちに現金の交付を受けたことが認められるのであるから，被告人に詐欺罪が成立することは明らかであり，これと同旨の見解の下に詐欺罪の成立を認めた原判決の判断は，正当である.」

2　預金の占有

（1）　本決定には疑問がある．本件のような誤振込みの場合，平成8年最高裁民事判決（最判平成8・4・26民集50・5・1267）に従えば，受取人である被告人に預金債権が成立していることは，疑いのないところである．この平成8年最高裁判決は，誤振込みの場合，受取人に預金債権が成立するという一般論をたてたのであり，そのこと自体は，支持されなければならない．なぜなら，誤振込み，すなわち原因関係がないにもかかわらず振込みがなされてしまった場合には預金債権が成立しないとすると，銀行はつねに振込みの原因関係を問題

とせざるをえないこととなり，きわめて不安定な地位に置かれることになってしまうからである．振込みがなされた以上は画一的に受取人に預金債権が成立するとし，原因関係については振込人と受取人とで争うこととするのが振込み制度からして合理的と考えられる．

そして，このような考えからすれば，受取人が誤振込みについて悪意であったときであっても，預金債権は成立していると解さなければならない．なぜなら，誤振込みについて悪意であるとは，振込みの原因関係がないことを知っていることを意味するが，原因関係とは独立に預金債権の成立を認めるという立場からは，その預金債権を原因関係についての受取人の認識に従属させることはできないからである．このようにして悪意の受取人にも預金債権が成立している以上は，受取人は正当に払戻す権限をもっているのであり，これを権利濫用とする[1]のは妥当でないと思われる．

これに対して原審判決は，「刑法上の問題は別」であるとし，本章のような立場について，「これは余りにも民事上の関係にとらわれた考え方」だとし，「預金名義人を装って預金の払戻をした場合に，財産上の被害者を預金名義人ではなく払戻に応じた銀行であるとみる典型的なケースとで別異に解さなくてはならないような事情はな」いとする．しかし，預金名義人を装って預金の払戻をした場合と本件とでは，まったく異なる．預金名義人を装って払戻をした場合は，行為者は預金債権を有しないのであり，銀行は預金名義人の財産を保護する利益があるとしてよいことはもちろんであるが，誤振込みの場合は受取人は預金債権を有するのであり，銀行は受取人に対してその預金について正当な利益をもたないのである．

預金債権が成立している以上は，その預金債権を行使する行為は適法なものである．民法上債権があるときに，刑法上はないとか，民法上適法な行為を刑法上違法とすることはできない．同じ裁判所が，同じ事実を前にして，民事では銀行に対して支払えと義務づけながら，刑事では支払う義務はないとして銀行を保護するようなことがあってはならない．学説が法秩序の統一性を説く[2]のはこの趣旨である．

---

[1] 佐藤文哉「誤って振り込まれた預金の引出しと財産犯」佐々木史朗先生喜寿祝賀論文集・刑事法の理論と実践（2003）337頁．
[2] 松宮孝明・法教279号（2003）133頁．

本決定は，原審判決とは異なり，正面から刑法判断の独自性を説いてはいない．平成 8 年判決を前提としながら，なお，法秩序として銀行に保護するに値する利益があったことを説明しようと努めている．このこと自体は評価されてよい．かつての判例の純粋な占有説的な論理，あるいはいわゆる平穏な占有説的な論理からは，およそ民事上の法律関係を問題としないで詐欺罪の成立を認めることもありえたが，あくまで銀行の法的に正当な利益を問題としようとしているところに，判例の進歩をみることができる．

　本決定は，銀行に正当な利益がある理由として 2 つの点をあげる．1 つは，組戻しであり，もう 1 つは確認・照会である．しかし，組戻しは，あくまで受取人の「承諾」を得なければならないものである．確認・照会も，あくまで，受取人による誤振込みの「指摘」を前提とする．したがって，平成 8 年判決を前提とすれば，この 2 つの銀行実務は，誤振込みであっても受取人に完全に預金債権が成立することを前提にして，その預金債権の処分については銀行として当然に受取人の意思に従わなければならないという趣旨のものと解するべきである．この実務をもって，銀行が受取人に対する関係でその預金について固有の正当な利益を有すると解するのは妥当でない．そのように解すると，銀行はかえって当事者間の紛争に巻き込まれるおそれがあるというのが，平成 8 年判決の本旨だと解される．

　平成 8 年判決を，受取人に誤振込みされた金員を振込人に返還させるために，例外的に受取人に預金債権の成立を認めたものだとして，本件のような場合違法とすることは民事判例に矛盾しないとする見解もある[3]．しかし平成 8 年判決は，受取人に銀行を通してその金員自体を振込人に返還させようとしたものではない．銀行に対する関係では，受取人に完全な預金債権の成立を認めているのであり，ただ振込人に対する関係で債務としての不法利得返還義務を負うとしたにすぎない．平成 8 年判決の下では，受取人が銀行から金員を引出して振込人に持って行っても，その金員を使った後に別の金員で返還しても，まったく適法である．

　(2)　本決定は，誤振込みの事実を銀行に告知すべき信義則上の義務があるとする．しかし，たとえば，銀行窓口において，銀行員が誤って別人に払い戻

---

3)　今井猛嘉・現刑 55 号 (2003) 108 頁．

してしまったような場合，受取った者に，道徳上，あるいは「信義則上」は，それを告知する義務はあるであろうが，法律上はそのような義務があるとは思われない．少なくとも刑法上は，その事実を告知しないで領得しても占有離脱物横領罪が成立するのみであって（大判明治 43・12・2 刑録 16・2129）詐欺罪は成立しない．いわゆるつり銭詐欺の場合も同じである（大判明治 31・3・3 刑録 4・3・15）．誤って自己の支配下に入った他人の金銭についてすら告知義務がないのに，事実上は銀行の支配下にある，しかも法律上は自己の預金とされるものについて，それが誤った原因によって振込まれたものであることを告知する義務があるとするのは，均衡を失する．次のようにもいえる．平成 8 年に最高裁は，銀行は振込みの原因関係について知る義務がない，と判断したものと解される．にもかかわらず，同じ最高裁が，銀行にそれを知らせる義務があるというのは不当であろう．

学説上は，銀行が誤振込みであることを知っていれば，払戻に応じたかを問題とし，応じることはないとして詐欺罪を認める見解もある[4]．しかし，そのような場合であっても，受取人による払戻請求がなされた場合，平成 8 年判決を前提とすれば，これを拒み得るか疑問があるだけでなく，この見解によれば，真実を告知すれば取引に応じなかったであろう場合のすべてに詐欺罪の成立を認めることになりかねないが，それでは処罰範囲が広すぎることは以前から指摘されていたとおりである[5]．

（3）　本件の場合，そもそも銀行に占有があったかも問題となる．銀行は事実上問題の金員を所持していたことは確かであるが，たとえば，A から B が金銭を預かり，保管のために B 名義の預金口座に入金した場合，B はその預金を占有しており，それを領得すれば横領罪が成立するというのが判例である（大判大正 9・3・12 刑録 26・165 など）．したがって，本件の場合も，被告人は預金を占有していたのではないかが問題となるわけである[6]．この問題について，預金の占有は口座名義人が正当な権限をもっている場合にのみ認められると考え，本件の場合被告人は正当な権限をもっていなかったと考えれば，被告人に占有はなかったことになるが，本件の場合も預金債権が成立している以上は，

---

4)　渡辺恵一・研修 599 号（1998）113 頁．
5)　林幹人・刑法の現代的課題（1991）170 頁．
6)　上嶌一高・刑法の争点（第 3 版）（2000）191 頁．

正当な権限がなかったとはいえないと思われる．

(4) 本件のような場合，刑事裁判所として詐欺罪の成立を否定しがたいことは理解できる．というのは，判例上は純粋な占有説が依然として支配しており，学説上もいわゆる平穏な占有説が有力である．このような立場の根底には，財産犯の成立を問題とするにあたっては，民事上の法律関係にとらわれてはならないという基本思想がある．そこからすれば，現在の刑事裁判所としては，本決定位までが精々のところかもしれない．しかし，本決定が指摘するような，平成 8 年判決によって排除された後に残っている銀行の利益は，いわば従属的・二次的なものにすぎず，それをもって財産犯の保護法益とするのは，無理と思われる．

3 預金の所有・帰属

本件で問題となった利益について，法秩序として保護すべきなのは，銀行ではなく，振込人である．いいかえると，受取人に対して法律上正当な利益をもっているのは，銀行ではなく，振込人である．本件の場合，受取人はたしかに違法な行為をしているが，それは銀行の利益を害しているからではなく，振込人の利益を害しているからである．平成 8 年判決も，振込人に受取人に対する不法利得返還請求権は認めている．問題は，この振込人の利益について刑法上どのような保護を与えるべきか，である．先にあげた預金の占有を認めた判例は，他人の金銭を預かった上受託人名義で預金していた場合，なお他人の物を占有しているものと解し，それを不法領得した受託人に委託物横領罪の成立を認めた．この判例と本件の場合とで異なるのは，委託関係がないというだけである．したがって，この判例を前提とすれば，本件の場合占有離脱物横領罪の成立を認めるべきだということになる．さらに判例は，誤配達された物を領得した場合にも占有離脱物横領罪の成立を認めている（大判大正 6・10・15 刑録 23・1113）が，本件はこの場合と実質的には同じである．もっとも，平成 8 年判決は振込人に債権としての不当利得返還請求権を認めたにすぎないから，「他人の物」を領得したといいうるか，なお疑問があり得る．しかし，そもそも平成 8 年判決が，受取人の債権者による差押えに対する振込人の第三者異議を認めなかったのは妥当ではなかったのではないか，逆に疑問がある．一旦振込みがなされた以上は受取人に預金債権が成立するが，振込人に対する関係で

は，受取人に完全な利益の帰属を認めるべきではなく，振込人に準所有権的な物権的請求権，ないし，先取特権的な優先権を認めるべきだという見解[7]は考慮に値する．このような法律構成が解釈論として可能であるかはなお問題がある[8]ものの，先にあげた預金の占有を認めた刑事判例は，このような解釈（預金名義人は銀行に対して預金債権をもつが，委託人に対する関係ではなお他人の物を占有している）を前提としたときにのみ成り立ち得るものなのである．むしろこの判例は，委託人が受託人名義で預金することを許容している場合にすら刑法上他人性を肯定しており，その意思がまったくない本件のような場合，より強い理由で他人性を認めうるとすらいえる．

★ 演習問題

1 最決平成15・3・12はどのような事実についてどのような判断を示したのか
2 最判平成8・4・26の民事判例は，どのような事実についてどのような判断を示したのか
3 受取人が誤振込みについて悪意であったときには，受取人の払戻しは権利濫用となるとする見解にはどのような問題があるか（参照，最判平成20・10・10〔判タ1285・65〕）
4 原審判決と本決定には，民法上の権利関係と詐欺罪の成否に関して，どのような違いがあるか——どちらの見解が妥当か
5 法秩序の統一性とはどのような意味か——それがしばしば言及される財産犯の問題にどのようなものがあるか
6 本決定は，銀行に正当な利益がある理由としてどのような点を指摘しているか——そこにはどのような問題があるか
7 本事案について詐欺罪の成立を認めるには，どのような要件について問題が生じるか
8 大判明治43・12・2，大判明治31・3・3は，それぞれどのような事実についてどのような判断を示したものか——これらの場合，詐欺罪は成立するか，しないとした場合，本決定との均衡はどうか（作為義務の根拠との関係）
9 銀行が誤振込みの事実を知った場合，払戻す義務はないことになるか——受取人が誤振込みを否定し，払戻しの請求をした場合，銀行は拒み得るか

[7) 道垣内弘人・手形小切手判例百選（第5版）（1997）221頁，松岡久和「誤振込事例における刑法と民法の交錯」刑雑43巻1号（2003）100頁．
8) 森田宏樹「振込取引の法的構造」金融取引と民法法理（2000）180頁．

10 その場合，払戻しに応じないであろうから，詐欺罪の成立を認めるべきだとする見解にはどのような問題があるか
11 銀行に問題の金員の占有を認めること，いいかえると，被告人に占有を否定することにはどのような問題があるか
12 大判大正 9・3・12 はどのような事実についてどのような判断を示したのか——本件事案との違いはどこにあるか
13 平成 8 年の民事判例によれば，振込人の立場についてはどのような判断が示されたのか
14 誤配達された郵便物を領得した場合に占有離脱物横領罪の成立を認めた判例の事案と，本件事案との関係はどうか
15 平成 8 年民事判例を前提とした場合，占有離脱物横領罪の成立を認めるにはどのような問題があるか

■詐欺罪 4
7——詐欺罪における不法領得の意思
最高裁平成 16 年 11 月 30 日決定〔刑集 58・8・1005〕

1 最高裁平成 16 年 11 月 30 日決定の意義

（1） 平成 16 年に最高裁は詐欺罪における不法領得の意思の存在を否定し，その成立を否定する判断を示した．事案は，支払督促の債務者を装い郵便配達夫を欺いて支払督促正本を受領することにより，送達が適式にされたものとして支払督促の効力を生じさせ，債務者から督促異議申立ての機会を奪ったまま確定させて，その財産を差し押えようとしたが，支払督促正本はそのまま廃棄するだけで外に何らかの用途に利用，処分する意思がなかった，というものである．原原審は，「ある種の財物（例えば，約束手形や借用証書）は，その不存在ないしは利用を妨げることが，そのまま特定の者（上記の例では，約束手形の振出人や消費貸借の借主）の経済的利益になることがあるから，その不存在ないしは利用を妨げることがそのまま特定の者の利益になる財物については，その特定の者が廃棄するつもりでその財物を騙取したとしても，その特定の者については，その財物を廃棄することが，『その経済的ないし本来的用法に従いこれを利用もしくは処分する』ことになると解するべきであ」ると判示して，詐欺罪の成立を認めた．原審もまた，「財物を最終的に毀棄・隠匿する場合であっても，財物を騙し取ることが財物を積極的に経済的ないし本来的用法に従って利用して処分する目的に基づくものであることは十分にありうる」とし，本件の場合，「権利義務に関する法律文書である支払督促正本等の本来の法的，経済的効用を発現させようとしていた」として，やはり不法領得の意思を認めた．

これに対して最高裁は，「郵便配達夫を欺いて交付を受けた支払督促正本等について，廃棄するだけで外に何らかの用途に利用，処分する意思がなかった場合には，支払督促正本等に対する不法領得の意思を認めることはできないというべきであり，このことは，郵便配達夫からの受領行為を財産的利益を得る

ための手段の一つとして行なったときであっても異ならないと解するのが相当である」と判示して詐欺罪の成立を否定したのである[1].

周知のように，窃取した財物について毀棄隠匿の意思しかなかった場合には，窃盗罪は成立しないというのは確立した判例である．原原審，原審もこのことを前提としている．それにもかかわらず原原審，原審が不法領得の意思を認めたのは，結局，物を廃棄することにより利益を得る意思であった場合（とくに本件の場合，典型的な意味で「経済的」利益を得る意思であったことが明らかである），不法領得の意思はあると解したからである．これに対して最高裁は，その物自体（ここでは支払督促正本）から直接に利益を得る意思がなかった以上は，不法領得の意思があるとはいえないと解したのである．

このような問題は，これまでの判例にはなかったものであり，どのように解するか，学説でも争いがあった．この未解決の問題について消極的な判断を示したところに，本決定の意義はある．

（2）ここで，不法領得の意思についての判例の系譜をふりかえっておこう．リーディング・ケースは，校長を困らせる目的で学校に保管してある教育勅語謄本を持ち出し教室の天井裏に隠匿したという事案について，領得意思とは「権利者を排除して他人の物を自己の所有物としてその経済的用法に従いこれを利用若しくは処分する意思」とした上で，これを否定したものである[2]．この判例に従い窃盗罪を否定したものとして，競売事件の進行を一時妨害する目的で競売場から競売記録を持ち出したという事案についての判例がある[3]．

ところが，戦後最高裁は，投票を不正に増加させる目的で投票用紙を奪取した場合について，不法領得の意思の存在を認めた[4]．最高裁は「自己の所有物のごとくこれを同用紙として利用する意思であった」としたが，この場合，「経済的」用法に従った利用・処分を目的としているとはいえない．しかし，「本来の」用法に従った利用を目的としているとはいえる．そこから領得意思の内容をこのようなものとして理解する見方が生じた．本件の原原審・原審が

---

[1] 刑集58・8・1005. 評釈・解説として，松宮孝明・法セ603号（2005）121頁，山口厚・法教294号（2005）131頁以下，林美月子・平成16年度重判解161頁など．原原審・原審判決について，参照，浦田啓一・研修676号（2004）15頁以下，松宮・後掲（注23）立命館法学292号.
[2] 大判大正4・5・21刑録21・663.
[3] 大判昭和9・12・22刑集13・1789.
[4] 最判昭和33・4・17刑集12・6・1079.

「経済的ないし本来的」用法としているのは，このような系譜を背景としている．

ところが最高裁はさらに，大水で漂流中の木材を拾得し，その流失を防ぐため，他人所有の電線約12メートルを勝手に切断してこの木材を繋留したという事案について，領得意思を認めた[5]．この事案の場合，経済的用法とも，本来的用法とも，言い難い．そこで領得意思とは結局，財物から生じる何らかの効用を享受する意思，あるいは，毀棄隠匿の意思を除く意思として理解するべきだという見解が生じた．

前の見解を述べた判例として，被害者を殺害後に犯行発覚を防ぐため腕時計等を投棄しようとしてこれらを死体から剝がしたという事案について領得意思を否定したものがある[6]．後の見解を述べた近年の判例として，物取りの犯行を装う意図で金品を奪う意思であっても，単に物を廃棄したり隠匿したりする意思からではなかったことを強調して領得意思を認めたものがある[7]．

以上にみたように，戦後の判例は，全体としては領得意思を拡張する傾向を示していた．その中で本決定は，これまではなかった新しい問題に関して，これを制限する判断を示したのである．

(3) 筆者は結論として，本件の最高裁の判断は支持すべきものと考えている．しかし，そこには多くの問題が含まれている．これまでの判例は窃盗罪についてのものであったが，本件は詐欺罪についてのものである．不法領得の意思について窃盗罪と詐欺罪とで同じように解してよいのか．さらに詐欺罪の場合には2項の規定がある．2項詐欺の場合，どのように解するべきか．本件の場合，物についての領得意思はないとしても，2項詐欺の領得意思はあるのではないか．そもそも不法領得の意思とはどのようなものなのか．さらに，それはなぜ要件とされるのか．

本章は，本決定を機会に，これらの問題について若干の考察をしようとするものである．

---

[5] 最決昭和35・9・9刑集14・11・1457.
[6] 東京高判昭和62・10・6判時1259・136.
[7] 東京高判平成12・5・15判時1741・157.

2 財物を不法に領得する意思

（1） 考察にあたってまず指摘しておきたいことは，いわゆる一時使用の意思と，ここで問題としている毀棄・隠匿の意思とは内容を異にしているということである[8]．理論的にいえば，一時使用の意思は主観的違法要素であることについて問題はないが，毀棄・隠匿の意思は違法要素とすることには後にも述べるように疑問がある．実際上も，一時使用の意思の場合も，物の用法に従った利用をする意思はあるといいうる一方，毀棄・隠匿の意思の場合，被害者に返還する意思はない．両者は性格的に異なったものであり，ここではもっぱら毀棄・隠匿の意思を問題にすることにする．

（2） 毀棄・隠匿の意思の場合には不法領得の意思はなく，窃盗罪等の成立は否定されるということは確立された判例であり，学説上も有力である．この法理はローマ法以来古くから認められているものであり[9]，現在でも多くの国々で認められているものである[10]．ところが，このことを理論的に説明することはなかなか難しいのである．この問題でいまだに反対説が根強いことはその表れである[11]．

しばしばいわれることは，毀棄罪との区別である．毀棄罪と区別するために，あるいは，それとの合理的な限界を画するために，領得意思は必要となるというのである．しかし，このような見解には疑問がある．これまで領得意思の要否がとくに問題とされてきた窃盗罪についていえば，財産犯全体の中で最も基本的な類型である．その成立要件の根拠は，刑法典の最後に規定されているような毀棄罪との関係からではなく，窃盗罪の固有の目的から説明されるのでなければならない．毀棄罪が成立するから窃盗罪が成立しないのではなく，窃盗罪が固有の理由により成立しないからこそ毀棄罪として処罰するべきかが問題

---

[8] ドイツでも一時使用の意思と毀棄・隠匿の意思の性格の違いが意識されている．Vgl., Münchener Kommentar, § 242, Rdnr. 129 (Schmitz).

[9] 斎藤信治「不法領得の意思」法学新法79巻8号（1972）78頁．なお参照，同「不法領得の意思の必要性」八木國之先生古稀祝賀論文・刑事法学の現代的展開上巻（1992）380頁以下．

[10] ドイツの状況について，林美月子「窃盗罪における不法領得の意思についての一考察」警研53巻2号（1982）43頁以下，英米の状況について，木村光江・主観的犯罪要素の研究（1992）195頁以下参照．

[11] 最近のものとして，内田幸隆「財産犯における領得概念」奈良法学会雑誌17巻1・2号（2004）63頁以下．

となってくるのである．

　毀棄罪との関係から説明する見解には次のような疑問もある．

　第一に，本件で問題となっているような詐欺罪等の場合，2項により無形の利益も客体とされているが，毀棄罪の客体は物に限定されている．そして，後にも述べるように，詐欺罪，したがってその2項においても，領得意思は必要と解されるべきである．そうだとすると，客体が無形の利益の場合，領得意思は，単により軽い罪としての毀棄罪と区別するものではなく，有罪と無罪を分けるものだということになる．

　第二に，領得意思の解釈において，毀棄の意思と隠匿の意思は同一視されており，そのことには十分な理由がある．共にいわゆる物の本来の用法に従った利用がない点で同じだからである．そして，毀棄罪の解釈としては，判例は毀棄に隠匿が含まれると解している[12]．刑事政策上それが妥当であることは否定できない．しかし解釈論としては，毀棄に隠匿は含まれないとすることにも十分の理由がある[13]．このように解した場合には，隠匿の意思の場合にはやはり領得の意思が有罪と無罪を分けるものとなる．

　およそある要件を欠くときに犯罪が成立しないことの説明は，犯罪の実質，すなわち，違法・責任のいずれが，どのような理由によって欠くのかを明らかにすることによってなされなければならない．学説の多くも，このような見地から問題に取り組んでいる[14]．

　(3)　領得意思は故意を超過する意思であり，いわゆる超過的要素である．ところが，それが違法要素か責任要素かについては争いがある．違法要素とする見解によれば，「そのような意思がある場合に行為が広く行なわれることを理由とする一般予防の必要の大きさを表している」というのである[15]．これは，毀棄・隠匿の意思ではなくいわゆる利欲的な意思の場合，将来も同じ行為が繰り返される危険性がある，ということであろう．そのような面があることは否

---

12)　大判昭和9・12・22刑集13・1789．
13)　曽根威彦「刑法における『損壊』の概念」現代刑法論争Ⅱ (1985) 215頁，田中久智「毀棄・隠匿罪」刑法基本講座第5巻 (1993) 334頁など．ドイツではむしろこれが通説である．Vgl., Leipziger Kommentar, 10 Aufl., § 303, Rdnr. 9 (Wolff).
14)　たとえば，斎藤豊治「近年の不法領得の意思論」齊藤誠二先生古稀記念・刑事法学の現実と展開 (2003)，内田・前掲（注11）奈良法学会雑誌17巻1・2号．
15)　中森喜彦・刑法各論（第2版）(1996) 121頁．

定し得ない[16]．似たようなことは，盗品関与罪の不法内容についても認められている．判例によれば，盗品の有償処分のあっせんが処罰されるのは，これにより被害者の返還請求権の行使を困難ならしめるばかりでなく，一般に強窃盗のごとき犯罪を助長し誘発せしめる危険があるからである[17]．学説の多くも盗品関与罪の性格についてこのような面があることを承認している[18]．しかし，盗品関与罪のこのような面は，あくまで，行為者にとって外界のことであって，一般的・抽象的なものとはいえ，理論的に法益侵害の（現実的な）危険性の範疇に収まるものである．けれどもここで問題としている利欲意思の危険性は，いまだ外界に現われていないものである．外界に現われたのは，あくまで問題の財物の奪取に尽きる．この意味において利欲意思を違法要素とすることには疑問がある．

学説の多くはこれを責任要素と解しており[19]，筆者もそれを正当と考える[20]．一般的にいえば，利欲意思の場合，行為者の性格自体の中に，物の侵害へと駆り立てる力が宿っているといえる．そうでない毀棄・隠匿の意思の場合は，物の侵害と関係のない周りの状況（それは行為者自身の性格・意思であることもありうる）に支配されたものであることが多い．いいかえると，利欲意思の場合の方が，毀棄・隠匿の意思の場合よりも，物の侵害に対する傾向性が強いのである．ここに強い非難が向けられる根拠があると考えられる．毀棄・隠匿の意思の場合，この強い非難を向けることができないために，窃盗罪は成立しないのである．

　（4）　領得意思についての以上のような理解は，本件の解決にも関連している．本件の場合，被告人は支払督促正本自体は廃棄する意思であったが，それは，そのことによって財産的・経済的利益を得るためであった．被告人は単に破壊的・偶発的・機会的な行為者ではなく，まさに計画的・営業的・本来的な行為者であったのである．これはまさに利欲意思の実体にほかならず，実質的

---

16)　なお参照，山中敬一・刑法各論 I（2004）253 頁．
17)　最判昭和 26・1・30 刑集 5・1・117．
18)　参照，林幹人「被害者への返還と盗品関与罪」判タ 1181 号（2005）110 頁以下．
19)　平野龍一「不法領得の意思」警研 61 巻 5 号（1990）5 頁，安里全勝「不法領得の意思」現刑 12 号（2000）39 頁，山口厚・刑法各論（2003）200 頁，西田典之・刑法各論（第 3 版）（2005）142 頁など．
20)　林幹人・刑法各論（第 2 版）（2007）195 頁．

に考えれば，財産犯の成立を否定する根拠に乏しいと思われる．それにもかかわらず最高裁が本件の場合領得意思を否定したのは，おそらくは，原原審・原審のような見解に従うと，過去の判例に抵触すると考えたからである．奪取した物自体からではなく，奪取したことから生じる派生的な利益を目的とすれば足りると解するならば，たとえば教育勅語事件の場合でも，教育勅語を奪取した結果として，自分が昇進し給料も上がるということを目的としていたような場合には，領得意思を認めざるを得ないことになりかねない．

そして，そのような結論は，責任要素としての領得意思の限界を超えるものである．責任の基礎理論に従えば，責任はただ違法に関連するかぎりで問われる．故意が構成要件関連性をもたなければならないように，故意を超過する責任要素としての領得意思も，構成要件関連性をもたなければならないと解されるのである[21]．

(5) 以上の不法領得については，これまでは窃盗罪について考えてきたが，詐欺罪についても同じように解してよいか．本件では結論は分かれたものの，どの裁判所もこの点については一致している．すなわち，窃盗罪についての領得意思の法理は詐欺罪にも同じく妥当するということである．筆者もこれを支持してよいと考える[22]．

学説には，ドイツの影響を受けてか，詐欺罪は領得罪ではなく利得罪だとして，窃盗罪についての議論は詐欺罪には妥当しないとするものがある[23]．しかし，窃盗罪と詐欺罪とは行為の方法，すなわち，実行行為の内容，そして，客体に違いがあるだけである．詐欺罪は2項において無形の利益まで拡張されている．しかし，保護法益は違わない．いわゆる本権説・占有説，権利行使の場合どのように解するべきか，それどころか，筆者はいわゆる個別財産に対する罪と全体財産に対する罪の問題ですら，窃盗罪と詐欺罪とで区別することに合理的な理由はないと考えている．たとえば，未成年者が成年者と偽って酒を購入しても詐欺罪にはならない．なぜなら，代金を払っているからである．そう

---

21) 故意の構成要件関連性について，林幹人・刑法の現代的課題（1991）84頁以下参照．なお，このことの背後にはさらに，責任についての基礎理論がある．参照，平野龍一・刑法の基礎（1966）46頁以下，林幹人・刑法の基礎理論（1995）28頁以下．
22) 林・前掲（注20）刑法各論（第2版）196頁．
23) 松宮孝明「詐欺罪における不法領得の意思について」立命館法学292号（2003）310頁は，窃盗罪などは領得罪であるが，詐欺罪などは利得罪であって，まったく性格を異にするという．

だとすれば，代金を置いて酒を持ってきたときも同じである[24]．

本権説・占有説の問題と領得意思の要否との間に論理的関係はないことは，すでに広く認められている．いわゆる個別財産・全体財産の問題との間にも論理的関係はない．詐欺罪を全体財産に対する罪と解しても[25]，領得意思を要すると解することは可能なことである．先に述べた領得意思の理論的根拠からすれば，詐欺罪においても要件とするのが，むしろ一貫している．

3　2項犯罪における不法領得の意思

（1）　以上にみたように，本件の場合1項詐欺の成立を認めることはできないが，2項詐欺についてはどうであろうか．本件の場合，支払督促正本の配達を得ることができなかった者は，一定の手続・期間を経た後ではあるが，強制執行を受けかねない地位に立ち，被告人はそれをなし得る地位に立つ．そして，被告人はそのような利得から利益を享受する意思をもっていたといわざるをえない．ここにおいて，2項詐欺における不法領得の意思についてどのように解するべきか，問題が生じるのである．

（2）　2項詐欺という犯罪は，1項が客体を物に限定しているのに対して，それ以外のあらゆる無形の財産的利益を含むという意味において，補充的なものである．しかしこのことを超えて，不法領得の意思の要否・内容についてまで補充的なものと解する見解がある．たとえば，「財物に対する詐欺罪・恐喝罪については，窃盗罪のばあいとおなじく領得の意思を必要とする．しかし，領得の意思をもたないで——ことに一時使用の目的で——欺罔・恐喝の手段によって財物を交付させても，246条2項・249条2項の詐欺罪・恐喝罪にはなることが多いと解するべきであるから，窃盗罪のばあいのような実益はないとおもう」というのである[26]．この見解は，窃盗罪において，毀棄・隠匿の意思をも不法領得の意思に含めている[27]．したがって，詐欺罪においても，本件のような場合不法領得の意思を認めることになると思われる．しかし，この見解によれば，たとえ1項詐欺において領得意思がないとしても，2項詐欺にはな

---

[24]　参照，林幹人・財産犯の保護法益（1984）105頁．近時の動向について，林幹人「詐欺罪の新動向」曹時57巻3号（2005）9頁以下参照．

[25]　最近のものとして，松宮孝明「証拠証券の受交付と詐欺罪」立命館法学286号（2002）240頁．

[26]　団藤重光・刑法綱要各論（第3版）（1992）610頁．

[27]　団藤・前掲（注26）刑法綱要各論（第3版）563頁．

ることが多いというのである．

　同様の見解として次のものがある．「詐欺罪では，246条2項において，『財産上不法の利益』を得る詐欺……もある．したがって，『財物を不法に自分のものにする』という『不法領得』の範疇には収まらない詐欺罪があるのである．ゆえに，『不法領得の意思』から漏れたものが利益詐欺の構成要件で拾われるのであれば，この要件について詳論しても，あまり意味はない」[28]というのである．

　すでに述べたように，1項詐欺の領得意思について，窃盗罪の場合と区別する理由はない．しかしさらに，詐欺罪において，1項と2項とで，領得意思の要否・内容について区別する理由もない．1項と2項とは，客体が違うだけであって，その不法・責任の実質的な内容は同一のものと解されるべきである．したがって，たとえば，欺罔による財物の一時使用の意思として無罪とされる場合に，これをただちに2項詐欺としてはならない．むしろそのような場合，実質的に詐欺罪の不法内容を充足しないということなのだから，原則としては2項も成立しないと解するのでなければならない．

　2項の場合の一時使用の典型は，たとえば，債務を一時免れても，ただちに返済する意思であったような場合である．このような場合にも，物についての一時使用の意思の場合と同じく，不法領得の意思は否定されるべきである．

　同様にして，2項の利益を得ても，そこから何らの財産的利益を享受する目的がなかったとすれば，やはり領得意思は否定され，2項詐欺の成立は否定されなければならない．たとえば，判例によれば，欺罔によって相手に債務を負担させる行為は，2項詐欺となる[29]．それだけでは財物に対する未遂にすぎないとして，これに疑問を示す学説が多いが，たとえば，そのとき債務を負担させた相手から借用証書をも騙し取れば，1項詐欺の成立を認めざるをえないと思われる[30]．しかし仮に，被告人がそのように借用証書を騙取したのは，もっぱら相手を困惑させることだけが目的であって，取得した借用証書をただちに廃棄するつもりであったとすれば，領得意思を欠き1項詐欺の成立は否定される．そしてその場合，ただちに2項詐欺が成立することにはならない．その債

---
28) 松宮・前掲（注23）立命館法学292号307頁以下．
29) 最決昭和43・10・24刑集22・10・946．いわゆる詐欺賭博の事例である．
30) 林・前掲（注20）刑法各論（第2版）176頁．

権を放棄する意思，あるいは，それを行使・実現する意図をまったくもっていなかったときには，取得した債権について不法領得の意思を欠き，2項詐欺も成立しないと解さなければならない．

　（3）　もっとも，次のような場合は別である．債務者が，債権者から借用証書を廃棄する目的で詐取したような場合である[31]．本決定に従えば，借用証書について不法領得の意思は否定されることになると思われる．それでは，2項詐欺はどうであろうか．

　これは，債権の実現を欺罔により困難とする，すなわち，債務を免れようとした場合の詐欺罪の成否の問題の一局面である．この問題は，これまでも，強盗罪や詐欺罪においてかなり議論がなされてきた．判例も少なくない[32]．そこでの議論においては，主として2項犯罪を認めるに足りる不法内容が問題とされてきたといえよう．そして，たとえば，暴行・脅迫あるいは欺罔の結果，その場を切り抜けた債務者の所在がわからなくなり，実質的に債務を免れた，少なくとも債権の実現が困難になったような場合に，2項強盗や2項詐欺が成立すると解する見解が有力だといってよい[33]．いずれにしてもこれらの場合，債務者は債務を事実上免れるという利益を享受しようとしているから，不法領得の意思を認めることができる．

　先にあげた借用証書を廃棄する目的で騙取したような場合になると，1項詐欺は領得意思がないために否定されるとしても，2項詐欺の成立を認めるには，不法内容についてすでに問題がないわけではない．借用証書を騙取されても，債権の実現がさほど困難にならない場合はありうる．しかし，それが困難となり，2項詐欺の不法内容を充足することもありうる．そしてそのような場合，領得意思も認めることができるであろう．債務者はまさに債務を免れるという利益を享受しようとしているからである．手形・小切手の振出人がそれらを廃棄する目的で騙取したような場合も，1項詐欺は本決定により否定されるが，2項詐欺を認めることはできるであろう．以上のかぎりでは，2項詐欺は1項

---

31)　領得意思を認める見解として，佐伯仁志「窃盗罪をめぐる三つの問題」研修645号（2002）11頁．
32)　強盗罪について，最判昭和35・8・30刑集14・10・1418，大阪高判昭和59・11・28高刑集37・3・438など．詐欺罪について，最判昭和30・7・7刑集9・9・1856，最判昭和30・4・8刑集9・4・827など．
33)　参照，林・前掲（注20）刑法各論（第2版）212, 243頁．

詐欺のまさに補充的な機能を果たすことになるのである.

(4) したがって, 本件の場合も, 1項詐欺は否定されても, 2項詐欺は認め得るのではないか, 問題が残っている.

この問題を論ずる前提として, 本件の場合の被害は, 誰のどのような利益なのかを検討しなければならない. 原審は, 郵便配達員が被害者だと解している. そのような解釈は不可能ではないにしても, 郵便配達夫の利益というのは, 適正な名宛人に配達するというだけのことであり, 財産犯としての詐欺罪によって保護に値するだけの実質をもっているといえるか, 疑問がある. さらに, 被告人によって直接に欺罔された裁判所書記官, ひいては国家が被害を受けたと解する余地もないではないが, このように解するときは, いわゆる国家的法益に対する詐欺の問題がただちに生じてくる[34].

筆者の考えでは, 本件の場合実質的に財産的損害を被るのは, 支払督促正本の名宛人である. 彼は被告人等の行為によって, 異議申立ての機会を奪われ, 強制執行を受けかねない地位に立たされるからである. このような場合, どの段階で未遂を超えて既遂を認めるべきかは問題となるものの——おそらくは, 法律所定の期間を経た時点 (民事訴訟法391条) あたりが妥当であろう——, 彼が被る不利益が詐欺罪2項の財産的損害にあたることは問題がない.

もっとも, ここには次のような問題もある. 学説には, 被告人の「利得目的」と郵便配達員の支払督促正本の間には,「損害と利得」の対応関係は認められないとして, 詐欺罪の成立に疑問を示す見解がある[35]. たしかに, 損害と利得との間には, 同一性は必要ではないが, 対応関係は必要である[36]. 支払督促正本そのものについての郵便配達員の利益と, 支払督促正本を廃棄することによって得ることになる被告人の利益との間に対応関係はない. しかしすでに述べたように, 本件の被害は郵便配達員に生じる不利益ではなく, 支払督促正本を受け取るはずであった者に生じる不利益にあると解するならば, その不利益と被告人が得た利益との間には完全な対応関係が存在するのである.

むしろ, 本件の場合に2項詐欺を認めることに障害となるのは, 次のような

---

34) この問題についての最近の状況については, 林・前掲 (注24) 曹時57巻3号670頁以下参照.
35) 松宮・前掲 (注23) 立命館法学292号314頁.
36) 林美月子「クレジットカードの不正使用と詐欺罪」平野龍一先生古稀祝賀論文集上巻 (1990) 487頁, 林・前掲 (注20) 刑法各論 (第2版) 254頁.

事情である．本件の被欺罔者は裁判所書記官もしくは郵便配達員であるが，いずれにしても彼らは詐欺罪の想定する被害者ではなく，被害者は支払督促正本を受け取るはずだった者であり，いわゆる三角詐欺の成否が問題となっているものと解される．このように解した場合，裁判所書記官もしくは郵便配達夫に交付の権限を認めることは疑問がある．なぜなら，被害者は，自分のまったくあずかり知らぬ事情によって財産的損害を受けることになったのだからである．それは，たとえば，妻を騙して夫の財産を交付させた場合というより，被害者にとって赤の他人を騙して庭先の自転車を交付させた場合に近い．交付の権限についての最高裁判例[37]からしても，本件の場合に交付の権限を認めることには疑問がある[38]．

★ 演習問題

1 最決平成 16・11・30 は，どのような事実についてどのような判断を示したか
2 原原審，原審はどのような判断を示したか，最高裁の判断とどのように異なるか
3 大判大正 4・5・21，大判昭和 9・12・22 は，どのような事実についてどのような判断を示したか
4 最判昭和 33・4・17，最決昭和 35・9・9 は，どのような事実についてどのような判断を示したか
5 東京高判昭和 62・10・6，東京高判平成 12・5・15 は，どのような事実についてどのような判断を示したか
6 一時使用の意思の場合と，本件の場合とは，どのように異なるか
7 毀棄・隠匿の意思の場合には不法領得の意思はなく，窃盗罪等の成立は否定される根拠はどこにあるか
8 不法領得の意思は毀棄罪と区別するためにあるという見解にはどのような問題があるか
9 不法領得の意思は，違法要素か責任要素か
10 不法領得の意思を違法要素と解することにはどのような問題があるか
11 不法領得の意思を責任要素と解した場合，本件について結論はどうなるか
12 窃盗罪についての領得意思の法理は詐欺罪にも妥当するか
13 本件の場合，2 項詐欺の成立を認めることができるか

---

[37] 最決昭和 42・12・21 刑集 21・10・1453，最判昭和 45・3・26 刑集 24・3・55．なお，参照，松原久利・刑法判例百選 II・各論（第 5 版）(2003) 102 頁．
[38] 参照，林・前掲（注 20）刑法各論（第 2 版）246 頁．

14 1項詐欺と2項詐欺とで不法領得の意思について異なる解釈をする見解にはどのような問題があるか
15 欺罔により債務を負担させた相手から借用証書をも騙し取ったが,廃棄の意思であったような場合,1項詐欺,2項詐欺は成立するか
16 債務者が,債権者から借用証書を,廃棄する目的で窃取した場合はどうか,詐取した場合はどうか,2項詐欺は成立するか
17 手形・小切手の振出人が,それらを廃棄する目的で騙取した場合はどうか
18 本件の場合の被害は,誰のどのような利益についてのものか
19 支払督促正本の名宛人を被害者と解した場合,詐欺罪の成立を認めるにはどのような問題があるか
20 本件の場合,「損害と利得」の対応関係はあるか
21 本件の場合,被欺罔者,交付行為者は,誰か
22 交付の権限に関して,本件の場合,妻を騙して夫の財産を交付させた場合と,被害者にとって赤の他人を騙して庭先の自転車を交付させた場合のどちらに近いか

■詐欺罪 5

8 ── 電子計算機使用詐欺罪の新動向
最高裁平成 18 年 2 月 14 日決定〔刑集 60・2・165〕

1 最高裁平成 18 年 2 月 14 日決定の意義

(1) 平成 18 年に最高裁は電子計算機使用詐欺罪（以下「本罪」という）について決定を下した．事案は，簡単にいえば，被告人は，窃取したクレジットカードの番号などを冒用し，携帯電話による情報サービスを利用するために電子マネーを不正に取得しようと企て，携帯電話機を使用して，インターネットを介し，クレジットカード決済代行業者（テレコム）が電子マネー販売等の事務処理用に使用する電子計算機に，本件クレジットカードの名義人氏名，番号，有効期限を入力送信し電子マネーの購入を申し込み，上記電子計算機に接続されているハードディスクに，名義人が同カードにより販売価格合計 11 万 3000 円相当の電子マネーを購入したとする電磁的記録を作り，同額相当の電子マネーの利用権を取得した，というものである．最高裁は，原原審，原審とともに，本罪の成立を認めた[1]．

(2) 本罪は，各種決済業務について人に代わってコンピュータが導入されたことに伴い，以前には詐欺罪あるいは窃盗罪として処罰していたのと実質的に同様の行為が処罰できなくなった事態に対処するために，昭和 62 年に立法されたものである．その後下級審においてはいくつかの重要な判例が出されていたが，本件によって最高裁としては初めての判断が示された．しかも，本決定は，電子マネーという本罪立法当時にはほとんど予定されていなかった形態の財産について本罪の成立を認めた点で，注目されるのである．

電子マネーとは，紙幣や硬貨などの価値を電子情報化したものであって，インターネット上でデータとして流通する形態のものと，IC カードに情報を書

---

1) 刑集 60・2・165．

き込みクレジットカードのように利用する形態のものがある．その民事的な法的性格についてはすでに多くの論考がある[2]ので，ここでは立ち入らない．本件においてはインターネット上のものが問題となっている．このインターネット上の電子マネーは，2004年7月には携帯電話からも利用可能となった．

本件の電子マネーは，原審判決によれば，インターネット上の各種有料サービスを利用する際に，利用者があらかじめ購入しておくポイント制の電子取引上の利用権のことである．これを購入する手続は以下のようなものである．まず，クレジットカードによる決済方式で購入しようとする利用者が，携帯電話で決済代行業者と自動転送によって通話する．利用者が携帯電話のボタン操作により，自分が名義人となっているクレジットカード上の名義人名，カード番号，有効期限を入力，送信し，同カードの有効性が確認されれば，引き続きボタン操作により，購入手続を進める．その送信によって，決済代行業者側の電子計算機に接続されているハードディスクに，利用者名，決済日，利用者が入力したクレジットカード番号，有効期限，電子マネーであるポイント相当分の金額および利用者の携帯電話番号等の情報が記録される．その結果，利用者は電子マネーの利用権を取得するというものである．

（3）　本件でとくに解釈論上問題となったのは，本件行為が本罪の要件である「虚偽の情報を与え」たと言い得るか，という点である．本罪の立法に当たって念頭に置かれた1つの類型は，まさに窃取した他人のキャッシュカードを冒用してその他人の口座から自分の口座に一定金員を振り込んだような場合であり，本件の場合はクレジットカードという違いはあるが，この場合とほとんど同じであって，「虚偽」性を認めることにとくに問題はないように思われる．

もっとも，「虚偽の情報を与え」るという概念の意味は，本罪の解釈論の重要な論点の1つとなっているので，以下若干の検討を加えておきたい．

立案者は，その内容を，当該システムにおいて予定されている事務処理の目的に照らし，その内容が真実に反していることとしており[3]，学説上もこれをそのまま引用するものが多い．本件の原審判決も，この定義をそのまま引用し

---

2) 参照，平田健治・電子取引と法（2001），舘龍一郎監修・電子マネー・電子商取引と金融政策（2002），岩原紳作・電子決済と法（2003）443頁以下，丸山正博・電子商取引入門（2004），日弁連法務研究財団編・論点教材電子商取引の法的課題（2004）など．
3) 米澤慶治編・刑法等一部改正法の解説（1988）121頁以下（的場純男）．

ている．しかしこのような定義によれば，あらゆる虚偽がこれに当たることにもなり得る．たとえば，銀行の支店長が不良貸付けをするに当たって，担保価値について虚偽の情報を記載したような場合にも，この定義からは本罪の虚偽性を充足することになりかねない．しかし一般にこのような虚偽を含む不良貸付けの場合は，本罪の虚偽性は否定されている．

立案者が「虚偽」ではないと考えた代表的な例は，窃取・拾得したテレホンカードなどプリペイドカードを使用して電話を利用した場合である．この場合には，本条の前段にも後段にも当たらないという見解がとられていた[4]．これと関連して，他人のID，パスワードを冒用してデータベースを不正に利用する行為も，立案者は本条による処罰を疑問視していた．しかしそれは，「虚偽の情報」を与えたとなし得ないからではなく，不実の電磁的記録に「基づいて」財産上の利益を得たとは言い難いと考えたからである[5]．この点については後にさらに検討する．

（4）判例上「虚偽」の意義について問題となったのは，東京高裁平成5年6月29日判決である[6]．事案は，被告人XはK信用金庫支店長であったが，多額の個人的債務を抱えて返済資金に窮し，部下に命じてオンライン・システムの端末機操作をさせ，Xの債権者の口座に振り込ませ，また，同様にして，X自身の口座にも入金させたというものである．一審判決は「虚偽の情報を与えた」とはいえないとして本罪の成立を否定し，特別背任罪の成立を認めた．これに対して東京高裁は「虚偽の情報」に当たるとして本罪の成立を認めたのである．この事案を以下「信用金庫事件」と呼ぶことにする[7]．

信用金庫事件判決を契機として，「虚偽」についての多くの議論がなされた．たとえば，この事案の場合，貸付けの実体はなく，民事法上無効であるから虚偽だという見解が示された[8]．

---

[4] 米澤・前掲（注3）刑法等一部改正法の解説125頁．
[5] 米澤・前掲（注3）刑法等一部改正法の解説132頁．
[6] 高刑集46・2・189．
[7] 解説・評釈として，安里全勝「判批」山梨学院大学法学論集49号（2003）699頁以下，上嶌一高「判批」ジュリ1036号（1993）105頁以下，西田典之「判批」判時1515号（判評433号）（1995）252頁以下，林陽一「判批」金融法務事情1428号（1995）76頁以下など．原判決の評釈として，清水洋雄「判批」秋田法学21号（1993）263頁，大山弘「判批」福島大学行政社会論集6巻1号（1993）32頁など．
[8] 西田・前掲（注7）判時1515号254頁，同「金融機関のオンラインシステムの不正利用と電子計算機使用詐欺罪」金融法務事情1408号（1995）10頁．

しかし，このような見解には次のような疑問がある．まず，信用金庫の支店長の権限は貸付けに限られるわけではないから，貸付けでないことからただちに虚偽性を認めるべきではない．信用金庫事件の場合も，被告人に，振り込んだ金員を充当する意思と能力があったならば，「虚偽」とするまでもない．また，信用金庫事件の場合，民事法上無効となし得るかも，疑問の余地がある．信用金庫事件高裁判決も，「結果として金融機関がその無効を主張することができないことになるからといって」「虚偽でないことになるわけではない」としている[9]．通常の詐欺罪の場合，取引は取り消すまでは有効であるが，それでも欺罔行為が認められていることとの均衡も考えなければならない．信用金庫事件の場合「虚偽」とするべきなのは，高裁判決も指摘するように，Xが部下に指示して操作させた情報が「全く経済的・資金的実体を伴わないもの」だったからである．

次のような学説もある．本罪における「虚偽」とは，権限者の「意思に反する」ことを意味するというのである[10]．しかし，このような見解によれば，単なる不良貸付け，あるいは，窃取・拾得したプリペイドカードを不正使用した場合にまで，虚偽性を認めざるを得ないこととなるであろう．このような見解は，通常の詐欺罪において「欺罔行為」について一定の限界を認めようとする現在の判例・通説ともバランスを欠くように思われる．

(5) 筆者は，本罪における「虚偽」の内容について，次のように考える．そもそも本罪は，銀行などにおける人の業務がコンピュータによって置き換えられたために，実質的には詐欺罪と同じ行為でありながら，詐欺罪における欺罔ないし錯誤の要件を充足しないために，詐欺罪の成立を認め得なくなったという事態に対処するために立法されたものである[11]．したがって，本罪と詐欺罪とで異なる要件は，欺罔ないし錯誤にかかわるもののみのはずである．筆者自身は，どちらかといえば，本罪は「錯誤」要件について特別に規定したものと解するべきだと考えている．「錯誤」こそが機械にはないものだからである[12]．また，本罪の「虚偽の情報若しくは不正な指令を与え」るということは，

---

9) 渡部惇「判批」警論46巻2号(1993)159頁も「民事上有効に取り扱わざるを得ない」とする．さらに参照，鈴木左斗志「電子計算機使用詐欺罪(刑法246条の2)の諸問題」学習院大学法学会雑誌37巻1号(2001)213頁．
10) 鈴木・前掲(注9)学習院大学法学会雑誌37巻1号228頁．
11) 米澤・前掲(注3)刑法等一部改正法の解説116頁．

詐欺罪における欺罔行為と基本的には変わらないともいえる.

　以上のように解するならば,「錯誤」以外の要件である欺罔行為, あるいは, 交付行為と損害については, 基本的には詐欺罪と同様に解さなければならないということになる[13]. さもなければ, 立法の趣旨・目的を逸脱して, 本罪によってあらゆるコンピュータの不正利用を処罰することになりかねない. それはまさに立法に当たってもっとも警戒されていたことである. 交付行為と損害にかかわることで問題となる点は後述するが, 欺罔行為要件についても以上のことが妥当する.

　詐欺罪における欺罔行為の内容について, 判例の状況なども踏まえた上で, 現在学説による検討が続けられている[14]が, 筆者自身はその内容を「取引上重要な事実」について偽り, 相手が騙されて交付する「相当程度危険な」行為と解している[15]. このような見地からは, 本決定の場合や, 信用金庫事件のような場合には「虚偽」性を肯定してよい. 支店長の不良貸付けの場合に原則としてこれが否定されるのは, 担保価値などに虚偽性があっても, 貸付けの形式をとり, 不良とはいえ銀行などが債権を取得した以上は, 重要性を否定するべきだという考慮によるものといえよう. このような立場からはさらに, 他人のIDやパスワードを使用してデータベースを不正利用した場合も虚偽性を肯定してよいことになる. ただ, この場合については, 交付行為・損害について問題が生じることは後述する.

2　本罪における「占有侵害」

（1）　信用金庫事件の問題は別のところにもある. それは,「占有侵害」があるか, という問題である.

　すでに述べたように, 本罪は, 詐欺罪における欺罔ないし錯誤の要件を特別に規定したものであるからには, 他の要件については, 詐欺罪と同じように解されなければならない. 詐欺罪が横領罪や背任罪よりも重く処罰されているの

---

12)　参照, 平野龍一・刑法概説（1977）213 頁.
13)　たとえば, 鈴木・前掲（注 9）学習院大学法学会雑誌 37 巻 1 号 243 頁は, 本罪の要件として, 詐欺罪と同様に,「領得」を認める. そして, 不良貸付けの場合には領得がないとして, 本罪の成立を否定する.
14)　最近の注目すべき論考として, 参照, 足立友子「詐欺罪における欺罔行為について（1）」名古屋大学法政論集 208 号（2005）97 頁以下.
15)　林幹人・刑法各論（第 2 版）（2007）227 頁以下.

は，占有侵害があるからである．背任罪は占有侵害がある場合にも成立し得るが，占有侵害がなくても成立し得，かつ，領得行為である必要もない．横領罪は自己の「占有」する他人の物について成立するものであり，そこにまさに窃盗罪や詐欺罪よりも軽く処罰される理由がある．

したがって，本罪には「占有侵害」という要件があると解さなければならない．このことは立案者も強調していた．立案者は本罪は利益横領を処罰する趣旨のものではないと明言していたのである[16]．学説上は本罪を利益横領をも含むものとして理解するものがある[17]．しかしそのような立場からは，本罪の法定刑が詐欺罪・窃盗罪と同じであり，そして横領罪・背任罪よりも重いことの説明が困難と思われる．

（2）判例も，伝統的に，詐欺罪と横領罪・背任罪の区別について「占有侵害」を重視してきた．まず，詐欺罪と横領罪との関係については，本人を騙したとしても，自己の占有する物に関しては，詐欺罪ではなく横領罪しか成立しないという判例がある[18]．詐欺罪と背任罪の関係については，詐欺罪と背任罪が競合するときには詐欺罪が成立するという大審院[19]・最高裁[20]の判例があるが，その事案はいずれも占有侵害が認められる場合である．詐欺と背任が競合する場合には，重い詐欺で処断するのは当然である．詐欺が背任によって排除されることはあり得ない．したがって，本罪が背任によって排除されることもあり得ない[21]．しかし，占有侵害がない場合には詐欺罪，そして本罪は成立せず，したがって，横領罪か背任罪のみが成立し得る．信用金庫事件はまさにそのような場合なのではないかが問題となるのである．

（3）信用金庫事件における占有侵害の有無の検討に入る前に，一体どのような場合に本罪における占有侵害が否定され得るかを検討してみたい．具体的には，以下のような場合には，占有侵害を認めることに疑問がある．

---

16) 第108回衆議院法務委員会（昭和62年5月22日）において，米澤説明員より，本罪は「2項横領」を処罰する趣旨のものではないという説明がなされている．http://kokkai.ndl.go.jp/ 国会会議録検索システム．さらに参照，大山・前掲（注7）福島大学行政社会論集6巻1号45頁．
17) 鈴木・前掲（注9）学習院大学法学会雑誌37巻1号207，226頁．216頁では，信用金庫事件の場合，「利益横領」にすぎないとしつつ，本罪の成立を認める．
18) 大判明治43・7・26刑録16・1431，大判昭和11・10・19刑集15・1351．
19) 大判昭和7・6・29刑集11・974．
20) 最判昭和28・5・8刑集7・5・965．
21) 参照，内田幸隆「背任罪と詐欺罪との関係」早稲田法学53巻（2003）95頁以下．

第一に，いわゆる預金の占有がある場合である．たとえば，甲が乙から金員を委託されたが，甲名義で預金していたところ，委託の趣旨に反して甲が領得したような場合，これまでの判例によれば，甲は乙の金員を預金によって占有しているとして，横領罪とされている[22]．このような判例の見解は一般に支持されている[23]．このような見解に従うならば，コンピュータが導入されたからといって，たとえば甲が委託の趣旨に反して丙に振り込んだような場合であっても，電子計算機使用詐欺罪とするべきではないであろう．「物」の領得があるかの解釈により，横領罪もしくは背任罪とするべきである[24]．

　第二に，甲が乙からキャッシュカードを預かり，丙への振込みを委託されたが，甲は自己の口座に振り込んだような場合も問題となる．コンピュータ導入前に，甲が乙から銀行預金通帳を預かり，現金の引き出しを委託されたときに，委託の趣旨に反してその現金を領得したような場合，横領罪が成立し，詐欺罪は成立しないというのが一般的理解であったと思われる[25]．このような場合，銀行は原則として，支払いを拒絶できないと解するべきであり，したがって銀行を被害者とするべきではないと思われる．そうだとすれば，先に挙げたキャッシュカードを預かって振込みを委託された場合も，電子計算機使用詐欺罪とするべきではない．この場合も，横領罪もしくは背任罪とするべきである[26]．

　第三に，会社の取締役が金員を領得したような場合である．近時の最高裁判例に，取締役が自己株式取得のために会社の現金を交付した事案について横領罪としたものがある[27]．それは，取締役はその金員を占有していると解するからであろう．そうだとすれば，仮に部下に命じてコンピュータの操作によって金員を振り込んだ場合にも，電子計算機使用詐欺罪の成立を認めるべきではない．この場合も横領もしくは背任にしかならないと解するべきである[28]．

　（4）　銀行などの支店長は，支店内の現金について，占有しているというのが，

---

[22]　大判大正元・10・8 刑録 18・1231 など．
[23]　参照，穴沢大輔「いわゆる『誤振込・誤記帳』事案における財産犯の成否（1）」上智法学論集 48 巻 2 号（2005）1 頁以下．
[24]　米澤・前掲（注 3）刑法等一部改正法の解説 148 頁も同旨．
[25]　参照，本江威憙監修・民商事と交錯する経済犯罪 I（1994）332 頁以下．
[26]　参照，西田典之「コンピュータの不正操作と財産犯」ジュリ 885 号（1987）19 頁．反対，鈴木・前掲（注 9）学習院大学法学会雑誌 37 巻 1 号 221，228 頁．
[27]　最決平成 13・11・5 刑集 55・6・546．さらに参照，千葉地判平成 8・6・12 判時 1576・3．
[28]　飛鳥会理事長が会の口座から自己の口座に振り込み着服した事件では，業務上横領罪で逮捕されている．2006 年 5 月 8 日読売新聞東京夕刊．

これまでの判例であった．たとえば，大判大正13・4・8刑集3・280は，銀行支店長が業務上保管する預金を個人として他人に貸与するためにほしいままに領得した場合について業務上横領罪の成立を認めている．「財物」性を認め難い場合は，背任罪とされていた[29]．コンピュータが導入されることで，銀行などの財産に対する支店長の支配関係が実質的に変化したと言い得るのか，疑問がある．

新たな事情として考えられるのは，次の2点である．

第一に，コンピュータ導入に伴い，支店長が部下に命ずるなどして資金移動をすることが「理論上無限定なものとなる」から，占有を認め難いという指摘がなされている[30]．しかしこの点は，支店長に対する内部的規則，あるいは，コンピュータの技術的制限などによって限界がある場合であれば，「占有」を認める妨げとはならないように思われる．少なくとも，本件における部下との人的関係，コンピュータ操作の容易性，そして移動された金額を考慮すれば，現金の場合と区別する理由があるものか，疑問がある．

第二に，本罪を立法するときに，行員がコンピュータの端末を操作して不正な振込みを行なうというような場合を処罰することは当然のこととされていたから，支店長もこれに含まれる，ということが考えられる．しかし，占有についてはいわゆる上下の占有が古くから認められており，現実に握持するからといって占有するわけではない反面，人的支配を通じて観念的に占有しているということがあり得るとされてきた[31]．そうだとすれば，コンピュータを現実に操作する末端の行員に本罪を適用し得るからといって[32]，ただちに支店長にも適用してよいことにはならない．取締役や理事長に占有を認めるのであれば，支店長にも占有を認める余地がある．

信用金庫の支店長の行為に本罪の成立を認めた東京高裁平成5年判決は再検討の必要がある．

---

[29]　参照，大判大正15・6・23新聞2564・18，松江地判昭和33・1・21一審刑集1・1・41，京都地判昭和59・6・4公刊物未登載，本江・前掲（注25）民商事と交錯する経済犯罪Ⅰ21頁など．支店長代理について，広島高判昭和57・12・20高検速報（昭和57年）580頁など．銀行支店の現金自動支払機の中の現金は，銀行支店長の占有に属するとするものとして，東京高判平成10・12・10東高刑時報49・1＝12・87．郵便局の自動預払機の中の現金について郵便局長に占有があるとしたものとして，福岡高判平成13・5・17高検速報（平成13年）216頁．

[30]　本江・前掲（注25）民商事と交錯する経済犯罪Ⅰ19頁．

[31]　参照，大判大正3・3・6新聞929号28頁，大判大正7・2・6刑録24・32など．

[32]　参照，大阪地判昭和63・10・7判時1295・151，東京地裁八王子支判平成2・4・23判タ734・249．

3 サービスの取得と債務の免脱

（1） 本罪における重要な問題として，サービスの取得についての解釈論がある．およそサービスが 2 項詐欺罪の客体となり得るかは大問題であるが，少なくとも本罪についていえば，立法に当たって，プリペイドカードを偽造して電話を利用する行為を処罰することがまさに目的とされていたのであるから，およそサービスの取得について本罪の成立を否定するという解釈論は成立の余地がない．

もっとも，サービスとは何であり，どこまで含まれるかは，必ずしも明らかではない．立案者は，「情報」を不正に取得するような場合は，本罪に該当しないと解していた．その理由は「情報」は移転しないというにある[33]．しかし，サービスの多くも移転するという性質のものではない．それどころか，2 項詐欺の客体の典型である「債権」ですら，欺罔によって免れたとしても，それが移転するわけではない[34]．非移転性を理由にサービス・情報についておよそ詐欺罪や本罪の成立を否定する解釈論には疑問がある．いずれにしても，サービスを意図的に本罪の客体としたからには，情報の提供がサービスと言い得るときには，本罪の成立を認めるべきものと思われる．

（2） とくに問題とされているのは，他人の ID，パスワードを用いて有料データベースを不正利用した場合である．このような場合，立案者は，「不実の記録に基づいて財産上の利益を得たとはいいがたい」としている[35]．しかし，このような場合「不実の電磁的記録の作出」と同時に，あるいは引換えに，サービスの提供がなされたからには，本罪の成立を認めてよいように思われる[36]．

この場合，電磁的記録の不正作出とデータベースの不正利用との間には，いわゆる素材の同一性がないとする見解もある[37]．しかし，そのような要件がわ

---

[33] 米澤・前掲（注 3）刑法等一部改正法の解説 131 頁．同旨の見解として，山口厚「情報・サービスの不正取得と財産犯の成否」研修 647 号（2002）3 頁以下．
[34] 林・前掲注（15）刑法各論（第 2 版）182 頁以下，同・刑法の争点（第 3 版）（2000）159 頁．
[35] 米澤・前掲（注 3）刑法等一部改正法の解説 132 頁．
[36] 参照，佐伯仁志「電子取引をめぐる刑法上の問題」法教 240 号（2000）34 頁，高柳和之＝松井茂記編・インターネットと法（第 3 版）（2004）203 頁（佐久間修），岩山伸二「電子計算機使用詐欺罪の適用が問題になった事例」研修 688 号（2005）99 頁など．
[37] 神山敏雄「コンピュータと財産犯」阿部純二ほか編・刑法基本講座第 5 巻（1993）65 頁，山口厚「電子取引と刑法」ジュリ 1183 号（2000）75 頁．

が国の詐欺罪において認められるべきものか，そもそも疑問がある[38]．のみならず，サービスの取得自体について素材の同一性があるとも解し得る．

(3) 電話サービスの利用について本罪の成否が問題となったのは，東京地裁平成7年2月13日判決[39]である．事案は，簡単にいうと，被告人は自宅のパソコンからKDDの回線を通じて，外国の電気通信事業者がいずれも自らが課金すべき通話であると認識できないようにして国際通話を行ない，通話料金の支払いを免れたというものである．東京地裁は，「電話料金課金システムにその旨の不実のファイルを作出させて右国際通話の通話料金相当額の支払を免れ」，「右国際通話に相当する合計〇〇円の財産上不法の利益を得た」としており，料金の支払いを免れたことをもって損害としている（以下「KDD事件」という）．

すでに述べたように，本罪はたしかに，電話サービスの不正利用を処罰することを目的の1つとしていたが，その際に予定したのは，偽造したプリペイドカードを不正利用するような場合であった．本罪後段にいう「財産権の得喪若しくは変更に係る虚偽の電磁的記録を人の事務処理の用に供して」とはその意味である．KDD事件の場合は，この後段に当たるとは言い難い．そこでKDD事件判決は前段に当たるとした．しかし，そこにはかなりの問題がある．

(4) まず問題となるのは，およそ課金ファイルが「財産権の得喪若しくは変更に係る虚偽の電磁的記録」に当たり得るか，である．本罪の立法に当たって主として念頭に置かれていたのは，銀行の元帳ファイルである．それについて不実の改変を加えれば，まさに現金が動いたのと同じである．それと比べると課金ファイルは，銀行から引き落とす以前の債権の状態を記録したものにすぎないから，記録の作出と事実上の財産権の得喪，変更の効果の間に「直接的，必然的な連関」がなければならないとすれば[40]，課金ファイルは除くという見解も十分に成立し得る[41]．しかし立案者は，企業からの給与振込依頼用磁気テープの記録や課金ファイルも，これに含まれるとしていた[42]．このような解釈

---

[38] 林・前掲注(15)刑法各論（第2版）253頁．
[39] 判時1529・158．評釈として，神山敏雄「判批」平成7年度重判解139頁以下，奥村正雄「判批」同志社法学53巻3号(2001) 377頁など．
[40] 米澤・前掲（注3）刑法等一部改正法の解説119頁．
[41] 参照，芝原邦爾ほか編・刑法理論の現代的展開　各論(1996) 152頁（堀内捷三），鈴木・前掲（注9）学習院大学法学会雑誌37巻1号237頁．

が不可能とまでは思われない．したがって，すでに述べたように，他人の ID，パスワードを冒用して，データベースを不正利用し，他人の課金ファイルを改変すれば，不実の記録を作出したとしてよいと思われる．

　ところが，KDD 事件の被告人の行為は，当該電話交換システムのおよそ予定していない完全な不法行為であって，その「料金」は，通常の課金システムによるのではなく，不法行為に基づく損害賠償によって支払われるべきものである．言い換えると，KDD 事件行為には2項「詐欺」的な要素がまったくなく，純粋の利益窃盗である．このような場合，「虚偽の電磁的記録を作出」したとなし得るのか，疑問がある[43]．

　(5)　その点を措くとしても，KDD 事件判決は電話サービスの取得ではなく，料金債務の「支払を免れ」たことをとらえて本罪の成立を認めた[44]．それは，あるいは，本罪の立案者の採用していた見解，すなわち，不実の電磁的記録の作出に「基づいて」サービスを取得したとはいえない疑いを考慮したことによるのかもしれない．料金債務の免脱をもって本罪を構成すると解すれば，この問題を避けることができる．しかし，このような構成には以下のような疑問がある．

　通常の詐欺罪の場合，たとえば，ある商品を偽造の小切手を渡すことによって騙取した場合，代金支払債務を免脱したとは構成しない．騙取されたのは，商品であって，代金支払債権ではないからである．一般に代金支払債務を免脱したとされているのは，すでに生じている代金支払債務を新たな欺罔によって免れた場合である．たとえば，無銭飲食の場合でいうと，支払いの意思・能力がないにもかかわらず，食物ないしサービスを提供させれば，それが1項ないし2項の詐欺罪を構成する．そのまま逃げても，代金支払債務を免脱したことについて詐欺罪の成立を認めない．それを認め得るのは，代金を支払う段階になって，代金支払債務を免れようとして，新たな欺罔，たとえば偽造の小切手の提供があった場合のみである．

　以上のような一般的に採用されている見解は，次のような理論的根拠に基づ

---

42)　米澤・前掲（注3）刑法等一部改正法の解説 119頁．
43)　参照，山口厚・刑法各論（2003）272頁．
44)　これを支持するものとして，奥村・前掲（注39）同志社法学53巻3号388頁，西田典之・刑法各論（第3版）（2005）191頁など．

くものと考えられる．詐欺罪は個別財産に対する罪だというのが現在でも有力であるが，そのような理解は，欺罔によって提供した利益がそれ自体で損害の内容となるということを意味する．全体財産に対する罪と理解した場合であっても，そのことは基本的には変わりがない．全体財産に対する罪ということは，被害者に提供された対価をも考慮して損害を判定するべきだということである[45]．そこにおいては，その対価は，ゼロか，ある程度の利益がある状態が想定されており，そのことと，被害者が交付した利益（それが損害の基礎となる）とを「全体」として考慮して損害を判定するのである．重要なことは，被害者に提供された対価が，本来被害者が受けるべきであった利益よりも小さいということで損害を認めはしない，ということである．それは，詐欺罪における損害は，被害者が行為者の欺罔行為の前に占有していた利益が，被害者の交付行為によって失われるということを本体と解するのでなければならないということである．被害者が受けるべきであった利益は交付行為によって失われたのではない．

このような理解からは，KDD 事件のような場合，債務免脱を理由として本罪の成立を認めることはできないと思われる[46]．

★ 演習問題

1 最決平成 18・2・14 は，どのような事実についてどのような判断を示したか
2 電子マネーとは，どのようなものか
3 本件の場合，「虚偽の情報を与え」たといいうるか
4 銀行の支店長が不良貸付けをするに当たって，担保価値について虚偽の情報を記載したような場合は，どうか
5 本罪の立案者が「虚偽」ではないと考えた代表的な例をあげよ
6 東京高判平成 5・6・29 は，どのような事実についてどのような判断を示したか
7 他人の ID やパスワードを使用してデータベースを不正利用した場合，本罪の成立

---

45) 林幹人「詐欺罪における財産上の損害」現刑 44 号（2002）48 頁，同「詐欺罪の新動向」曹時 57 巻 3 号（2005）12 頁以下．
46) 立案者もまた，他人の ID，パスワードを使用してデータベースを不正利用したような場合について，正規の利用料金の支払いを免れるという意味での財産上の利益については，「不正利用者は，データベースとの関係で不実の記録に基づき料金支払を免脱したのではなく，契約者本人との関係で不実の記録とは無関係に不法行為による損害賠償義務を事実上免れたに過ぎないと見るべき場合が多い」と指摘している．米澤・前掲（注 3）刑法等一部改正法の解説 132 頁．同旨，大コンメンタール刑法第 13 巻（第 2 版）（2000）167 頁（鶴田六郎）．

を認め得るか
8 信用金庫事件の場合,「占有侵害」があるか
9 どのような場合に,本罪における占有侵害が否定され得るか
10 甲が乙から金員を委託されたが,甲名義で預金していたところ,委託の趣旨に反して甲が領得したような場合はどうか
11 甲が乙からキャッシュカードを預かり,丙への振込みを委託されたが,甲は自己の口座に振り込んだような場合はどうか
12 最決平成13・11・5は,どのような事実についてどのような判断を示したか
13 サービスは,2項詐欺罪の客体となり得るか
14 東京地判平成7・2・13は,どのような事実についてどのような判断を示したか
15 そこには,どのような問題があるか

■ 強盗罪 1

9──2項強盗の新動向
神戸地裁平成17年4月26日判決〔判タ1238・343, 判時1904・152〕
東京高裁平成元年2月27日判決〔高刑集42・1・87〕

1 神戸地裁平成17年4月26日判決と東京高裁平成元年2月27日判決の意義

（1） 2項強盗について重要な判例がある．事案は，被告人等は，個室マッサージ店の実質的な経営者であった被害者を殺害し，被告人において同店舗の経営を承継したとして，経営上の権益を強取した2項強盗殺人罪の成否が問題となったものである．神戸地裁はその成立を否定した[1]．以下本件を「権益事例」と呼ぶ．

ただ，その理由には，若干わかりにくいものがある．

判旨の要点をまとめれば次のようになる．2項強盗殺人罪の典型である，債務を免れるために債権者を殺害した場合のように，行為者と相手方に予め一定の法律関係がある場合には，相手を殺害することによって，利益が移転したといえる．しかし，経営上の権益なるものは，被害者が死亡した場合には，被告人に引き継がれる可能性が高かったとはいえ，両者の間に当然にそのようになる法律関係が存在していたわけではない．要するに，殺害行為自体によって，被害者から経営上の権益が移転したとはいい難い．被告人は被害者の後継者として経営上の権益を掌握したが，それは被害者から直接に得られた利益というよりも，被害者が死亡したことにより，被告人の地位が上がったことによって，事実上得られた利益にすぎない．本件においては，被害者を殺害すること自体によって，それが行為者に移転するという関係を想定することは困難であることからすれば，本件の事実関係のもとでは，経営上の権益は刑法236条2項の「財産上の利益」に当たらないと解するのが相当である．

（2） 以上，筆者の理解にしたがって要点をまとめたが，このような判旨に

---
1) 判タ1238・343, 判時1904・152.

対しては，さしあたり2つの問題を指摘できる．

第一に，判旨においては，債権者を殺害する場合との違いが重視されている．たしかに，債権者を殺害する場合は，2項強盗殺人が成立する典型である．しかし，2項強盗殺人は，その場合に限られるわけではない．被害者と被告人の間に「予め一定の法律関係がある」というようなことは，たしかに債権の場合にはいえるが，2項強盗一般の要件ではない．判旨は，債権を侵害する場合との違いに捉われすぎているように思われる．

第二に，判旨は，経営上の権益は「財産上の利益」に当たらないとしている．それはあたかも，経営上の権益は，それ自体としておよそ2項犯罪の客体とはなり得ないと解しているかのようである．2項犯罪の客体に一定の限界があることはたしかである．しかし，経営上の権益が，およそそれ自体として2項犯罪の客体とはならず，したがって，詐欺罪や恐喝罪の客体ともなりえないと解すべきかについては，筆者は疑問をもつ．いいかえると，本件の問題の要点は，客体の性質にあるのではなく，その「移転」の態様にあるのであり，「強取」の内容に関わるもののように思われる．

もっとも，判旨の中にも，そのように解していることをうかがわせる部分がある．それは，「殺害行為自体によって移転したとはいい難い」，あるいは，被告人の得た経営上の権益は，被害者から「直接得られた利益」ではないという表現である．筆者は，このような理解は基本的に正当なものと考えているが，その内容と根拠については，これまで十分に検討されてこなかったように思われる．

(3) 上述の判例の場合と似たような問題を扱ったものとして，東京高裁平成元年2月27日判決がある[2]．事案は，被告人らは両親を殺害し，その全財産について，被告人への相続を開始させて財産上不法の利益を得ようと企てたとして起訴されたというものである．東京高裁はほぼ次のように述べて，2項強盗殺人（未遂）の成立を認めた原判決を破棄した．

2項強盗罪の対象となる財産上の利益は，反抗を抑圧されていない状態において被害者が任意に処分できるものであることを要する．現行法上，相続による財産の承継は，人の死亡を唯一の原因として発生するもので，その間任意の

---

[2] 高刑集42・1・87．評釈・解説として，前原捷一郎・判タ737号（1990）31頁，林幹人・判例セレクト1989・35頁，高部道彦・研修491号83頁など．

処分の観念を容れる余地がないから，2項強盗にいう「財産上の利益」には当たらないというのである．以下この判例を「相続事例」と呼ぶ．

ここにおいても，問題を客体の範囲に関わるものと捉えている点が疑問となる．とくに，2項強盗罪には処分行為を要しないという判例[3]の立場からすれば，任意の処分可能性を要件とすることが可能か[4]，問題となりうる．

もっとも，この判例も「相続の開始による財産の承継」という，財産移転の過程に着目しているところもある．しかし，財産移転の過程のどのような性格が2項強盗殺人（未遂）の妨げになるのかは十分に明らかではない．

（4）2項強盗罪におけるこれまでの最大の問題は，債権侵害の場合であった．債権者を殺害した場合に，強盗殺人罪とするのは不当ではないかという感覚は，それ自体としては理解できるものの，理論的にはすでに克服されている．現在の問題は，それを如何に限定するかにある．債権の侵害は，詐欺罪とも共通し，詐欺罪における限定の論理は強盗罪にも同じく妥当するといってよい．詐欺罪については，最高裁判例によっても，一定の限定が示されている[5]．学説には，強盗罪は重いのだから，詐欺罪よりも重大な財産侵害がなければならないといった見方もあるようであるが，強盗罪が重いのは暴行・脅迫という手段の不法の重大性によるものであり，財産侵害の点では詐欺罪とは違わないと思われる．

しかし，上述した2つの判例（権益事例，相続事例）には，債権侵害の場合とは異なる問題が含まれている．客体はもともと債権ではないのだから，債権について考えられた限定の論理はここにはあてはまらない．ここにおいては，とくに，財産の「侵害」の態様，すなわち，移転の過程の内容が問題となっている．いいかえると，「強取」の内容が問題となっている．「強取」の意義に関わる問題としては，これまでは，暴行・脅迫の後に領得意思が生じた場合などが判例・学説によって盛んに論じられてきたが，ここでの問題はそれとも異なる．

---

3) 最判昭和 32・9・13 刑集 11・9・2263．
4) すでに，西村克彦・強盗罪考述（1983）198 頁は，「2項強盗罪が既遂となるのに被害者の処分行為は不可欠ではないが，当該利益は被害者において処分可能なものでなければならない」としていた．
5) 最判昭和 30・4・8 刑集 9・4・827．この判例の意義については，林幹人・刑法各論（第2版）（2007）241 頁．さらに参照，最判平成 13・7・19 刑集 55・5・371．木村光江「2項強盗罪の問題点」現刑 44 号（2002）9 頁は，この平成 13 年最高裁判例の趣旨は，期限の利益に関して，2項強盗にも妥当することを指摘する．

要するに、本章の対象とする2つの判例においては、これまでは十分に考えられてこなかったことが問題となっている。本章においては、この点について若干の検討を加えることにしたい。

2 移転性と現実性

(1) 権益事例においても相続事例においても、利益が被害者から被告人に移転した（あるいは移転を目的とした）ことは問題ないと思われる。もちろん、その民事法上の有効性は別問題である。強盗罪における移転の場合、そのほとんどは民事法上は無効なのであって、無効なこと自体が強盗罪の成立を妨げることはありえない。むしろ、一応有効、すなわち、法律的に成立したかのような外観を呈する移転であることが、後にもみるように、強盗罪の成立を妨げる要因となるのである。

しかし、この移転性については、とくに2項犯罪の場合大きな問題が含まれているので、以下に検討を加える。

客体が財物の場合の奪取罪については、被害者の下にあった財物が、行為者の下にそのままの形で移転しなければならないと解されている。たとえば強盗罪の場合でも、被害者に暴行・脅迫をして財物を損壊させ、そのことの報酬として、第三者から利益を取得した場合、強盗罪は成立しない。詐欺罪の場合、このことは素材の同一性と呼ばれることがある。そして、これを2項詐欺についても厳格に要求する見解が有力である[6]。

たしかに、次のような場合に2項犯罪の成立を認めるべきではない。たとえば、欺罔ないし暴行・脅迫によって債権を放棄させ、その報酬として第三者から利益を取得したような場合である。そこには損害と利得との間の対応関係、すなわち、被害者の負担において、行為者が利得したという関係、あるいは、同一の交付行為から同時に損害・利得したという関係がないからである[7]。

しかし、2項犯罪の場合、客体は無形の利益であり、有体性をもつ財物の場合とは異なり、素材の同一性＝移転性を厳格に要求することはできないと思わ

---

[6] 最近では、たとえば、伊藤渉ほか・アクチュアル刑法各論 (2007) 202頁（伊藤渉）。

[7] すでに団藤重光編・注釈刑法第6巻 (1966) 100頁（藤木英雄）は、2項強盗について、「財産的利益が事実上被害者の不利益において犯人に移転したと認むべき状況がなくてはならない」としていた。

れる．たとえば債権侵害の場合でも，債権が移転するわけではない．欺罔や暴行・脅迫によって，その行使が困難となり，したがってそれを財産的損害となしえ，行為者がそれに対応した利益を得ることになる，というにすぎない．被害者の下に存在した利益が，そのままの形で行為者の下に移転するというわけではない．それでも2項犯罪の成立を認めることはできる．むしろ，2項犯罪の場合には，厳密な意味での移転性がある場合はほとんどないとすらいえるように思われる[8]．

たとえば，サービスについて2項犯罪が成立するかという問題がある．判例は詐欺罪についてこれを肯定している[9]．また，刑法246条の2の電子計算機使用詐欺罪の後段においては，偽造したテレホンカードを使用して電話を利用するような場合を処罰することとしている．これは，少なくとも本罪においては，立法者もサービスを財産罪の客体と認めたことを意味する．そしてそのことは同時に，移転性を厳密には要求していないことを意味することに注意するべきである．

このことからすれば，サービスは一般的に2項犯罪の客体となると解するべきであろう[10]．ただ，財産罪の客体としてのサービスといいうるためには，対価取得を目的とした，任意のものに限定するべきであろう．すなわち，欺罔によって無償のサービスを取得した場合に詐欺罪の成立を認めるべきではない．さらに，暴行・脅迫によって無理に提供させた場合には，任意性を欠くから，強盗罪の成立を認めるべきではないと思われる[11]．

以上のように，素材の同一性＝移転性を奪取罪の要件としないという立場からは，いわゆる営業秘密なども財産罪の客体となりうるということになる．判例もまた，それを客体として認めている[12]．

ただ，財産罪における営業秘密の保護は断片的である．たとえば，利益窃盗

---

8) 参照，林美月子「クレジットカードの不正使用と詐欺罪」平野龍一先生古稀祝賀論文集上巻（1990）487頁，佐伯仁志「財産上の利益」刑法の争点（第3版）（2000）157頁など．
9) 最決昭和30・7・7刑集9・9・1856は，欺罔によって宿泊したときに，大阪高判昭和44・8・7刑月1・8・795は，きせる乗車に関して有償的役務について，詐欺罪の成立を認めている．
10) 最近のものとして，深町晋也「財産上の利益」刑法の争点（2007）161頁．
11) 非財産的な医療行為にすぎず，恐喝罪は成立しないとして，強要罪の成立を認めた判例として，高松高判昭和46・11・30高刑集24・4・769．
12) 参照，東京地判昭和40・6・26下刑集7・6・1319，東京地判昭和55・2・14刑月12・1＝2・47，東京地判昭和59・6・28刑月16・5＝6・476，東京地判昭和60・3・6判時1147・162など．参照，林幹人・前掲（注5）刑法各論（第2版）179頁以下．

は処罰されないから，無形の利益としての営業秘密を窃取した場合は現行の財産罪では処罰できない．あるいは，背任罪の主体は，現在「他人のためにその事務を処理する者」であることを要する．したがって，退職後には成立しえない．現代における営業秘密の重要性に鑑みれば，現行の財産犯体系による保護では不十分である．最近の不正競争防止法による企業秘密の刑事的保護はこのような事情を背景とするものと解される[13]．営業秘密の場合，素材の同一性＝移転性を認めがたい場合がありうることはたしかであるが，およそ現行の財産罪が営業秘密を保護しえないというのではない．たとえば，暴行・脅迫によって営業秘密であるデータを自分のフロッピーなどにコピーさせれば，2項強盗罪の成立を認めてよいと思われる．この場合，もちろん不正競争防止法違反の罪（2条4号［使用若しくは開示する行為が要件とされている］，21条）も成立する．不正競争防止法は，公正な競争秩序をも保護しているものの，同法における営業秘密の窃取は財産的価値の侵害を含み，強盗罪など財産罪の不法内容と実質的に重なり合うから，両罪は包括一罪となると解するべきであろう．

（2）　2項強盗についてしばしばいわれることとして，利益取得は現実性・具体性・確実性を有しなければならないというものがある[14]．そして，ここで問題としている権益事例や相続事例においては，これらの要件を欠くとされることもある[15]．

これらの要件を要求することは，1項強盗との共通性を担保しようとするものであり，基本的には正当なものである．

しかし，そのような要件があてはまる本来の場合は，相続の後順位者が，先順位者を殺害して，相続順位を上げたが，被相続人はまだ生きているといった場合である．この場合は，まさに，期待権を取得したにすぎない．民事判例に次のように判示したものがある．推定相続人は，被相続人の権利義務を包括的に承継すべき期待権を有するだけで，いまだ当然には個々の財産に対し権利を

---

[13]　参照，今井猛嘉「刑法における情報の保護」刑法の争点（2007）162頁．
[14]　すでに，中野次雄・総合判例研究叢書（10）（1958）180頁は，「第1項の財物取得に対応する程度の現実性をもつものでなくてはならない」としていた．
[15]　参照，中森喜彦・刑法各論（第2版）（1996）132頁など．木村・前掲（注5）現刑44号9頁は，相続事例について，「確実に利益を取得したと認めることは困難」とする．同旨の指摘として，高橋則夫・刑法判例百選II・各論（第5版）（2003）75頁．また，内田幸隆・判例セレクト2006・36頁は，権益事例について，経営権自体は「財産」とはいえず，売上金の受収も将来的に期待し得る利益に過ぎない，とする．

有するものではない[16]．この場合はまさに，利益取得は，現実性・具体性・確実性を有しないといえる．

同様にして，扶養義務者が権利者を殺害したような場合でも，将来の扶養の権利に関するかぎり，現実性などを欠くともいえる．しかしたとえば，家庭裁判所において定められた扶養についての債権（民法879条）を侵害したような場合であれば，もはや現実性・具体性を欠くとはいえないであろう．

さらに，次のような判例の場合も，現実性や確実性を欠くといってよいと思われる．東京高判昭和37・8・7東高刑時報13・8・207は，暴行・脅迫によって，山林の伐採を承諾させた場合について，「単に意思表示のみでは足りず，法律上又は事実上財産上不法の利益の取得があったと認め得る場合であることを要する」として，2項強盗罪の成立を否定した．詐欺によって賭博債務を負担させた場合について，2項詐欺を認めた最高裁判例がある[17]が，詐欺だと，最後まで気付かず支払ってしまうということもありうるから，2項詐欺を認めることは可能かもしれない．また，暴行・脅迫によって債務を負担させた場合であっても，おそれをなして債務を履行してしまう可能性がないとはいえない．しかし，それは期待にすぎず，2項強盗を認めるまでもないという判断は十分に成立し得る[18]．

しかしながら，相続事例，権益事例のいずれの場合も，被告人の目的とした財産移転過程は，それ自体としては，現実性・具体性・確実性を有していた．相続事例の場合は殺害行為自体が未遂であったが，既遂であれば，被告人の目的としていた財産移転過程は現実・確実といわざるをえない．これらの事例においては，殺害が手段となっており，法律的に無効，あるいは，無効とされ得るもの，その意味では現実性・確実性に若干の減少があることは否めないが，すでに述べたように，そのことは強盗罪における移転を否定する理由とはならない．

若干問題となるのは，「具体性」という要件である．権益事例・相続事例いずれの場合も，財産は包括的に移転しており，その意味では抽象的であり，具体性・個別性という観点からは問題が生じうる[19]．しかし，財産移転が包括

---

16) 最判昭和30・12・26民集9・14・2082．
17) 最判昭和43・10・24刑集22・10・946．
18) 佐伯・前掲（注8）刑法の争点（第3版）157頁．

的・抽象的だからといって，2項犯罪の成立をおよそ否定することは，理由がないと思われる．たとえば権益事例の場合，詐欺・恐喝によって経営権自体を奪取すれば，2項犯罪の成立を否定するべきではないであろう．

3 物理的直接性

（1） 権益事例・相続事例において強盗殺人罪が成立しない理由について，本章は以下のように考える．およそ強盗罪は，単に暴行罪・脅迫罪と窃盗罪との併合罪を超えた，重大な不法内容を予定していると解される．そのことは，その法定刑の重さからして明らかである．その不法内容の重大性は，まずもって，財物奪取を目的とする暴行・脅迫行為のもつ人身に対する危険性を理由とするものである．解釈論上はこのことは，強盗罪における暴行・脅迫は「反抗を抑圧する程度」の高度のものでなければならないということに表われる．しかし，それだけでなく，暴行・脅迫と財物奪取の間の密接な関係，すなわち，暴行・脅迫の物理的な影響の下に直接に財物奪取が生じたという関係が要求されるべきである．詐欺罪・恐喝罪とは異なり，処分行為を要しない強盗罪においては，それを埋め合わせるためにも，ぜひともこのような限定が必要と解される．

たとえば，暴行・脅迫と財産侵害の間に，余りに長い時間の経過がある場合，あるいは，後の財産侵害が被告人の新たな意思決定によるものである場合，そして，一応適法な外観を有する手続が介在したような場合などには，強盗罪の成立を認めるべきではない．権益事例においては，権益の移転は，従業員の了解を得，法務局に届け出たなどの，一応有効な法的手続を踏んだ上で生じている．相続事例も同じで，相続という一応法的には有効な手続によって財産移転が生じることを目的としていた．このような事情により，強盗殺人罪の成立は否定されることになるものと解される[20]．

（2） 1項強盗の場合，財物奪取を目的として殺害したが，その後の財物奪取との間に，相当程度の時間的・空間的な隔たりがあった場合，あるいは，財

---

19) 相続事例の一審判決は，「その対象が包括的・抽象的であるとはいえない」とするが，疑問である．木村・前掲（注5）現刑44号10頁は，相続事例について，「相続人としての地位」の抽象性を指摘する．

20) 参照，今井猛嘉＝小林憲太郎＝島田聡一郎＝橋爪隆・刑法各論（2007）140頁（小林憲太郎），伊藤渉ほか・前掲（注6）アクチュアル刑法各論159，189頁（伊藤）など．

物奪取が新たな意思決定による場合，その財物奪取を強盗殺人罪の内容と解し得るかが問題とされてきた[21]．学説上は，強盗殺人罪が成立するためには，殺害行為と財物奪取の間に「直接性」がなければならないという見解もすでに主張されていた[22]．

権益事例・相続事例においては，時間・空間という点ではそれほどのものではないが，一見適法な手続が介在しており，殺害の直接的・物理的な影響の下に，財産移転が生じたのではない．すでに見たように神戸地裁判決も，殺害すること自体によって直接に財産を得ようとしたものではない，と述べている．同判決の最大のポイントは，ここにある．以上のように解するときは，権益事例・相続事例のいずれも，客体として2項の利益に当たらないと解するのは妥当でないということになる．詐欺・恐喝により相続するということはありえないが，詐欺・恐喝により営業上のすべての権益を交付させるということはありうる．その場合，詐欺罪・恐喝罪の成立を否定するのは妥当でないと思われる．

(3) もっとも，次のような判例もある．いわゆる整理屋グループが，倒産会社の会社整理に藉口して，暴行・脅迫をなし，巨額の利益を上げようとした事案について，1項強盗罪の成立を認めたものである[23]．この事案においては，拳銃を突き付けたりして，商品の譲渡書，不動産の明渡承諾書などの重要書類を交付させており，そこに何ら適法な手続が介在していない．したがって，物理的直接性が認められ，強盗罪の成立を認めた結論は支持し得るであろう．

(4) なお，直接性という要件は，詐欺罪における交付行為についてもいわれることがある．詐欺罪の成立には，交付行為から損害が「直接に」生じなければならず，行為者の行為が介在した場合には交付行為はなく，窃盗罪になる，というのである．たとえば，相手の気を他にそらして，その隙に財物を奪うような場合，この直接性はなく，交付行為はない．窃盗罪が成立するのみだとされる[24]．この直接性と，本章に述べる強盗罪の要件としての直接性とは，もち

---

21) 判例として，東京高判昭和57・1・21刑月14・1＝2・1（松山で殺害し，25時間後東京で財物奪取した場合に，全体として1個の強盗殺人罪とする），仙台高判昭和31・6・13裁特3・24・1149（強盗殺人を犯した翌々日に死体を埋める際，その所持するかばん内から現金を発見奪取したときは窃盗罪を構成する）など．
22) 町野朔・刑法各論の現在（1996）167，175頁，曽根威彦・刑法の重要問題（1995）167頁，芝原邦爾ほか編・刑法理論の現代的展開 各論（1996）203頁（斎藤信治）など．
23) 東京地判昭和57・9・17判タ482・169．
24) この問題については，参照，林（美）・前掲（注8）平野龍一先生古稀祝賀論文集上巻465頁

ろん，異なる概念である．

さらに注意しておけば，詐欺罪における直接性と，前に検討した素材同一性とは別の問題である．素材同一性は領得罪一般について「移転性」の内容に関わるものであり，詐欺罪における直接性は交付行為要件，とくに，窃盗罪との関係に関わるものである．

2項強盗というと，2項詐欺との共通性に気を取られがちであるが，1項強盗との共通性も重要である．そして，1項強盗の財産移転過程は窃盗罪と基本的に共通する．本章の主張は，このような認識を基礎とするものでもある．

★ 演習問題

1　神戸地判平成17・4・26は，どのような事実についてどのような判断を示したか
2　この判断に含まれる問題を2つ指摘しなさい
3　債権者を殺害したような場合，どのような要件の下で，2項強盗殺人罪が成立するか
4　経営上の権益とは何か
5　経営上の権益が，およそそれ自体として2項犯罪の客体とはならないといいうるか
6　「強取」とは何か
7　暴行・脅迫の後に領得意思が生じた場合，強盗罪は成立するか
8　東京高判平成元・2・27は，どのような事実についてどのような判断を示したか
9　欺罔によって債務を免れた場合，どのような要件の下で詐欺罪が成立するか
10　被害者に暴行・脅迫をして財物を損壊させ，そのことの報酬として，第三者から利益を取得した場合，強盗罪は成立するか
11　素材の同一性とは何か，それを，詐欺罪・強盗罪の要件として認めるべきか
12　サービスについて，2項犯罪が成立するか
13　欺罔によって，無償のサービスを取得した場合に，詐欺罪の成立を認めるべきか
14　暴行・脅迫によって，無理にサービスを提供させた場合，強盗罪の成立を認めるべきか
15　暴行・脅迫によって営業秘密であるデータを自分のフロッピーなどにコピーさせた場合，強盗罪の成立を認めるべきか
16　2項強盗罪の成立には，利益取得は現実性・具体性・確実性を有しなければならない，という見解にはどのような問題があるか——権益事例，相続事例の場合，それ

以下．さらに，芝原ほか編・前掲（注22）刑法理論の現代的展開　各論218頁（林幹人），林幹人「詐欺罪の新動向」曹時57巻3号（2005）5頁など．

を否定し得るか
17 相続の後順位者が，先順位者を殺害して，相続順位を上げたが，被相続人はまだ生きている場合，強盗殺人罪は成立するか
18 詐欺によって賭博債務を負担させた場合，詐欺罪の成立を認めるにはどのような問題があるか
19 暴行・脅迫の物理的な影響の下に直接に財物奪取が生じたという関係が，強盗罪の成立には必要だとする見解の根拠，具体的な内容を説明しなさい
20 財物奪取を目的として殺害したが，その後の財物奪取との間に，相当程度の時間的・空間的な隔たりがあった場合，あるいは，財物奪取が新たな意思決定による場合，その財物奪取を強盗殺人罪の内容と解し得るか
21 詐欺・恐喝により，営業上のすべての権益を交付させた場合，詐欺罪・恐喝罪は成立するか

■ 強盗罪 2

10 ── 事後強盗罪の新動向
最高裁平成 14 年 2 月 14 日決定〔刑集 56・2・86〕
最高裁平成 16 年 12 月 10 日判決〔刑集 58・9・1047〕

1 最高裁平成 14 年 2 月 14 日決定と同 16 年 12 月 10 日判決の意義

（1） 事後強盗罪は実務上重要な意義をもっているが，最近は理論的な側面にも関心が向けられるようになっている．そのような中で，事後強盗罪の重要な要件の 1 つ，機会継続性について，2 つの最高裁判例が平成 14 年と 16 年に出されている．この判例を契機として，事後強盗罪に関わるいくつかの理論的な問題について検討を加えることとしたい．

（2） 最高裁判例の 1 つは，平成 14 年 2 月 14 日決定である[1]．事案は，窃盗犯人が他人の居宅で財物を窃取した後もその天井裏に潜み，犯行の約 3 時間後に駆けつけた警察官に対し逮捕を免れるために暴行を加えたというものである．最高裁はその暴行は窃盗の機会の継続中に行なわれたものというべきだとした．その理由として，「被害者等から容易に発見されて，財物を取り返され，あるいは逮捕され得る状況が継続していた」という指摘がなされていることが注目される．原原審は「本件窃盗と本件暴行との間に時間的にはもちろん場所的にも接着しているとは認められず，逮捕行為や暴行も本件窃盗と関連性があるとも認められない」として機会継続性を否定していた．これに対して原審はこれを肯定していた．最高裁はこの原審の判断を維持したのである．

もう 1 つの最高裁判例は平成 16 年 12 月 10 日判決であって，機会継続性を否定したものである[2]．事案は，犯人が，だれからも発見，追跡されることな

---

1) 刑集 56・2・86. 解説として，朝山芳史・曹時 55 巻 11 号 (2003) 194 頁以下，井上宏・警論 55 巻 7 号 (2002) 216 頁以下，林陽一・法教 265 号 (2002) 142 頁以下，大久保隆志・現刑 49 号 (2003) 66 頁以下，杉山徳明・研修 661 号 (2003) 23 頁以下，安田拓人・平成 14 年度重判解 151 頁以下，嶋矢貴之・ジュリ 1247 号 (2003) 166 頁以下，只木誠・判時 1831 号 (判評 537 号) (2003) 211 頁以下，金澤真理「事後強盗罪の成否と窃盗の機会」山形大学法政論集 24 = 25 号 (2002) 81 頁以下など．原審判決に対する評釈として，長井圓・現刑 26 号 (2001) 80 頁以下．

く，いったん被害者宅から約 1 km 離れた場所まで移動し，窃取の約 30 分後に再度窃盗をする目的で被害者方に戻った際に逮捕を免れるため家人を脅迫したというのである．原原審と原審は事後強盗罪の成立を認めた．これに対して最高裁は，いったん犯行現場を離れ，ある程度の時間を過ごしており，この間に，「被告人が被害者等から容易に発見されて，財物を取り返され，あるいは逮捕され得る状況はなくなった」という平成 14 年決定と同じ判断基準を適用して，事後強盗罪の成立を否定したのである．

　(3)　機会継続性についてはこれまでも多くの判例の蓄積があるが，平成 14 年決定の事案は犯行後屋根裏に潜んでいたというものであり，平成 16 年判決の事案はいったん安全な場所に逃れた後再び窃盗のため戻ってきたというもので，いずれもかなり特殊である．過去の判例との比較は簡単にはできない．しかも，いずれの場合も下級審との判断が分かれたのであり，限界事例である．のみならず，機会継続性要件の理論的な内容についてはまだはっきりしていない状況なので，さしあたりは最高裁の判断は尊重されるべきであろう．

　本章においては，この 2 つの最高裁判例を契機として，次のような理論的な問題について検討を加えることとしたい．

　最高裁はいずれの判例においても，機会継続性要件について「容易に発見されて，財物を取り返され，あるいは逮捕され得る状況」の有無を基準としている．これは，事後強盗罪の規定の中に「財物を得てこれを取り返されることを防ぎ，逮捕を免れ」という文言があることと関係していると推測される．しかしこの文言は，窃盗犯人のもっていなければならない目的，すなわち，主観的要件を規定したものと一般に理解されている[3]．他方，この 2 つの最高裁判例は，機会継続性要件を基本的に客観的なものと解している．平成 16 年判決で原審判決が機会継続性を認めたのは，「被告人が引き返したのは，当初の窃盗の目的を達成するためであった」ことを 1 つの理由としていた．これは主観を重視したものである．これに対して最高裁は，客観的な事情を重視して，機会継続性要件の充足を否定したものと解される．機会継続性要件をこのように基本的に客観的なものと解するのは近時有力となっており[4]，筆者も基本的にこ

---

　2)　刑集 58・9・1047．解説・評釈として，山口厚・法教 296 号 124 頁以下，豊田兼彦・法セ 605 号 (2005) 125 頁，小新井友厚・研修 681 号 (2005) 17 頁以下など．
　3)　参照，大コンメンタール刑法第 12 巻 (第 2 版) (2003) 381 頁 (米澤慶治＝高部道彦)．

れは正当なものだと考える．それにしても，最高裁が「財物を取り返され，あるいは逮捕され得る状況」に言及しているからには，法の文言の3つの目的要件との理論的な関係はどのようなものなのか，とくに，この2つの最高裁判例においては「罪跡隠滅目的」には言及されていないので，その点をどのように理解するか，問題となるのである．本章で問題とするのはこのような点である．

（4）事後強盗罪についてしばしばいわれることとして，強盗罪との共通性がある．すなわち，両罪は別の犯罪ではあるが，刑事政策上は同一の処罰根拠をもち，その犯罪内容についても実質的な同一性があるというのである[5]．このような理解は正当なものである．事後強盗罪が強盗罪の後に規定され，ともに暴行・脅迫と財物の奪取を基本的な成立要件としていることは，そのような理解を裏付けるものである．暴行・脅迫の内容について，ともに反抗を抑圧するに足りる程度のものでなければならないと一般にされているのも，このような理解に基づくものである．事後強盗罪の機会継続性という要件も，条文の文言上は要求されていないが，強盗罪における暴行・脅迫と強取の間に要求される客観的な関係に対応するものとして要求されていると解するべきであろう．

もっとも，強盗罪におけるこの客観的な関係の内容も，条文上明言されていないだけでなく，解釈上も十分に解明されてはいない．暴行・脅迫と強取は手段・目的の関係に立たなければならない，両者には因果関係がなければならないとされることが多い．しかし，「手段・目的」の理論的な内容は十分に明確ではないし，両者の関係が「因果関係」だけで足りるものかについても，疑問がある．

「手段・目的」とは，一般には，手段が客観的に先行して，目的がそれに続くということを意味するが，強盗罪の場合には，そのように解されていない．最初に財物の奪取，次に暴行・脅迫がなされたのであってもよい．しかしこの場合，判例によれば，財物を「確保」していない段階であることを要する[6]．この「確保」の内容についても問題があるが，これについては後に検討する．

---

[4] 朝山・前掲（注1）曹時55巻11号178頁は，「犯人の意図は，窃盗の機会継続性を判断する上でそれほど重要でない」とする．

[5] 前掲（注3）大コンメンタール刑法第12巻（第2版）379頁（米澤＝高部），朝山・前掲（注1）曹時55巻11号180頁．

[6] 最判昭和24・2・15刑集3・2・164．

いずれにしても,「手段・目的」の関係が成立するためには,このような客観的な関係だけでなく,行為者の主観にも一定の要件が必要である.たとえば,被害者を殺した後に領得の意思を生じて奪取したとしても,強盗殺人罪は成立しない[7].暴行・脅迫の後に財物奪取の意思が生じたときも,先に暴行・脅迫したという事実があるだけで強盗罪の成立を認めてはならない[8].

財物奪取の意思をもって暴行・脅迫をしても,被害者の交付が時間的にかなり後の場合には,単に因果関係があればよいのか,疑問がある.因果関係があっても,被害者が（少なくとも一定限度）反抗を抑圧された意思状態でない場合には,強盗罪の成立を認めることには疑問があるのである.たとえば,福岡高判昭和63・1・28判時1269・155は,被害者に「加えられた暴行,脅迫の態様,過程,同人の畏怖状況並びに金員の調達及び交付状況等に照らすと」強盗罪が成立すると判示する.また,暴行・脅迫の5日後に金員を交付した事案について,東京地判平成8・11・11判時1605・148は,引き続き心理的にその反抗が抑圧された状態において,暴行・脅迫による約束の履行としてなされたものだとして強盗罪の成立を認めている.いずれにおいても,交付時の被害者の意思状態が問題とされている.単に因果関係があればよいというのではないのである.

このように,強盗罪においてすら,暴行・脅迫と財物奪取の間の関係は十分に明確ではない.少なくとも,暴行・脅迫と財物奪取のどちらが先かで,その内容は違っている.したがって,事後強盗罪における機会継続性は強盗罪との類似性から要求されると解しても,そこからただちにその意味内容が明らかになるわけではない.

ただ,たしかなこともある.まず,窃盗と暴行・脅迫の間に因果関係があるだけでは足りないということである.「機会継続性」は明らかに因果関係を超えたものである.次に,たとえ「財物を得てこれを防ぎ,逮捕を免れる」ためだったとしても,ただちに機会継続性を認めることはできない.ここで取り上げている2つの最高裁判例は法の規定するこれらの目的要件から機会継続性要件の内容を導きだそうとしているが,そこには限界がある.財物を取り返され,逮捕され得る状況というのは,それ自体としてはかなり後まであるものである.

[7) 最判昭和41・4・8刑集20・4・207.
[8) 参照,林幹人・刑法各論（第2版）(2007) 207頁以下.

したがって，この2つの判例上より重要なのは，「容易に発見される」という方である．しかしこれだけだと，時間的な要素が入っていない．平成14年決定の場合であっても，天井裏に留まっているかぎり，いつまでも機会継続性が失われない[9]と解するべきではない．

そこで，学説上は，この機会継続性について，理論的一般化を行なおうとする試みがなされている．「社会的に別の事象か」[10]，「衝突状況」[11]，「対立状況」[12]，「被害者等からの追及可能性」[13]などの基準が示されている．これらはいずれも機会継続性要件の内容を明らかにする試みとして意義があるものの，そのように解する理論的な根拠は十分に明らかではなく，窃盗と暴行・脅迫の間に存在しなければならない内的な関係を表現するものとしては十分でないと思われる．筆者は，事後強盗罪は，窃盗直後に生じる，暴行・脅迫が行なわれる重大な危険を抑止することを目的とするからには，そのような重大な危険の実現として生じた場合を機会継続性の内容と規定するべきものと考える．相当因果関係の内容として，近時「危険の実現」という枠組みが示されることが多い[14]が，機会継続性要件はそれを超えた，窃盗「直後の重大な危険の実現」という関係を内容とするものでなければならないのである．

いずれにしても，この危険はすでに犯された窃盗との関係でその後に生じる暴行・脅迫の危険でなければならないから，これから窃盗を犯そうとする意思をもつことによって生じる暴行・脅迫の危険は含まれない．平成16年判決の原審が，被告人は現場に戻って改めて窃盗を犯そうとしていたことを捉えて機会継続性を認めたのは，この意味で妥当でない[15]．

(5)　機会継続性要件の理論的内容がこのようなものだとすれば，それは，犯罪理論上は違法要素と解するべきであろう．したがってそれは基本的に客観的なものでなければならない．

---

9)　参照，井上・前掲（注1）警論55巻7号222頁．
10)　林・前掲（注1）法教265号143頁．
11)　嶋矢・前掲（注1）ジュリ1247号168頁．
12)　山口・前掲（注2）法教296号127頁．
13)　朝山・前掲（注1）曹時55巻11号177頁．
14)　最近の状況について，林幹人「相当因果関係論の新動向」曹時57巻11号（2005）8頁以下．
15)　窃盗犯人の「更なる窃盗の犯意の継続」を理由として機会継続性を認めることを批判するものとして，長井・前掲（注1）現刑26号87頁．

もっとも，下級審判例には，窃盗してから11時間後に，自宅内で寝ていた被害者を罪跡隠滅のために殺害しようとする意思をもち続けていた場合に，この意思を理由の1つとして機会継続性を認めたものがある[16]. このように，窃盗後暴行・脅迫の意思をもち続けたような場合には，それが暴行・脅迫後の危険を継続させているのであるから，その意思を考慮してよいであろう．しかしそれにも限度がある．この下級審の事案においても，被害者は被告人の自宅内に寝ていたというのであり，時間も11時間だったというのである．そのような客観的な場所的時間的近接性を軽視することはできない．

この事件に関連して，罪跡隠滅目的の場合の機会継続性要件は，他の2つの目的の場合とは異なるものかが問題とされている．表題の2つの最高裁判例も，罪跡隠滅目的には触れていないが，これはこの問題を意識したからかもしれない．

しかし理論的に考えれば，3つの目的要件によって機会継続性要件の内容を動かすことに理由があるとは思われない．すでに述べたように，罪跡隠滅目的の場合でも，客観的な場所的時間的近接性は重要である．他方，他の2つの目的要件の場合でも，被告人の主観が意味をもつことはありうる．

筆者は，機会継続性要件が先に述べたような意味において事後強盗罪の違法要素だとすれば，3目的要件は責任要素だと考える[17]. 3つの目的はまったく主観的なものであって，財物返還請求権の侵害や，逮捕免脱・罪跡隠滅などは，事後強盗罪の不法要素としておよそ認めるべきものではない．学説上は，法が逮捕免脱・罪跡隠滅を規定していることから，本罪を司法作用に対する罪の性格をもっていると理解するものがある[18]が，妥当とは思われない．さらに，本罪の性格として財物返還請求権の侵害を含ませることについても，疑問がある．これについては後に詳述する．

すでに述べたように，強盗罪においては，暴行・脅迫と財物強取の間には一定の客観的・主観的関連性が要件とされている．事後強盗罪はこの強盗罪と同じ不法・責任内容をもつものでなければならない．機会継続性要件は強盗罪に

---

16) 千葉地裁木更津支判昭和53・3・16判時903・109.
17) 「実質的連関（違法・責任連関）」に言及するものとして，長井・前掲（注1）現刑26号85頁.
18) 井田良・刑法各論（2002）97頁は，「窃盗犯人の逮捕や訴追という司法作用の保護が本罪の法益のなかに入ってきている」とする.

おけるそのような客観的要件に対応するものであり，3つの目的要件は主観的要件に対応するものと解するべきだと思われる．

2 強盗罪との関係

（1） 事後強盗罪の内容を明らかにするためには，強盗罪との関係を明らかにしなければならない．強盗罪には1項の財物を客体とする場合と2項の利益を客体とする場合がある．事後強盗罪との関係はそれぞれ異なったものなので，別々に検討する必要がある．

（2） 1項強盗と事後強盗の区別は時間的段階による．1項強盗が時間的にもはや成立しない段階になって，事後強盗ははじめて成立する．この意味で事後強盗は1項強盗の補充類型と解される．これに対しては，1項強盗と事後強盗は競合することがありうるという見解もある[19]．後にみるように1項強盗と事後強盗を区別する基準は現段階では不明確である．のみならず，競合する場合がありうると解した方が実際上は妥当であることを否定することはできない．しかし理論的には，事後強盗罪は，窃盗が時間的に先行し，後の暴行・脅迫がもはや窃盗の手段とはいえない場合を補充するものと解するのが，条文の規定ぶりからして妥当だと思われる．それは1項強盗と2項強盗の関係と似ている．1項強盗は財物を客体とする場合であって，2項強盗は客体が財物ではなく，無形の利益の場合を補充するものである．1項強盗と2項強盗が競合することはありえない．1項強盗と事後強盗も同じ関係にあると解される．

最高裁昭和61年11月18日決定[20]は，1項強盗ではなく，2項強盗を認める理由として，被告人等は財物をすでに「確保」していたことを強調する．財物をすでに確保していたからには，殺害行為は財物奪取の手段とみることはできないとしたのである[21]．最高裁はその前にも，暴行・脅迫を用いて財物を奪取する犯意の下に，まず被害者が所持していた財物を奪取し，次いで暴行を加えてその奪取を「確保」したときは，強盗罪が成立するとしていた[22]．したがって，判例は，財物を確保する前に，あるいは，確保するために，暴行・脅迫を

---

19) 安廣文夫・昭和61年度最判解299頁．
20) 刑集40・7・523．
21) 刑集40・7・529．
22) 最判昭和24・2・15刑集3・2・164．

する行為は1項強盗罪と解しているといってよいと思われる．このことは一応支持してよいであろう[23]．

それでは確保とは何か．これについて，2つの見解がありうる．1つは，窃盗が既遂になったことを意味するというものである[24]．もう1つは，窃盗が既遂に達した後，それが終了・完成したことを意味するというものである[25]．

筆者は後の見解が妥当だと考えている[26]．現在の通説・判例によれば，既遂犯は相当早い段階で成立し得る．たとえば，スーパーマーケットで商品をポケットに入れれば，既遂となると思われる[27]．しかしこれだけでは，被害者の占有は完全に排除されていないし，被告人の占有も完全に確立したものではない．したがって，その段階で警備員に暴行をした場合には，強盗罪の成立を認めてよいと思われる[28]．この場合，事後強盗罪の成立を認めればよいと解することも可能ではあるが，そのように解すると，窃盗犯人ではない者が暴行にのみ関与した場合，後にも見るように，事後強盗罪の共犯の成立も認められないこととなり，実際上妥当でない．この場合，返還請求権の侵害について2項強盗の成立も問題となるが，相手が警備員だと，後にもみるように2項強盗の成立を認めることにも疑問がありうる．

このように，窃盗罪において既遂時期と犯罪の終了の時点を区別することは，不動産侵奪罪の公訴時効の進行の開始時期を決定するときにも意味がある．不動産侵奪罪は，客体が不動産というだけで，窃盗罪と法的性格は基本的に同じものと解されている．したがって，窃盗罪において既遂に達した時点をもって

---

23) もっとも，山口厚・刑法各論（2003）217頁は，奪取（既遂）後確保するための暴行・脅迫は1項強盗とならないとする．
24) 参照，西田典之・刑法各論（第3版）(2005) 154頁．もっとも，同「続『共犯と身分』再論」内田文昭先生古稀祝賀論文集（2002) 286頁は，「窃盗が既遂の場合は，238条所定の目的で行なわれる暴行脅迫は盗品の占有を確保するという意味で強盗罪類似の手段性を有する」とする．ここにおいては，確保は既遂後に行なわれるものと解されているようでもある．
25) 長島敦・刑法判例研究Ⅰ(1966) 387頁，古田佑紀「犯罪の既遂と終了」判タ550号（1985) 90頁以下．なお参照，安廣・前掲（注19) 昭和61年度最判解299頁．
26) 林・前掲（注8) 刑法各論（第2版) 198頁，206頁．このように解するのがドイツの通説である．Vgl., Schoenke-Schroeder-Eser, 26 Aufl., § 242, Rdnr. 73; Leipziger Kommentar, 11 Aufl., § 242, Rdnr. 76. 反対説として，Muenchener Kommentar, § 242, Rdnr. 163 (Schmitz).
27) 参照，大判大正12・4・9刑集2・330．なお，買物かごに入れてレジの外側に持ち出した場合について，東京高判平成4・10・28判タ823・252．
28) 参照，東京高判昭和57・7・13判時1082・141．甲が「金品を強取したまさに直後に」乙が暴行を加えた場合について，「財物及び財産上の利益を確保する行為」をしたとして強盗傷人の共同正犯の成立を認めている．

犯罪は終了し時効の進行はただちに開始すると解するならば、不動産侵奪罪においても同様に解さなければならないことになる。しかし、たとえば、他人の土地に不法に建築して、不動産侵奪罪の既遂となったとしよう。ところが被告人はその後も不法建築を継続した場合、時効の進行が既遂となった時点でただちに開始するというのは妥当ではない。この場合、不動産侵奪罪は既遂に達しても、犯罪は継続的に成立することがありうると解するべきだと思われる[29]。

先にあげた最高裁昭和61年決定でいうならば、被告人らが被害者をホテルの一室におびき寄せ、財物（覚せい剤）を受け取り、部屋から出れば、窃盗ないし詐欺の既遂罪が成立するといってよいであろう。ところがこの決定の事案の場合、殺害行為に出た時点では、相被告人等は奪った財物を持ってタクシーに乗っていたかもしれないというのである。そのことを理由に最高裁はすでに財物を確保していたとしたのである。しかし、部屋を出たところで殺害行為に出た場合ならば、既遂とはなっているが、確保はしていないというべきであろう。この場合には、1項強盗罪の成立を認めるべきだと思われる。

もっとも、この「確保」の概念自体、あまりはっきりしたものではない。それは明らかに、被害者によって追及されていないことではない。追及されていても確保していることはありうる。確保とは、被害者の占有排除と被告人の占有確立が相当程度の段階に達していることを意味するものと解される。既遂になっても確保までは1項強盗罪が成立し得るのであり、事後強盗罪は財物を確保した後に、それに対する追及が開始された時点から成立し得るものと解される。その開始時期は盗品関与罪の開始時期と同じである。

(3)(a) 2項強盗罪と事後強盗罪との関係についても見解の相違がある[30]。事後強盗罪の規定は「財物を得てこれを取り返されることを防ぎ」となっているところから、本罪の保護法益として、取り返すこと、すなわち、返還請求権と理解し、本罪の不法内容についてこの返還請求権の侵害と理解する見解が有力となっている。

たとえば、本罪の既遂犯は身分犯だが、未遂犯は結合犯だとする見解があ

---

29) 林幹人「不動産侵奪罪の公訴時効の起算点」判評356号（1988）73頁、林美月子「状態犯と継続犯」神奈川法学24巻3=4号（1988）1頁以下。
30) 2項強盗罪についての最近の状況について、参照、木村光江「2項強盗罪の問題点」現刑44号（2002）4頁以下。

る[31]．これは，窃盗が既遂に達し，返還請求権が被害者に生じているときには，そのような返還請求権を侵害し得る地位を身分と解することができるが，窃盗未遂であって返還請求権が生じていないときにはそのような地位に立たないから身分犯とは解しえないというのだと思われる．その前提には，本罪の不法内容として返還請求権を侵害することが含まれているという理解があるように思われる．

　次のような見解もある．事後強盗罪を身分犯と解するが，その中でも取り返されることを防ぐ目的の場合と逮捕免脱・罪跡隠滅目的の場合とでは異なるという見解である．すなわち，取り返されることを防ぐ目的の場合は，本罪はまさに財産犯であって「窃盗」は違法身分であるが，逮捕免脱・罪跡隠滅目的の場合には，本罪は財産犯としての性格をもたず，窃盗は責任身分にすぎないというのである[32]．これも，返還請求権が財産犯としての事後強盗罪の保護法益であって，その侵害こそが財産犯としての本罪の不法内容の基本的な要素であるという理解によるものと思われる．

　さらに，次のような見解がある．後に詳論するが，窃盗に関与していない者が暴行にのみ関与した場合について，その関与者は事後強盗罪全体について共犯の責任を負うのか，それとも暴行についてのみ負うのかが大きな問題となっている．この問題において事後強盗罪の全体について共犯が成立するという見解が有力であるが，その理由として，関与者は返還請求権を侵害していることが指摘されることがある[33]．これも，本罪の不法内容には返還請求権の侵害が含まれるという前提に立つものといえよう．

　(b)　しかし，以上のような見解には疑問がある．事後強盗罪は，盗まれた物の返還請求権を保護しようとするものではなく，また，その侵害は本罪の不法内容に含まれてはいないと解すべきだと思われる．窃盗が既遂の場合，3つの目的の如何にかかわらず，返還請求権の侵害はありうる．しかし，未遂の場

---

31)　西田・前掲（注24）刑法各論（第3版）163頁以下．ほぼ同旨の見解として，増田隆「事後強盗罪の基本構造とその関与形態」早稲田大学大学院法研論集114号（2005）102頁．
32)　佐伯仁志「事後強盗罪の共犯」研修632号（2001）3頁以下．同7頁は，逮捕免脱・罪跡隠滅目的の場合「主体が窃盗犯人であることによって強盗類似の財産犯性を獲得するわけではない」とし，同8頁は，取り戻しを防ぐ目的の場合，2項強盗又は2項強盗類似行為だとする．なお，西田・前掲（注24）内田文昭先生古稀祝賀論文集286頁も，窃盗未遂の場合，事後の暴行・脅迫は財産犯としての性格を有しないとする．
33)　島田聡一郎「事後強盗罪の共犯」現刑44号（2002）18頁．

合であっても，窃盗未遂を犯しているからには，本罪の財産犯としての性格を認めるに十分である．既遂の場合でも，暴行の相手が被害者とおよそ関係のない者である場合，あるいは，財物が取り返された場合には，返還請求権の侵害を認め得るか，疑問がある．それでも窃盗が既遂であるからには，事後強盗既遂罪の成立を認めることはできる．他方，返還請求権の侵害があっても，それは2項強盗の不法内容であって，事後強盗罪の不法内容と解するべきではない．事後強盗罪の財産犯としての性格は，財物に対する窃盗の既遂・未遂によるものである．

先に述べた最高裁昭和61年11月18日決定は，窃盗によって奪われた財物の返還請求権を侵害する行為は2項強盗を構成すると解している．これに対してこの決定における谷口意見，さらに一部の学説[34]は，詐欺罪が先行する場合には返還請求権の侵害によって2項強盗が成立し得るのに対し，窃盗罪が先行する場合には2項強盗は成立し得ず，事後強盗のみが成立し得るとしているが，妥当でない．盗まれた場合について，詐欺によって奪われた場合，あるいは，一般の返還請求権の場合と区別する理由はない．このように解するときは，窃盗後の暴行・脅迫については，2項強盗と事後強盗が競合することがあり得るが，それは別々の目的をもった別々の犯罪がたまたま重なり合うというにすぎない．2項強盗罪と事後強盗罪とは，ともに1項強盗を補充するものであるが，それぞれの処罰目的はまったく異なっている[35]．2項強盗罪は，財物でない無形の利益を保護するために，客体について補充しようとするものである．これに対して事後強盗罪は，客体が財物の場合について，時間的段階について1項強盗罪を補充しようとするものである．

事後強盗罪において返還請求権を重視する見解は，法が「財物を得てこれを取り返されるのを防ぎ」となっていることを重視するのかもしれない．しかしこの要件は，すでに述べたように，単なる責任要素である．事後強盗罪を強盗罪類似のものとして構成するには，財物に対する窃盗と，反抗を抑圧するに足りる程度の暴行・脅迫，そして，機会継続性と3目的を要件とすることが必要であり，かつ，十分である．

---

34) 町野朔・犯罪各論の現在（1996）141頁．
35) 内田文昭「2項強盗の限界」判時1250号（判評346号）（1987）152頁は，事後強盗と2項強盗は「別個の価値基準によって立法されたものと考えるべき」とされる．

２項強盗罪と事後強盗罪とはこのように処罰目的と不法内容をまったく異にする犯罪であるから，窃盗した後に暴行・脅迫が行なわれた場合には，すでに述べたように，両罪が競合することもありうる．一種の法条競合である．この場合，両罪の法定刑は同一であるから，どちらも優先されず，どちらか起訴された方の犯罪の成立を認めることになる[36]．

　(c)　両罪は競合することもあるが，どちらか一方しか成立しないこともももちろんある．たとえば，事後強盗罪には機会継続性要件があり，時間的な限界があるが，２項強盗罪にはそのような限界はない．成立の開始時期についても，事後強盗罪は財物が「確保」された段階から成立するが，返還請求権は「既遂」になった段階ですでに発生し，２項強盗によって保護されると解することも可能であろう[37]．２項強盗は時間的に見れば，後にも前にも成立範囲は広いものであり得るのである．

　他方，事後強盗罪の相手は被害者でなくても成立し得る[38]が，返還請求権の侵害について２項強盗罪の成立が認められるのは，少なくとも原則としては，被害者が相手の場合に限られると解するべきであろう[39]．このように解するときは，時間的成立範囲によって事後強盗が否定され，かつ，暴行・脅迫の相手によって２項強盗も否定されることがあり得ることになる．

　最後に，事後強盗罪は暴行・脅迫を行なえば，財物を取り返されても既遂としてよいが，２項強盗罪の場合には，このような場合返還請求権の侵害があったとして既遂を認めるのは妥当でないと思われる．

3　「身分犯」と「結合犯」

　(1)　窃盗犯人の暴行に対して，窃盗には関与していない者が関与した場合，共犯は事後強盗罪の全体について成立するのか，それとも暴行罪についてのみなのか，という問題を契機として，事後強盗罪は身分犯か，身分犯だとした場

---

[36]　林幹人・昭和61年11月18日決定評釈・警研59巻6号（1988）54頁．安廣・前掲（注19）昭和61年度最判解299頁．

[37]　参照，前掲（注28）東京高判昭和57・7・13判時1082・141．

[38]　福岡高判昭和61・7・17判タ618・176は，事後強盗罪は，権利者のほか広く第三者に対する暴行・脅迫をも対象としているとする．

[39]　大阪地判昭和57・7・9判時1083・158は，返還請求権を有しない者に対する暴行・脅迫については２項強盗の成立の余地はないとする．同旨，内田・前掲（注35）判時1250号（判評346号）151頁．反対，島田・前掲（注33）現刑44号20頁．

合，構成身分か加減身分か，身分犯ではなく結合犯ではないか，という問題が論じられている．

　判例の中には，事後強盗罪における「窃盗」を加減身分と解して，問題のような場合について，関与者は暴行の限度でしか共犯の責任を負わないとするものがある[40]．しかし，事後強盗罪は加減身分犯ではない．事後強盗罪における暴行・脅迫は，反抗を抑圧する程度のものでなければならず，暴行罪・脅迫罪の場合とは異なっている．事後強盗罪は暴行罪・脅迫罪に窃盗という要件を加えて重くしたものではないのである．

　すでに見たように，学説上は，事後強盗罪における取り返しを防ぐ目的の場合には違法身分だが，逮捕免脱目的，罪跡隠滅目的の場合には責任身分だとするものもある．しかしまず，責任身分と解することについていえば，「窃盗」は単に責任身分と解するべきではない．なぜなら，「窃盗」は，既遂にせよ，未遂にせよ，現実に違法を実現しなければならないからである．また，事後強盗罪を犯す前に，窃盗してから逮捕免脱・罪跡隠滅のために暴行することを共謀したとき，窃盗について責任を負わないとすることはできないであろう．

　さらに，この見解は取り返しを防ぐ目的の場合の「窃盗」を違法身分と解する理由を，窃盗を犯した者は返還請求権を侵害し得る地位に立つことに求めているものと思われる．しかしすでに述べたように，返還請求権は本罪の保護法益ではなく，その侵害は本罪の不法内容に含まれない．したがってこのような理由によって違法身分と解するべきではない．本罪を身分犯と解するとすれば，窃盗（未遂・既遂）を犯したということによって取得する地位という意味において，構成＝不法身分と解するほかはないと思われる[41]．たとえば，事後強盗罪を犯す前に，それについて共謀を遂げた者に対して，65条1項を適用して本罪の共謀共同正犯とした場合，法令適用の誤りとまでいう必要はない．

---

40)　東京地判昭和 60・3・19 判時 1172・155，内田文昭「窃盗犯人でない者が，窃盗犯人と共同して，窃盗の被害者に対し暴行・脅迫を加えた場合の擬律について」研修 490 号（1989）10 頁，小田直樹「事後強盗罪の共犯関係」刑雑 38 巻 1 号（1998）103 頁，吉田敏雄「事後強盗罪をめぐる諸問題」現刑 12 号（2000）46 頁，曽根威彦・刑法各論（第 3 版）（2001）133 頁など．

41)　構成身分と解するものとして，大阪高判昭和 62・7・17 判時 1253・141，井田良「犯罪論の思考と論理（26）」現刑 41 号（2002）111 頁など．この問題についての文献としては，前掲増田・前掲（注 31）早稲田大学大学院法研論集 114 号参照．なお，未遂の場合にも，身分であり得るとするものとして，前掲（注 3）大コンメンタール刑法第 12 巻（第 2 版）379 頁（米澤＝高部）．

ただ，このような身分犯の理解が通常の場合と異なっていることも否定しえない．通常の構成＝不法身分においては，関与する前に実行正犯に身分がすでに備わっており，関与者は身分を有する者しか実現しえない不法を間接的に惹起する．ここにまさに身分のない者にも65条1項を適用して連帯責任を負わせる根拠がある．ところが事後強盗罪の場合，窃盗を実現することによって身分を獲得するというのだとすると，その身分を有する者しか実現しえない不法はもはや存在しない．反抗を抑圧するに足りる暴行・脅迫は誰でも犯し得るものである．したがって，窃盗に関与していない者が暴行にのみ関与した場合には，そもそも65条1項を適用する前提を欠くということになる．不法身分と解するにしても，ここでの問題の場合に，65条1項を適用して事後強盗罪の全体について共犯の責任を問うことはできないのである．

(2) 本罪は身分犯ではなく，結合犯だともいわれる[42]．しかし，結合犯という概念の内容もはっきりしない．何のためにそのような概念を使うのかすら，明らかでない．たとえば，結合犯とは異なる2つの犯罪を結合したものであり，それが実現された場合，その2つの犯罪の牽連犯ないし併合罪となるわけではないとされることがある[43]．強盗殺人罪，強盗強姦罪などはまさにそのようにいえる．しかし，その意味でいうなら，反抗を抑圧する程度の暴行・脅迫を独立に処罰する犯罪は存在しないから，事後強盗罪は結合犯ではないということになる．また，事後強盗罪は窃盗罪と暴行脅迫罪を単に「結合」したものではなく，さらに，機会継続性や3つの目的要件が加えられてまったく独自の犯罪とされている．もっとも，強盗罪は結合犯だということにほぼ一致があるから，この点は重要でないともいえる．

結合犯と解することに対しては，「窃盗」を実行行為を含むものと解すると，窃盗に着手しただけで事後強盗罪の未遂犯が成立することとなり，未遂犯が成立するためには暴行・脅迫までなされなければならないという判例・通説の理

---

[42] 古江頼隆「窃盗犯人でない者が，窃盗犯人と共謀の上財物の取還を拒ぐため被害者に傷害を負わせた場合の擬律」研修457号（1986）61頁以下，岡本勝「事後強盗罪に関する一考察」香川達夫博士古稀祝賀・刑事法学の課題と展望（1996）408頁，高橋則夫「事後強盗罪と共犯の成否」現刑13号（2000）114頁以下，山口厚「事後強盗罪再考」研修660号（2003）3頁以下など．

[43] 団藤重光・刑法綱要総論（1990）740頁，大塚仁・刑法概説（総論）（第3版）（1997）472頁など．なお，参照，香川達夫「結合犯概念の再検討」福田平・大塚仁博士古稀祝賀・刑事法学の総合的検討上巻（1993）389頁以下．

解に反するとも批判されている．たしかに，事後強盗罪の未遂成立時期はかなり特殊である．通常の未遂犯においては実行行為が行なわれ，法益侵害の危険という未遂結果が発生することによってその成立が認められる．このように，未遂犯の成否は実行行為より後の段階での結果の態様に基づく．ところが事後強盗罪の場合，最初の窃盗によって未遂か既遂かが決まっており，いずれにしても，暴行・脅迫という新たな実行行為が行なわれなければならないのである．しかし，暴行・脅迫と同じく，「窃盗」についても，実行行為を含まないと解することは不可能である．そして，実行行為を行なっていても，問題の犯罪の重要な結果が発生しない段階ではいまだ未遂犯は成立しないと解することは十分に可能である[44]．事後強盗罪において暴行・脅迫が重要でないとはいえない．

しかし，このようにして本罪を結合犯と解することは，ただちに身分犯でないということを意味しない．学説上は一般に結合犯か身分犯かを問題としているが，それらは異なる範疇に属するものであって，どちらでもありうるものである．最判昭和24・3・24刑集3・3・376は，強盗傷人罪は，「強盗たる身分を有する者」による「強盗罪と傷害罪との結合犯」だとしたが，そのような理解は十分に成り立ち得る[45]．

それだけでなく，本罪を結合犯と解しても，ここでの問題はただちに解決するものではない．ここでの問題は，窃盗犯人でない者が暴行にのみ関与した場合をどのように解するかである．結合犯と解すれば，当然に承継的共犯の問題となるという理解が多いが，むしろ結合犯のときは，承継的共犯についてどのような見解を採ろうとも，およそ犯罪を分断して一部について共犯の成立を認めるべきでないということになりうる．判例は結合犯でない傷害罪などにおいてすら，遡って責任を負わせる傾向を示している．それが妥当でないとしても，結合犯の場合は別だという見解は十分に成り立つ．正犯が強盗目的をもって被害者を殺害した後，事情を知らされた者が財物奪取にのみ関与した場合について，強盗殺人まで幇助の責任を認めた大判昭和13・11・18刑集17・839は，まさに強盗殺人罪は結合犯だということを理由としていた[46]．

---

[44] 島田・前掲（注33）現刑44号18頁．
[45] たとえば，大塚仁・刑法概説（各論）（第3版増補版）（2005）227頁．香川達夫・強盗罪の再構成（1992）185頁は，強盗致死傷罪を身分犯とする．
[46] 大塚・前掲（注43）刑法概説（総論）（第3版）280頁は，結合犯の場合安易に暴行・脅迫と窃盗とに分解できない旨を述べる．同旨，大谷実・新版刑法講義総論（2000）447頁など．

さらに，判例・学説には，身分犯の問題と承継的共犯の問題を別の問題と解しているのではないかと思われるものがある[47]．しかし，ここでの問題のポイントは，要するに自己の行為と因果性のない結果について責任を負わせてよいかにある．共犯の因果性は，共犯の基礎的な処罰根拠であって，身分犯・結合犯であろうとなかろうと，妥当する．ここでの問題の場合，窃盗におよそ関与していない者について，窃盗を重要な不法内容として含む事後強盗罪の共犯を認めることは，身分犯・結合犯の理解に関わらず，できないのである．

この問題の場合に事後強盗罪の全体について関与者に責任を問い得るとすれば，次のように解した場合だけである．すなわち，窃盗既遂の後に，なお確保までは窃盗罪は継続していると解し，かつ，確保までは強盗罪も成立し得るが事後強盗罪も成立し得ると解し，この確保までの段階で関与した場合である．筆者は以前にはこのように解したことがある[48]．ただし，このような見解に立った場合には，確保の後に暴行・脅迫に関与した場合（その場合でも事後強盗罪が成立し得ることはすでに述べたとおりである）には，やはり事後強盗罪の共犯とはなし得ない．のみならず，すでに述べたように，このように強盗罪と事後強盗罪とが競合することがあり得ると解するのは妥当でないとすれば，事後強盗罪は確保の後にのみ成立し得，したがってその段階で関与した場合，窃盗に対する関与はおよそ認め得ず，事後強盗罪の共犯の成立は認め得ないということになる[49]．

もちろん，窃盗既遂の場合，2項強盗罪は成立し得，これに対する共犯が成立することはありうる．しかしすでに述べたように，2項強盗罪と事後強盗罪とはまったく別の犯罪であって，2項強盗罪が成立すること，あるいは返還請求権の侵害があることは，事後強盗罪の成立，そしてそれに対する共犯の成立を基礎づけえないのである．

★ 演習問題

1 最決平成14・2・14は，どのような事実についてどのような判断を示したか
2 最判平成16・12・10は，どのような事実についてどのような判断を示したか

---

47) 参照，東京地判昭和60・3・19判時1172・158，西田・前掲（注24）刑法各論（第3版）154頁．
48) 林幹人・刑法の基礎理論（1995）202頁．
49) 林・前掲（注8）刑法各論（第2版）218頁．

3 最高裁は，機会継続性要件についてどのような基準を示しているか，それは主観的なものか，客観的なものか
4 機会継続性要件と，法の文言の3つの目的要件との理論的な関係はどのようなものなのか
5 事後強盗罪と強盗罪との関係はどのようなものか
6 最初に財物の奪取，次に暴行・脅迫がなされた場合，強盗罪となりうるか，なりうるとすれば，どのような要件の下でか
7 被害者を殺した後に領得の意思を生じて奪取した場合，強盗殺人罪は成立するか
8 暴行・脅迫の後に財物奪取の意思を生じた場合，強盗罪とすることができるか
9 機会継続性の理論的内容はどのようなものであるべきか
10 罪跡隠滅目的の場合の機会継続性要件は，他の目的の場合とは異なるものか
11 3つの目的要件は，違法要素か責任要素か
12 1項強盗と事後強盗とはどのように区別されるか
13 最決昭和61・11・18は，どのような事実についてどのような判断を示したか
14 確保とは何か
15 既遂時期と犯罪の終了の時点を区別し得るか
16 他人の土地に不法に建築して，不動産侵奪罪の既遂となった後，被告人はその後も不法建築を継続した場合，時効の進行はどの時点から開始するか
17 最高裁昭和61年決定の事案の場合，窃盗の既遂時期と終了時期は，どのように区別されるか
18 盗品関与罪の開始時期は，どの時点か
19 2項強盗罪と事後強盗罪とはどのように区別されるか
20 窃盗に関与していない者が暴行にのみ関与した場合，その関与者は事後強盗罪全体について共犯の責任を負うのか，それとも暴行についてのみ負うのか
21 事後強盗罪の不法内容には，返還請求権の侵害が含まれるという見解にはどのような問題があるか
22 「窃盗」を加減身分と解することにはどのような問題があるか
23 事後強盗罪を結合犯だと解することにはどのような問題があるか
24 事後強盗罪の未遂・既遂はどのような区別によるべきか
25 身分犯の問題と承継的共犯の問題とはどのような関係にあるか

■ 横領罪

11──業務上横領罪における不法領得の意思
最高裁平成 13 年 11 月 5 日決定〔刑集 55・6・546〕

1 最高裁平成 13 年 11 月 5 日決定の意義

業務上横領罪における不法領得の意思について，最高裁は重要な判断を示している．事案は，A 株式会社の取締役経理部長である X 及び経理部次長である Y は，自社の株式を買い占めた仕手集団に対抗する目的で，第三者 F に対し，その買い占めを妨害するための裏工作を依頼し，同社のために業務上保管していた裏金をその工作資金及び報酬として支出した，というものである．

最高裁は次のように判示して，被告人等に業務上横領罪の成立を認めた．

「4 そこで，被告人の不法領得の意思の有無について検討する．

当時，A としては，乗っ取り問題が長期化すると，同社のイメージや信用が低下し，官公庁からの受注が減少したり，社員が流出するなどの損害が懸念されており，被告人らがこうした不利益を回避する意図をも有していたことは，第 1 審判決が認定し，原判決も否定しないところである．しかし，原判決も認定するように，本件交付は，それ自体高額なものであった上，もしそれによって株式買取りが実現すれば，F らに支払うべき経費及び報酬の総額は 25 億 5000 万円，これを含む買取価格の総額は 595 億円という高額に上り（当時の A の経常利益は，1 事業年度で 20 億円から 30 億円程度であった．），A にとって重大な経済的負担を伴うものであった．しかも，それは違法行為を目的とするものとされるおそれもあったのであるから，会社のためにこのような金員の交付をする者としては，通常，交付先の素性や背景等を慎重に調査し，各交付に際しても，提案された工作の具体的内容と資金の必要性，成功の見込み等について可能な限り確認し，事後においても，資金の使途やその効果等につき納得し得る報告を求めるはずのものである．しかるに，記録によっても，被告人がそのような調査等をした形跡はほとんどうかがうことができず，また，それをするこ

とができなかったことについての合理的な理由も見いだすことができない．原判決が前記3(1)及び(2)で指摘するところに加えて，上記の事情をも考慮すれば，本件交付における被告人の意図は専らAのためにするところにはなかったと判断して，本件交付につき被告人の不法領得の意思を認めた原判決の結論は，正当として是認することができる．

なお，原判決の上記3の判断のうち，(3)の第1段において述べるところは，是認することができない．当該行為ないしその目的とするところが違法であるなどの理由から委託者たる会社として行い得ないものであることは，行為者の不法領得の意思を推認させる1つの事情とはなり得る．しかし，行為の客観的性質の問題と行為者の主観の問題は，本来，別異のものであって，たとえ商法その他の法令に違反する行為であっても，行為者の主観において，それを専ら会社のためにするとの意識の下に行うことは，あり得ないことではない．したがって，その行為が商法その他の法令に違反するという一事から，直ちに行為者の不法領得の意思を認めることはできないというべきである．しかし，本件において被告人の不法領得の意思の存在が肯認されるべきことは前記のとおりであるから，原判決の上記の判断の誤りは結論に影響しない．」

2 本人のためにする意思

(1) 本決定は，横領罪における本人のためにする意思について，最高裁として一定の判断を示し，結論として本人のためにする意思ではなかったとして，横領罪の成立を認めたものである．横領罪の成立要件として，不法領得の意思が必要であり，本人のためにする意思のときは横領罪は成立しないというのは確立した判例（大判大正15・4・20刑集5・136，最判昭和28・12・25刑集7・12・2721など）であり，学説もほぼこれを支持している．しかしながら，この本人のためにする意思という要件の理論的な内容についてははっきりしないところがあり，その根拠についても十分に明らかでないところがあった．そういった状況の中で，会社の乗っ取りがからんだかなり大規模な事件において，本人のためにする意思についてさらに新しい問題を提起したのが本件である．

(2) 原判決と本決定は，本件の場合本人のためにする意思でなかったという結論においては一致しているが，その解釈において若干異なっている．原判決は，被告人の行為が当時の商法上の自己株式取得禁止に触れる，あるいは，

依頼した工作の具体的手段は，名誉毀損，信用毀損，業務妨害，脅迫等の罪に触れかねないということを重視し，本人のためにする意思ではなかったとした．これは，第一審判決が，違法な目的を有していたり，禁令の趣旨に明らかに違反していたとしても，ただちに横領罪が成立するわけではないとした判断を否定したものである．第一審判決は，会社のために贈賄した場合，ただちに横領罪となるわけではないともしていた（刑集 694 頁）．この第一審判決の判断は，過去の判例に反する疑いがある．過去の判例には，贈賄目的で会社の金員を支出した場合，横領罪となるとしたものがある（大判明治 45・7・4 刑録 18・1009）．そこから判例には，法令上本人がなしえないことを被告人がなした場合，その行為は横領罪を構成するという流れが生まれた．その一例が最判昭和 34・2・13 刑集 13・2・101 である．この最高裁判決は，被告人が組合の金員を町のために貸し付けた場合について，法令によってそれが禁止されていることを重視して，横領罪を構成するとしたのである．本件の原判決は，第一審判決の見解はこのような判例の流れに反していると考えたのであろう．それに対して最高裁は，原判決のこの見解を否定し，先にみたような判示を行なったのである．

その背景としては，原判決のような判断に対しては学説の批判が強かった（福田平・判タ 916 号 44 頁，林・平成 8 年度重判解 151 頁など）のみならず，商法の自己株式取得禁止についての立法の変化があるものと思われる．平成 13 年に商法の改正が行なわれ，それまで自己株式取得は原則として禁止されていたが，原則として認めることとされた．この改正については，多くの議論が行なわれている[1]が，ここでは立ち入らない．

いずれにしても，この問題に関しては，最高裁の判断は妥当なものと思われる．原判決は，（当時の）商法など他の法令に違反しているといういわば形式面にとらわれて，横領罪の成立を認めているきらいがある．商法など他の法令に違反していても，横領罪において，本人のためにする意思ということはありうるというかぎりにおいて，最高裁の判断は妥当だと思われる．

ただ，最高裁は，他の法令に違反するかどうかは客観的な問題で，主観的な要件としての本人のためにする意思に関係しないというのであるが，この点には疑問がある．おそらく客観的にも，他の法令に違反したというだけでは横領

---

[1] 神田秀樹＝武井一浩・新しい株式制度（2002），吉本健一「金庫株の解禁」金融商事判例 1160 号（2003）70 頁以下，中東正文「企業結合と自己株式」判タ 1122 号（2003）67 頁以下など．

罪の要件をただちに充足させるものではないというべきであろう．

　それだけでなく，自己株式取得禁止に関していえば，ある限度で本人のためにする意思と関係している．というのは，自己株式取得禁止にはさまざまな理由があるが，その１つには会社資本の充実ということがある．すなわち，自己株式取得を無制限に認めるときは，会社の資本が流出し，一般債権者の利益をも害するというのが，その理由の１つになっている．この判断は，自己株式取得が原則自由化された現在でも維持されており，自己株式取得も会社資本の充実を害しない限度で認められている．そしてこのことは，横領罪において本人のためにする意思を問題とするときにも考慮しなければならないことである．現に最高裁も，被告人の行為がそのまま実現されると595億円に上る会社の財産が流出することになるということを，本人のためにする意思を否定するときの重要な理由の１つとしている．後にも述べるように，この判断は妥当なものである．そしてこのかぎりにおいては，商法の自己株式取得についての判断と，横領罪の成否の判断には，法秩序の統一性が認められるわけである[2]．

3　本人のためにする意思を否定する理由

　次に，最高裁が本人のためにする意思であることを否定した他の理由について，検討を加える．最高裁は，原判決が指摘した２つの点のほかに，別の事情を加えて，本人のためにする意思を否定したが，別の事情の中にもいろいろのことが述べられており，一体これらを考慮するのが妥当であったのかが問題となる．

　第一に，最高裁は，被告人の行為によって会社のイメージダウン・官公庁などによる受注減少・社員の流出を避ける意図があったことを指摘しているが，この点については次のようなことが問題となる．すなわち，横領罪が仮に個別財産に対する罪だとすると，そのような対価を考慮することが許されるのか，とくに，イメージダウンなどは，名誉や信用の毀損であって財産的損害ではないと解する余地があるが，そのように解した場合，財産犯である横領罪においてそのような非財産的利益を考慮することが許されるのかが問題となる．

　第二に，最高裁は，被告人が株取得のための工作資金として現実に交付した

---

[2]　法秩序の統一性については，林幹人・刑法の基礎理論（1995）37頁以下，同・刑法総論（第２版）（2008）224頁など．

金員約11億だけでなく，その工作が成功したときに将来支払うことになるであろう金員約595億円，すなわち，将来生じるかもしれない不利益をとらえて，本人のためにする意思を判断しているが，このようなことが許されるかが問題となる．横領罪における被害は現実に領得された財物のみであり，このような利益のみが本人のためにする意思の判断にあたって考慮しうるのではないか，ということである．

　この点は，まさに横領罪における本人のためにする意思の理論的な内容の理解にかかっているが，筆者は，結論として，以上の点については最高裁の判断を支持してよいと考える．本人のためにする意思の場合横領罪の成立が否定されるのは，構成要件該当事実ないし犯罪の不法内容についての認識，すなわち，故意を欠くからである．そして，その場合構成要件該当性ないし不法内容を欠くのは，財物の横領にもかかわらず，そこから生じる本人にとっての利益・不利益を全体的に考慮すると，本人がそれについて同意したであろう，すなわち，被害者の推定的同意が認められるからだと考える．ところがそのような推定的同意がないにもかかわらず，被告人が利益・不利益性についての全体的評価を誤って，本人にとって利益性が大きく，本人が同意するであろうと思ってしまった場合が，すなわち，本人のためにする意思であった場合にほかならないと考える．このように考えると，本人のためにする意思の判断においては，非財産的利益をも含めた相当対価，あるいは，将来生じるであろう不利益をも考慮するべきだということになる．なぜなら，被害者がある構成要件該当的結果に同意するかを決めるときには，そこから生じるあらゆる利益・不利益の総合評価を行なうものであるが，そのようにして行なわれた総合評価を尊重すべきことは，被害者の同意の法理の一内容となっていると思われるからである．

　ただ，このように考えた場合，本人が会社など法人などの場合，自然人のような意思はないから，一体どのようにしてその有無を判断するのかが問題となる．さらに，被告人はその本人の総合評価についてどのような認識をもっていたのかは，事実認定の上からもかなり困難である．ここにまさに，本人のためにする意思の要件の難しさの根源はある．しかし，基本的な犯罪理論上の内容は以上のようなものと解されるのであって，このように解すれば，最高裁の判断は支持しうるものと思われる．

4 本決定の問題点

（1） ただ，最高裁が本人のためにする意思でないとする理由としてあげた点のうち，次のものには問題がある．

第一は，最高裁が，「被告人の意図は，専らAのためにするところにあったとはいえず，自己の前記弱みを隠し又は薄める意図と，度重なる交付行為の問題化を避ける意図とが加わっていた」ことを強調している点である．たしかに，このような意図があれば，本人のためにする意思でないことを推認させるとはいえようが，要は全体として本人の不利益になり，被告人はその不利益性を認識していたかが犯罪理論上は重要なのだと思われる．第一審判決は，自己の利益を図る目的があっても，本人のためにする意思であることはありうるとしているが，この点に関するかぎり，第一審判決の方が妥当である．このように考えると，最高裁が「専ら」本人のためにする意思でなければならないかのように判示している点については，これは過度の要求ではないか，が問題となりうる．

第二は，最高裁は，金員の交付先を慎重に調査し，あるいは，確認し，報告を求める，あるいは，みずから社長などに報告をするということをしていない点を強調している．しかし，これだけだと，単なる行為無価値，心情無価値をもって本人のためにする意思でないとすることになるおそれがある．あくまで，そのような態度が会社にいかなる不利益を与えることになるのか，被告人はそれを認識していたのか，という判断の枠組みをとるべきだと思われる．すなわち，そのような行為をしていないことは，被告人が，買い取り工作の成功（それは会社にとって利益だと解する余地がある）についてほとんど配慮していなかった（したがって明らかに故意はある）ことを示すものとして，意味があるものと理解するべきであろう．

（2） 最後に，本人のためにする意思と横領罪の保護法益との関係についてコメントしておきたい．いうまでもなく，横領罪の保護法益はあくまで所有権ないし財産であって，その侵害こそが横領罪の成立にとって第一次的な重要性をもっている．本件の場合でいうと，株買い取り工作資金として約11億円もの金員を支払い，かつ，その工作が成功するかどうかは全く不明確であったというのだから，個別財産としても，全体財産としても，会社に重大な被害を与

えているということ，このことがまずもって重要なことである．本人の利益のためにしたとして横領罪の成立が否定されるためには，この被害に相当する利益が本人に反射的に生じたか，被告人がそう思ったのでなければならないが，本件の場合，その利益として考えられるのは，工作が成功して，会社のイメージダウンなどが回避されるということである．ところが，その利益自体，その利益を得るための支出によってかなり減殺されてしまうものであるだけでなく，その前提としての工作の成功は不明確であったとすれば，その利益というのも不明確なものであり，結局，大したものではなかったとみるべきであろう．そして，被告人としてもそのことをある程度わかっていたと思われる．

結論として，本件の場合，本人のためにする意思を否定し，横領罪の成立を認めた最高裁の判断は正当なものであったと思われる[3]．

★ 演習問題

1 最決平成13・11・5は，どのような事実についてどのような判断を示したか
2 大判大正15・4・20，最判昭和28・12・25は，それぞれ，どのような事実についてどのような判断を示したか
3 原判決と本決定とでは，本人のためにする意思についての判断において，どのような違いがあるか
4 会社のために贈賄した場合，横領罪となるか
5 大判明治45・7・4は，どのような事実についてどのような判断を示したか
6 最判昭和34・2・13は，どのような事実についてどのような判断を示したか
7 他の法令，たとえば会社法などに反しているということは，本人のためにする意思にとって，どのような意義をもつか
8 最高裁が，本件の場合に本人のためにする意思を否定した理由は何か
9 会社のイメージダウンなどの要素を，考慮してよいか
10 将来生じるかもしれない不利益をとらえて，本人のためにする意思を判断してよいか
11 本人のためにする意思のときには，横領罪（あるいは背任罪）の成立が否定される理論的な根拠はどこにあるか
12 専ら本人のためにする意思でなければならない，自己のためにする意思が混入して

---

[3] 本件の評釈として以下のものがある．菊地京子・現刑44号（2002）78頁以下，西方建一・研修655号（2003）17頁以下，上嶌一高・刑法判例百選Ⅱ・各論（第5版）（2003）123頁，安里全勝・平成13年度重判解164頁など．

いたときは横領罪は成立するという見解にはどのような問題があるか
13 最高裁は，金員の交付先を慎重に調査し，あるいは，確認し，報告を求める，あるいは，みずから社長などに報告をするということをしていない点を強調しているが，この点についてどう考えるか
14 本人のためにする意思と，横領罪の保護法益との関係はどのようなものか

■ 背任罪 1

12──情報の不正入手と背任罪
東京地裁昭和 60 年 3 月 6 日判決〔判時 1147・162〕

1　東京地裁昭和 60 年 3 月 6 日判決の意義

　情報を不正に入手した場合の背任罪の成否が問題となった判例がある．事実の概要は以下のとおりである．被害会社は，コンピューター・ソフトウェアの開発・販売等を営業目的とする会社で，被告人両名は，それぞれその営業課長及びインストラクターの職にあった．両名は，新会社の設立を企図して，その資金を作るため，被害会社の開発したプログラムを無断使用することとし，それが記録されたフロッピーシートを社外に持ち出した上，右プログラムを自己らが独自に販売するコンピューターに入力した．それによって損害を与えたとして，被告人 M・S は背任罪で起訴された．東京地裁は次のように判示して，背任罪の成立を認めた．

　「被告人 S は，……インストラクターとして勤務し，同社において Y 新聞販売店用に開発した同新聞販売店購読者管理システムのオブジェクトプログラム（本件プログラム）を磁気により記録したフロッピーシートを管理し，これを使用して同社の顧客である同新聞販売店経営者方に設置されるオフィスコンピューターに右オブジェクトプログラムを入力しその使用方法につき技術指導するなどの業務を担当していたものであり，右オブジェクトプログラムの入力使用等に当たっては，同社が業務として同社の顧客方に設置するオフィスコンピューターに対してのみ，右フロッピーシートを使用するなど，同社のため忠実にその業務を遂行すべき任務を有していたものであり，被告人 M 及び A は，同社と競合してこれと同様の営業を行うことを企図していたものであるが，被告人両名及び A は，共謀の上，被告人 S の前記任務に背き，自己らの利益を図る目的で，……A 方において，右 A 及び被告人 M が同社と無関係に Y 新聞販売店である B に賃借（リース）させ，同人方に設置予定であったオフィスコ

ンピューターエリア 3D 型 1 台に，被告人 S において，前記フロッピーシート 5 枚分の前記オブジェクトプログラムを入力し，もって株式会社綜合コンピューターに対し，右オブジェクトプログラム入力代金相当額（株式会社綜コンが昭和 58 年 8 月 31 日から同年 12 月 24 日までの間に本件プログラムを入力して販売したエリア 3D 6 台のソフト料合計を基準に平均値を算出すると約 170 万余円となる．）の財産上の損害を加えたものである．」

2 「他人のためにその事務を処理する者」の意義

本件の場合に背任罪の成立を認めるには，まず，主体が「他人のためにその事務を処理する者」でなければならない．企業秘密の管理は財産上の事務ではないから背任罪の主体とすることはおよそできないとする見解もありうるが，本判決がいうように，「本件プログラムは同社にとって極めて重要な営業上の財産」であった以上は，いっさい背任罪の成立を認めないというわけにはいかない．問題は，この企業秘密について，だれが背任の主体となりうるか，である．

条文の文言だけをみれば，本件の場合，企業秘密を管理・保管していた被告人 S のみならず，営業課長であった被告人 M も，背任罪の主体となるかに思われる．しかし本判決は，S のみを本罪の主体とし，M はこれに外部から関与したにすぎない，したがって，刑法 65 条 1 項を適用すべきだと解している．このことの当否がまず問題となろう．

企業秘密に対してはさまざまの関わり方がある．たとえば，社外の者が秘密資料の運搬を依頼された場合，資料は委託されてはいるものの，従業員ほどの忠実義務は会社に対して負わないとも解し得る（もっとも，運送業者に背任を認めたものとして，大判昭和 7・11・24 刑集 11・1703）．従業員であっても，まったく機械的・個別的な事務に従事するにすぎない者が企業秘密の運搬を委託されたような場合に，背任罪の主体と認めてよいか，疑問があり得る．これらの場合，横領罪の主体とすることはできるが，背任罪の主体とすることには次のような問題があるのである．

法は背任罪の主体について横領罪にはない特殊な文言を使用しているが，これは横領罪とは異なる主体を捉えようとしていると解される．そのように解さないと，横領罪の規定は無意味となるおそれがある．なぜなら，背任罪は横領

罪を，客体の点で「他人」の「物」を拡張し，自己の物，他人の利益についても成立し，行為の点でも「領得」を拡張し，任務違背，すなわち，権限の濫用まで成立すると解されているから，主体の点で限定しないと，横領は背任の完全な特別類型ということになり，横領を独自に処罰する意味はほとんどなくなってしまうからである．実質的に考えても，たとえば債務者が債務を履行しない場合に，債務者たる地位だけでは背任罪となしえないことは基本原理として承認されており，したがって，その地位と実質的に同じ地位にあるにすぎない者を背任罪の主体とすることはできない．

　もっとも，理論的にどのように限定するかは，背任罪の本質に関わる困難な問題であるが，おそらく次のように解するべきであろう．背任罪は単に財産を侵害するのではなく，本人から与えられた任務を侵害するものであり，そして，その任務は横領罪におけるようなまったく機械的・個別的な委託から生じるものよりも高度のものでなければならないとすれば，背任罪の主体は財産について裁量的・継続的な事務を処理している者でなければならないといえよう．その場合，被害者と行為者の間には高度の信頼関係が生じ，これを侵害することが背任罪の独自の不法内容となると解される．

　本件のＳは，問題の企業秘密について，管理・保管し，自宅に持ち帰ること等も許されていたほか，インストラクターとして，業務として取り扱う顧客のオフィスコンピューターに入力する任務を負っていたから，このような立場にあったといえようが，Ｍの方は，会社の財産一般からみれば，「他人のためにその事務を処理する者」といえないこともないが，問題の企業秘密との関係ではこのような立場にあったとはいえないと解してよいと思われる．

　なお，東洋レーヨン事件においては，ナイロン系製造設備の開発改善のための調査研究報告書作成という事務を担当する者（研究職と思われる）が，自己の担当事務と「直接の関係が無く」，あるいは「参考となしうるにとどま」る秘密資料で，別の社員の管理下にあるものを騙したり無断で持ち出した後に，自宅で写真撮影の上競争会社に売り渡したという事案について，背任罪の成立が否定された（神戸地判昭和56・3・27判時1012・35）．これは主体要件というより任務違背要件の充足を否定したものと解されるが，いずれにしても，この事件の被告人は，研究職にある者としてその秘密資料を参考とすることができ，また，漏洩目的を別とすれば客観的には職務に関連して入手したといえるとされ

ているので，疑問の余地がある．

3 任務違背要件

次に問題となるのは，任務違背要件である．ここでも横領との関係が問題となる．本件の場合，企業秘密の入ったフロッピーシートは他人の物には違いないから，これを不法領得したとして横領罪の成立を認めるべきでなかったかが問題となる．判例には，自ら保管中の秘密資料をコピーするために社外に持ち出した行為について横領罪の成立を認めたものがある（東京地判昭和60・2・13判時1146・23）．本件が横領罪で起訴されなかったのは，被告人Sはもともと問題のフロッピーシートを使用して対価を得て顧客のコンピューターに入力する権限をもっており，顧客でない者のコンピューターに対価なく入力するのは，権限の逸脱とまではいえず，横領行為とすることに疑問がもたれたためであろう．本判決も，Sは「同社が業務として取り扱うオフィスコンピューターに入力する場合にのみ使用し，それ以外のものに入力する場合にはこれを使用してはならない具体的任務を有していた」（傍点筆者）としている．これは，一般的任務を逸脱した場合は横領だが，具体的任務に反したにすぎない場合は背任という理解を前提としていると解することもできる．

任務違背要件については，2つの逆の方向からその限界が問題となる．第一は，冒険的取引を危険を承知であえて行なう場合のように，行為自体が許された危険とみるべき場合である．この場合，小さな手続き違背があったとしても，刑法上ただちに違法とすることはできない（参照，東京高判昭和53・3・29東高刑時報9・3・59）．企業秘密の場合，就業者として会社に対して負う一般的な秘密保持義務に違反しただけでは背任罪の任務違背要件を充足しないとされることがあるのも，この範疇に属する．

第二は，その行為が窃盗・詐欺・横領などとなり，したがって，権限の濫用を超えた逸脱とみるべき場合である．判例にはその任務と何ら関係のない行為をしても背任とならないとするものがある（東京高判昭和30・5・30裁特2・11・538）．先にみた東洋レーヨン事件判決は，窃盗・詐欺を構成するような「事務処理の範囲を逸脱した所為」は任務違背でないとしている（さらに参照，千葉地判昭和34・12・3下刑集1・12・2577）．

第一の方は，理論的にどのような基準によってその限界を画するのか，さら

に,「本人のためにする意思」のときは背任とならないという基準との関係をどう解するかなどが問題となるものの,そのような限定を認めること自体については問題がない.

ところが第二の方は,そのような限定を認めること自体に問題がある.なぜなら,この見解は,背任の本質について権限濫用説を採用し,背任は権限の濫用の場合にのみ成立し,逸脱は背任とはならないという前提に立っているように思われるが,その前提自体に疑問がありうるからである.行為自体としてみれば,濫用より逸脱の方が悪質なのであり,それにもかかわらず処罰しないとすれば,他のより重い犯罪が成立するということのほか考えがたいように思われるが,現実にはその重い犯罪の成立もまた(客体の性質,領得意思などにより)認めがたい場合はありうる.判例にも,権限の逸脱とみるべき場合に背任を認めたものが少なくない(参照,最判昭和 31・12・7 刑集 10・12・1592,最判昭和 38・7・9 刑集 17・6・608,東京高判昭和 42・9・14 判タ 216・192,東京高判昭和 44・7・31 高刑集 22・4・518 など).

たとえば,本件の被告人 S が問題のフロッピーのデータを社内で自己のフロッピーに入力後,それを他に売却したような場合には,他人の財物について不法領得を認めがたいから横領とはならない.また,この行為を権限の濫用にすぎず,逸脱でないとはいえないであろう.それにもかかわらず,このような場合,企業秘密という無形の財産的利益について,背任罪の成立を認めるべきものと思われる.

いずれにしても,本件の場合は,任務違背要件の充足を認めることに問題はないであろう.

参考文献

香城敏麿・刑法の基本判例(1988)156 頁以下
林幹人「背任罪の主体と行為」警研 59 巻 9 号(1988)58 頁以下
同・現代の経済犯罪(1988)57 頁以下
林陽一「財産的情報の刑法的保護」刑雑 30 巻 1 号(1989)9 頁以下
佐久間修・刑法における無形的財産の保護(1991)53 頁以下
上嶌一高・背任罪理解の再構成(1997)

★ 演習問題

1. 東京地判昭和60・3・6は，どのような事実についてどのような判断を示したか
2. 本件の場合，「他人のためにその事務を処理する者」にあたるのは誰か
3. 背任罪の主体は横領罪の主体と異なるか，異なるとした場合，どのように異なるか
4. 債務者が債務を履行しない場合，背任罪となるか，それはどのような理由によるものか
5. 債務者が担保のため自己の不動産に抵当権を設定したとする．その登記をしていないことを奇貨として，別の債務のために抵当権を設定し登記を経た場合，罪責はどうか
6. 神戸地判昭和56・3・27は，どのような事実についてどのような判断を示したか，そこにはどのような問題があるか
7. 東京地判昭和60・2・13は，どのような事実についてどのような判断を示したか
8. 本件が横領罪で起訴されなかったのはなぜか
9. 冒険的取引を危険を承知であえて行なった場合，背任罪が成立するのはどのような場合か
10. 最判昭和31・12・7，最判昭和38・7・9は，それぞれどのような事実についてどのような判断を示したか
11. 背任罪の罪質について，権限濫用説と背信説との対立があるといわれるが，これは，どのようなものか，判例はどのような立場に立っていると解されるか
12. 本件の場合，不正競争防止法21条所定の罪は成立するか，成立すると解した場合，罪数関係はどうか

■ 背任罪 2

13 ── 背任罪における任務違背行為
最高裁平成 21 年 11 月 9 日決定〔刑集 63・9・1117〕

1 最高裁平成 21 年 11 月 9 日決定の意義

（1）　平成 21 年に最高裁は，（特別）背任罪における任務違背要件について，重要な決定を下した[1]．銀行の代表取締役頭取が，実質倒産状態にある融資先企業グループの各社に対し，客観性をもった再建・整理計画もなく，既存の貸付金の回収額をより多くして銀行の損失を極小化する目的も明確な形で存在したとはいえない状況で，赤字補てん資金等を実質無担保で追加融資したことは，その判断において著しく合理性を欠き，銀行の取締役として融資に際し求められる債権保全に係る義務に違反し，特別背任罪における取締役としての任務違背に当たる，というのである．

（2）　背任罪における任務違背行為の限界には，いわば外からのものと内からのものがある．外からの限界を認めた判例に次のものがある．1 つは，いわゆる東洋レーヨン事件である[2]．ここでは，会社の社員が，無断で機密資料を持ち出して写真複製した後返還し，この複製を他に売却しても，この社員が機密資料を保管・秘匿する任務を有していなかったときは，それは「事務処理の範囲を逸脱した所為」であって，背任罪にいう任務違背があるとはいえないとされている．もう 1 つは，立木の伐採，伐採後の立木の管理，立木の搬出の業務を依頼された者が，自己の利益を図るため，ほしいままに立木を売却する行為については，他の犯罪が成立することはあっても背任罪は成立しないという判例である[3]．これらは若干古い下級審判例であり，しかも，背任罪における権限濫用説を基礎とするのではないか，疑問がないわけではない[4]．伝統的な

---

1) 刑集 63・9・1117，判時 2069・156．
2) 神戸地判昭和 56・3・27 判時 1012・35．
3) 東京高判昭和 30・5・30 裁特 2・11・538．

判例は，鉱業権の二重売買[5]や不動産の二重抵当[6]の場合に背任罪を認めており，いわゆる権限濫用説を採用していないことは明らかである．しかしたとえば，本最高裁決定の事案における被告人が，任務と全く無関係に，夜間自らが頭取を務める銀行に侵入し，窃盗罪を犯したとしても，任務違背行為とするべきではないであろう．背任罪の行為には，「他人のためにその事務を処理する者」という地位，あるいは，与えられた任務との関係で，外的な限界があることはたしかである[7]．ここではこの問題については立ち入らない．

本件で問題となっているのは別の限界である．背任罪の本質と関連させるならば，権限の濫用とすらいえない，適法な行為との区別である．前の外的限界の場合は，被告人等の行為が違法であることは明らかであり，窃盗・詐欺・横領などが成立する可能性すらある．本件における被告人等の行為は，法律的には一応可能な行為である．ただ，（主として）本人＝銀行との関係で許されない行為ではないかが問題となっているのである．これまでも，背任罪の任務違背行為については，「冒険的取引」は許されるとされてきたが，そのときに問題とされているのと同じことが，ここでは問題となっている．この問題については，それほど判例は多くなく，学説の検討も十分ではない．本決定を契機に，この任務違背行為の内的な限界について若干の検討を行ないたい[8]．

2 任務違背行為の実質的内容

（1） 任務違背行為の内容については，法令や契約などいわば形式的なものによってではなく，実質的に定められるべきだとするのが近時の通説といってよい．本決定も，被告人等の注意義務について，民法644条や改正前の商法254条の3，会社法355条などを引用しているが，それらの規定から直接に任務違背を導いているわけではない．たとえば，最高裁平成15年3月18日決

---

4) 参照．林幹人・刑法各論（第2版）（2007）275頁．
5) 大判大正8・7・15新聞1605・21．
6) 最判昭和31・12・7刑集10・12・1592．
7) 品田智史「背任罪における任務違背（背任行為）に関する一考察（2・完）」阪大法学59巻2号（2009）79頁は，「個別の義務と背任罪の主体たる地位との間に機能的連関がある，すなわち，財産保護義務を負う者の占める権力的地位が加害行為を促進したと見られる場合に限る」べきとする．
8) 本件と同じような問題は，現在のドイツでも議論されている．その状況について，品田・前掲（注7）阪大法学59巻2号が詳細である．任務違背要件についてのドイツにおける従来の議論については，林幹人「背任罪の主体と行為」警研59巻9号（1988）58頁以下参照．

定[9]は，株式を目的とする質権の設定者について，当該株式の担保価値を保全すべき任務を負うことを認めるにあたり，何等の法令の引用もしていない．背任罪の解釈として，いわば直接的に，任務違背に当たるかを問題としている．

刑法上の義務は，基本的に，問題となった犯罪に固有のものと解することは，近時の判例の顕著な傾向である．たとえば，薬害エイズ事件において厚生省の生物製剤課長に業務上過失致死罪の成立を認めた最高裁平成20年3月3日決定[10]は，注意義務を認めるにあたり，薬事行政に関する法令上の規定を一応引用しているものの，結論としては，「刑事法上も」注意義務があったことを強調している．

背任罪についても，「任務」とは，「他人のためにその事務を処理する者」という地位に就くことから生じる，背任罪に固有の義務と解される．任務違背があったかは，その行為により危険にさらされる財産の額，その危険性の高さなどの現実的・実質的な事情を基礎として，直接に背任罪の解釈として決定されるべきものである．

最近の学説には，「任務違背を判断するには，まず刑法外の規範を確定することから始めなければならない」[11]，「刑法外の規範の違反は，背任罪の成立にとって必要条件」[12]と説くものがある．たしかに背任罪が成立するような場合には，民事法上の責任が問われる場合がほとんどであろうが，「任務違背」に当たるかを問題とするにあたり，そのような他の法令・規範の違反を問題とすることに，実際上の意味があるかは疑わしい．

（2）　本決定は，任務違背を認めるにあたり，多くの事情を指摘している．

まず，「融資先の経営状況，資産状態等を調査し，その安全性を確認して貸付を決定」するべきだとしている．これは，取締役の民事責任を問題としたそれまでの判例が，調査・検討の義務を重視してきた[13]ことを踏まえたものであろう[14]．

---

9)　刑集57・3・356.
10)　刑集62・4・1. 最近の最高裁判例も，業務上過失致傷罪の成立を認めるにあたり，「業務上過失傷害罪の観点からも結果発生の危険性を有していた」としている．最決平成22・10・26刑集64・7・1019.
11)　品田・前掲（注7）阪大法学59巻2号84頁.
12)　品田・前掲（注7）阪大法学59巻2号53頁.
13)　東京地判平成14・4・25判時1793・140, 東京地判平成16・3・25判時1851・21, 札幌地判平成16・3・26判タ1158・196など.

一般論としていえば，刑法上も，とくに過失犯において，最終的な行為の危険性を認識していないような場合には，事前の情報収集義務が重要な意義を有する．平成17年の最高裁判例[15]は，抗がん剤の投与間隔を誤って，患者を死に致した事件において，チームの指導医にも業務上過失致死罪の成立を認めるにあたり，「自らも……調査検討する」義務があり，これを怠ったことを重視している[16]．

　しかし，背任罪は故意犯である．今回の事件でも，被告人等は融資先の資産状態，経営状態を「熟知」していたことが前提となっている[17]．たしかに，故意犯であっても，調査・確認すれば，危険性の認識は確定的なものとなり，行為を思い止まることはありうるとしても，少なくとも本件の場合には，その重要性は低いといわざるをえない[18]．

　(3) 本決定も問題とするいわゆる経営判断の原則においては，一般に，手続と内容が区別されている．そこで，刑法上，任務違背要件において，この2つの関係が問題となる．本決定は「手続的には銀行内部での明確な計画の策定とその正式な承認を欠かせない」としている．いわゆる手続の中でも，「再建・整理計画」や担保をとるようなことは，それ自体，回収可能性を高めるものであって，任務違背要件の充足にあたって問題とするべきものである．しかし，刑法理論上任務違背を基礎づけるものは，基本的には，手続よりも内容だと思われる．「任務違背」とは，刑法理論上は犯罪実行行為であって，実体的な「法益侵害の危険性」を基本的な内容と解するべきだと思われるからである．この点も，民事の場合と若干異なっているように思われる．

　民事の判例を見ると，たとえば東京地裁平成5年9月16日判決[19]は，経営判断の前提となった事実認識に不注意な誤りがあり，又は意思決定の過程が著しく不合理であったと認められる場合に，許容される裁量の範囲を逸脱したも

---

14) 同趣旨の学説として，品田・前掲（注7）阪大法学59巻2号315頁，島田聡一郎「背任罪に関する近時の判例と，学説に課された役割」ジュリ1408号（2010）118頁など．
15) 最決平成17・11・15刑集59・9・1558．
16) この最高裁判例，及び情報収集義務については，林幹人「医師の刑事過失」曹時58巻12号（2006）1頁以下．
17) 刑集63・9・1119．
18) 松宮孝明「経営判断と背任罪」立命館法学307号（2006）107頁は，調査検討を行なわなかったことのみで任務違背とするのは嫌疑刑だとする．
19) 判時1469・25．

のとなるとし，名古屋地裁平成 10 年 3 月 19 日判決[20]も，経営判断の前提となった事実の認識に重要かつ不注意な誤りがなく，意思決定の過程において，企業経営者としてとくに不合理・不適切なことがなかったかを問題とする．

これに対して，背任罪における任務違背についてのこれまでの判例を見ると，手続よりも内容を重視する傾向があるように思われる．たとえば，最高裁昭和 32 年 4 月 30 日判決[21]は，本人のために有利であるときは，手続の上で違法の形をとったというだけで，ただちに任務違背行為とすることはできないとし，秋田地裁昭和 39 年 3 月 23 日判決[22]は，損害発生のおそれがない，単なる手続違背は，任務違背とはならないとし，東京高裁昭和 53 年 3 月 29 日判決[23]も，組合の内規に反していても，ただちに任務違背とするべきではないとする．

また，最高裁昭和 43 年 4 月 26 日判決[24]は，基本的な手続を規定した会計法規に違反しても，損害の認識がないときは背任罪は成立しないとする．

他方，最高裁昭和 60 年 4 月 3 日判決[25]は，信用組合の専務理事である被告人が，自ら所管する貸付事務について，貸付金の回収が危ぶまれる状態にあることを熟知しながら，無担保あるいは不十分な担保で貸付けを実行する手続をとった本件行為は，それが決裁権を有する理事長の決定・指示によるものであり，被告人がその貸付けについて理事長に対し反対意見を具申したという事情があったとしても，任務違背行為に当たるとする．要するに，実体的に法益侵害の危険性ある行為は，形式的に手続を守っていたとしても，任務違背行為となるということである．

これらの判例を見ると，任務違背要件についてのこれまでの伝統的な判例は，手続をそれほど重視してはこなかったと思われる[26]．本件の決定は，民事の理論の影響を受けすぎたのではないか，疑問がある．

---

20) 判時 1652・138．もっとも，名古屋高裁金沢支判平成 18・1・11 判時 1937・143 は，経営状態が悪化していた建設会社による政治資金の寄付の事案について，企業規模や経営実績と，その寄付の額，相手の寄付を受ける適格性などを考慮して，善管注意義務違反を否定している．
21) 新聞 51・8．
22) 下刑集 6・3＝4・285．下記最判昭和 43・4・26 の第一審判決．参照，刑集 22・4・317．
23) 東高刑時報 29・3・59
24) 刑集 22・4・301
25) 刑集 39・3・131．
26) 最決平成 20・5・19 刑集 62・6・1623 も，任務違背の内容を，実体的な財産的損害の危険性に見ている．もっとも，理事会の議事を経ていないという手続を重視して任務違背を認めたものとして，東京高判平成 18・9・7 高検速報（平成 18 年）148 頁がある．

(4)　前述したように，任務違背行為の中核となるのは，本人に財産的損害を発生させる危険性である[27]．融資行為の場合，それは結局，回収不可能性である．本決定も，融資先は「実質倒産状態」にあり，本件の「追加融資は新たな損害を発生させる危険性のある状況にあった」としている．

　ただ，本人の財産とは別の要素も，考慮に入れるべきではないかが問題となる．

　まず問題となるのは，財産でない本人の利益を考慮してよいか，である．たとえば，とくに自然人の場合には，名誉や感情などの利益が問題となることもありうる．任務違背の有無の最終的な判断は，本人の意思によるべきものである．本人の現実的・推定的意思に合致するかぎり，財産でない本人の利益を考慮してよいと思われる[28]．ただ，法人，とくに銀行の場合，社会的評価などは財産に含まれる一方，感情などはないから，この点は実際上はそれほど問題とはならない．

　本件でとくに問題となっているのは，本人＝銀行の利益を超えたものを考慮してよいか，である．本決定は，「万一銀行経営が破たんし，あるいは危機にひんした場合には預金者及び金融先を始めとして社会一般に広範かつ深刻な混乱を生じさせること」を考慮している．

　この点は，過去の判例にも同様の判断を示したものがある．新聞記者が公務員をそそのかして国家機密を漏洩させた事件において，最高裁は，違法阻却の判断にあたって，報道の自由を当然に考慮しつつも，新聞記者が公務員の「人格を著しく蹂躙」したことを考慮して，違法としたのである[29]．このような，構成要件該当結果を超える悪影響を違法判断に組み入れることに対しては異論もあるものの，筆者自身はこれを肯定してよいと考えている[30]．国家機密漏洩事件においては，報道の自由や国民の知る権利のみを考慮すれば，すべてが違法阻却されてしまいかねない．違法の中核にあるのは構成要件該当結果である

---

27)　任務違背要件において，リスクを問題とするものとして，曽根威彦＝松原芳博・重点課題刑法各論（2008）180頁（内田幸隆）．
28)　上嶌一高・背任罪理解の再構成（1997）269頁は，任務違背要件の判断は「本人にとって生じる財産的利益・不利益，非財産的利益・不利益を総合して行なわれる」，「行為時に，総合的にみて本人に不利益が生じる可能性」を問題とするべきだという．同趣旨，伊藤渉ほか・アクチュアル刑法各論（2007）247頁（鎮目征樹）など．
29)　最決昭和53・5・31刑集32・3・457．
30)　林幹人・刑法総論（第2版）（2008）182頁．

にせよ，それを超えた悪影響をまったく考慮しないというわけにはいかないと思われる．このことは，犯罪実行行為としての任務違背行為についてもいえることである[31]．

違法阻却の判断において，保全された利益を衡量することはこれまでも当然に認められてきたが，犯罪実行行為についても，行為の有用性を考慮すべきである[32]．たとえば，薬害エイズ事件で，実際に投与した医師については，先に見た厚生省の課長についての判例の場合とは異なり，その時点では他に実際上治療に有効な方法がなかったことから，血友病を治療するという有用性を考慮して，エイズによる死亡の危険性にもかかわらず，その危険性が当時ほとんど予見できなかったことを理由として，結果回避義務違反がないとされている[33]．本件の場合でも，貸付けの有用性を当然に考慮に入れるべきものである．

本件融資行為の有用性のうち，そのことによって融資先の倒産が引き延ばされることは，回収不可能性を若干低めるものであるから，銀行にとっての有用性である．しかし，弁護人がいう「地域社会の混乱を回避する」というような事情は，それ自体としては銀行の利益を超えている．

結論からいえば，このような事情も一応は考慮に入れるべきであろう．銀行が破綻したときの，預金者や社会一般に対する悪影響を考慮に入れるのであれば，融資による地域社会の利益などを考慮から外す理由はないと思われる．これは，国家機密漏洩事件において報道の自由や国民の知る権利を考慮するのと，同じことである．

ただ，これらの事情を考慮に入れるとしても，その程度は別の問題である．銀行が破綻したならば，地域社会はもっと混乱する．やはり，任務違背行為の

---

31) 品田・前掲（注7）阪大法学59巻2号85頁は，背任罪の任務として考慮されるのは，「財産保護を目的とする規範に限られる」とし，同87頁は，原則として，賄賂の支払は「背任罪の成立にとって意味を持たない」とする．しかし，東京地判平成6・12・22判時1518・3は，刑法規範を重視して，贈賄行為を会社法上違法としている．任務違背行為について，私法規範を重視するならば，このことを考慮せざるをえないであろう．なお，取締役が会社のために保管金を贈賄に支出した場合に，横領罪の成立を認めた判例として，大判明治45・7・4刑録18・1009がある．したがって，背任罪における任務違背行為にあたっても，考慮せざるをえないと思われる．
32) 林幹人「注意義務と緊急避難」判タ1307号（2010）31頁以下．
33) 東京地判平成13・3・28判時1763・17．本判決について，林幹人「エイズと過失犯」判時1775号（2002）11頁以下．任務違背行為に関して許された危険の法理に言及するものとして，大コンメンタール刑法第13巻（第2版）(2000) 185頁（日比幹夫），林・前掲（注4）刑法各論（第2版）274頁，松宮・前掲（注18）立命館法学307号101頁，品田・前掲（注7）阪大法学59巻2号284頁など．

判断において最も重要なのは，本人の財産的損害の危険性である．

(5) それでは，その危険性（田原裁判官によれば「リスク」）はどのように判断されるべきか．本決定において注目されるのは，「銀行の取締役は金融取引の専門家であり，その知識経験を活用して融資業務を行うことが期待されている」という部分である．

犯罪実行行為の危険性は，事後的・物理的なものではなく，行為時の人間の判断を内容とする．その人間は，被告人本人や一般人・通常人[34]ではない．彼らが，愚かにも危険性がないと判断したからといって，犯罪実行行為性は否定されない．しかし，行為当時最も知識経験のある者，すなわち，専門家ですら危険性は低いと判断した場合，犯罪実行行為を認めることはできない[35]．薬害エイズ事件で非加熱製剤を投与した医師が無罪とされたのは，まさにこのような理由による．この事件においては，世界中の専門家が法廷に集められ，投与の時点でのエイズによる死亡の危険性の予測可能性がどの程度のものであったかが審理された．それは高度のものではなかったというのが，無罪の理由である．

会社や銀行を経営する取締役の法的責任を問題とするにあたっては，「専門家」としての判断が基準とされるべきだということは，これまでにも，指摘されてきたことである．たとえば，東京地裁平成14年7月18日判決[36]は，融資のリスク等の判断は「将来予測と専門性を伴う総合的判断」であるとし，大阪地裁平成18年3月20日判決[37]は，「当時の会計監査の水準を踏まえ，監査に関する職業的専門家として一般的に要求される程度の注意義務」を基準として過失の有無を判断した[38]．

最近でも，最高裁平成22年7月15日判決[39]は「事業再編計画の策定は，……将来予測にわたる経営上の専門的判断にゆだねられている」とする．

---

[34] その業界における「通常の経営者」を基準とする判例として，東京高判平成20・10・29金融商事判例1340・28がある．
[35] 林・前掲（注30）刑法総論（第2版）136頁．
[36] 判時1794・191．
[37] 判時1951・129．
[38] なお，福岡高判昭和54・4・17刑月1・4・286は，「本件で被告人が形成した相場感は，当時の客観的，具体的諸状況からして概ねこれに符合した妥当な判断であって，これに反して商品取引を行うのは顧客に損害を生ぜしめる危険性の大きい行為であった」とする．
[39] 判タ1332・50．

学説にも,「一般人が期待する,経験があり,熟慮ある専門家である銀行取締役ならばこう判断しただろう」という基準で判断すべきだとするもの[40],「経営判断の是非を判定する際には,経営の専門家等の助言・鑑定等も参考に」する必要があるとするもの[41]などがある.

今後は,このような判断基準が,犯罪実行行為における危険性判断の公理として活用されていくことが期待される.

(6) 実行行為要件の本来の意義は,行為と法益侵害との間に時間的間隙がある場合に,法益侵害結果の発生にもかかわらず,行為無価値を否定し,犯罪の成立を否定することにある.このようなことは,実際上は,過失犯に多い.その基本的な原因は,過失犯においては行為に有用性が認められる場合が多いことにある.故意犯においては,そのような場合は実際上は少ないのである.

ところが,背任罪においては,そのようなことは少なからずありうる.投機的取引を委託され,結果としては本人に財産的損害を生じさせたが,行為の時点では,その危険性は小さなもので,利益を得る有用性があったような場合である.背任罪において,冒険的取引は任務違背とならないとされてきたのは,まさにこのような場合である.

しかし,本件のような不良貸付けの場合には,任務違背行為と財産的損害の間にはほとんど時間的間隙がない.しかも,任務違背行為の内容を先に述べたように解するならば,財産的損害を中核とする違法結果と,その実質的内容はほとんど同じである.本件のような場合には,任務違背要件の充足を問題とする意義に乏しいのである.

3 背任罪の主観的要件

(1) 本決定に関連する限度で,背任罪の主観的要件について,2点問題提起したい.

まず,本決定は「義務違反の認識」があったとしている.このことと,その前に本決定が述べている「既存の貸付金の返済は期待できないばかりでなく,

---

40) 山田剛志「金融機関の破綻と銀行取締役の注意義務」ジュリ 1237 号 (2003) 222 頁.
41) 松宮・前掲 (注 18) 立命館法学 307 号 109 頁. 品田・前掲 (注 7) 阪大法学 59 巻 2 号 82 頁は,専門家ではなく,本人の視点に着目すべきだとする.しかし,会社や銀行にあっては,「本人」は法人である.したがって,義務違反の内容は,法人の趣旨・目的に従った,専門家の判断が基準とされるべきだと思われる.

追加融資は新たな損害を発生させる危険性のある状況」の「認識」があったこととの関係が問題となる．筆者の見解では，故意を基礎づけるものは，後のもので，かつ，それのみである．最近では，不作為犯における作為義務について，義務そのものと，義務を根拠づける実体的事実を区別し，故意の対象となるのは後のものだという理解が一般的と思われる[42]．ここでも同じ理解が妥当する．義務違反そのものは，違法性にほかならず，その認識は刑法38条3項の問題と解すべきものと思われる．

(2) 次に，背任罪における図利加害目的に関連して，1点指摘したい．本件の第一審判決は，被告人らに自己又は第三者の図利目的を認めるには合理的疑いが残るとして無罪とした．控訴審判決はこれを破棄し，これらの目的があったとした．自己図利目的については，保身目的のあったことが指摘されている[43]．問題は第三者の利益を図る目的まで認めたことである．

背任罪における図利加害目的の意義については，多くの議論がある．その詳細についてはここでは立ち入らないが，筆者自身は次のように考えている．「本人に財産上の損害を加えた」こと，その故意のほかに，「本人に損害を加える目的」が要件とされているからには，この加害目的は，財産的損害の認識を含みつつもそれを超えたもの，すなわち，恨みを晴らすといった類の感情的・情緒的なものが内容とされていると解するのが妥当と思われる．自己の利益を図る目的については，「保身目的」というような，財産を含みつつも，名誉や地位に伴う，この類の利益がその内容と解されている．以上のことからすれば，第三者の利益を図る場合についても，本件のような融資の場合でいうと，被告人とその第三者との間に財産関係を超えた感情的・情緒的な関係があり，それを動機として行為した場合と解するべきだと思われる．これに対して現在の判例には，融資をすれば，第三者の利益を図る目的を常に当然に認めるような傾向があるように思われる[44]．この点では，本件第一審判決が，被告人と融資先の「個人的な癒着関係」を問題とし，第三者図利目的を認めなかった[45]のは理解できることである．

---

42) 参照，林・前掲（注30）刑法総論（第2版）152頁．
43) 刑集63・9・1707，1730，1735．
44) 参照，最決平成10・11・25刑集52・8・570，最決平成20・5・19刑集62・6・1623など．
45) 刑集63・9・1449．

背任罪の主観的要件を基礎づけるのは，故意である．しかし，他人のためにその事務を処理する地位に自ら就きながら，何故に，故意をもって任務違背をし，本人に財産的損害を加えたのか，その動機を説明することを法は求めていると解される．控訴審判決によれば，被告人らには自己保身目的があったという認定である．背任罪の成立には，このような動機が必要であると共に十分と解される．

★ 演習問題
1　最決平成21・11・9は，どのような事実についてどのような判断を示したか
2　融資を受ける側が，事業の売上が減少し，採算性が見込まれないこと，売上高が当初見込みの半分程度にとどまっていたなどの事情は，背任罪の成立を認めるについて，どのような意義を有するか
3　被告人等は，融資を受ける側が極めて悪い「資産状態，経営状況にあることを熟知しながら，赤字補てん資金等の本件各融資を決定し，実質無担保でこれを実行した」という事情は背任罪の成立を認める上で，どのような意義を有するか
4　本決定は，民法644条，会社法355条などを引用しているが，これはどのような意義を有するか
5　経営判断の原則とはどのようなものか
6　本決定は，「銀行の取締役は金融取引の専門家であり，その知識経験を活用して融資事業を行なうことが期待されている」としているが，これは正当か，刑法理論上はどのような意義を有するか
7　本決定は，「万一銀行経営が破たんし，あるいは危機にひんした場合には預金者及び融資先を始めとして社会一般に広範かつ深刻な混乱を生じさせること等を考慮する」としているが，任務違背要件の充足の判断に際し，このような事情を考慮することには，どのような問題があるか
8　会社や銀行の取締役が，贈賄を行なうことは犯罪であり，国家的法益に対する重大な危険を生ぜしめるが，このような事情は，任務違背の要件についてどのような意義を有するか
9　本決定は，融資業務について，一般の株式会社取締役の場合よりも，銀行の取締役の注意義務の程度は高い水準のものとするが，これは妥当か
10　本決定は，「融資先の経営状況，資産状態等を調査し，その安全性を確認」する義務の違反を任務違背要件の内容としているが，ここにはどのような問題があるか
11　本決定は，「原則として確実な担保を徴求する等，相当の措置をとるべき義務を有する」とするが，これは刑法理論上はどのような意義を有するか

12 本決定は「追加融資は新たな損害を発生させる危険性のある状況にあった」とするが，ここでいう「危険性」は，犯罪理論上どのような意義を有するか
13 本件において，被告人等の故意は，どのような事情から認められるか
14 「義務違反の認識」に言及することにはどのような問題があるか

■ 盗品関与罪

14──被害者への返還と盗品関与罪
最高裁平成 14 年 7 月 1 日決定〔刑集 56・6・265〕

1 最高裁平成 14 年 7 月 1 日決定の意義

平成 14 年に最高裁は，被告人は盗品（額面総額 5 億円以上の約束手形）を被害者に対して代金合計 8220 万円と引き替えに交付したという事案について，盗品あっせん罪の成立を認める決定を下した[1]．似たような判例は前にもあった．事案は，被告人は盗品（ミシン）を被害者宅へ運搬したのだが，その際に対価を提供させたというものである．最高裁は盗品運搬罪の成立を認めていた[2]．したがって，本件の最高裁決定は，新しいものではない．とくに，どちらの決定においても，被害者の「正常な回復を困難」にしていることが強調されている．

もっとも，本件の決定の判示には，先の決定とは若干異なったところもある．

第一は，先の決定においては，被告人の行為は被害者のためにではなく，が強調されていたが，本件の決定においてはそのような判示はみられないことである．このことは妥当なことである．すでに学説によっても批判されていたように[3]，被害者のためにとか本犯のためにとかいう基準は，その内容も根拠もはっきりしない．先の決定においては，被告人は被害者から依頼され行動を開始しており，依頼どおり盗品を被害者に返還してやったのだから，そのかぎりでは被害者のために行為したといえないこともない．それにもかかわらず本犯のためだとされたのは，おそらくは，被害者にかなりの対価を支払わせたこと

---
1) 刑集 56・6・265. 評釈・解説として，後掲文献のほか，上嶌一高・法教 276 号（2003）92 頁など．
2) 最決昭和 27・7・10 刑集 6・7・876. 解説として，深町晋也・刑法判例百選 II・各論（第 5 版）（2003）138 頁以下など．
3) 豊田兼彦「盗品に関する罪について（3・完）」愛知大学法学部法経論集 161 号（2003）21 頁以下．

によるものであろう．しかし，まさにそのことを理由に盗品関与罪の成立を認めてよいかが問題なのである．先の決定の事案は，被害者の方から事は始まったことで，本犯の方から始まった本件の事案の方が，より本犯のためにといいやすい状況であったように思われるが，あえてその点を問題にしなかったことは正当だと思われる[4]．

第二は，本件の決定においては，その代わりに，「盗品等の犯罪を助長し誘発するおそれのある行為」だという指摘がなされている．盗品関与罪の罪質としては，追求権を基礎として理解するのが伝統的な判例・通説であるが，それのみならず，このような本犯助長性を付け加えて理解するということも，すでに学説のみならず判例によっても行なわれていた．このような理解を明示的に採用した判例において問題となったことは，盗品あっせん罪の成立には，売買契約ないし盗品の移動を要するか，というものであった．最高裁は，そのようなことを要するものではないと判断する前提として，追求権を侵害するおそれがないとしても，本犯助長性がある以上は，あっせん罪は成立すると判示したのである[5]．

盗品関与罪は基本的に追求権を保護法益とするものである．後にもみるように，最近ではこれをまったく無視する学説が主張されているが，そのような見解は妥当でない．判例も伝統的に追求権を保護法益とする旨しばしば明示してきた[6]し，しかもそれは単に理論上だけではなく，現実の解釈論においても重視されてきたのである．この点についても後に述べる．本件の決定においても，最高裁は「正常な」という要件を付しつつ，「回復を困難にする」ということを強調している．本件の決定においても，盗品関与罪の保護法益として，追求権を重視する見解が基本的には維持されているとみるべきである．しかし，追求権のみによって，盗品関与罪の罪質を説明することはできないことも否定しえない．盗品関与罪は，本犯からその意思に反して領得したような場合には成立しない．すなわち，本犯との間に合意を要する．さらに，盗品関与罪は窃盗罪などの本犯よりも，財産刑が併科される点で重く処罰されることになっている．これらのことを説明するためには，追求権だけでは不十分であり，判例

---

4) 参照，朝山芳史・本件解説・曹時56巻2号305頁．
5) 最判昭和26・1・30刑集5・1・117．
6) 参照，斎藤豊治・判例刑法研究6 (1983) 364頁以下．

も認める本犯助長性というような要素を無視しえないのである．すなわち，盗品関与罪の不法内容としては，追求権侵害に本犯助長性が加わっていると解さなければならない[7]．

　以上のかぎりにおいて，判例の採用する盗品関与罪の罪質の理解は基本的には正当なものといってよい．しかし問題はその先にある．

　まず，最高裁は，あっせん罪の成立に盗品について売買契約や物理的移動を要しないとする前提として，返還請求権行使を不能又は困難ならしめるおそれがなかったとしても，あっせん罪は成立するとしたが，あっせん行為をしながら追求権侵害のおそれがまったくないなどとはいえない．あっせん行為をしたからには，追求権侵害のおそれはあったというべきであろう．本犯助長性は盗品関与罪の重要な不法要素だとしても，それのみによって盗品関与罪の成立を認めるべきではない．

　次に，この問題と本件の問題とは性質を異にすることに注意する必要がある．被害者以外の第三者にあっせん行為が行なわれれば，現実に売買契約や盗品等の移動に至らなくても，被害者の追求権は侵害されるおそれはあるといってよい．しかし本件においては，物は被害者へと移動したのであり，まさにそのおそれはまったくなかったのではないかが真の意味で問題となるのである[8]．

　すでにみたように，ここでの問題については，すでに最高裁判例がある．最高裁判所が判例変更をするというのは余程のことで，そこまで踏み切らなかったことにも理解できるものがある．しかし，学説の状況をみれば，先の判例が出されると，ただちに反対の見解が示され[9]，その後も，反対説がむしろ通説であったといってよい[10]．

---

7) 林幹人・刑法各論（第2版）（2007）305頁，豊田・前掲（注3）愛知大学法学部法経論集161号55頁，松宮孝明・本件解説・法セ575号（2002）119頁．
8) 東雪見・本件解説・上智法学論集47巻2号（2003）は，追求権の危殆化があるあるかぎりで本罪の成立が認められるとし，買い取らなかったときの損失を考え，やむなく買い取りに応じている本件事案のような場合には，被告人の行為は本犯被害者の意向に反する可能性のあるものであるから，本罪の成立が認められるとする．しかし，被害者以外の者に対する働き掛けがまったくない本件のような場合になお追求権の危殆化があったとすることができるかがまさに問題である．
9) 桂静子・法学論叢59巻4号（1953）134頁，伊達秋雄・刑事判例評釈集14巻（1957）146頁など．
10) 内藤謙・注釈刑法第6巻（1966）564頁，京藤哲久・刑法判例百選II・各論（第2版）（1984）129頁，現代刑法論争I（1985）227頁（日高義博），林美月子・刑法の基本判例（1988）166頁，大塚仁・刑法概説（各論）（第3版）（1996）338頁，中森喜彦・刑法各論（第2版）（1996）181

ちなみにドイツでも状況は同じである．古い判例に，本件のような問題について盗品関与罪（ドイツ刑法259条（Hehelei））の成立を認めたものがある[11]．しかし学説はほとんどこれに反対している．盗品関与罪の罪質が追求権侵害（あるいは違法状態維持）だということは，本犯によって奪われた物が，被害者からさらに遠くに行ってしまうという状態を意味するのであり，被害者に返還された場合には，いかに法外な対価が要求されたにせよ，それは詐欺罪ないし恐喝罪などで対処すべきものだというのである[12]．わが国の通説もまさにこのように考えて判例に反対してきたのである．しかし本件において最高裁の先の判例を維持する判断が示されたことで，これを支持するものが増えている．ここで改めてこの問題について検討を加える必要があるといえよう．

2 追求権の重要性

（1）すでに述べたように，本決定は「回復を困難」にしたことを盗品関与罪の成立を認めるにあたり指摘している．これは，追求権は本罪の保護法益として基本的な重要性をもつという理解に基づくものであり，正当なものである．これに対して学説には，追求権を本罪の保護法益としてまったく考慮すべきでないとする見解も主張されている．以下にはこれらの見解について検討を加えよう．

（2）次のような見解がある．「本罪の処罰規定は，本犯者への犯行後の協力・援助行為を禁止して本犯者を『孤立』させることにより，財産犯への誘因をのぞき，ひいては盗品処理ないし売却等のための非合法的な仕組み（たとえ

頁，大谷実・新版刑法講義各論（2000）340頁，曽根威彦・刑法各論（第3版）（2001）191頁，山中敬一・刑法各論I（2004）435頁，西田典之・刑法各論（第3版）（2005）244頁など．判例の見解を支持するものとして，斎藤・前掲（注6）判例刑法研究6・393頁など．

11) RGSt 54, 124. 被害者に渡された盗品が，被害者の物か判然としない場合について，たまたまその物の被害者だとしても，本罪の成立を否定する理由はないとしたものである．これを支持する学説として，Troendle/Fischer, StGB 50. Aufl., §259, Rdnr. 19a; Zoeller/Frohen, Jura 1999, S. 384（無償で返還された場合にのみ本罪は成立しないと主張する）．

12) Vgl., Walter Stree, Mitwirken zum Absatz strafber erworbener Gueter, GA 1961, S. 33, 39; Leipziger Kommentar, 10 Aufl. §259, Rdnr. 27 (Russ); Schoenke-Schroeder-Stree, 26Aufl., §259, Rdnr. 333; Systematischer Kommentar, 6 Aufl., §259, Rdnr. 29 (Hoyer); K. F. Stoffers, Entgeldliche Rueckveraeusserung einer gestohlnen Sache, Jura 1995, S. 115; Nomos Kommentar, §259, Rdnr. 30 (Nelles); Muenchener Kommentar, §259, Rdnr. 86 (Lauer)（有償であることを重視する学説に対して，直接にその物自体が基準とされなければならないと主張する）．なお，ドイツの学説・判例の状況については，豊田・前掲（注3）愛知大学法学部法経論集161号が詳しい．

ばブラックマーケット)の形成を阻止するためのもの(本犯の被害者の保護は規制の反射的効果にすぎない)と解釈するのである.本罪は,本犯たる財産領得罪(およびその共犯)とは保護法益が異なり,『財産領得罪を禁止する刑法規範の実効性』という(より観念化・抽象化された)法益に対する罪として把握されるべきことになる」[13].

すでに述べたように,本罪の保護法益を追求権のみと解することに問題があることはたしかである.そして,本件のように被害者に盗品を返還したような場合に本罪の成立を認め,あるいは,すでにみたあっせん罪の成立に売買契約や物の移動を要しないなどの判例の傾向を説明するためには,このような見解が説得力を有することは否定できない.

しかし,一般論・原則論として,本罪の保護法益として追求権をあげることは,判例の古くからの伝統である.実際の解釈論としても,善意取得された物には本罪は成立し得ない,加工,付合などによって被害者の所有権が失われた物については本罪は成立し得ないなどの法理が判例によって認められている[14].被害者の追求権をまったく無視するならば,被害者自身が本犯に不当な対価を支払って盗品を取り戻した場合であっても,あるいはまた,いまだ本犯が実現される前にあっせんを行なった場合であっても,本罪の成立を認めることになりかねない[15].

犯罪理論としても,論者の指摘するような「規範の実効性」そのものを保護法益とすることには疑問がある.刑法上保護法益となり得るのは,現実の利益のみであり,その侵害・危殆化のみが犯罪の不法内容となり得る.規範は法益の保護のために定立されるのであり,規範そのものを法益とするべきではない.論者の主張する「規範の実効性」を保護するとは,実体的・現実的にみれば,本犯の助長性を防止するということである.この本犯の助長性というのは,すでに述べたように判例・学説によって承認されているものであり,筆者もこれ

---

13) 井田良「盗品等に関する罪」芝原邦爾ほか編・刑法理論の現代的展開 各論(1996)257頁.
14) 大判大正6・5・23刑録23・517,大判大正4・6・2刑録21・721,最判昭和24・10・20刑集3・10・1660など.
15) 参照,鈴木左斗志「盗品等の意義」刑法の争点(第3版)(2000)207頁.なお,窃盗の決意をした者の依頼に応じて同人が将来窃取すべき物の売却の周旋をしても,窃盗幇助罪が成立することは格別,あっせん罪は成立しないと判示するものとして,最決昭和35・12・13刑集14・13・1929がある.

を認めるべきものと考えている．ところがこの本犯助長性というものは，たしかに，不法内容としてほかにはみられない特殊性をもっている．それは営業的・大量的に行なわれる危険性の故に犯罪の不法内容とされているのであるが，将来の被害者は不特定多数であり，その危険も必ずしも高度ではない．すなわちそれは，個別具体的な幇助行為が行なわれていなくても，認められ得るものである．その意味できわめて抽象的なものである．しかしなお，「法益侵害の危険性」の範疇に入りうるものである．このことから規範（の実効性）そのものを保護しようとするのは大きな飛躍である．

しかも，すでに述べたように，本犯助長性はあくまで追求権侵害を基礎として，それに加わるものにすぎない．本犯助長性は，それだけでは，不法内容として決して重大なものではない．追求権侵害を抜きにして本犯助長性のみをもって本罪の不法内容を説明することはできないというべきである．

（3）　本件のような場合，「盗品に関し不正の利益を得，財産犯を助長する」ことを理由として本罪の成立を認めるべきだという主張もある[16]．この見解も，本罪の保護法益として追求権をまったく考慮すべきでないと主張しているのである．この見解は，その代わり，「利益関与」を重視する．さらに本罪の不法内容は追求権侵害にではなく，違法状態維持にあること，そして，その際に民法を離れた刑法独自の観点を重視するべきことを主張している[17]．結論から述べれば，このような見解には疑問がある[18]．

まず，本犯の利益に関与するということは，しばしば本罪の不法内容として指摘されることである[19]．しかし，およそ，他人の利益を侵害・危殆化するのではなく，そのようにして得られた本犯の利益に与るということは，犯罪の不法内容とすることはできないと考えられる．たとえば，領得罪の成立には不法領得の意思を要することは判例・通説の認めるところであり，毀棄・隠匿の意思では足りず，「その物の経済的用法に従って利用する意思」でなければなら

---

16)　前田雅英「盗品等に関する罪」研修663号（2003）10頁．

17)　前田雅英・刑法各論講義（第3版）287頁以下．同旨の見解として，木村光江・刑法（2002）347頁．

18)　すでに，林・前掲（注7）刑法各論（第2版）306頁以下において述べたところである．

19)　平野龍一・刑法の基礎（1966）214頁，伊東研祐・現代社会と刑法各論（第2版）（2002）291頁．今井猛嘉「盗品関与罪の成否」現刑57号（2004）100頁も，「本罪の罪質は本犯助長的性格と利益関与的性格の双方に求めるべき」とする．

ないとされている[20]が，それを犯罪理論的に説明すれば，そのことによってはじめて——違法ではなく——責任が処罰に値するものとなる，というのが適切である[21]．返還請求権を無視し，本犯助長と利益関与のみを本罪の罪質と解するならば，被害者自身が返還を申し出た上，買い戻したような場合にすら，本罪が成立してしまうことになりかねない．

次に，違法状態維持という点についてであるが，本犯によって生ぜしめられた違法状態をただ維持したというだけで，本犯よりも重く処罰されることを説明することは困難である．犯罪の不法内容は，法益の侵害・危殆化という枠内に入るものによって説明されなければならない[22]．のみならず，本件のような場合，被害者に盗品が返還されている以上は，違法状態はむしろ解消されているとも解される[23]．加工とか付合がなされたために所有権が移転しても，被害者が不当利得返還請求権をもつかぎりにおいて，違法状態はある意味で維持されている．にもかかわらず本罪の成立を否定するのは，まさにその物自体についての返還請求権はなくなっているからだと解するほかはない．

（4）最後に，本罪と民法上の追求権の関係について検討してみよう．すでに述べたように，判例もまた，本罪の成否の判断において民法上の判断を重視していることは明らかである．本件においても，原原審，原審ともに，物は善意取得されたものでないことをきわめて重視している．

論者は，平成15年の誤振込についての最高裁判例[24]は民法上の法律関係を問題としていないという．しかし，筆者の理解ではその反対である．原審は，「刑法上の問題は別」だと述べているが，最高裁は，誤振込についての民事判例を引用した上で，その判断と整合性をもたせるべく最大限の努力を払っている[25]．

むしろ最近では，民法上の法律関係を重視した判例も出されている．平成13年に最高裁は，債務の支払いを若干早めた事案について詐欺罪の成立を認

---

20) 大判大正4・5・21刑録21・663など．
21) 林・前掲（注7）刑法各論（第2版）195頁．
22) 参照，山口厚「盗品等の返還と盗品等関与罪の成否」法教284号（2004）88頁．
23) 同旨の批判として，豊田・前掲（注3）愛知大学法学部法経論集161号42頁．Stree, a. a. O., S. 39も，盗品が被害者に返還された場合，法秩序に合致する状態がまさに形成されたのだとする．
24) 最決平成15・3・12刑集57・3・322．
25) 参照，林幹人・平成15年度重判解165頁．

めた原原審，原審の判決を破棄している．この事件においては，どの裁判所も，民法上債務は真実存在したかどうかをきわめて重視している[26]．

それでも論者はいう．いわゆる本権説と占有説の争いの問題において判例が占有説をとっているのは，判例が民法上の権利関係とは独立に財産犯の成立を判断しているからだ，と．しかし，この点こそがまさに問題である．

周知のように，占有説の先駆者は牧野博士である．興味深いのは，博士は盗品関与罪においては，かなり民法上の権利関係を重視していることである．博士によれば，欺罔により不法原因給付として交付された場合，盗品性はない[27]．それどころか，一般に欺罔による場合，取り消されるまでは民法上は有効だから盗品性はないともしている[28]．この後の場合は，民法上の追求権を重視しても，いわば潜在的な追求権を認め，本罪の成立を認めることは可能と思われるが，不法原因給付の場合については，判例はまだなく，まさに本罪の罪質判断の試金石となっている．筆者としては，善意取得された場合，あるいは，付合，加工の場合を一貫させ，本罪の成立を否定するほかはないと考えている[29]．

いずれにしても，本来の占有説は，民法上の権利関係をおよそ無視してよいというのではなく，民法上も占有がそれ自体として保護されていることを重視すべきだというものであったといってよい．戦後の判例が占有説を採用したときは，民法上の判断から離れるべきだという考慮があったことはたしかであり，そのような考慮が現在でも判例の中に生きていることも事実である[30]．しかしすでにみたように，判例の中には，古くから，民法との整合性を重視し，法秩序の統一性を守るべきだという思想も脈々として流れている．筆者としては，今後の判例がこのような方向を推し進めていくべきだと考えている．

3 「正常な」返還について

(1) 以上に述べたように，盗品関与罪の保護法益はあくまで追求権を基礎

---

[26] 最判平成 13・7・19 刑集 55・5・371．本判決について，参照，林幹人「詐欺罪における財産上の損害」現刑 44 号（2002）48 頁以下．
[27] 牧野英一・刑法各論下巻（1951）830 頁．
[28] 同上書 826 頁．
[29] 林・前掲（注 7）刑法各論（第 2 版）309 頁．
[30] それを象徴する判例は，建造物損壊罪の他人性要件について判示した，最決昭和 61・7・18 刑集 40・5・438 である．本決定について，参照，林幹人・現代の経済犯罪（1988）83 頁以下．

として理解されなければならない．しかし本件のような場合，盗品はまさに返還されているのであり，返還を困難にしているわけではない．いいかえると，盗品自体についてみれば追求権はまさに実現されているのであり，侵害されているわけではない．そこで最高裁も前の決定と同様に「正常な」返還を困難にしているとせざるをえなかったのである．問題はその意味である．

（2） 判例を支持する学説においては，「特段の理由のない負担をすることなしに，追求できる権利」[31]，「いわれなき負担を負うことなく返還を求める権利」[32]などの基準が示されているが，いずれも十分に明確とはいえない．ただ，最高裁のこのような見解を基本的に支持する見解においても，次の2点は，ほぼ承認されている．

第一は，「正常な」返還といっても，捜査機関を通した返還である必要はないということである．たとえば，警察に通報しないということを条件に返還したような場合は，本罪の成立を認めるべきではない．本罪は財産犯であり，犯人庇護罪ではない．本罪の性格として，物的庇護が強調されることもある[33]が，本罪は財産犯によって得られた物の捜査機関による発見を妨げることを不法内容とするものではない．

第二は，被害者が返還の対価として一定の利益を交付したとしても，それがある限度にとどまる場合には，本罪の成立を認めるべきではないということである[34]．本罪の成立を認めうるのは，それが一定の限度を超える場合である．この関係で，被害者の同意がある場合には本罪の成立を認めるべきではないことが指摘されていることが注目される[35]．

（3） これらの見解においては，正常でない返還とは，結局，意思に反して対価が提供される場合だと解されているといえよう．ここでただちに問題となるのは，そのような場合，その対価自体について犯罪，それが財産である場合には財産罪，中でも恐喝罪が成立するのではないか，ということである．本件

31） 大コンメンタール刑法第13巻（第2版）（2000）481頁（河上和雄＝渡辺咲子），大塲亮太郎・本件解説・警論56巻6号（2003）205頁．
32） 山口・前掲（注22）法教284号91頁．
33） 参照，鈴木・前掲（注15）刑法の争点（第3版）．
34） これに対して，「回復の無償性」を強調するものとして，松尾誠紀・本件評釈・北大法学54巻5号（2003）1730頁．
35） 朝山芳史・本件解説・ジュリ1239号（2003）136頁．

のような場合，明示的に威嚇的な言動が行なわれているわけではないから，恐喝罪の成立を認めがたいようにも思われる．しかし恐喝罪についてのこれまでの判例をみれば，単に困惑させるだけでは足らず，畏怖させる必要があると判示するものもある[36]ものの，およそ人を困惑させるすべての手段を含む[37]，不安を与えれば足りる[38]，被害者にある程度の打算的心理状態が動いたのでもよい[39]などとするものが大勢であり，これまでの判例の流れからすれば，本件の決定の事案のような場合，恐喝罪の成立を認めることが可能ではないかと思われる．

もっとも，恐喝罪の成立を認めえないような場合にも，本罪の成立を認めるべきだという見解もある[40]．しかし，恐喝罪の成立を認めえないような場合，対価の交付がなお被害者の意思に反しているとして本罪の成立を認め得るものか，疑問がある．

そうだとすれば，最高裁のような見解によれば，本件のような事件が問題となるほとんどの場合，盗品関与罪と恐喝罪の2罪が成立することになる．この場合の罪数関係については，本犯助長性を強調すれば，観念的競合とする理解もありうるが，「(正常な)返還を困難にする」点こそが盗品関与罪の基本であり，そして，「異常性」は不当な対価が被害者の意思に反して提供されることにあるとすれば，その点ではまったく重なり合うこととなり，法条競合とするべきものと思われる．そしてそのように解した場合，盗品関与罪の方が重いから，盗品関与罪で処断するべきだということになると思われる[41]．しかし，このように「異常」とは，意思に反して不当な対価が交付せしめられることにあり，それが恐喝罪などの財産罪の評価に服するとすれば，どちらか一方の罪の成否が問題となっており，しかも，盗品が返還されたことは被害者の意思にまさに合致するものであるからには，本件のような場合は，恐喝罪一罪で処断するのが，やはり筋ではないかと思われる．盗品関与罪の保護法益が追求権であり，返還を困難にすることがその不法内容だとは，盗品が本犯の手を離れ，被

---

36) 札幌地判昭和41・4・20下刑集8・4・658．
37) 大判昭和8・10・16刑集12・1807．
38) 大判大正13・10・3刑集3・674．
39) 名古屋高判昭和26・3・15判特27・56．
40) 朝山・前掲（注4）曹時56巻2号520頁．
41) このような場合の罪数判断について，参照，林幹人・刑法総論（第2版）(2008) 456頁．

害者からさらに遠ざかるということを基礎的な内容としているということである．本事案のような場合，社会学的，あるいは，刑事政策的にみると，被告人はまさに闇のブローカーというべき者であることはたしかである．しかし，法は盗品関与罪の客体を「物」に限定している．そして，その物についての追求を困難にすることを不法内容と理解する以上は，財産犯全体の枠組みからすれば，本件のような場合は盗品関与罪ではなく，恐喝罪などで対処するのが妥当と思われる．そのように解して判例を批判してきた学説には十分な理由がある．

（4）　本決定に関しては，さらに次の2点が問題となる．

第一に，本件と似たような事案について盗品関与罪の成立を否定した下級審判例[42]との関係である．事案は，日蓮宗信者である被告人が，身延山久遠寺の寺宝で日蓮の親筆と伝えられ，信仰上日蓮と同視されていた「同日三幅本尊」の買取を求められ，相手の風体等からただちに買い取らなければ散逸・滅失のおそれがあり，警察に連絡していれば相手が逃走するか破棄されると思って，譲り受けて久遠寺に返還する意思でそれを買い取ったというものである．最高裁の2つの判例を支持する見解においても，この下級審判例の結論は一般に支持されている．この下級審判例の場合も，被害者は特段の理由なく返還の対価を支払わなければならないこととなるのであり，また，被告人は被害者の単なる使者・代理人であったわけではないから，被害者自身について本罪が成立しないとしても，被告人に本罪が成立しないことにはならない．盗品関与罪が成立しない理由はまさに被害者の返還を実現したことにある．この事件の場合回復が「正常」だとすれば，被告人は無条件に返還するために，恐喝罪が成立しないということである．回復の正常性を問題とする見解は，恐喝罪の成否をもって本罪の限界を画している疑いがある．

第二に，盗品関与罪は客体が「物」に限定されているものの，判例は盗んだ金銭を両替した場合[43]，詐取した小切手によって支払いを受けた現金の場合[44]に対して本罪の成立を認めているので，この観点からは「物」の追求権を重視することはできないのではないかが問題となる．後の判例については，現金自体について盗品性を認めることにそもそも疑問がある．盗品性を認めるとすれ

---

42)　東京高判昭和28・1・31 東高刑時報3・2・57．
43)　大判大正5・11・6 刑録22・1664．
44)　大判大正11・2・28 刑集1・82．

ば，小切手による現金取得が新たな詐欺罪を構成するからだと解するべきであろう．前の判例については，金銭については物の個性は問題とならず，そこに体現されている価値だけが意味があるのだから，結論は支持しうる．しかしいずれにしても，これらの場合は盗品が返還されたのではなく，被害者からそれは遠ざかっているのである．本件のように，被害者に盗品そのものが返還された場合を処罰することは，他の判例理論とはまったく異なり，追求権保護という罪質そのものを骨抜きにすることのように思われる[45]．

★ 演習問題

1　最決平成14・7・1は，どのような事実についてどのような判断を示したか
2　最決昭和27・7・10刑集6・7・876は，どのような事実についてどのような判断を示したか
3　本件の判例は先の判例とどのように異なるか
4　本犯の利益のためになされたかどうかという基準にはどのような問題があるか
5　盗品関与罪の罪質を説明しなさい
6　盗品あっせん罪の成立には，売買契約ないし盗品の移動を要するか
7　本犯からその意思に反して領得したような場合，盗品関与罪は成立するか
8　最高裁は，あっせん罪の成立に盗品について売買契約や物理的移動を要しないとする前提として，返還請求権行使を不能又は困難ならしめるおそれがなかったとしても，あっせん罪は成立するとしたが，ここにはどのような問題があるか
9　追求権を盗品関与罪の保護法益としてまったく考慮すべきでないとする見解は，どのような根拠によるものであり，また，どのような問題があるか
10　判例が追求権を重視していることを示す具体例を示しなさい
11　本犯の助長性とは，どのようなことを意味するか
12　本罪の罪質として，本犯の利益に関与することを重視する見解にはどのような問題があるか
13　違法状態維持を重視する見解にはどのような問題があるか
14　本罪と民法上の追求権の関係について，どのような見解があり，また，どのように考えるのが適切か
15　欺罔により不法原因給付として交付された物（たとえば，覚せい剤を売ってやると騙して，現金を受け取った場合）について，盗品関与罪は成立するか

---

[45]　本決定に疑問を示すものとして，高山佳奈子・平成14年度重判解155頁，同・本件評釈・現刑5巻10号（2003）59頁，豊田兼彦・本件評釈・愛知大学法学部法経論集162号（2003）1頁以下など．

16 「正常な」返還とは何を意味するか
17 意思に反して対価が提供されることになる場合,恐喝罪も成立するのではないか
18 成立すると解した場合,盗品関与罪も認めるとすると,罪数関係はどうなるか
19 盗んだ金銭を両替した場合,詐取した小切手によって支払いを受けた現金の場合,盗品関与罪は成立するか

■ 偽造罪

15——国際運転免許証の偽造
最高裁平成 15 年 10 月 6 日決定〔刑集 57・9・987〕

1　最高裁平成 15 年 10 月 6 日決定[1]の意義

（1）　有形偽造について重要な判例がある．事案は，被告人は，「国際旅行連盟」という名義の国際運転免許証様のものを作成したというのである．この「国際旅行連盟」は，1949 年 9 月 19 日にジュネーブで採択された道路交通に関する条約に基づき，その締約国等から，国際免許証の発給権限が与えられた事実はない．一審・控訴審共に私文書偽造罪の成立を認め，最高裁もまたその成立を認めた．最高裁によれば，本件文書の名義人は，「ジュネーブ条約に基づく国際運転免許証の発給権限を有する団体である『国際旅行連盟』である」が「国際旅行連盟が同条約に基づきその締約国等から国際免許証の発給権限を与えられた事実はない」から，「文書の名義人と作成者との間の人格の同一性を偽るもの」だというのである．一審・控訴審もほぼ同様の理由付けを行なっていた．

有形偽造について示されたこのような判例の考えは，新しいものではない．本最高裁決定が引用するように，すでに最高裁自身が，このような判例理論をとっていた．本決定の引用する昭和 59 年 2 月 17 日判決は，被告人は，在留資格がないにもかかわらずわが国に長期間在留していたところ，再入国許可申請書を作成する際，それまでわが国で使用してきていた氏名甲（本名ではない）を使用したという事案において，名義人は「適法に日本在留を許された甲であって被告人とは別の人格」だとして私文書偽造罪の成立を認めた[2]．平成 5 年 10 月 5 日決定は，被告人甲は，弁護士資格がないにもかかわらず「弁護士甲」

---

1) 刑集 57・9・987．解説・評釈として，法律時報 76 巻 3 号 110 頁以下，門田成人・法セ 590 号 (2004) 120 頁，長井長信・平成 15 年度重判解 177 頁など．
2) 刑集 38・3・336．

という名義を使用したという事案において，名義人は弁護士甲であって被告人とは別人格の者だとしてやはり私文書偽造罪の成立を認めた[3]．

　昭和59年判決は，有形偽造とは名義人と作成者との人格の同一性に齟齬を生じさせることだとしたが，その文書において，名義人が適法に在留を許されたことになっているのに，現実にはそうでないとし，平成5年決定は，文書の上では弁護士資格を有することになっているのに，現実にはそうではないとして，有形偽造だとしたのである．このような判例理論からは，本件のように，文書の上では名義人が発行権限を有することになっているのに現実にはそうでない場合には，当然に有形偽造ということになる．

　もっとも，本件と前の2つの事案では異なるところもある．昭和59年判決の事案の場合，被告人が使用した甲という氏名の者は他に実在していた可能性もないではなく，被告人ではなくその者が名義人として特定される可能性はまったくないではなかった．平成5年決定の場合，被告人と同姓同名の真実の弁護士資格を有する者が現実におり，その者が名義人として特定される可能性があるにはあった．ところが本件の場合には，そもそも「国際旅行連盟」という団体が実在していたかはっきりしていないだけでなく，それとは別のその名称の団体があったかもはっきりしていない．

　しかし，昭和59年判決の場合，そのような別の人格が特定される可能性というのはきわめて低かった．その氏名を使用していた別の者はすでに昭和35年頃北朝鮮に帰国している[4]一方，被告人は，25年もの長い間その氏名を使用してきており，文書の名義人として被告人以外の者が現実に特定されてしまう可能性というのはきわめて低かったのである．平成5年決定の場合も，被告人は大阪で非弁活動をしており，文書を受け取った相手が，名義人として，東京で活動する真実の弁護士を特定する可能性はきわめて低かった．最高裁は，そのような事情であっても，在留資格，弁護士資格を偽っている以上は，人格の同一性を偽っているといえると判断したものと思われる．

　本件において最高裁は，「国際旅行連盟が実在の団体であり，被告人に本件の文書の作成を委託していたとの前提に立ったとしても」人格の同一性を偽るものだとした．ここに至って判例理論はよりはっきりしたといえる．それは，

---

3) 刑集47・8・7．
4) 刑集38・3・362．

存在としての人格が，その性質，すなわち，資格，権限を偽っているときには，有形偽造となる，ということである．

　もっとも，本決定においては，問題の文書の性質をも強調している．本件のような文書においては，とくに発給の「権限」が重要だというのである．この点は，たとえば平成5年決定においては，領収書のような，およそ誰でも何時でも発行する文書についてすら有形偽造を認めていたのとは異なる．しかし，存在としての人格が，その「権限」など性質を偽れば，それだけで有形偽造となるとした点では，これまでの判例よりさらにその理論を純化させたといえる．

　かつて判例は，有形偽造を，他人名義の文書を「権限」なく作成することだとしたことがある[5]．この定義と，近年の「名義人と作成人の人格の同一性に齟齬を生じさせる」というのは，実質的に同じものである．しかし，前の定義における「権限」と本件の「権限」とは異なるものである．前の定義における「権限」は，「他人の名義」であることを前提として，被告人がその他人に対する関係で，問題の文書に関する事実上の内部的な地位・職責をもっていたかを問題とするものであり，理論的にいえば，現実の作成人は誰であったのかを問題とするものといえる．被告人に権限あるときは，作成人は名義人であって，人格の同一性を偽っていない．被告人に権限がないとき，作成人は被告人であって，名義人ではなく，人格の同一性に偽りがあることになる．これに対して本件の定義における「権限」は，名義人に関するものである．名義人に権限があるときは自己名義で人格の同一性に偽りがないが，権限がないとき，それは他人名義となる，というのである．いいかえると，権限の有無によって名義人が異なってくるというのである．ここにおいては，「権限」のもつ意味はまったく変容されている．

　このような判例理論の変容の淵源は，さらに遡ることができる．判例はかつて，交通事故原票に，Aの承諾を得て違反者BがA名義の署名をしたという事案について，そのような行為は「法令上許されない」として有形偽造を認めたことがある[6]．これは，作成人を定めるときに，「許されるか」を基準にしたものといえる．承諾が許されるとき権限はあり，作成人はAである．許されないとき権限はなく，作成人はBだ，というのと同じである．その後，名

---

5) 最判昭和51・5・6刑集30・4・591など．
6) 最決昭和56・4・8刑集35・3・57．

義人を定めるときに「許されるか」を問題としたのが，昭和59年判決であり，平成5年決定である．名義人が問題の文書を作成することを「許される」とき，権限はあり自己名義だが，「許されない」とき権限はなく，他人名義だというのである．本件の最高裁決定はこのような見解をさらに徹底したものである．

（2）　このような判例理論に対しては，筆者はかねて疑問をもっている[7]．交通事故原票事件については後に検討することとして，まず，名義人についての本件の決定のような判例理論について検討してみよう．

このような判例理論の最大の問題は，それを徹底すれば，資格・肩書の冒用がすべて処罰されてしまうということにある．これまでの学説は，資格・肩書の冒用は，それだけでは有形偽造とはならないと解してきた[8]．このように解することには十分の理由がある．人格の存在としての同一性に齟齬が生じていない場合には，作成者は文書作成主体としての責任を免れることができず，文書を受け取った者の被害は相対的・類型的に小さいからである．他方，資格・肩書を偽っていなくても，氏名・住所などを偽り別の人格を特定させる文書の場合には有形偽造となりうる．この意味でも，人格の同一性と資格・肩書の同一性は区別されるのである．

このような理解は，学説のみならず，立法者もとっていると解することができる．たとえば，弁護士資格を詐称した場合，弁護士法によって処罰されることになっている（74条，79条）．同様の規定は，医師法（18条，33条），公職選挙法（235条），軽犯罪法（15号）などにもある．もし，資格・肩書の冒用がそれだけで有形偽造となるならば，そのような規定は無用のもの，せいぜい，文書をおよそ作成しなかったような場合にのみ適用されるものとなろう．しかし，資格の詐称のみで，およそ文書を作成しなかったような場合，そもそも刑事処分の対象とするべきものか，疑わしい．処罰に値する資格詐称は，通常，文書作成を伴うものである．それでも資格詐称にとどまるかぎり，これらの特別法によって処罰するべきだというのが立法意思なのではないかと思われる．

すでに述べたように，前の2つの最高裁判例の事案では別の人格に対する特定可能性がないではなかった．この点では，単なる資格・肩書の冒用だけでは

---

[7]　林幹人「有形偽造に関する二つの新判例をめぐって」曹時45巻6号（1993）1頁以下，同・平成5年度重判解175頁．
[8]　大塚仁・注釈刑法第4巻（1965）65頁，平野龍一・刑法概説（1977）262頁など．

有形偽造とはならないと判例も解していると理解する余地もあった．しかし本件の決定では，そのような理解は困難である．そこで本決定は，「文書」を限定して，妥当な解決を図ろうとしている．しかし，このような限定にも限界がある．たとえば，今回の判例理論によっても，次のような場合にはどうしても有形偽造となる．それは，医師の資格をもたないにもかかわらず，長い間個人病院を経営し，診断書を作成していたような場合である．このような場合，氏名や病院の名前，住所などを偽っていなければ，人格の存在そのものについて齟齬が生じるおそれはまったくない．ところが，診断書は，医師として発給する権限を有する者により作成されているということが，まさに文書の社会的信用性を基礎づけるものといえるから，名義人は「診断書の発給権限を有する医師である何某」であって，作成人である行為者とは別人格だということになってしまうのである．このような結論は妥当とは思われない．それは，医師法で処罰すべきものである．

どのような文書であれ，内容の偽りをとらえて有形偽造とすることはできない．その内容がいかに重要なものであっても，である．同じようにして，問題の文書において，資格，権限がいかに重要であっても，それを偽ること自体を有形偽造とするべきではない．有形偽造は「人格」の同一性を偽ることであり，「権限」の同一性を偽ることではないのである．

(3) もっとも筆者も，本件の場合，結論としては有形偽造を認めてよいと考える．しかしその理由は，判例理論とは異なる．

有形偽造とは，判例がいうとおり，名義人と作成人の人格の同一性を偽ることである．しかしすでに述べたように，存在としての同一性に偽りがないときは有形偽造を認めるべきではない．ところが本件の場合，「国際旅行連盟」の存在を，文書を見た一般人（彼らが被害者である）は容易に特定し得ないのである．通常の私文書の場合は，氏名・住所・職業・電話番号などによって名義人を特定する．ところが本件のような文書の場合，一般人は，まさに「権限」によって名義人を特定する．本件の場合，「権限」を偽っていることそのものではなく，権限を偽っているために，名義人の存在そのものを偽っていることが，重要である．本件の場合，司法当局によってすら，名義人の特定はできなかったのである．本件は（判例のいうようないわば規範的な意味ではなく）事実上，名義人の存在そのものが特定し得ない場合であって，まさに本来の意味で，架空

人名義の場合である．「国際旅行連盟」は権限を偽ることにより，文書作成主体性を偽っている．ここに有形偽造を認める根拠があると思われる．

いうまでもなく，人格の同一性を偽るとは，氏名を偽ることではない．本名を使用していなかったとしても，ただちに有形偽造とすることはできない．たとえば，芸名やペンネームの場合である．反対に，本名を使用していても，有形偽造となることはありうる．たとえば，同姓同名の他人を，住所・職業などもその他人のものを使用して，特定させようとする場合である．本名を使用していても，その他の情報を偽っているために，結局名義人の特定が困難となる場合は，まさに存在としての人格の同一性を偽っているといえる[9]．

仮に，自分の本名を使用して，裁判官でないにもかかわらずその肩書を付して，逮捕状を作成したような場合，いかに本名を使用していても，そこに記載された裁判所に当人がいなければ，架空人名義と同じである．このように，資格や肩書，あるいは，権限を偽った結果，人格の存在そのものの同一性に齟齬を生ぜしめるならば，有形偽造を認めるべきである．本件の場合も，このような理由によって有形偽造を認めるべきであったと思われる．

すでに述べたように，昭和59年判決，平成5年決定も，名義人として作成人以外の人格を特定してしまう可能性（それはきわめて低いものであるところに問題があったのであるが）の故に有形偽造を認めたものと解する余地もあった．本決定を筆者のように解すれば，すべて，名義人として作成人を事実上特定し得ない可能性，すなわち，存在としての人格の同一性に齟齬を生じさせたものとして，判例のレイシオ・デシデンダイを理解することも不可能ではない[10]．

2 行為説と意思説

（1） 次には，有形偽造をめぐる最近の学説について検討しておこう[11]．本件の最高裁判例は，有形偽造に関わる多くの問題の1つを扱ったものにすぎな

---

[9] 本件の一審判決は「単に名義人記載部分だけを局所的に取り上げて判断する」のであってはならないとする（刑集57・9・990）が，この意味では正当である．

[10] 最決昭和56・12・22刑集35・9・953も，このような見地から理解することができる．参照，林幹人・刑法各論（第2版）（2007）367頁．

[11] すでに林幹人「有形偽造の新動向」田宮裕博士追悼論集上巻（2001）445頁以下は，その時点までの学説について検討を行なっている．以下の本文は，その後の学説についてのみ検討を行なうものである．

い．これまでの判例をふりかえれば，実に多くの問題があり，それらの解決の基準となる統一的な理論構成が，学説によって模索されているのである．

まず，有形偽造の理解の基礎となる理論枠組みとして，行為説と意思説がある．有形偽造とは，名義人と作成人の人格の同一性を偽ることだとされているが，その名義人と作成人をどのように確定するかが問題となる．この点について行為説は，現実に作成「行為」を行なった者を基準とするのである．したがって，たとえば，Ａが秘書や印刷工Ｂに依頼してＡ名義の文書を作成した場合も，作成人はＢであって，一応有形偽造にはなるという．ただ，Ａが承諾しているから違法性がないだけだというのである．これに対して意思説は，このような場合，ＢはＡの意思に基づいて作成したのだから作成人はＡだとする．したがって，名義人と作成人との間に人格の同一性に偽りはない，というのである．この局面だけをみれば行為説よりも意思説が妥当だといえよう．この意味では意思説が現在の通説だといってよい．

このようにして意思説が基本的に妥当だとしても，その「意思」の内容をさらに厳密にしなければ，多くの解釈論に無力である．そこで，その「意思」の内容をめぐって学説はさらに理解が分かれている．それについては筆者はすでに別稿で述べた[12]ので，ここでは立ち入らない．

さらに，「意思」は主観的なものであるが，より客観的に有形偽造を構成しようとする動きも出てきている．それについては後に検討しよう．

いずれにしても，上のような局面をみるかぎりでは，行為説に対する意思説の優位性は動かないように思われる．そこから，行為説と意思説の対立は過去のものであって，そこに重要な意味はないかのように解される傾向が生まれている．しかし筆者は，現在でも，この判断枠組みは意味をもつものと考えている．というのは，行為説そのものを正面から説く者はいないにしても，その思想を引きずっているのではないかと思わせる見解は現在でもあるからである．次の２つの見解はその例である．

（２）まず，「作成行為帰属主体説」という見解が主張されている[13]．この見解によれば，作成人とは，自らの判断に基づいて自らの身体的行為により，

---

[12] 林幹人・現代の経済犯罪（1989）103頁以下．
[13] 山中敬一「文書偽造罪における『偽造』の概念について」関西大学法学論集50巻5号（2000）1頁以下．

文書を作成する者であって，判断作用を介在させないたんなる機械的行為は，作成行為ではない[14]．名義人とは，「文書作成行為」の「責任」を帰属しうる主体を意味する，というのである．

この見解は，「判断作用を介在させないたんなる機械的行為」を作成行為とせず，秘書や印刷工を作成人から除く点で，純粋の行為説ではないといえる．しかしなお，「身体的行為」を重視している．そのかぎりでは，純粋の意思説ともいえない．意思説によれば，秘書や印刷工に依頼して文書を作成してもらった場合，身体的行為をしていないが，なお，作成人とするはずだったからである．このように，本来の意思説によれば，身体的行為をしたかなどは，作成人を定めるにあたって，意味をもちえないのである．

この見解によれば，A代理人Bというような代理名義の文書の場合，名義人は本人Aではなく，代理人B，しかも，「A代理人B」だという．これはまさに，「身体的行為」を重視した結果であり，筆者の考えでは行為説に引きずられたものである．行為説と意思説という判断枠組みからすれば，代理名義の場合の名義人は，行為説によるときは代理人，意思説によるときは本人ということになるとするのが，本来の整理である．意思説を徹底すれば，印刷工の名前が文書に出ていても本人が名義人ということになる．そこからはさらに，この場合に準じる代理人の場合も同じだということになる．そして，代理人に多少の裁量が認められても，本人の「基本的」な意思に基づいて作成されていると示されている以上は，意思説に従えば，本人名義と解するべきなのである．その限界・内容は微妙であるが，それは意思説の内部での解釈の問題にすぎない[15]．

もちろん，意思説からも代理人名義の文書と解すべき場合はある．それは，およそ本人の意思とは無関係に，代理人の独自・固有の意思に基づいて作成されたものとして表示されている場合である．すなわち，その文書は，その文書の形式や相手の関心からして，およそ本人の意思に基づくものでなく，本人の名義は代理人の社会的地位を示すため，あるいはそれを高めるために，示されている場合である．それは，もはや「代理名義」ではなく，本人の名義が単なる資格・肩書と理解される場合だといってもよい．意思説からは代理名義の場

---

14) 同上70頁．
15) この問題については，すでに，林・前掲（注12）現代の経済犯罪145頁以下において論じた．

合名義人は当然に代理人となるという理解もあるが，それは正当ではない．文書作成の「主体」としての意思が誰にあるものとして示されているかが重要なのである．このようにいうと，さらに，このような筆者の見解からは，AがBにB名義で文書を作成することを依頼し，Bがそれに従った場合であっても，作成人はAということになるという批判もなされている[16]．しかし，そのような場合，Aは文書作成主体としての意思をもっていない．それをもっているのはBのみである．したがって作成人はBということになる．

(3) いずれにしても，この「作成行為帰属主体説」によれば，代理名義の文書の場合，本人ではなく，「A代理人B」が名義人だという．そして，代理権をもっていないのに，もっているかのように偽った場合には，代理権に対する信頼が重要だとして，有形偽造となるというのである．このような見解からは，資格の冒用も（原則として）有形偽造となり，この点に関するかぎり判例理論が支持されることになる．

しかし，このような見解は，次のような意味で有形偽造の範囲が広がりすぎるおそれがある．まず，このような見解によれば，すでに判例理論について問題としたように，単なる資格の冒用とみるべき場合にすら，広く有形偽造となってしまう．次に，この見解によれば，Aがそのような名義の文書を作成した場合であっても，有形偽造となってしまう．さらに，Aから正当な代理権を与えられたBが，単にAという名義を使用した場合にも，作成人はA代理人Bということになり，有形偽造となってしまうのである[17]．

判例は，代理名義の文書の場合，名義人は本人だとしているのである[18]が，これが正当だと思われる．そして，それは意思説を徹底したときの帰結でもある．

(4) 筆者の理解では，次の見解も行為説の影響を脱していない．その見解によれば，意思説（観念説）をとるとし，代理や代筆の場合は本人が作成者だ

---

16) 島田聡一郎「代理・代表名義の冒用，資格の冒用」現刑35号（2002）49頁．
17) なお，この見解は，知見保有者のみが文書を作成し得るとして，交通事件原票についての最高裁判例を支持する（島田・前掲（注16）現刑35号58頁）．また，違反者でない者が自己名義で作成した場合も有形偽造とする（同69頁）．しかし後にも述べるように，知見を保有せず，違反者でないとしても，自分の名義の場合に有形偽造とするべきではない．論者がこのような結論をとるのは，「帰属」を重視するからである．この点については後に述べる．
18) 最決昭和45・9・4刑集24・10・1319．

とするのであるが，単なる名義使用の承諾では，ありふれた領収書であっても，偽造を否定しえないとし，債権者 A が B に，A になりすまして債務の支払を受け A の名で領収書を書くことを許したとしても，B が A の代理人でないならば，この文書は A 名義で B が作成した偽造文書であるとする[19]．これは，「名義使用」を強調しているが，現実の作成行為を行なったのは誰なのかを重視しているともいえる．そのことは次のような主張にも表われている．筆者は，かつて，「A 自身が自分の手で作成したのではなく，他人の手によって作成されたのであっても，確かに A の表示意思が反映されているのであれば，その文書は真正と解してよい」としたことがある．これに対して論者は，「他人の手によって作成された文書」なら「作成者」は表示意思の主体である A とは別人であって，そのような文書は「偽造」文書のはずであるとするのである[20]．しかし，誰の「手」によって作成されたかを問題とするのはまさに行為説である．

上のどちらの場合も，意思説を徹底するならば，作成人は A と解するのでなければならない．

3　責任追及・帰属と事実的意思

（1）　このようにして行為説ではなく意思説をとるべきだとしても，その内容を，私法上の効力・効果を基準として理解する見解もある．A が秘書・印刷工 B に依頼して A 名義の文書を作成した場合，その私法上の効力・効果は A に生じるから A が作成人だというのである．このような見解は，かつて判例によっても採用されていた．ある地方銀行の支配人であった被告人が，自己の利益を図るために銀行の支配人某という名義の小切手を発行した場合について，この場合，意思表示は私法上有効であって直接本人である銀行に効力が生じるから有形偽造にはならないとしたのである[21]．この判例は多くの学説によっても支持された．これに対して筆者は，このような見解を規範的意思説と呼び，批判した．この判例の無罪の結論は維持するとしても，有形偽造の成否は，名義人として特定される人格の意思に事実上基づいているかによって決められ

---

19)　松宮孝明「文書偽造罪における作成者と名義人について」立命館法学 64 号（1999）361 頁．
20)　同上 355 頁．
21)　大判大正 11・10・20 刑集 1・558．

るべきだと主張したのである[22]．その後，規範的意思説を正面から説く者は少なくなっている．判例も，そのような見解をとることはほとんどなくなっている．しかし最近の学説には，別の形で名義人・作成人概念を規範的に理解する主張が現われている．

　(2)　その1つが，責任追及説という見解である．この見解は，有形偽造についてのこれまでの判例・学説の包括的な研究[23]を踏まえた上で，作成者とは「文書を作成したことに関する法的責任主体」であり，名義人とは，「そのような作成者として，文書から認識される主体」だとするのである[24]．この見解は，基本的に意思説を採用するとしながらも[25]，それを事実的にではなく，いわば規範的に，すなわち，名義人に対して法的責任を追及しうるかを問題とするべきだとし，それができないときに有形偽造となるというのである．

　筆者自身，かつて，「有形偽造においては，文書の作成の主体としての責任を問いうるか，が問題とされるべき」と述べたことがある．しかしそのときすでに，筆者は次のように述べた．「しかし我々は，もう一歩進んで，そのような『文書作成の主体としての責任』は，何を根拠に，いつ認められるのかを，問題としなければならない」[26]．先にみた最近の見解に対しては，今でも同じ感想をもつ．「法的責任」というが，何を根拠にして，どのような責任を追及し得るかがまさに問題なのである．

　たとえば，交通事故原票に違反者BがAの承諾を得てAと署名した場合，AがBにそのような承諾を与えたことについて，Aに対して法的責任を追及し得るようにも思われる．在留資格を偽った事件の場合も同じで，関係機関はきわめて容易に，二儀なく，名義人として作成者である被告人を特定して，そのような文書を作成したことについての責任を追及し得るようにも思われるのである．にもかかわらずこの見解によれば，これらの場合，「法的責任」を追及し得ないとする．そこにおいては，いかなる責任が意味されているのかが問題となるが，それが十分に明らかではないのである[27]．

---

22)　林・前掲（注12）現代の経済犯罪127頁以下．
23)　今井猛嘉「文書偽造罪の一考察(1)」法学協会雑誌112巻2号（1995）1頁以下．
24)　今井猛嘉「文書偽造罪の成否(1)」現刑61号（2004）112頁．
25)　今井猛嘉「文書偽造罪の一考察(4)」法学協会雑誌116巻6号（1999）90頁．
26)　林・前掲（注12）現代の経済犯罪144頁．
27)　この見解は，私法上の責任を追及し得るかを重視しているところがある．これに対しては，

本件の国際運転免許証偽造事件についても，この見解は，「作成者に一定の資格が備わっていることが文書を信用して受け取るための当然の前提となっている場合，即ち，作成者が一定の資格を具備しているのが通常であるため，その有資格者に対する責任の追及しか信用・期待されないような性質の文書」においては，資格の冒用そのものが有形偽造を基礎づけるとし，「それを見る者は，正規の権限を有する主体がこれを作成した（そのような者が名義人である）と信用するのが通常」として，最高裁の判断を支持する[28]．

最高裁判例を支持するとしても，このような，最高裁とほとんど同じ理由によるならば，先に述べたように，医師の資格がない者が診断書を作成した場合にも，それだけで，常に有形偽造となってしまう．現に論者は，「医師の診断書は，医師という資格を有する者が作成しなければ，およそ信用力を取得しえない性質のものであり，……資格の冒用によって有形偽造を肯定しうる性質の文書」だというのである．すでに述べたように，筆者としては，このような結論に至る有形偽造論を支持することはできない．

（3）　同じ疑問は，「有形偽造とは，表示された意思・観念が作成名義人に帰属しない文書を作成すること」だとする見解[29]に対しても妥当する．この見解においても，いかなる実体的な内容によって帰属判断をするのか，明らかでないのである．

たとえば，Ａの承諾を得てＢがＡ名義の文書を作成した場合，通常は有形偽造とならないが，それは，Ａに「帰属」するというだけで説明になっているとは思われない．Ａが承諾した以上は，その文書はＡの意思に基づいて作成された，あるいは，Ａに対して「効力・効果」を追及できるとしてはじめて実体的な説明となりうるのである．

それにもかかわらず「帰属」というのは，このような場合であっても，判例

参照，林・前掲（注11）田宮裕博士追悼論集上巻460頁．最近でも，権限濫用と逸脱の区別は基本的には民事法のルールに従うべきだとするものとして，島田・前掲（注16）現刑35号56頁．しかし，民事法のルールに従った場合，大正11年10月20日の大審院無罪判例と，後掲（注38）の2つの最高裁有罪判例の区別をなしえないと思われる．

また，責任追及を問題とするならば，間接有形偽造の場合，たとえば，被利用者がどのような種類・形式の文書かさえ認識せずに作成した場合でも，まさにそのように文書を作成したことについての責任を追及しうるともいえる．参照，林・前掲（注10）刑法各論（第2版）364頁．

28)　今井・前掲（注24）現刑61号114頁．
29)　山口厚「作成名義人と有形偽造」法教285号（2004）63頁．

で問題となった交通事故原票事件のような場合，有形偽造とするべきと考えるからである．すでに述べたように，最高裁は，Aの承諾を得て，違反者BがA名義の交通事件原票を作成したような場合，そのような文書を作成することは「許されない」から有形偽造となるとした．まさにこの「帰属」を問題とする見解も，名義人が問題の文書を作成することが「許されない」場合に有形偽造となるとするものといえる．

　しかし，交通事件原票についての次のような場合も当然に許されない行為である．たとえば，Aが，自らは違反していないにもかかわらず，違反者Bに依頼され，違反者になりすまして，A名義の交通事件原票を作成する場合，あるいは，違反者Aに依頼されたために，BがAになりすましてA名義の文書を作成する場合である．前の場合は名義人は違反者ではなく，後の場合は自筆性の要求に反しているから，いずれも，「許されない」文書である．したがって，Aに帰属するとはなしがたい．しかしこれらの場合，有形偽造を認めるべきではない．もし論者もこのような場合は有形偽造を認めるべきではないというのであれば，いかなる実体的・理論的な根拠によって最高裁判例の場合と区別するのかが問題となるが，それが十分に説明されているとは思われない．

　Aの承諾を得て，BがA名義の入試解答を作成した場合（いわゆる替え玉受験）も同じである．この見解によれば，一定の外形的条件を満たさない表示の名義人への帰属が許されないとし，「入試は出願者による解答作成が要求され，代理人による解答を出願者に帰属することは許されない」という[30]．しかしその論法からすれば，AがBの答案をカンニングしてまる写しした場合にも，入試は出願者自身の能力による解答作成が要求され，カンニングによる解答は許されないから，名義人に帰属しないということにもなりうる．あるいは，自筆性を要求された，すなわち，他人が書くことが許されない履歴書を，他人に書いてもらった場合にも，名義人に帰属しないということにもなりうる[31]．

---

30) 山口・前掲（注29）法教285号65頁．なお，有形偽造を「証拠偽造」と関連させる見解が主張されている．参照，川端博・新版文書偽造罪の理論（1999）35頁，成瀬幸典「文書偽造罪の保護法益」現刑35号（2002）3頁など．しかし，「証拠」は文書に限られない．文書に限っても，有形偽造と無形偽造の区別に「証拠」性は意味をもちえない．さらに，文書は「証拠」を超えるものである．いずれにしても，「証拠」は多義的である．有形偽造の限界は，直接に名義人・作成人の概念の分析によって明らかにするべきである．参照，今井猛嘉「文書偽造罪の一考察(3)」法学協会雑誌114巻7号（1997）125頁，山中・前掲（注13）関西大学法学論集50巻5号24頁，松宮・前掲（注19）立命館法学64号358頁など．

有形偽造の成否が問題となるほとんどの場合は，何らかの意味で偽る行為をしており，許されない行為をしていることが前提となっている．そのような場合の中から，ある実体的な根拠に基づいて固有の違法評価をするのが，まさに有形偽造論の任務である．この見解はこの任務を果たしているとは思われない．

　通常，Aの承諾を得て，BがA名義の文書を作成した場合，そのような行為が許され，Aに帰属するといいうるとすれば，その理由は，そのような場合，Aの事実上の意思に基づいて作成されたということにある．この「帰属」を基準とする見解も，間接偽造において有形偽造と無形偽造を区別するときには，被利用者の意思の内容を根拠にしている[32]．判例もまた，被利用者が「作成する意思」があったときは，文書の内容について錯誤があっても，間接有形偽造とはならないとしている[33]．このように，帰属判断の実体的根拠は，事実上の意思にあるものと思われる[34]．

　（4）　このような事実的意思説に対しては幾つかの批判がなされているが，それについてはすでに答えたので[35]，ここでは繰り返さない．

　ただ，最近次のような批判もなされている．それは，本件のような法人の場合，意思を問題としえないのではないか，というものである[36]．これに対して

---

31)　参照，角田正紀「名義人の承諾と私文書偽造罪の成否」中山善房判事退官記念（1998）514頁．
32)　山口厚・刑法各論（2003）453頁．
33)　大判昭和15・4・2刑集19・181，大判昭和2・3・26刑集6・114．
34)　交通事件原票事件判例に対して批判的な学説は少なくないが，これらはここで主張する事実的意思説と基本思想を共通にしているといってよい（最近のものとして，伊東研祐・現代社会と刑法各論（第2版）（2002）364頁など）．もっとも，酒井安行「作成者・名義人の概念とその承諾」現刑35号（2002）44頁は，事実的意思説をとるべきだとしつつも，「他人が文書作成の主体であり，自分はその作成に名前を貸して協力する意思」の場合は，この意思は認められないとして，交通事件原票の判例を支持する．しかし，「名前を貸して協力する意思」であっても，交通事件原票の唯一の名義人となる意思であるからには，その意思に基づいて作成された文書の主体としての責任を免れないと思われる．なお，同45頁も，替え玉受験の判例に対しては疑問を示す．ドイツでは，BayObLG Urteil vom 17. 12. 1980 (in, Puppe JZ1986, 940) が，他人に解答を作成させた上で自分の名義を書き込んで答案を完成させたという事案について，名義人の「純粋に事実上の意思」に基づいているという理由で有形偽造を否定している．この判例は，少なくともその結論はほとんどの学説によって支持されている．わが国でも，隣の席の者に答案を作成してもらい，氏名・番号だけ自分で書いた場合を有形偽造とする人はいないであろう．そうだとすれば，氏名・番号まで書いてもらった場合も同じである．そこで，名義人が試験場に来なかったことを捉えて有形偽造とする見解が主張される．これに対しては，参照，林・前掲（注11）田宮裕博士追悼論集上巻450頁．
35)　林・前掲（注11）田宮裕博士追悼論集上巻462頁．
36)　塩見淳・刑法判例百選II・各論（第5版）（2003）183頁．

は筆者はすでに旧稿で，法人には自然的な意味では意思や行為がないにしても，民法上意思表示や法律行為をなしうる（刑法上も犯罪能力すらある）とされていることからしても，有形偽造理論においても意思を基準とする理論を妥当させることができる，という趣旨のことを述べた[37]．すなわち，その法人内の組織において，問題の文書を作成する地位・職責にあった者の意思を法人の意思と同一視してよいとしたのである．ここで「地位・職責」を問題とするかぎりでは，名義人・作成人の概念はいわば客観的なものである．それは，「権限」を問題にしているといってもよい．

しかし，このように解することは，本件の最高裁判例や先に検討した最近の学説のように，名義人の中に「権限」などを持ち込むのとは異なる．それは，あくまで，作成人を定めるにあたって，法人の内部における事実上の地位・職責を問題とするにすぎない．それは，すでに述べたように，かつての判例が作成人を定めるときに「権限」を問題としてきたのと同じである．しかも，その意味での権限ある者の事実上の意思を，権限の逸脱と濫用の区別[38]，あるいは，間接的な有形偽造と無形偽造の区別にあたっては，重要な要素として問題とするのである[39]．このような意味において，いわば内部的にその法人の意思に基づいて作成されているときに，さらに，その法人にそのような文書を作成する「対外的な」権限があるか，その法人に追及・帰属できるかという判断をするべきかは別の問題であり，そのような判断は有形偽造論に不純なものを持ち込むことだと思われるのである．

★ 演習問題

1 最決平成 15・10・6 は，どのような事実についてどのような判断を示したか
2 最決昭和 59・2・17 は，どのような事実についてどのような判断を示したか
3 最決平成 5・10・5 は，どのような事実についてどのような判断を示したか
4 有形偽造と無形偽造とは，判例によれば，どのように区別されるか
5 文書の性質は，有形偽造に意義をもちうるか

---

37) 林・前掲（注 12）現代の経済犯罪 143 頁．
38) この問題についての最高裁判例として，最決昭和 42・11・28 刑集 21・9・1277，最決昭和 43・6・25 刑集 22・6・490．なお参照，小名木明宏「補助公務員の作成権限」現刑 35 号（2002）57 頁以下．
39) 参照，林・前掲（注 12）現代の経済犯罪 146 頁以下．

6 交通事故原票に，Aの承諾を得て違反者BがA名義の署名をしたという場合，有形偽造となるか，その理由はどこにあり，そこにどのような問題があるか
7 弁護士法（74条，79条），医師法（18条，33条），公職選挙法（235条），軽犯罪法（15号）などの規定は，刑法上の有形偽造とどのような関係にあるか
8 医師の資格をもたないにもかかわらず，長い間個人病院を経営し，診断書を作成したような場合，平成15年決定によると，有形偽造となるか
9 架空人名義の場合，有形偽造となるか，本件の場合，架空人名義とはいえないか
10 人格の同一性を偽ることと，氏名を偽ることとはどのように区別されるか
11 自分の本名を使用して，裁判官でないにもかかわらずその肩書を付して，逮捕状を作成したような場合，有形偽造とするべきか
12 「A代理人B」という名義の文書の場合，名義人は誰か，判例はどうか
13 上の場合，代理権をもっていないのに，もっているかのように偽った場合，有形偽造となるとすれば，その理由はどこにあるか
14 代理名義の文書の場合，本人ではなく，「A代理人B」が名義人だとする見解にはどのような問題があるか
15 有形偽造を，私法上の効力・効果を基準として理解する見解は，判例にどのように現われているか，そこにはどのような問題があるか
16 Aの承諾を得てBがA名義の文書を作成した場合，通常は有形偽造とならないが，それはどのように説明されるべきか
17 Aが，自らは違反していないにもかかわらず，違反者Bに依頼され，違反者になりすまして，A名義の交通事件原票を作成した場合，あるいは，違反者Aに依頼されたために，BがAになりすましてA名義の文書を作成する場合，有形偽造となるか，ならないとすると，そのことと，Aの承諾を得て違反者BがA名義の署名をしたという場合に有形偽造とすることとは，一貫するか
18 BがA名義の入試解答を作成した場合（いわゆる替え玉受験），有形偽造となるか，カンニングをして，隣の人の答案を丸写しした場合はどうか
19 自筆性を要求された，すなわち，他人が書くことが許されない履歴書を，他人に書いてもらった場合はどうか
20 間接偽造（AがBを騙して文書を作成させた場合）において，有形偽造と無形偽造とは，どのように区別されるか
21 大判昭和15・4・2，大判昭和2・3・26は，どのような事実についてどのような判断を示したか
22 最決昭和42・11・28，最決昭和43・6・25は，どのような事実についてどのような判断を示したか

■ 賄賂罪

16——国会議員の職務行為
最高裁平成 20 年 3 月 27 日決定〔刑集 62・3・250〕

1 最高裁平成 20 年 3 月 27 日決定[1]の意義

(1) 受託収賄罪の成否に関連して，国会議員の職務権限について最高裁の判断が示された．KSD 関連元労働大臣収賄事件上告審決定である．事案の概要は以下のとおりである．被告人は，参議院議員在職中に，いわゆる職人を育成するための大学の設置を目指す K から，参議院本会議において内閣総理大臣の演説に対して所属会派を代表して質疑するに当たり，職人大学設置のため有利な取り計らいを求める質問をされたい旨の請託を受け，さらに，他の参議院議員を含む国会議員に対しその所属する委員会等における国会審議の場において国務大臣等に職人大学のため有利な取り計らいを求める質疑等を行なうよう勧誘説得されたい旨の請託を受けた．被告人は，これらの請託を受けたことなどの報酬として供与されるものであることを知りながら，金員の交付を受けた．この事実について，最高裁は，一，二審と共に，受託収賄罪の成立を認めた．

(2) 本件の問題は，先に述べた被告人の 2 つの行為が，賄賂罪における職務権限に含まれるか，である．このうち，参議院本会議において内閣総理大臣の演説に対して質疑を行なった行為が，参議院議員としての職務に含まれることには疑問の余地がない．しかし，被告人の所属しない委員会において，国務大臣等に質疑を行なうことを，その委員会に所属する他の参議院議員に対して勧誘説得を行なうことまでが，参議院議員としての被告人の職務権限に含まれるかには問題がある．もっとも，このこと自体は，判例上は，一般論としては解決済みである．いわゆる大阪タクシー事件において，最高裁は，一，二審と

---

1) 刑集 62・3・250．判時 2012 号 148 頁．解説・評釈として，前田巌・ジュリ 1366 号 (2008) 154 頁，内海朋子・刑事法ジャーナル 17 号 (2009) 90 頁など．

共に，肯定的な判断を示していたからである[2]．しかし，この事件における案件は，内閣によってすでに法案として提出されていたものであった．本件ではそこまでは行っていなかった．その意味で本件の最高裁決定は，大阪タクシー事件最高裁決定を若干広げたものといえる．

法案として提出されれば，案件はかなり具体化・緊迫化する．過去の判例には，法案に「具体的・現実に」関わっていなかったことを理由に，職務権限性を否定したものがある[3]．大阪タクシー事件最高裁決定も，「単に被告人らの利益にかなう政治活動を一般的に期待する」にすぎない場合には，職務権限性を否定するかのような判示を行なっている．しかし，問題の要点は，国会の委員会において，その委員会に所属する国会議員が一定の施策の追求のために大臣等に質疑を行なうように，その委員会に所属しない他の国会議員が勧誘説得をすることが，職務権限に含まれるかにある．法案として具体化しているかが，それほど重要だとは思われない．本件の最高裁決定の結論は支持できると思われる．

（3）　しかし，その結論を理論的にどのように説明するかには，問題が残されている．たとえば，学説上は，一定の「政治活動」は正当行為として賄賂罪で処罰されることはないとするものがある[4]．しかし，政治活動の内容は不明確である．本決定の被告人の行なった2つの行為も，政治活動だともいえよう．賄賂罪の職務行為にあたらないような政治活動がありえ，国会議員の場合それは多岐にわたることが少なくないとしても，政治活動だから賄賂罪として処罰されないというのは，解釈論として無理がある．政治活動が「正当行為」だとしても，それが職務の1つといえ，供与された利益と対価関係があるのであれば，賄賂罪の成立を否定することはできない．やはり重要なのは，賄賂罪の要件としての職務行為にあたるか，である．問題の要点は，特殊な地位をもつ国会議員について，一般的な職務権限論を適用した場合どうなるのか，にある[5]．

---

2)　最決昭和63・4・11刑集42・4・419．本決定に対して明示的に疑問を示すものとして，林修三・時の法令1344号（1988）92頁．

3)　東京高判昭和31・2・7裁特3・6・207．

4)　古田佑紀「政治献金と賄賂」警論41巻4号（1988）56頁は，「議案を提出するための事前調査や議会における調査権行使のための事前調査」，「自己の主張する政策の広報活動」について，政治活動であって，一種の正当行為とする余地があるとする．後に検討する昭和32年の農林水産大臣についての無罪判例の場合も，「政治家としての活動」だとする．

5)　以前の判例の状況については，木口信之「贈収賄罪における賄賂性」小林充＝香城敏麿編・刑

すなわち，他の公務員，あるいは，他の諸々の職務権限との間の，均衡と理論的一貫性が重要なのである．

(4) 賄賂罪における職務権限の範囲は，まず，法令の根拠規定を基本として確定される．このことは，法治国家における当然の理である．ところが，公務員の職務をすべて法定することは現実には不可能である．基本の法令の外に多くの権限があり，そのどこまでが賄賂罪によって保護されるのか，問題とならざるをえない．しばしば，本来の職務に「密接に関連」していれば，賄賂罪の成立は認められるとされる．このような見解は，職務でないものを職務と呼ぶ論理を内在させており，筆者は疑問に思っているが，その点はしばらく措く．いわゆる密接関連行為理論を否定しても，職務の範囲が明確になるわけではない．実質的な問題は，法令によって規定された範囲から，問題の行為の職務行為性をいかに導出するかにある．

本件の決定において，直接の根拠規定は，参議院規則44条「委員会は，委員でない議員から意見を聴き，又は発言を許可することができる」であろう．大阪タクシー事件においては，本会議における国会議員の法的権限を根拠とする見解も，下級審によって示されていた[6]．しかし，法案が提出されていない本件の場合，そのような論理には若干の無理がある．ところが，参議院規則44条から，本件の勧誘説得行為の職務権限性を導き出すことも，それほど容易なことではないのである．その背景には，職務権限についての解釈論が安定していないという事情がある．この大問題に，包括的な検討を加えることはここではできない．以下には，ごく要点と思われることを述べてみたい．

2 賄賂罪における職務権限

(1) 以前より主張されているのは，賄賂罪の保護法益を，職務の公正とそれに対する国民の信頼と解する立場から，ある行為について金品が供与されると，本来の職務行為の公正さが疑われるようなもの，あるいは，信頼が害されるようなものが，いわゆる密接関連行為となるとするものである[7]．しかし，

事事実認定（下）(1992) 167頁以下．
6) 大阪タクシー事件控訴審判決は，「当該委員会の審査結果がのちに本会議に上程されたさいには，本会議で右の議案の審議に関与する権限を有する」ことを理由に，密接関連行為とする．大阪高判昭和58・2・10刑月15・1=2・85参照．
7) 大判昭和9・9・14刑集13・1405など．さらに，大コンメンタール刑法第10巻（第2版）

賄賂罪の成立範囲を，そのように，疑いや不信によって画することは，妥当でないであろう[8]．職務権限の範囲は，実体的な事実によって画されるべきである．最近の判例には，そのような論理は，余り見られなくなっているように思われる．

(2) 有力な見解として，本来の職務に重大な影響を有するものを，密接関連行為とするものがある[9]．次のような最高裁判例は，このような見解による説明がしやすい．大学設置の許可申請を審査する審議会の委員が，申請内容の適否を審査基準に従って予め判定してやり，あるいは，中間的審査結果を正規の手続によるより早く知らせた行為について密接関連行為だとして賄賂罪の成立を認めたもの[10]，あるいは，市議会議員により構成される議会内会派に属する議員が，市議会議長選挙における投票につき同会派所属の議員を拘束する趣旨で，同会派として同選挙で投票するべき者を選出する行為は，市議会議員の職務に密接な関係のある行為だとしたもの[11]である．

しかし，まったく私的な行為であっても，本来の職務に影響を与えるということはありうる．このような見解によるときは，次のような最高裁判例の場合まで，密接関連行為とすることになりうる．中学校教諭が，深夜の宿直時間や私生活上の時間を割いて生徒に学習指導することは，それが，法令上の義務的時間の枠をはるかに超え，内容の実質も社会一般の通常の期待以上のものがあるときは，職務に基づく公的な面を離れ，私的な人間的情愛と教育に対する格別の熱情の発露の結果であるともみられ，職務行為と速断できないというのである[12]．

本件の場合も，このような見解が妥当するか，疑問である．本件で本来の職務権限というのは，被告人が委員会に自ら出席し，質疑等を行なうことであろう．しかし現実には，本件被告人は委員ではなく，委員会から発言を求められた立場にもなかったのであるから，本来そのような職務を行なう立場にはなか

(2006) 43 頁（古田佑紀＝渡辺咲子＝五十嵐さおり），斎藤信治・昭和 63 年度重判解 158 頁など．
8) 参照，島田聡一郎「内閣官房長官の職務権限が肯定された事例」ジュリ 1254 号（2003）256 頁など．
9) 曽根威彦「収賄罪」刑雑 31 巻 1 号（1990）68 頁など．これに対する批判として，塩見淳「賄賂罪の職務関連性」刑法の争点（2007）261 頁など．
10) 最決昭和 59・5・30 刑集 38・7・2682．
11) 最決昭和 60・6・11 刑集 39・5・219．
12) 最判昭和 50・4・24 判時 774・119．

ったのである．それにもかかわらず，委員会に所属する他の議員を勧誘・説得する行為が，その架空の「本来の」職務に対して影響をもつかを問題とすることが適切かは疑問であろう．

　（3）　職務権限をもつ相手に影響を与えることを重視する見解もある．いわゆる芸大バイオリン事件判決は，これに近い見解を採用した．芸大の教授が，特定の店から特定のバイオリンを買うように学生に指導することは，相手方に対する事実上の影響力はかなり大きかったとして，密接関連行為としたのである[13]．大阪タクシー事件の第一審判決も，次のように述べている．「勧説はその相手方議員の職務権限の行使に影響を与え，これを方向づける行為であるということができるから，勧説する議員の職務に密接に関連した行為」だというのである[14]．

　しかし，その影響というのが，事実上のものを意味するとすれば，いわゆる顔をきかす行為まで密接関連行為とされてしまうおそれがある．次のような最高裁判例がある．農林大臣（当時）が，農林省所轄下の兵庫県食糧事務所宛に紹介する名刺を渡し，復興金融金庫融資部長に紹介したことは，職務に密接な関係のある行為ではないというのである[15]．事実上の影響に着目すると，本件被告人は党の幹事長職にあったから，党所属の委員に対する勧誘・説得は，それだけで，密接関連行為とされてしまいかねない．本決定ではそのような事実について触れるところがない．参議院議員として，いわば法律的・形式的に，他の委員会という公の場で，大臣等に公に質疑することをその委員会に属する委員に対して勧誘・説得する行為自体が，職務（密接関連）行為といいうるかを問題としているのであり，その限りで正当である．

　（4）　筆者自身は，賄賂罪における職務行為を画する基準として最も有効で適切なのは，「公務性」の有無・強弱だと考えている．判例にもこのように解するものがある[16]．賄賂罪は，公務員の職務の公的性格に鑑み，その公正性を

---

[13]　東京地判昭和 60・4・8 判時 1171・16.
[14]　大阪地判昭和 54・9・20 刑月 11・9・1043. 堀内捷三「国会議員の職務権限」内田文昭先生古稀祝賀論文集（2002）391 頁は，「国会議員が他の委員・議員に働きかける行為は，委員会委員・議員の本来的職務権限に属する審議・表決に強い影響を及ぼし，それを左右する」として，勧誘・説得行為を密接関連行為とする．なお同書 397 頁も参照．
[15]　最判昭和 32・3・28 刑集 11・3・1136.
[16]　福岡高判昭和 50・8・26 判時 805・114 は，密接関連行為の基準について，「公務的性格」と「社会的信頼」を指摘する．公務性を重視する傾向について，前掲（注 7）大コンメンタール刑

とくに保護しようとするものと考えられるのである．

　公的性格を決定する基礎となるのは，法令である．法令に直接に規定されていない，周辺の行為については，法令の趣旨に鑑み，その解釈によって，公的性格の有無・強弱が決定されるべきだと思われる．参議院規則44条の基礎には，委員でないとしても，議員であるからには，委員会の議事に重要な地位・役割をもつべきだという考慮がある．そこからすれば，委員会に属する議員に対して，委員会等における国会審議の場において国務大臣等に一定の政策へ向けて質疑を行なうように勧誘・説得する行為も，公的性格が強いものとして，賄賂罪における議員としての職務権限の一環と解されるのである[17]．

　以上のように解するときは，「委員会等の国会審議の場」でないところ，たとえば，テレビ討論や党内の審議において支援活動をすること，さらに，党の総裁の選挙の際の多数派工作などについては，職務行為性を否定するべきであろう．

　(5)　このように，職務行為の範囲は，「法的可能性」によって決定されるべきこと[18]は，最近の次のような最高裁判例からもうかがわれる．被告人は，警視庁警部補として，調布警察署地域課に勤務し，犯罪の捜査などの職務に従事していたが，ある事件について，多摩中央警察署長に対し告発状を提出していた者から，告発状の検討・助言，捜査情報の提供，捜査関係者への働き掛け等について，有利な取り計らいを受けたいとの趣旨の下に供与されるものであることを知りながら，現金の供与を受けたという事案について，収賄罪の成立を認めたものである[19]．このような場合の職務権限の範囲を決定するのも，結局は，関係諸法令の解釈である．学説には，より事実的な，たとえば，調布と多摩の地理的距離を重視するものもある[20]が，疑問である．

　近時の判例は，このように，賄賂罪の職務行為の範囲を確定するにあたっては，法令の解釈を重視し，いわば形式的・画一的にその公的性格を判断する傾

　　法第10巻（第2版）47頁は，「判例は，外形的に職務に関連する行為といえるかどうかはもちろんとして，それのみならず，行為が行なわれた事情を総合して公務性を有する行為か私的行為かを判断しているものということができよう」とする．
17)　山中敬一「賄賂罪における職務関連性」現刑39号（2002）30頁も，同様の観点から大阪タクシー事件判例を支持する．
18)　参照，平木正洋・平成17年度最判解8頁．
19)　最決平成17・3・11刑集59・2・1．
20)　参照，嶋矢貴之・刑法判例百選II・各論（第6版）（2008）222頁．

向があるように思われる．国会議員のように，多方面の政治活動を行ない，とくに，民主主義の下で多数派工作はむしろ当然とされる公務員の職務行為を確定するにあたっては，罪刑法定主義の見地からも，このような方向性は支持されるべきものと思われる．

3 過去の職務行為と賄賂

（1）本件で問題となった職務行為のうち，重要なのは，本会議における代表質問である．すでに述べたように，これが賄賂罪における職務行為に当たること自体はほぼ問題がない．しかし，この代表質問について賄賂罪の成立を認めるには，実は別の問題がある．というのは，本件の金員供与は，代表質問については，職務行為が終了した後に行なわれている．すなわち，過去の職務行為に対して金員は供与されている．たしかに，過去の職務行為に対しても，賄賂罪は成立しうる．判例は，賄賂収受罪は，賄賂の収受行為が職務に関連することで足り，職務執行との前後いかんは犯罪の成否に影響がないとしてきた[21]．しかし，無制限にこのようなことを認めてよいものか，疑問がある．以下には過去の職務行為に対して賄賂が提供された場合について，若干の考察を加えてみたい．

（2）判例は，職務行為と利益の対価関係を重視しているが，その前後関係を無視している．しかし，そのように解することが，現行刑法の基本構造と調和するかには，疑問の余地がある．現行刑法は，事前収賄罪と事後収賄罪とを，単純収賄罪（197条前段）から区別している．事前収賄罪の成立には請託が必要である（197条2項）．事後収賄罪の成立には，収受などを行なった時点で公務員であるときには，枉法が必要である（197条の3第2項）．公務員でなくなった後には，枉法のほかに請託が必要であるのみならず，これらの加重要件が備わった場合ですら，法定刑は単純収賄罪と同じである（197条の3第3項）．これらの規定からは，現行刑法は，職務行為と利益供与との前後関係を重視していると解するべきだと思われる．そして，賄賂罪の基本は，利益によって職務行為に影響を与えることにあり，職務行為が行なわれた後に利益が提供された場合は，それとは若干異なるものと解するべきだと思われる．このような理解

---

[21] 大判大正9・12・10刑録26・949など．

こそが，近時注目を浴びている，信頼保護説と純粋性説の違いの中で，最も重要なものといってよい．

（3）　賄賂罪の保護法益は，判例によれば，職務の公正とそれに対する国民の信頼とされている[22]．判例は，「信頼」を重要な要素としているが，これも，あくまで，職務の「公正」に対するものとしている．では，「公正」とは何か．筆者の理解によれば，それは，職務が個人的な利益（賄賂）によって影響されないことを意味する．いいかえると，賄賂罪の不法内容の核となっているのは，個人的な利益によって職務を左右する，ということにあると解される．その典型は，職務について一定の請託を行ないつつ，公務員に賄賂を供与し，公務員はその影響を受けて，職務を行なった場合である．しかし，これとは逆に，職務行為のとき，まったく利益の影響を受けないで，すなわち，後に対価としての利益が供与されることをまったく期待しないで，職務行為を行ない，しかし後に，その職務行為の対価として，利益が提供された場合はどうであろうか．本件の一審判決によれば，本件の代表質問は，自己の政治信念に基づき，後に利益の供与を受けることをまったく期待しないで，行なったものである[23]．このような場合であっても，請託を行なった者が，すでに行なわれた職務行為に対する「感謝」の意思で金員を供与し，他方被告人がそのことを認識しつつ金員を受領すれば，そこに（「報酬」として）対価関係があることになり，その金員は賄賂性を帯びるというのが，一審[24]，二審，最高裁を通じての見解であり，そして，それがこれまでの判例理論でもある．しかし，このような場合，「公正」それ自体は，まったく侵害・危殆化されてはいないのではないだろうか．このような場合であっても，職務の公正に対する疑いは生じ，その意味で国民の信頼は害されるとはいえる．また，政治家たる者，そのような利益を収受するのは，たしかに，倫理違反である．しかし，それだけで賄賂罪の成立を認めてよいものか，筆者は疑問に思う．

---

22)　大判昭和6・8・6刑集10・412，最判昭和34・12・9刑集13・12・3186，最大判平成7・2・22刑集49・2・1など．学説として，とくに，斎藤信治「賄賂罪の保護法益（1）」法学新報96巻1・2号（1989）73頁以下．最近のものとしては，京藤哲久・刑法判例百選Ⅱ・各論（第6版）（2008）227頁など．

23)　刑集62・3・502，503．控訴審判決も「職人大学構想の推進は，○○の政治理念に基づいて行なわれたことは認められるが，それが故に本件受託収賄罪が成立しないとはいえない」とする．刑集62・3・553．

24)　参照，刑集62・3・426，427，428，433など．

(4) 判例の採用する信頼保護説と，学説上有力な純粋性説[25]との間には幾つかの点で違いがあるが，すでに述べたように最も重要な違いは，過去の職務行為に対して利益が供与された場合についての考え方である[26]．

最高裁として信頼保護説に言及した判例として，ロッキード事件判決がある[27]．そこにおいては，信頼保護説の立場から，適法な職務行為についても賄賂罪は成立し得ることが強調されている．しかし，純粋性説の多くも，そのことは承認する．純粋性説の中には，賄賂罪は，利益によって違法な職務行為を行なわせるものだという見解もある[28]．しかし，筆者自身は，適法性と公正性とを区別し，適法な職務行為であっても，不公正でありうるという見解をとっている[29]．たとえば，ロッキード事件でいうと，価格や安全性の点で，ある飛行機を選定することが，それ自体としては，違法とまではいえない，という場合であっても，その選定が，個人的な利益＝賄賂によって影響されていれば，それは不公正なものである．賄賂罪における公正性とは，個人的な利益による影響を受けないということを意味する．それは，いわゆる「枉法」＝違法とは別のものである．

(5) 判例の中には，信頼保護説を徹底せず，むしろ純粋性説的なところもある．それは，公務員が，職務行為に関して，恐喝した上で，利益の供与を受けた場合である．たとえば，警察官が，犯罪を犯したと疑われる者を，金員を提供しなければ検挙すると恐喝した場合である．この際，警察官にはもともと検挙する意思はなかった場合が問題である．このような場合について，判例は，公務員に，職務行為の対価として利益の供与を受ける意思がない場合には，恐喝罪は成立するものの，収賄罪は成立しないとしている[30]．しかしこのような

---

25) 滝川幸辰・刑事法判決批評第2巻（1937）（滝川幸辰刑法著作集第3巻（1981）384頁以下），北野通世「収賄罪の一考察（1）」刑雑27巻2号（1986）259頁以下，町野朔「収賄罪」芝原邦爾ほか編刑法理論の現代的展開　各論（1996）351頁，能勢弘之編・刑法の重要問題50選II各論（1999）357頁（臼木豊），伊東研祐・現代社会と刑法各論（第2版）（2002）491頁，山口厚・刑法各論（2003）606頁，曽根威彦・刑法各論（第3版補正3版）（2006）326頁，嶋矢貴之「賄賂罪」法教306号（2006）58頁など．
26) 北野通世「収賄罪の一考察（2・完）」刑雑28巻3号（1998）425頁は，単純収賄罪は，職務行為が将来行なわれるべきものである場合にのみ成立するとする．
27) 最大判平成7・2・22刑集49・2・1．
28) 北野・前掲（注26）刑雑28巻3号415頁．
29) 林幹人・刑法各論（第2版）（2007）443頁．
30) 大判昭和2・12・8刑集6・512，最判昭和25・4・6刑集4・4・481．

場合，国民の公務員に対する信頼は，地に落ちるであろう．信頼保護説を採用する学説には，この場合，収賄罪の成立を認めるものがある[31]．これは信頼保護説を徹底したものである．それにもかかわらず，判例が収賄罪の成立を否定するのは，公務員に利益によって職務を左右する意思がないという実体を重視するからである[32]．これはまさに，純粋性説を採用したものである．

(6) もっとも，過去の職務行為に対して利益が供与された場合であっても，賄賂罪の成立を認めることのできる場合はある．

その1つは，職務行為を行なったときに，公務員が，その対価として利益の供与を受けることを期待していた場合である[33]．賄賂罪の成立を認めるには，もちろん，その期待のみに基づいて職務行為を行なったのでなくてもよい．職務行為を行なうときに，その期待がわずかでもあればよい．そのときには，小さいとはいえ，個人的な利益による職務への影響がある以上は，不公正なものといってよい．本件の第一審判決は，その期待はなかったとしているが，職務行為以前に，本件被告人と贈賄者との間には癒着があり，何度か利益の提供を受けているからには，その期待が全くなかったとはいえなかったのではないかと筆者には思われる[34]．

もう1つは，過去の職務行為に利益が供与された結果として，将来，不公正が生じる危険があったといえる場合である[35]．本件の場合も，代表質問に対する「感謝」だけでなく，これからも，「いろいろ世話になる」（他の議員にも発破をかける）という趣旨が含まれており[36]，このような危険はかなりあったといえよう．このような危険を生ぜしめれば，現実に不公正な職務行為が行なわれなくても，賄賂罪の成立を認めることは可能である．原審判決は，本件の問題が「息の長い話」で，「楽観を許さない状況」であり，贈賄者と被告人との

---

31) 斎藤信治「賄賂罪の保護法益(2)」法学新報96巻3・4号(1990)8頁．
32) 参照，坂本武志・昭和39年度最判解164頁．なお，賄賂性は「意思解釈の問題」だとするものとして，木口・前掲(注5)刑事事実認定(下)151頁．
33) 参照，町野・前掲(注25)刑法理論の現代的展開 各論353頁，能勢弘之編・前掲(注25)刑法の重要問題50選Ⅱ各論369頁(白木)，山口・前掲(注25)刑法各論606頁など．
34) 第一審判決刑集397頁には，「代表質問請託は，それまで多額の資金援助等を受けているKからの請託であり，この請託に応じた場合には，Kからその見返りとしての資金提供も期待できるものである」という客観的な判示がある．
35) 曽根・前掲(注25)刑法各論(第3版補正3版)328頁．
36) 第一審判決は，この点について何度も指摘している．刑集410, 431, 437, 438, 467, 483, 490, 497頁など．

間には長期間にわたる癒着関係があったことを指摘している[37]．このような危険を捉えて，賄賂罪の成立を認めるのが，現行刑法の解釈として妥当なものと筆者は考える．

過去の職務行為に対する賄賂という問題は，実務上は解決済みのように理解されており，本件の直接の争点とはなっていない．しかし，事は賄賂罪の本質と現行刑法の基本構造に関わるものであり，この問題にもう少し関心が向けられるべきものと思われる[38]．

★ 演習問題
1 最決平成20・3・27は，どのような事実について，どのような判断を示したか
2 参議院議員としての被告人が，本会議において内閣総理大臣の演説に対して質疑を行なう行為が，参議院議員としての職務行為にあたるか
3 被告人の所属しない委員会において，国務大臣等に質疑を行なうことを，その委員会に所属する他の参議院議員に対して勧誘・説得する行為が，被告人の職務行為に含まれるか
4 最決昭和63・4・11は，どのような事実について，どのような判断を示したか
5 国会議員の政治活動は，正当行為として賄賂罪で処罰されることはないという見解についてどう考えるか
6 賄賂罪における職務行為の範囲を確定するについて，重要なものを指摘しなさい
7 参議院規則44条はどのような規定か
8 密接関連行為とは何か
9 判例の採用する信頼保護説とは，どのようなものか
10 職務行為の範囲を，本来の職務に重大な影響を有するものと解することには，どのような問題があるか
11 最判昭和50・4・24は，どのような事実について，どのような判断を示したか
12 職務権限をもつ相手に影響を与えたか否かを重視する見解には，どのような問題があるか
13 最判昭和32・3・28は，どのような事実について，どのような判断を示したか
14 昭和32年判例とあっせん収賄罪の規定との関係は，どのようなものか
15 職務行為の範囲を，「公務性」の有無・強弱を基準として決める見解には，どのよう

---

[37] 刑集548頁．さらに，高裁判決は，贈賄側が「今後は，会長として議連を引っ張っていってもらわなければならないからと言っ」たと指摘している．刑集551頁．
[38] 参照，林幹人「賄賂罪における純粋性説」鈴木茂嗣先生古稀祝賀論文集上巻（2007）589頁以下．

な問題があるか
16 最決平成17・3・11は，どのような事実について，どのような判断を示したか
17 純粋性説とは，どのようなものか
18 職務行為が，金品に対する期待をまったくもたずになされ，その後に，図らずも金品が供与され，相互に「感謝」の意思で受け取ったという場合，賄賂罪として処罰するべきか，処罰することにはどのような問題があるか
19 最大判平成7・2・22は，どのような事実について，どのような判断を示したか
20 賄賂罪において，職務行為の適法性と公正性とを区別する見解は，どのようなものか
21 最判昭和25・4・6は，どのような事実について，どのような判断を示したか
22 過去の職務行為に金品が提供されたにもかかわらず，純粋性説から賄賂罪の成立を認めうるのは，どのような場合か
23 最決昭和58・3・25は，どのような事実について，どのような判断を示したか
24 昭和58年判例の場合，純粋性説からは，どのように解されるか（参照，林・前掲（注38）鈴木茂嗣先生古稀祝賀論文集上巻589頁以下）

初出一覧

I —— 総 論

1 「犯罪の終了時期——最高裁平成 18 年 12 月 13 日決定を契機として」(『刑事法ジャーナル』9 号，2007 年)
2 「国家公務員の刑法上の作為義務」(『法曹時報』60 巻 7 号，2008 年)
3 「相当因果関係論の新動向」(『法曹時報』57 巻 11 号，2005 年)
4 「自ら招いた正当防衛」(『刑事法ジャーナル』19 号，2009 年)
5 「財産を防衛する暴行」(『刑事法ジャーナル』28 号，2011 年)
6 「量的過剰について」(『判例時報』2038 号，2009 年)
7 「注意義務と緊急避難」(『判例タイムズ』1332 号，2010 年)
8 「早過ぎた結果の発生」(『判例時報』1869 号，2004 年)
9 「医師の刑事過失」(『法曹時報』58 巻 12 号，2006 年)
10 「責任能力の現状」(『上智法学論集』52 巻 4 号，2009 年)
11 「限定責任能力と原因において自由な行為」(『刑法判例百選 I・総論 (第 5 版)〔別冊ジュリスト〕』2003 年)
12 「共犯の因果性」(『法曹時報』62 巻 7 号，2010 年)
13 「背任罪の共同正犯——共犯構成要件について」(『判例時報』1854 号，2004 年)
14 「Winny と幇助罪」(『NBL』930 号，2010 年)
15 「共謀共同正犯と『謀議』」(『判例時報』1886 号，2005 年)
16 「黙示的・不作為の共謀」(『研修』748 号，2010 年)
17 「被害者を強制する間接正犯」(『研修』687 号，2005 年)
18 「共犯と作為義務」(『上智法学論集』49 巻 3・4 号，2006 年)
19 「横領物の横領」(『現代刑事法』65 号，2004 年)

II —— 各 論

1 「精神的ストレスと傷害罪」(『判例時報』1919 号，2006 年)
2 「窃盗罪の保護法益」(『刑法判例百選 II・各論 (第 6 版)〔別冊ジュリスト〕』2008 年)
3 「刑法 244 条 1 項 (親族相盗例) の適用を否定した事例」(『平成 18 年度重要判例解説〔ジュリスト臨時増刊〕』2007 年)

4 「詐欺罪の新動向」(『法曹時報』57 巻 3 号，2005 年)
5 「詐欺罪の現状」(『判例タイムズ』1272 号，2008 年)
6 「誤振込みと詐欺罪の成否」(『平成 15 年度重要判例解説〔ジュリスト臨時増刊〕』2004 年)
7 「詐欺罪における不法領得の意思」(『判例時報』1908 号，2005 年)
8 「電子計算機使用詐欺罪の新動向」(『NBL』837 号，2006 年)
9 「2 項強盗の新動向」(『研修』720 号，2008 年)
10 「事後強盗罪の新動向」(『刑事法ジャーナル』2 号，2006 年)
11 「業務上横領罪における不法領得の意思」(『ジュリスト』1266 号，2004 年)
12 「情報の不正入手と背任罪──総合コンピューター事件」(『刑法判例百選 II・各論(第 5 版)〔別冊ジュリスト〕』2003 年)
13 「背任罪における任務違背行為──最高裁平成 21.11.9 決定を契機として」(『判例時報』2098 号，2011 年)
14 「被害者への返還と盗品関与罪」(『判例タイムズ』1181 号，2005 年)
15 「国際運転免許証の偽造」(『法曹時報』56 巻 9 号，2004 年)
16 「国会議員の職務権限──過去の職務行為に対する賄賂」(『判例時報』2055 号，2009 年)

判例索引
（太字は各章の表題判例を示す）

明治

大判明治 31・3・3 刑録 4・3・15 …… 307, 309
大判明治 39・2・8 刑録 12・161 ………… 278
大判明治 42・5・14 刑集 15・607 ………… 276
大判明治 42・11・9 刑集 15・1549 ………… 235
大判明治 43・7・26 刑集 16・1431 ………… 329
大判明治 43・12・2 刑集 16・2129 …… 307, 309
大判明治 44・5・25 刑集 17・959 ………… 287
大判明治 44・6・13 刑集 17・1158 ………… 278
大判明治 45・6・20 刑録 18・896 …… 250, 258
大判明治 45・7・4 刑録 18・1009
　…………………………………… 367, 371, 385

大正

大判大正元・10・8 刑録 18・1231 ………… 330
大判大正 3・3・6 新聞 929・28 …………… 331
大判大正 3・6・11 刑録 20・1171 ………… 288
大判大正 4・3・2 刑録 21・194 …………… 157
大判大正 4・5・21 刑録 21・663
　………………………………… 235, 312, 322, 397
大判大正 4・6・2 刑録 21・721 …………… 395
大判大正 4・9・17 新聞 1049・34 ………… 239
大判大正 5・11・6 刑録 22・1664 ………… 401
大判大正 6・5・23 刑録 23・517 ………… 395
大判大正 6・10・15 刑録 23・1113 ………… 308
大判大正 7・2・6 刑録 24・32 …………… 331
大判大正 7・9・25 刑録 24・1219 ………… 259
大判大正 7・11・16 刑録 24・1352 ………… 207
大判大正 7・12・18 刑録 24・1558 …… 18, 219
大判大正 8・7・15 新聞 1605・21 ………… 380
大判大正 9・3・12 刑録 26・165 …… 307, 310
大判大正 9・12・10 刑録 26・949 ………… 426
大判大正 11・2・28 刑集 1・82 …………… 401
大判大正 11・10・20 刑集 1・558 ………… 413
大判大正 11・10・23 評論 11 巻刑法 400 …… 250
大判大正 12・4・9 刑集 2・330 …………… 355
大判大正 12・4・30 刑集 2・378 …… 91, 98
大判大正 13・4・8 刑集 3・280 …………… 331
大判大正 13・10・3 刑集 3・674 ………… 400
大判大正 14・12・23 刑集 4・780 ………… 255

大判大正 15・4・20 刑集 5・136 …… 366, 371
大判大正 15・6・23 新聞 2564・28 ………… 331
大判大正 15・7・20 新聞 2598・9 …… 249, 258

昭和元年～20年

大判昭和 2・3・26 刑集 6・114 ……… 417, 419
大判昭和 2・10・16 刑集 6・413 ………… 142
大判昭和 2・12・8 刑集 6・512 ………… 428
大判昭和 3・6・19 新聞 2891・14 …… 58, 60
大判昭和 6・8・6 刑集 10・412 ………… 427
大判昭和 7・6・29 刑集 11・974 ………… 329
大判昭和 7・11・24 刑集 11・1703 ……… 374
大判昭和 8・5・4 刑集 12・538 ………… 296
大判昭和 8・10・16 刑集 12・1807 ……… 400
大判昭和 9・9・14 刑集 13・1405 ………… 422
大判昭和 9・10・19 刑集 13・1473 ……… 94
大判昭和 9・12・10 刑集 13・1699 ……… 289
大判昭和 9・12・22 刑集 13・1789
　…………………………………… 312, 315, 322
大判昭和 10・2・13 刑集 14・83 ………… 171
大判昭和 10・2・27 新聞 3832・9 ……… 279
大判昭和 10・4・1 刑集 14・368 ………… 278
大判昭和 11・3・20 新聞 3965・17 ……… 109
大判昭和 11・10・19 刑集 15・1351 ……… 329
大判昭和 12・3・10 刑集 16・299 ……… 183
大判昭和 13・3・11 刑集 17・237 …… 18, 219
大判昭和 13・10・14 刑集 17・759 …… 105
大判昭和 13・11・18 刑集 17・839
　………………………… 146, 152, 155, 160, 185, 362
大判昭和 15・4・2 刑集 19・181 ……… 417, 419

昭和21年～30年

最大判昭和 23・7・7 刑集 2・8・793 ………… 52
最判昭和 23・10・23 刑集 2・11・1386
　………………………………… 146, 154, 160, 183
最判昭和 23・11・30 裁判集刑 5・525
　………………………………………… 181, 194, 196
最判昭和 23・12・14 刑集 2・13・1751
　………………………………………… 181, 194, 196
最判昭和 24・2・8 刑集 3・2・83 …… 259, 264
最判昭和 24・2・15 刑集 3・2・164 …… 350, 354

判例索引

最判昭和 24・3・8 刑集 3・3・276……… 235
最判昭和 24・3・24 刑集 3・3・376……… 362
最大判昭和 24・5・18 刑集 3・6・772……… 86
最判昭和 24・7・23 刑集 3・8・1373……… 71
最判昭和 24・10・1 刑集 3・10・1629…… 233
最判昭和 24・10・20 刑集 3・10・1660…… 395
最判昭和 24・11・10 裁判集刑 14・503…… 180
最判昭和 24・12・17 刑集 3・12・2028
　　………………………………144, 148, 154
最判昭和 25・4・6 刑集 4・4・481…… 428, 431
最判昭和 25・4・11 刑集 4・4・528…… 259, 264
最判昭和 25・7・11 刑集 4・7・1261
　　………………………………146, 154, 160, 183
東京高判昭和 25・9・14 高刑集 3・3・407
　　………………………………………………… 144
最判昭和 25・12・12 刑集 4・12・2543
　　………………………………………267, 269, 271
最判昭和 26・1・30 刑集 5・1・117
　　………………………………………233, 316, 392
名古屋高判昭和 26・3・12 判特 27・54…… 266
名古屋高判昭和 26・3・15 判特 27・56…… 400
東京高判昭和 26・10・5 判特 27・114…… 266
最決昭和 27・2・21 刑集 6・2・275…… 209, 215
最判昭和 27・6・6 刑集 6・6・795…… 250, 258
最決昭和 27・7・10 刑集 6・7・876…… 391, 402
最決昭和 27・12・25 刑集 6・12・1387…… 287
福岡高判昭和 28・1・12 高刑集 6・1・1 …… 146
東京高判昭和 28・1・31 東高刑時報 3・2・57
　　………………………………………………… 401
最判昭和 28・5・8 刑集 7・5・965………… 329
大阪高判昭和 28・6・30 判特 28・51……… 268
最判昭和 28・12・25 刑集 7・12・2721
　　………………………………………………366, 371
広島高判昭和 29・6・30 高刑集 7・6・944
　　………………………………………………206, 214
最決昭和 29・7・30 刑集 8・7・1233……… 117
最判昭和 29・8・20 刑集 8・8・1277…… 249, 258
仙台高裁秋田支判昭和 29・8・24 裁特 1・4・
　　157……………………………………………… 242
名古屋高判昭和 29・10・28 裁特 1・10・427
　　………………………………………152, 184, 194
福岡高判昭和 30・2・2 裁特 2・4・57……… 250
最判昭和 30・4・8 刑集 9・4・827…… 320, 339
東京高判昭和 30・5・30 裁特 2・11・538
　　………………………………………376, 378, 379
最判昭和 30・7・7 刑集 9・9・1856…… 320, 341
最判昭和 30・10・15 刑集 9・11・2173

　　………………………………………………260, 264
最判昭和 30・12・26 民集 9・14・2082…… 343

昭和 31 年〜 40 年

東京高判昭和 31・2・7 裁特 3・6・207…… 421
名古屋高判昭和 31・2・10 高刑集 9・4・325
　　………………………………………………… 186
仙台高判昭和 31・6・13 裁特 3・24・1149
　　………………………………………………… 345
最判昭和 31・6・26 刑集 10・6・874
　　………………………………163, 172, 178, 187, 229, 243
最決昭和 31・8・30 判時 90・26…………… 296
最判昭和 31・12・7 刑集 10・12・1592
　　………………………………………377, 378, 380
最判昭和 32・1・22 刑集 11・1・31………… 52
最判昭和 32・1・22 刑集 11・1・50………… 4
最判昭和 32・3・28 刑集 11・3・1136
　　………………………………………………424, 430
最決昭和 32・4・23 刑集 11・4・1393
　　………………………………………250, 254, 258
最判昭和 32・4・30 新聞 51・8…………… 383
名古屋高判昭和 32・7・24 判特 4・14＝15・
　　372……………………………………………… 266
最判昭和 32・9・13 刑集 11・9・2263…… 339
東京高判昭和 32・9・30 東高刑時報 8・10・
　　350……………………………………………… 180
大阪高判昭和 32・11・9 裁特 4・22・594…… 11
松江地判昭和 33・1・21 一審刑集 1・1・41
　　………………………………………………… 331
浦和地判昭和 33・3・28 判時 46・33……… 152
最判昭和 33・4・17 刑集 12・6・1079
　　………………………………………………312, 322
最判昭和 33・5・28 刑集 12・8・1718
　　………………………………………………181, 194
最判昭和 33・9・9 刑集 12・13・2882…… 18, 218
最判昭和 33・11・21 刑集 12・15・3519
　　………………………………………205, 214, 284
最判昭和 34・2・5 刑集 13・1・1…… 70, 77, 78
最判昭和 34・2・13 刑集 13・2・101…… 367, 371
最判昭和 34・7・24 刑集 13・8・1163
　　………………………………………17, 219, 221, 228
最判昭和 34・8・28 刑集 13・10・2906
　　………………………………………………260, 264
最決昭和 34・9・28 刑集 13・11・2993
　　………………………………………282, 292, 295, 301
千葉地判昭和 34・12・3 下刑集 1・12・2577
　　………………………………………………… 376

最判昭和 34・12・9 刑集 13・12・3186 …… 427
最判昭和 35・4・26 刑集 14・6・748 ……… 260
最判昭和 35・8・30 刑集 14・10・1418 …… 320
最決昭和 35・9・9 刑集 14・11・1457
　………………………………………… 313, 322
大阪高判昭和 35・9・27 高刑集 13・7・526
　……………………………………………… 58
大阪高判昭和 35・11・4 高刑集 13・8・620
　……………………………………………… 58
最決昭和 35・12・13 刑集 14・13・1929 …… 395
最決昭和 35・12・27 刑集 14・14・2229
　………………………………………… 235, 264
名古屋高判昭和 36・3・14 高刑集 14・3・132
　……………………………………………… 58
東京地判昭和 36・6・14 判時 268・32 …… 242
高松高判昭和 36・9・13 高刑集 14・7・479
　…………………………………………… 235
東京高判昭和 37・8・7 東高刑時報 13・8・207
　…………………………………………… 343
浦和地判昭和 37・9・24 下刑集 4・9＝10・35
　…………………………………………… 242
東京地判昭和 37・11・29 判タ 140・117 …… 283
大阪高判昭和 38・4・8 判タ 192・173 ……… 81
最判昭和 38・7・9 刑集 17・6・608 …… 377, 378
広島高裁松江支判昭和 38・9・4 高検速報（昭和 38）129 ……………………………… 254
高松地裁丸亀支判昭和 38・9・16 下刑集 5・867 ……………………………………… 288
東京地判昭和 38・11・30 判タ 192・175 …… 81
最決昭和 39・1・28 刑集 18・1・31 ………… 49
秋田地判昭和 39・3・23 下刑集 6・3＝4・285
　…………………………………………… 383
福岡高判昭和 40・2・24 下刑集 7・2・227
　…………………………………………… 152
最判昭和 40・3・16 裁判集刑 155・67 …… 159
東京地判昭和 40・4・20 判タ 192・176 …… 81
東京地判昭和 40・6・26 下刑集 7・6・1319
　…………………………………………… 341

昭和 41 年〜50 年

東京高判昭和 41・3・25 判タ 191・198 …… 105
最判昭和 41・4・8 刑集 20・4・207 ……… 351
札幌地判昭和 41・4・20 下刑集 8・4・658
　…………………………………………… 400
最決昭和 41・7・7 刑集 20・6・554 …… 72, 78
最判昭和 41・9・16 刑集 20・7・790 ………… 9
最決昭和 42・5・25 刑集 21・4・584 ……… 109

水戸地判昭和 42・6・6 下刑集 9・6・836 … 287
東京高判昭和 42・9・14 判タ 216・192 …… 377
最決昭和 42・10・24 刑集 21・8・1116 … 29, 43
熊本地裁玉名支判昭和 42・11・10 下刑集 9・11・1372 …………………………… 249
最決昭和 42・11・28 刑集 21・9・1277
　………………………………………… 418, 419
最決昭和 42・12・21 刑集 21・10・1453 …… 322
最決昭和 43・2・27 刑集 22・2・67 …… **138**, 142
最判昭和 43・4・26 刑集 22・4・301 ……… 383
最判昭和 43・6・25 刑集 22・6・490
　…………………………………… 319, 418, 419
最決昭和 43・10・24 刑集 22・10・946
　………………………………………… 276, 343
仙台高判昭和 43・11・7 判時 551・98 …… 262
最判昭和 43・12・24 刑集 22・13・1625
　………………………………………… 161, 171
最判昭和 44・4・25 判時 554・92 ………… 83
名古屋地判昭和 44・6・25 判時 589・95 …… 95
東京高判昭和 44・7・31 高刑集 22・4・518
　…………………………………………… 377
大阪高判昭和 44・8・7 刑月 1・8・795
　………………………………………… 274, 341
最判昭和 44・12・4 刑集 23・12・1573
　………………………………… 58, 65, 72, 78, 85
最判昭和 45・3・26 刑集 24・3・55 ……… 322
大阪高判昭和 45・5・1 高刑集 23・2・367
　…………………………………………… 81, 87
最決昭和 45・7・28 刑集 24・7・585 ……… 94
札幌高判昭和 45・8・20 高刑集 23・3・547
　…………………………………………… 83
最決昭和 45・9・4 刑集 24・10・1319 …… 412
高松高判昭和 46・11・30 高刑集 24・4・769
　…………………………………………… 341
高知地判昭和 47・3・2 判タ 277・199 …… 110
福岡高判昭和 47・11・22 刑月 4・11・1803
　………………………………………… 163, 174
最大判昭和 49・5・29 刑集 28・4・114 …… 71
東京高判昭和 49・6・27 高刑集 27・3・291
　………………………………………… 266, 271
最判昭和 50・4・24 判時 774・119 …… 423, 430
福岡高判昭和 50・8・26 判時 805・114 …… 424

昭和 51 年〜60 年

札幌高判昭和 51・3・18 高刑集 9・1・78
　………………………………………… 104, 113
最決昭和 51・4・1 刑集 30・3・425 …… 287, 292

判例索引　437

最判昭和 51・5・6 刑集 30・4・591 ……… 406
松江地判昭和 51・11・2 刑月 8・11＝12・495
　………………………………………………… 145
東京地裁八王子支判昭和 51・12・17 刑月 8・
　11＝12・527 ………………………………… 241
最決昭和 52・7・21 刑集 31・4・747
　………………………………………… 44, 47, 55
東京地判昭和 52・8・12 刑月 9・7＝8・578
　…………………………………………… 263, 264
東京地判昭和 52・9・12 判時 919・126
　…………………………………………149, 184, 194
千葉地裁木更津支判昭和 53・3・16 判時 903・
　109 …………………………………………… 353
東京高判判昭和 53・3・29 東高刑時報 29・3・
　59 …………………………………………… 376, 383
最判昭和 53・5・31 刑集 32・3・457
　……………………………………… 163, 173, 178, 384
最判昭和 53・7・28 刑集 32・5・1068 ……… 92
東京地判昭和 53・11・22 判時 929・142 … 118
横浜地判昭和 53・12・26 判時 842・127 … 190
大津地判昭和 53・12・26 判時 924・145 … 190
最決昭和 54・3・27 刑集 33・2・140 ……… 92
福岡高判昭和 54・4・17 刑月 1・4・286 … 386
東京地判昭和 54・8・10 判時 943・122
　…………………………………………… 247, 257
大阪地判昭和 54・9・20 刑月 11・9・1043
　………………………………………………… 424
最判昭和 54・12・25 刑集 33・7・1105 …… 94
東京地判昭和 55・2・14 刑月 12・1＝2・47
　………………………………………………… 341
札幌地判昭和 55・12・24 刑月 12・12・1279
　………………………………………………… 185
大阪高判昭和 56・1・20 判時 1006・112 …… 54
札幌高判昭和 56・1・22 判時 994・129 …… 102
神戸地判昭和 56・3・27 判時 1012・35
　……………………………………… 375, 378, 379
最決昭和 56・4・8 刑集 35・3・57 ……… 406
東京高判昭和 56・6・2 高検速報 2517 …… 118
最決昭和 56・12・21 刑集 35・9・911 …… 92, 98
最決昭和 56・12・22 刑集 35・9・953 …… 409
東京高判昭和 57・1・21 刑月 14・1＝2・1
　………………………………………………… 345
最判昭和 57・4・22 判時 1042・147 ……… 158
大阪地判昭和 57・7・9 刑月 1083・158 … 359
東京高判昭和 57・7・13 判時 1082・141
　…………………………………………… 355, 359
最決昭和 57・7・16 刑集 36・6・695 ……… 181

東京地判昭和 57・9・17 判タ 482・169 …… 345
広島高判昭和 57・12・20 高検速報（昭和 57）
　580 …………………………………………… 331
東京地判昭和 57・12・23 刑月 14・11＝12・
　829 …………………………………………… 121
大阪高判昭和 58・2・10 刑月 15・1＝2・85
　………………………………………………… 422
東京地判昭和 58・3・1 刑月 15・3・255
　…………………………………………… 210, 284
大阪高判昭和 58・3・24 高検速報 3（昭和 58）
　218 …………………………………………… 120
最決昭和 58・3・25 刑集 37・2・170 ……… 431
最決昭和 58・5・24 刑集 37・4・437 ……… 285
横浜地判昭和 58・7・20 判時 1108・138 …… 89
最決昭和 58・9・21 刑集 37・7・1070
　……………………………………… 191, 208, 215
最決昭和 59・1・27 刑集 38・1・136 ……… 230
最決昭和 59・2・17 刑集 38・3・336
　……………………………………… 404, 405, 418
最決昭和 59・3・27 刑集 38・5・2064
　…………………………………………… 205, 214
最決昭和 59・5・30 刑集 38・7・2682 …… 423
京都地判昭和 59・6・4 公刊物未搭載 ……… 331
東京地判昭和 59・6・28 刑月 16・5＝6・476
　………………………………………………… 341
最決昭和 59・7・3 刑集 38・8・2783 … 114, 136
名古屋高判昭和 59・9・11 判時 1152・178
　…………………………………………… 184, 194
東京高判昭和 59・9・27 判時 1158・249 … 118
東京高判昭和 59・11・19 判タ 544・251 … 282
大阪高判昭和 59・11・28 高刑集 37・3・438
　………………………………………………… 320
東京地判昭和 60・2・13 判時 1146・23
　…………………………………………… 376, 378
東京地判昭和 60・3・6 判時 1147・162
　……………………………………… 341, **373**, 378
東京地判昭和 60・3・19 判時 1172・155
　……………………………………… 153, 360, 363
最判昭和 60・4・3 刑集 39・3・131 ……… 383
東京地判昭和 60・4・8 判時 1171・16 …… 424
最決昭和 60・6・11 刑集 39・5・219 ……… 423
福岡高判昭和 60・7・8 刑月 17・7＝8・635
　………………………………………… 44, 48, 55
東京高判昭和 60・8・20 高検速報（昭和 60）
　212 ……………………………………… 46, 55
東京高判昭和 60・9・30 判タ 620・214
　…………………………………………… 184, 194

東京高判昭和 60・9・30 東高刑時報 11 判・昭和 60 年（う）1034 ································ 266
大阪高判昭和 60・11・28 刑月 17・11・1090 ································ 273

昭和 61 年〜63 年

福岡高判昭和 61・7・17 判タ 618・176 ······ 359
最決昭和 61・7・18 刑集 40・5・438 ········· 398
最決昭和 61・11・18 刑集 40・7・523
································ 242, 354, 358, 364
大阪高判昭和 62・4・15 判タ 653・212 ··· 47, 55
福岡高裁宮崎支判昭和 62・6・23 判時 1255・38 ································ 254
大阪高判昭和 62・7・10 高刑集 40・3・720
································ 152, 155
大阪高判昭和 62・7・10 判時 1261・132 ···· 185
大阪高判昭和 62・7・17 判時 1253・141
································ 153, 360
千葉地判昭和 62・9・17 判タ 654・109
································ 48, 55, 64, 85
大阪高判昭和 62・10・2 判タ 675・26 ······ 225
東京高判昭和 62・10・6 判時 1259・136
································ 313, 322
福岡高判昭和 62・12・8 判タ 1265・157 ······· 7
東京地判昭和 62・12・11 判タ 661・255 ···· 121
福岡高判昭和 63・1・28 判時 1269・155 ···· 351
仙台高判昭和 63・2・16 高刑集 41・1・48
································ 125
最決昭和 63・2・29 刑集 42・2・314 ········ 3, 12
東京高判昭和 63・3・31 判時 1292・159 ···· 229
東京地判昭和 63・4・5 判時 668・223 ···· 44, 51
最決昭和 63・4・11 刑集 42・4・419 ··· 421, 430
最決昭和 63・5・11 刑集 42・5・807 ····· 29, 43
札幌高判昭和 63・10・4 判時 1312・148
································ 48, 64
大阪地判昭和 63・10・7 判時 1295・151 ···· 331

平成元年〜10 年

東京高判平成元・2・27 高刑集 42・1・87
································ **337**, 338, 346
福岡高裁宮崎支判平成元・3・24 高刑集 42・2・103 ································ 206, 214, 284
最決平成元・6・26 刑集 43・6・567 ···· 143, 154
東京地裁八王子支判平成元・6・30 判タ 725・237 ································ 77
最決平成元・7・7 刑集 43・7・607 ····· **259**, 264
最判平成元・11・13 刑集 43・10・823 ···· 60, 65

最決平成元・12・15 刑集 43・13・879
································ 19, 201, 219
東京高判平成 2・2・21 判タ 733・232
································ 147, 154, 160, 199
大阪地判平成 2・4・2 判タ 764・264 ········ 184
東京地裁八王子支判平成 2・4・23 判タ 734・249 ································ 331
大阪地判平成 2・4・24 判タ 764・264 ······· 148
最決平成 2・11・16 刑集 44・8・744 ············ 19
最決平成 2・11・20 刑集 44・8・837
································ 29, 43, 255
最決平成 2・11・29 刑集 44・8・871 ··· 103, 113
最判平成 3・11・14 刑集 45・8・221 ······ 20, 103
最決平成 4・6・5 刑集 46・4・245
································ 53, 162, 168
東京高判平成 4・10・28 判タ 823・252 ······ 355
最決平成 4・12・17 刑集 46・9・683 ······ 30, 43
東京地判平成 5・4・14 判時 1477・5 ········· 130
東京地判平成 5・6・29 高刑集 46・2・189
································ 326, 335
東京地判平成 5・9・16 判時 1469・25 ······ 382
最決平成 5・10・5 刑集 47・8・7 ······ 404, 418
最決平成 5・10・12 刑集 47・8・48 ··········· 106
最決平成 5・11・25 刑集 47・9・242 ········· 113
名古屋地判平成 6・1・18 判タ 858・272
································ 247, 250
熊本地判平成 6・3・15 判時 1514・169
································ 163, 173, 187
東京地判平成 6・7・15 判タ 891・264 ········· 68
最決平成 6・7・19 刑集 48・5・190 ··········· 271
最判平成 6・12・6 刑集 48・8・509
································ 148, 150, 151, 155
東京地判平成 6・12・22 判時 1518・3 ······· 385
東京地判平成 7・2・13 判時 1529・158
································ 333, 336
最大判平成 7・2・22 刑集 49・2・1
································ 10, 427, 428, 431
大阪高判平成 7・3・31 判タ 887・259 ········· 50
千葉地判平成 7・12・13 判時 1565・144 ······ 40
東京高判平成 8・2・7 判時 1568・145 ········· 50
最判平成 8・4・26 民集 50・5・1267
································ 303, 304, 309
千葉地判平成 8・6・12 判時 1576・3 ········ 330
東京地判平成 8・6・26 判時 1578・39
································ 130, 209, 215
最決平成 8・10・11 刑集 52・8・542 ············ 10
東京地判平成 8・11・11 判時 1605・148 ···· 351

東京高判平成 9・1・23 東高刑時報 48・1＝12・
1 ………………………………………………… 109
最判平成 9・6・16 刑集 51・5・435
………………………………………… 62, 65, 73, 78
東京地判平成 9・9・5 判タ 982・298 ………… 77
最決平成 9・10・29 判タ 952・203 …………… 157
最決平成 9・10・30 刑集 51・9・816 ………… 162
名古屋地判平成 10・3・19 判時 1652・138
……………………………………………………… 383
最決平成 10・7・14 刑集 52・5・343 ………… 10
東京地判平成 10・8・19 判時 1653・154 …… 288
最決平成 10・11・25 刑集 52・8・570 ……… 388
東京高判平成 10・12・10 東高刑時報 49・1＝
12・87 ………………………………………… 331

平成 11 年～

東京高判平成 11・1・29 判時 1683・153
……………………………………………… 200, 204
釧路地判平成 11・2・12 判時 1675・148
………………………………………… 187, 200, 204
京都地判平成 12・1・20 判時 1702・170 …… 54
札幌高判平成 12・3・16 判時 1711・170
………………………………………… 197, 204, 225
最決平成 12・3・27 刑集 54・3・402
……………………………………… **273**, 287, 292
福岡高判平成 12・5・9 判時 1728・159
………………………………………… 248, 250, 257
東京地判平成 12・5・12 判タ 1064・254
………………………………………… 156, 168, 187
東京高判平成 12・5・15 判時 1741・157
……………………………………………… 313, 322
大阪高判平成 12・6・22 判タ 1067・276 …… 44
東京地判平成 12・7・4 判時 1769・158 …… 149
東京地判平成 12・8・29 判時 1811・154 …… 74
高松高判平成 12・10・19 判時 1745・159 … 61
東京高判平成 12・11・16 東高刑時報 51・1＝
12・110 ………………………………………… 74
最決平成 12・12・20 刑集 54・9・1097
……………………………………………… 107, 113
船木簡略式平成 13・1・5 判例集未搭載 …… 111
大阪高判平成 13・1・30 判時 1745・150
………………………………………………… 53, 56
東京地判平成 13・2・20 判時 1756・162 …… 89
大阪地判平成 13・3・14 判時 1746・159 …… 182
東京高判平成 13・3・22 高刑集 54・1・42
………………………………………… 236, 237, 238, 243
東京地判平成 13・3・28 判時 1763・17

……… 15, 42, 83, 88, 110, 151, 164, 168, 175, 187, 385
富山地判平成 13・4・19 判タ 1081・291 …… 247
福岡高判平成 13・5・17 高検速報（平成 13）
216 …………………………………………… 331
山口地判平成 13・5・30 公刊物未搭載 …… 248
大阪高判平成 13・6・21 判タ 1085・292
………………………………………… 186, 197, 204, 225
最判平成 13・7・19 刑集 55・5・371
………………………… 260, 264, 281, 292, 296, 302, 339, 398
東京地判平成 13・10・22 判時 1770・3
……………………………………………… 156, 187
最決平成 13・10・25 刑集 55・6・519
………………………………………… 191, 209, 215
最決平成 13・11・5 刑集 55・6・546
………………………………………… 330, 336, **365**, 371
東京地判平成 14・1・11TKC28075343
…………………………………………… 45, 54, 56
最判平成 14・1・17 民集 56・1・20 ………… 299
最決平成 14・2・4 刑集 56・2・71
………………………………………… **273**, 276, 291
千葉地判平成 14・2・5 判タ 1105・284 …… 216
最決平成 14・2・14 刑集 56・2・86 … **348**, 363
東京地判平成 14・3・15 判時 1793・156 …… 260
東京地判平成 14・4・25 判時 1793・140 …… 381
最判平成 14・7・1 刑集 56・6・265 … **391**, 402
東京地判平成 14・7・18 判時 1794・191 …… 386
最決平成 14・10・21 刑集 56・8・670
………………………………… **273**, 280, 286, 292, 300
大阪高判平成 14・10・31 判時 1844・135
……………………………………………… 167, 187
最判平成 15・1・24 判時 1806・160 ………… 109
最決平成 15・2・18 刑集 57・2・161
………………………………………… 156, 168, 174, 178
最判平成 15・2・18 判時 1819・155 ………… 187
最決平成 15・3・12 刑集 57・3・322
………………………………………… **303**, 309, 397
最決平成 15・3・18 刑集 57・3・356 ……… 380
さいたま地判平成 15・3・20 判タ 1147・306
……………………………………………………… 100
最大判平成 15・4・23 刑集 57・4・467
……………………………………………… 229, 243
最決平成 15・5・1 刑集 57・5・507
………………………… 180, 185, 190, 194, 196, 226
最決平成 15・7・16 刑集 57・7・950 … **25**, 43
最決平成 15・10・6 刑集 57・9・987
………………………………………… **404**, 409, 418
最決平成 15・12・9 刑集 57・11・1088

·· 273, 291
広島高判平成15・12・22TKC28095135 ······ 44
最決平成16・1・20 刑集58・1・1 ······ **205**, 214
最決平成16・2・9 刑集58・2・89
·· **273**, 280, 292
最決平成16・2・17 刑集58・2・169
·· **25**, 26, 43
最決平成16・3・22 刑集58・3・187
·· **89**, 94, 98
東京地判平成16・3・25 判時1851・21 ······ 381
札幌地判平成16・3・26 判タ1158・196 ······ 381
東京地判平成16・4・20 判時1877・154 ······ 248
大阪高判平成16・4・22 判タ1169・316
·· 11, 13, 176
最決平成16・7・7 刑集58・5・309
·· 293, 294, 301, 302
最判平成16・9・10 刑集58・6・524
·· 151, 168, 174, 178
最決平成16・10・19 刑集58・7・645
·· **25**, 27, 28, 43
最決平成16・11・30 刑集58・8・1005
·· **311**, 322
最判平成16・12・10 刑集58・9・1047
·· **348**, 349, 363
神戸地判平成16・12・22 判時1893・83 ······ 24
東京高判平成17・1・26 判時1891・3 ······ 24
最決平成17・3・11 刑集59・2・1 ······ 425, 431
最決平成17・3・29 刑集59・2・54 ······ **247**, 257
神戸地判平成17・4・26 判タ1238・343, 判時
 1904・152 ·· **337**, 346
大阪地判平成17・5・25 判タ1202・285 ······ 260
最決平成17・7・4 刑集59・6・403
·· 18, 20, 24, **216**, 227
東京地判平成17・9・30 判時1921・154 ······ 103
最決平成17・11・15 刑集59・9・1558
·· 20, **100**, 113, 382
名古屋高裁金沢支判平成18・1・11 判時1937・
 143 ·· 383
最決平成18・2・14 刑集60・2・165 ······ **324**, 335
大阪地判平成18・3・20 判時1951・129 ······ 386
最決平成18・8・21 判タ1227・184 ······ 291, 294
最決平成18・8・30 刑集60・6・479 ······ **265**, 271
東京高判平成18・9・7 高検速報（平成18）

148 ·· 383
仙台地判平成18・10・23 判タ1230・348
·· 44, 46, 55
最決平成18・12・13 刑集60・10・857
·· **3**, 12, 176
京都地判平成18・12・13 判タ1229・105.
·· 169, 178
最決平成19・7・10 刑集61・5・405
·· **293**, 294, 301
最決平成19・7・17 刑集61・5・521 ······ **293**, 301
最決平成20・2・18 刑集62・2・37
·· **265**, 268, 271
最決平成20・3・3 刑集62・4・567
·· **14**, 24, 381
最決平成20・3・27 刑集62・3・250
·· **420**, 427, 430
最判平成20・4・25 刑集62・5・1559
·· **114**, 116, 136
最決平成20・5・19 刑集62・6・1623
·· 383, 388
最決平成20・5・20 刑集62・6・1786
·· 44, 45, 49, 52, 55
最決平成20・6・25 刑集62・6・1859 ······ **67**, 77
東京高判平成20・10・6 判タ1309・292
·· 198, 204
最決平成20・10・10 判タ1285・65 ·········· 309
東京地判平成21・1・13 判タ1307・309
·· **79**, 87
最決平成21・2・24 刑集63・2・1 ······ **67**, 69, 77
奈良地判平成21・4・15 判時2048・135 ······ 173
最決平成21・6・30 刑集63・5・475
·· **143**, 154, 199
最判平成21・7・16 刑集63・6・711 ······ **57**, 65
大阪高判平成21・10・8LEX/DB25451807
·· 151, **169**, 178
最判平成21・10・19 判時2063・154 ······ **195**, 204
最決平成21・11・9 刑集63・9・1117
·· **379**, 388, 389
最判平成22・7・15 判タ1332・50 ·········· 386
最決平成22・7・29LEX/DB25442483
·· 298, 302
最決平成22・10・26 刑集64・7・1019 ······ 381

著者略歴

1951 年　北海道生まれ
1975 年　東京大学法学部卒業
現　在　上智大学法学部教授

主要著書

『財産犯の保護法益』（1984 年，東京大学出版会）
『現代の経済犯罪』（1989 年，弘文堂）
『刑法の現代的課題』（1991 年，有斐閣）
『刑法の基礎理論』（1995 年，東京大学出版会）
『刑法各論　第 2 版』（2007 年，東京大学出版会）
『刑法総論　第 2 版』（2008 年，東京大学出版会）

判例刑法

2011 年 9 月 20 日　初　版

［検印廃止］

著　者　　林　　幹人
　　　　　はやし　みきと

発行所　　財団法人　東京大学出版会
代表者　　渡辺　　浩
　　　　　113-8654 東京都文京区本郷 7-3-1 東大構内
　　　　　電話 03-3811-8814　Fax 03-3812-6958
　　　　　振替 00160-6-59964

印刷所　　株式会社三陽社
製本所　　牧製本印刷株式会社

Ⓒ 2011 Mikito Hayashi
ISBN 978-4-13-032365-9　Printed in Japan

Ⓡ〈日本複写権センター委託出版物〉
本書の全部または一部を無断で複写複製（コピー）することは，著作権法上での例外を除き，禁じられています．本書からの複写を希望される場合は，日本複写権センター（03-3401-2382）にご連絡ください．

林　幹人　著	刑　法　総　論	第2版	A5	3800円
林　幹人　著	刑　法　各　論	第2版	A5	3800円
林　幹人　著	刑 法 の 基 礎 理 論		A5	3800円
前田雅英　著	刑 法 総 論 講 義	第5版	A5	3800円
前田雅英　著	刑 法 各 論 講 義	第4版	A5	3700円
池田　修／前田雅英　著	刑 事 訴 訟 法 講 義	第3版	A5	3600円
木村光江　著	刑　　　　　法	第3版	A5	3500円
木村光江　著	刑 事 法 入 門	第2版	A5	2200円
平野龍一　著	刑 事 訴 訟 法 概 説		A5	2700円
三井　誠　編	判例教材 刑 事 訴 訟 法	第4版	A5	4800円

ここに表示された価格は本体価格です．御購入の際には消費税が加算されますのでご了承下さい．